U0165640

清溪公司法研究會論文集 I
——黃清溪教授八秩大壽祝壽論文集

社團法人清溪公司法研究會　主編

江佩珊、朱雅雯、李美金、李淑如、吳伊萍、吳和銘、吳　姮
吳軒宇、周伯翰、陳月端、陳亦明、陳錦昇、莊曜隸、張鴻曉
黃國川、黃偉銘、黃鋒榮、游聖佳、葛孟靈、楊有德、蔣志宗
鄭貴中、鄭瑞崙、魯忠軒、謝孟良、羅玲郁　著

五南圖書出版公司 印行

賴序

　　三十多年前，偶然的機緣和黃清溪教授相識。那時候他在日本的大學任教，偶有回臺常相約見面。黃教授樂觀開朗，見識廣博，又很健談，每次相聚都很愉快。

　　黃教授早年從臺大法律系畢業後，曾在銀行工作一段時間，對於銀行經常發生的票據問題深感興趣，於是前往日本票據法研究重鎮慶應義塾大學深造。在學期間成績優異，於1976年順利完成學業，獲頒法學博士學位。

　　黃教授旋即獲聘前往日本拓殖大學任教，直到屆齡退休；其間並在慶應義塾大學授課。在日本任教期間，雖然教學研究工作十分忙碌，但黃教授仍心繫臺灣。2000年國立高雄大學成立，創辦人王仁宏校長力邀黃教授回臺任教。感於王校長的真誠，黃教授於是不辭辛勞，定期從日本回臺，在高雄大學講授商事法。2001年高雄大學財經法律系成立，黃教授出任創系主任，繼續開設公司法及票據法等課程，在南臺灣積極培育商法人才。

　　黃教授每次回臺，來回的機票、車資遠遠超過學校按規定支付的鐘點費；至於時間和精神的耗費更是難以估計。但黃教授默默奉獻，以實際行動展現對教育的熱忱及故土的關懷。

　　黃教授的中、日文著作，質量俱優，學術成就深受學界肯定。數十年來作育英才無數，深受學子愛戴。今年適逢黃教授八十嵩壽，眾多門生為表達對恩師的崇敬與感恩，特別精心

製作祝壽論文集，並邀我寫序。做爲數十年的老友，我樂於從命，並藉此表達對黃教授誠摯的祝福與敬意。

賴英照

姚序

　　2018年底，正值黃師清溪教授八秩大壽，授業學生們感念師恩浩蕩，乃相約出版祝壽論文二十四篇恭賀大壽，並囑余撰序誌之，余於欽佩黃師十八年來對高雄大學法學教育卓越貢獻，雖感惶恐，仍恭敬受命，欣然為序，敬表祝賀壽辰。

　　南投位於臺灣中心，群峰層疊，山川秀麗，民情純樸，乃臺灣之世外桃源，俊傑輩出。黃師即出生於南投縣望族，自幼聰敏好學，高中畢業後便以優異成績進入臺灣大學法律系就讀，並以優異成績獲頒法學士。大學畢業後，進入銀行工作。於銀行工作期間，黃師對於票據法與票據實務運作頗有心得並燃起研究之興趣，在大學恩師之啓示下，乃遠渡重洋而前往當時票據法研究成果斐然之日本留學，專研票據法。

　　抵達日本後，黃師進入以商法聞名之名校慶應義塾大學（慶應義塾大學）就讀，於1976年以「手形坑弁の理論：特に手刑法第一七条を中心に」為題之博士論文以優異成績通過博士考試，獲頒慶應義塾大學法學博士。取得法學博士學位後的黃師歸心似箭，雖亟欲將在日本之所學貢獻給家鄉——臺灣，然因政治因素而無法返國任教。不過，因黃師在日本求學之成績優異，旋即獲聘為日本拓殖大學擔任商法教席，開始教育學子的生涯。

　　然時時掛念家鄉的黃師，雖囿於政治環境而無法返國貢獻所學，然而內心一直懸念著他熱愛的家鄉的一切，無時不刻關懷著臺灣法學教育之發展。西元2000年原為臺灣大學法律系教授王仁宏博士奉政府令而在高雄市楠梓區創立國立高雄大學，

並擔任第一任校長。國立高雄大學於創校第一年（2000年）即設法律系及政法系並招生，並預計於翌年（2001年）增設財經法律系並招生。在王仁宏校長極力延攬下，黃師有鑑於臺灣國內大學之商事法師資不足，慨然應允回國任教，並擔任國立高雄大學財經法律系創系第一任系主任，擔負起規劃該系課程及未來發展之重任，爲國立高雄大學法學教育開創新猷。該系的學子亦不負黃師創系之辛勞。近二十年該系培育出屹立於社會的眾多法學菁英，系上畢業的學子已有多人考上司法官、律師或其他公職人員，承先啓後貢獻在校所學而服務國家、社會及鄉里，並擦亮的國立高雄大學財法系的這塊招牌，黃師創系時的付出居功甚偉。

　　黃師除於國立高雄大學財經法律系開設公司法及票據法等商法課程外，並於法律系碩士班開設專題研究課程，提升了學術研究風氣，並培育無數的碩士研究生。自2001年迄今十八餘年，黃師在國立高雄大學之授課不間斷，每個月來往臺灣與日本之間，持續不斷在高雄大學教育英才，其對高雄大學法學教育孜孜不倦無私無悔的付出精神，實令人感佩不已。黃師學識淵博，教學認眞，深入淺出，對學生循循善誘，清晰的體系概念引人入勝，使授業學生獲益良多，且其對學生愛護有加，重視師生間之互動，授業學生聽講學習，如沐春風，學習效果極佳，所開課之科目均備受學生好評、深受擁戴，學生們並暱稱黃師爲「黃爺爺」，可見學生將黃師如同家中之尊長加以敬愛。

　　今欣逢黃師八秩華誕大壽，敬佩黃師的對高大學子的教育

熱誠與付出，值黃師八秩大壽，謹以此論文集衷心祈祝黃師體
健心怡，嵩壽齊天。

晚輩

姚志明 敬撰

2018年12月12日

張序

　　在國立高雄大學法學院初次見到黃清溪教授，是十多年前的往事。課堂上，他毫無架子，就像一個親切的長輩，講起課來總是帶有笑聲的尾音。每次大家針對一個問題熱烈討論後，正期待他給我們正確解答時，只見他嘿嘿兩聲，非常得意地告訴大家，這個問題很難，他也沒有標準答案，我們只要切記，這個問題很難就好了。

　　時間一久，大家慢慢發現，他想要教我們的是，如何以扎實的論理方式，去導出自己的結論，而不是人云亦云，不求甚解。「這個問題很難」成為驅使學生繼續深入研究的動力，也是黃老師授課的特色。

　　黃老師在日本教學數十年，堪稱桃李滿天下。他與學生除了課堂上的相互切磋，在課堂外更以成立研究會方式，不斷延續並精進研究成果。尤其是老師門下的碩博士畢業生，前後期學長姐與學弟妹共聚一堂，各自選定題目定期發表論文，互相砥礪，使學術成果得以精益求精。

　　2000年黃老師返臺任教後，許多學子慕名而來，接受老師指導的碩博士生日益增多。後來黃老師召集大家，希望參照日本經驗，成立公司法研究會，利用假日每月聚會發表論文，把學術研究融入日常生活中，成為大家定期聚會的主要活動。由於研究會成員不斷增加，二年前更進一步向內政部登記成立社團法人清溪公司法研究會，歡迎國內有志於公司法研究的人加入。

　　難能可貴的是，黃老師也認為自己是研究會成員，實際參

與發表論文，讓我們這些晚輩有機會觀察到他治學嚴謹、論理精闢的一面，所謂言教不如身教，黃老師真的身體力行，令人佩服。

今年適逢黃老師八十大壽，社團法人清溪公司法研究會累積了歷年發表論文的重要成果，集結成冊，以此祝賀黃清溪教授邁向人生的第九個十年，祝黃老師永遠健康開朗，研究會持續精進。

社團法人清溪公司法研究會

理事長　張鴻曉

作者現職

朱雅雯 苗栗地方法院法官助理

李美金 檢察官

李淑如 國立高雄大學政治法律學系 副教授兼系主任

吳伊萍 國立高雄大學財經法律系研究生

吳和銘 臺灣高等法院高雄分院法官助理

吳 姮 台灣綜合研究院 高級助理研究員

吳軒宇 律師

周伯翰 國立高雄大學財經法律學系 副教授

陳月端 國立高雄大學財經法律學系 教授

陳亦明 律師

陳錦昇 律師

莊曜隸 律師

張鴻曉 中鋼集團企業工會理事長；中鋼公司工程師

黃國川 臺灣高等法院高雄分院庭長

黃偉銘 雲林地方法院 法官

黃鋒榮 會計師

游聖佳 律師

葛孟靈 律師

楊有德 律師

蔣志宗 高雄地方法院 庭長

鄭貴中 臺灣高等法院高雄分院法官助理

鄭瑞崙 瑞瀛法律事務所 主持律師

魯忠軒 律師

謝孟良 律師

羅玲郁 律師

目錄

1

關於新修訂的公司法重要條文之研究

周伯翰[*]

壹、前言

　　為因應新型態經濟模式與創新事業之發展、建立友善之創新與創業環境、強化公司治理、增加企業經營彈性、保障股東權益、符合數位電子化之國際潮流、遵守國際洗錢防制規範，俾使我國具有適合全球投資之環境並與國際接軌，以吸引更多國內外之企業在我國設立公司，主管機關（經濟部）於2016年2月成立公司法修法委員會，並舉行多場公司法修法公聽會邀請相關學者專家與企業界人士參加討論而擬定公司法修正草案，於2017年12月21日經行政院第3581次院會決議通過經濟部提出的公司法修正草案，並將該修正草案函請立法院審議，由立法院彙整該修正草案與各立法委員所提出的其他修正草案進行共同審議，經立法院在2018年7月6日三讀通過，並在2018年8月1日經總統華總一經字第10700083291號令修正公布，其施行日期則授權行政院定之。經行政院於2018年10月26日以院臺經字第1070037184C號函公布，2018年8月1日修正公布之「公司法」部分條文定自2018年11月1日施行。

　　本次公司法修正的異動條文之多與涉及事項之廣為公司法歷年來之修正所罕見，且對於企業界亦產生重大之影響；然而，在本次公司法修正的異動條文中有多條條文在解釋及適用上仍有疑義，茲就其中若干重要條文之規定予以說明並加以檢討，期能對企業界、學術界、司法實務界在適用該等條文時提供參考。

---
[*] 美國威斯康新州立大學麥迪遜總校區法學博士，現任國立高雄大學財經法律學系專任副教授。

貳、對於2018年8月1日修正的公司法若干重要條文之說明與檢討

一、關於公司法修正條文第22-1條適用上的問題

(一)立法院三讀通過的公司法修正條文第22-1條的內容及修正理由

1. 立法院三讀通過的公司法修正條文第22-1條第1項的內容為：「公司應每年定期將董事、監察人、經理人及持有已發行股份總數或資本總額超過百分之十之股東之姓名或名稱、國籍、出生年月日或設立登記之年月日、身分證明文件號碼、持股數或出資額及其他中央主管機關指定之事項，以電子方式申報至中央主管機關建置或指定之資訊平臺；其有變動者，並應於變動後十五日內為之。但符合一定條件之公司，不適用之。」

關於公司法修正條文第22-1條第1項的修正理由，在立法院公布的公司法修正條文第22-1條的修正理由第二點論及，第1項（的修正理由）：

(1)為配合洗錢防制政策，協助建置完善洗錢防制體制，強化洗錢防制作為，增加法人（公司）之透明度，明定公司應每年定期以電子方式申報相關資料至中央主管機關建置或指定之資訊平臺。申報資料如有變動，並應於變動後15日內申報。

(2)參照證券交易法第25條第1項、第2項規定，明定公司應申報之資料為董事、監察人、經理人及持有已發行股份總數或資本總額超過百分之十之股東之持股數或出資額等相關資料。

(3)鑒於具特殊性質之公司例如國營事業等，因有特殊考量，宜予以排除適用，爰於但書規定，符合一定條件之公司，不適用之。

2. 立法院三讀通過的公司法修正條文第22-1條第2項的內容為：「前項資料，中央主管機關應定期查核。」

關於公司法修正條文第22-1條第2項的修正理由，在立法院公布的公司法修正條文第22-1條的修正理由第三點論及：「政府應有效掌握公司相

關資料，並應有一定機制確保該資料之正確性與及時性，爰於第二項明定中央主管機關應定期查核。」

3. 立法院三讀通過的公司法修正條文第22-1條第3項的內容為：「第一項資訊平臺之建置或指定、資料之申報期間、格式、經理人之範圍、一定條件公司之範圍、資料之蒐集、處理、利用及其費用、指定事項之內容，前項之查核程序、方式及其他應遵行事項之辦法，由中央主管機關會同法務部定之。」

關於公司法修正條文第22-1條第3項的修正理由，在立法院公布的公司法修正條文第22-1條的修正理由第四點論及：「為利後續執行與推動，於第三項明定相關子法由中央主管機關會同法務部定之；此資訊平臺，係為配合防制洗錢而設，不對外公開，關於資訊之處理及利用，並非漫無限制，有其一定之範圍，授權於子法中明定。」

在公司法修正條文第22-1條第3項的授權下，公司法的中央主管機關（經濟部）會同法務部於2018年10月31日以經濟部經商字第10702423570號令及法務部法令字第10704533660號令會銜訂定發布「公司法第二十二條之一資料申報及管理辦法」全文18條；並自2018年11月1日施行。「公司法第二十二條之一資料申報及管理辦法」第7條即針對公司法第22-1條第1項但書所稱不適用該條規定之公司明定以下列各款為限：一、國營事業管理法第3條第1項[1]所定之公司。二、公開發行股票之公司。三、其他經中央主管機關會同法務部公告之公司。

4. 立法院三讀通過的公司法修正條文第22-1條第4項的內容為：「未依第一項規定申報或申報之資料不實，經中央主管機關限期通知改正，屆期未改正者，處代表公司之董事新臺幣五萬元以上五十萬元以下罰鍰。經再限期通知改正仍未改正者，按次處新臺幣五十萬元以上五百萬元以下罰鍰，至改正為止。其情節重大者，得廢止公司登記。」

立法院三讀通過的公司法修正條文第22-1條第5項的內容為：「前項

---

[1] 國營事業管理法第3條第1項規定：「本法（國營事業管理法）所稱國營事業如下：一、政府獨資經營者。二、依事業組織特別法之規定，由政府與人民合資經營者。三、依公司法之規定，由政府與人民合資經營，政府資本超過百分之五十者。」

情形，應於第一項之資訊平臺依次註記裁處情形。」

關於公司法修正條文第22-1條第4項及第5項的修正理由，在立法院公布的公司法修正條文第22-1條的修正理由第五點論及：「於第四項及第五項明定未依規定申報或申報之資料不實者，中央主管機關應先限期通知公司改正，屆期未改正者，始予處罰，其罰則係參照洗錢防制法而定，並於資訊平臺依次註記處罰情形，俾利管理。」

(二)關於立法院三讀通過的公司法修正條文第22-1條第1項與行政院版的公司法修正條文第22-1條第1項及第3項的內容和修正理由之比較研究

1. 行政院版的公司法修正條文第22-1條第1項的內容為：「公司應於每月十五日前，將實質受益人資料以電子方式申報至中央主管機關建置之資訊平臺。但符合一定條件之公司，不適用之。」

關於行政院版的公司法修正條文第22-1條第1項的修正理由在行政院版的公司法修正條文有關第22-1條的修正理由第二點論及，增訂第1項（的修正理由）：

(1)為落實建構以風險分析為基礎之跨國洗錢防制制度，並有助於我國通過西元2018年「亞太洗錢防制組織」（Asia/Pacific Group on Money Laundering，以下簡稱APG）[2]第三輪相互評鑑，爰參照「防制洗錢金融行動工作組織」（Financial Action Task Force on Money Laundering，以下簡

---

[2] 「亞太洗錢防制組織」（Asia/Pacific Group on Money Laundering，簡稱APG）成立於1997年，秘書處設於澳洲，現有41個會員。旨在有效執行及強化國際打擊洗錢犯罪及資助恐怖份子之國際標準。我國為創始會員之一，自2008年至2010年擔任政策指導工作組的北亞區代表，2010年加入「捐助者及技術協助與訓練提供者工作組」（Donor and Provider on Technical Assistance and Training Working Group，英文簡稱DAP），並自2011年起參與APG提供其太平洋島國會員及觀察員提升防制洗錢及打擊資助恐怖份子能力之計畫。
外交部，https://www.mofa.gov.tw/igo/cp.aspx?n=4933DB35000610C4 （最後瀏覽日：10/25/2018）。

稱FATF）[3]第24項關於實質受益權之建議[4]，引進實質受益人之規定。

(2)依前揭FATF建議，要求政府應有效掌握公司實質受益人資料，並應有一定機制確保該資料之正確性與及時性，爰明定由中央主管機關建置資訊平臺，供公司以電子方式申報實質受益人資料，並參照證券交易法第25條第2項[5]規定，要求公司應於每月15日前申報。

(3)前揭FATF建議各國在立法上，原則採取涵蓋面廣，但對於具特殊性質之公司予以排除適用之模式，例如排除國營事業等，爰於但書規定，符合一定條件之公司不適用之。此所謂一定條件之公司，例如國營事業等，可毋庸申報實質受益人資料。

2. 行政院版的公司法修正條文第22-1條第3項的內容為：「第一項所稱實質受益人，指董事、監察人、經理人及持有已發行股份總數或資本總額超過百分之十之股東。」

關於行政院版的公司法修正條文第22-1條第3項的修正理由在行政院版的公司法修正條文有關第22-1條的修正理由第四點論及，鑒於證券交易法第25條第1項[6]規定，公開發行股票之公司應將其董事、監察人、經理人

---

[3] 「防制洗錢金融行動工作組織」（Financial Action Task Force on Money Laundering，簡稱FATF）成立於1989年，總部設於法國巴黎，現有37個會員，旨在打擊國際洗錢犯罪，設立相關規範與策略。該組織所制訂之「四十項建議」（Forty Recommendations）及「關於恐怖主義財源之九點特別建議」（Nine Special Recommendations on Terrorists Financing）為國際反洗錢工作之準則。我國雖非FATF會員，惟自2006年起我國以「亞太防制洗錢組織」（Asia/Pacific Group on Money Laundering，簡稱APG）會員身分參與FATF會議。

外交部，https://www.mofa.gov.tw/igo/cp.aspx?n=4933DB35000610C4（最後瀏覽日：10/25/2018）。

[4] FATF 24.1.3：「有關機關應採取必要的法律或管理措施，以防止罪犯或其合夥人控制或成為利益擁有人、擁有顯著控股權益或持有管理權限……」

[5] 證券交易法第25條第2項規定：「前項股票持有人，應於每月五日以前將上月份持有股數變動之情形，向公司申報，公司應於每月十五日以前，彙總向主管機關申報。必要時，主管機關得命令其公告之。」

[6] 證券交易法第25條第1項規定：「公開發行股票之公司於登記後，應即將其董事、監察人、經理人及持有股份超過股份總額百分之十之股東，所持有之本公司股票種類及股數，向主管機關申報並公告之。」

及持股超過百分之十之股東，所持有之本公司股票種類及股數，向主管機關申報，爰於第3項明定所稱實質受益人，指董事、監察人、經理人及持有已發行股份總數或資本總額超過百分之十之股東。

　　自行政院版的公司法修正條文第22-1條第1項與第3項的內容及其修正理由可見，為落實建構以風險分析為基礎之跨國洗錢防制制度，並有助於我國通過2018年APG第三輪相互評鑑，因此參照FATF第40項關於實質受益權之建議，而於行政院版的公司法修正條文第22-1條第1項引進實質受益人之規定；並參考證券交易法第25條第1項之規定，而於行政院版的公司法修正條文第22-1條第 1 項規定，行政院版的公司法修正條文第22-1條第1項所稱的**實質受益人，指董事、監察人、經理人及持有已發行股份總數或資本總額超過百分之十之股東。**

　　3.行政院版的公司法修正條文第22-1條第3項將同條第1項所稱的實質受益人限於董事、監察人、經理人及持有已發行股份總數或資本總額超過百分之十之股東，引起許多學者之批評。

　　有學者表示，對照國際規範與我國其他法律，此次草案中實質受益人之定義顯然過於狹窄，更重要的是完全欠缺有關實質認定之規範。修法說明雖表明係參照證券交易法第25條之規定，但對於該條有關實質認定之規範，包括配偶、未成年子女與利用他人名義持有者[7]，似均未包括公司法修正草案之內。[8]如此，可能使不願具名之實質受益人更加頻繁地利用境外法人持股，或者以他人名義持股，使我國公司的資訊更不透明且複雜，除不利APG評鑑，亦將惡化公司治理品質。[9]

　　另有學者論及，從世界各國之立法觀之，絕大多數國家都是透過公司

---

[7] 本處係指依證券交易法第25條第3項準用同法第22-2條第3項。證券交易法第25條第3項規定：「第二十二條之二第三項之規定，於計算前二項持有股數準用之。」；而證券交易法第22-2條第3項規定：「第一項之人持有之股票，包括其配偶、未成年子女及利用他人名義持有者。」

[8] 陳彥良、朱德芳，提升公司透明度及建置反洗錢措施—公司法部分條文修正草案評析，月旦法學雜誌，第275期，2018年，頁47。

[9] 同前註，頁48。

法要求公司應為實質受益人之申報，因公司最了解其實質受益人為何人，並可藉此強化公司治理，防止關係人交易等企業舞弊事件。[10]實質受益人定義過窄，容易隱匿。FATF對於實質受益人之定義為：「對法人擁有最終控制性所有權利益，或以其他方式控制法人之自然人」。而依據我國（金融機構防制洗錢辦法）[11]之規定，實質受益人係指對客戶擁有最終所有權或控制權之自然人。此外，實質受益人之定義，必定結合形式與實質認定。[12]

4. 立法院三讀通過的公司法修正條文第22-1條第1項本文則逕自規定，公司應每年定期將董事、**監察人**、**經理人及持有已發行股份總數或資本總額超過百分之十之股東**之姓名或名稱、國籍、出生年月日或設立登記之年月日、身分證明文件號碼、持股數或出資額及其他中央主管機關指定之事項，以電子方式申報至中央主管機關建置或指定之資訊平臺；其有變動者，並應於變動後15日內為之。

亦即，立法院三讀通過的公司法修正條文第22-1條第1項未採用行政院版的公司法修正條文第22-1條第1項的立法模式，規定公司應定期申報**實質受益人**的資料；而係仿照受到許多學者所批評的行政院版的公司法修正條文第22-1條第3項的立法模式，規定公司應定期申報董事、**監察人**、**經理人及持有已發行股份總數或資本總額超過百分之十之股東**的資料。此種立法模式，將使我國公司之資訊揭露不夠透明，且難以防止關係人交易等企業舞弊事件，亦不利於APG對於我國建置完善洗錢防制體制之評鑑，並將惡化我國公司治理之品質。

---

[10] 曾宛如、馬國柱、方嘉麟、朱德芳、朱竹元、吳志豪，公司法全盤修正重要議題──探討資訊揭露與法人犯罪防制、經營權爭奪及董事會功能，月旦法學雜誌，第276期，2018年，頁240。

[11] 金融機構防制洗錢辦法第2條第7款規定：「實質受益人：指對客戶具最終所有權或控制權之自然人，或由他人代理交易之自然人本人，包括對法人或法律協議具最終有效控制權之自然人。」

[12] 曾宛如、馬國柱、方嘉麟、朱德芳、朱竹元、吳志豪，同前註10，頁241。

二、關於公司法修正條文第173-1條適用上的問題

(一)公司法第173-1條所涉及的實務爭議

公司法修正條文第173-1條俗稱「大同條款」，係因為公司法修正條文第173-1條和大同公司的市場派大股東集團為取得大同公司之經營權而與大同公司的公司派之間的爭議解決有關。

在2017年3月，大同公司估算該公司的市場派大股東集團已取得該公司實質多數的股權，很可能讓大同公司的公司派經營權旁落，因此大同公司於2017年3月29日召開董事會針對106年度的董事及獨立董事被提名人資格進行審查，宣稱係依據公司法第192-1條第4項[13]之規定為形式審查，未增加任何其他證明文件，但審查結果卻將由兩組市場派大股東集團「欣同投資顧問有限公司、陳麗卿、虞金榜、徐金藍」及「新大同投資顧問有限公司、鄭佳佳」所推出的六位董事及四位獨立董事的被提名人全數「依法不列入」董事及獨立董事的候選人名單，大同公司宣稱其排除原因係依公司法第192-1條第4項之規定所應檢附的證明文件不齊備。[14]此舉不但引起大同公司的市場派大股東集團之律師的嚴厲批評，也引起法界與企業界人士的高度注意。

在2018年8月1日公司法修正前的原公司法第192-1條第8項僅規定，公司負責人違反第2項（即原公司法第192-1條第2項）[15]或前2項（即原公司

---

[13] 在2018年8月1日公司法修正前，原公司法第192-1條第4項規定：「前項提名股東應檢附被提名人姓名、學歷、經歷、當選後願任董事之承諾書、無第三十條規定情事之聲明書及其他相關證明文件；被提名人為法人股東或其代表人者，並應檢附該法人股東登記基本資料及持有之股份數額證明文件。」此外，在2018年8月1日公司法修正前，原公司法第192-1條第5項則規定：「董事會或其他召集權人召集股東會者，對董事被提名人應予審查，除有左列情事之一者外，應將其列入董事候選人名單：一、提名股東於公告受理期間外提出。二、提名股東於公司依第一百六十五條第二項或第三項停止股票過戶時，持股未達百分之一。三、提名人數超過董事應選名額。四、未檢附第四項規定之相關證明文件。」

[14] 風傳媒，https://www.storm.mg/article/241351（最後瀏覽日：10/28/2018）。

[15] 在2018年8月1日公司法修正前，原公司法第192-1條第2項規定：「公司應於股東會召開前之停止股票過戶日前，公告受理董事候選人提名之期間、董事應選名額、其

法第192-1條第6項及第7項）[16]規定者，處新臺幣1萬元以上5萬元以下罰鍰，而此項罰則對於欲維持控制資產規模數百億之公司[17]的公司負責人而言其實是微不足道的。此外，在2018年8月1日修正前的原公司法對於公司負責人違反原公司法第192-1條第5項（應將董事被提名人列入董事候選人名單而未列入）[18]，而惡意排除市場派股東所推出的董事及獨立董事的被提名人列入董事及獨立董事的候選人名單，並無任何罰則，致使持股數不足以維持公司經營權之公司負責人得以利用此規範漏洞而維持其對公司的經營權。

　　在前述大同公司的董事會藉由對董事及獨立董事被提名人資格進行審查而排除市場派大股東集團所推出的董事及獨立董事的被提名人列入董事及獨立董事的候選人名單後，大同公司的市場派大股東集團「新大同投資顧問有限公司」及代表人鄭佳佳乃向臺北地方法院聲請定暫時狀態之處分[19]，請求法院以裁定使大同公司的董事會將市場派大股東集團所推出的董事及獨立董事的被提名人列入董事及獨立董事的候選人名單，惟臺北地方法院以106年度全字第151號裁定及106年度全字第152號裁定駁回前述假處分之聲請。

受理處所及其他必要事項，受理期間不得少於十日。」

[16] 在2018年8月1日公司法修正前，原公司法第192-1條第6項規定：「前項審查董事被提名人之作業過程應作成紀錄，其保存期限至少為一年。但經股東對董事選舉提起訴訟者，應保存至訴訟終結為止。」；至於原公司法第192-1條第7項則規定：「公司應於股東常會開會四十日前或股東臨時會開會二十五日前，將董事候選人名單及其學歷、經歷、持有股份數額與所代表之政府、法人名稱及其他相關資料公告，並將審查結果通知提名股東，對於提名人選未列入董事候選人名單者，並應敘明未列入之理由。」

[17] 據媒體報導，大同公司之資本額高達新臺幣233億元。風傳媒，同前註14。

[18] 在2018年8月1日公司法修正前，原公司法第192-1條第5項規定：「董事會或其他召集權人召集股東會者，對董事被提名人應予審查，除有左列情事之一者外，應將其列入董事候選人名單：一、提名股東於公告受理期間外提出。二、提名股東於公司依第一百六十五條第二項或第三項停止股票過戶時，持股未達百分之一。三、提名人數超過董事應選名額。四、未檢附第四項規定之相關證明文件。」

[19] 民事訴訟法第538條第1項規定：「於爭執之法律關係，為防止發生重大之損害或避免急迫之危險或有其他相類之情形而有必要時，得聲請為定暫時狀態之處分。」

　　「新大同投資顧問有限公司」及代表人鄭佳佳乃向臺灣高等法院提起抗告，臺灣高等法院在2017年4月25日以106年抗字第487號裁定駁回該抗告，其理由略以：（一）抗告人未提出相關證據以釋明，其所提名之人選如無法在相對人公司股東會選舉，所受之具體損害內容為何；（二）若保全抗告人此3.1%股東之董事提名權，他方面卻可能同時招致相對人公司（大同股份有限公司）與其他96%以上股東、員工、相對人交易客戶及債權債務人等利害關係人受有更大損害，影響公共利益甚鉅。因此臺灣高等法院認定，本件因無對抗告人造成重大損害、不利益或急迫之危險等情事，故無預為保全處分之必要性，乃駁回抗告人之抗告；並宣示本裁定除以「適用法規顯有錯誤」為理由[20]外，不得再抗告。

　　此外，在2017年大同公司的市場派大股東集團原本計畫依公司法第173條第1項之規定[21]，請求大同公司的董事會召集股東臨時會改選董事，以便大同公司的市場派大股東集團可以取得大同公司過半數之董事席次而獲得大同公司之經營權。

　　然而，在前述大同公司的董事會藉由對董事及獨立董事被提名人資格進行審查而排除市場派大股東集團所推出的董事及獨立董事的被提名人列入董事及獨立董事的候選人名單後，大同公司的市場派大股東集團認為即使其依公司法第173條第1項之規定請求大同公司的董事會召集股東臨

---

[20] 民事訴訟法第486條第4項規定：「除前二項之情形外，對於抗告法院之裁定再為抗告，僅得以其適用法規顯有錯誤為理由。」；至於民事訴訟法第486條第2項規定：「抗告法院之裁定，以抗告不合法而駁回者，不得再為抗告。但得向原法院提出異議。」；民事訴訟法第486條第3項則規定：「前項異議，準用第四百八十四條第二項及第三項之規定。」；而民事訴訟法第484條第2項規定：「前項異議，準用對於法院同種裁定抗告之規定。」；民事訴訟法第484條第3項則規定：「受訴法院就異議所為之裁定，不得聲明不服。」；至於民事訴訟法第484條第1項規定：「不得上訴於第三審法院之事件，其第二審法院所為裁定，不得抗告。但下列裁定，得向原法院提出異議：一、命法院書記官、執達員、法定代理人、訴訟代理人負擔訴訟費用之裁定。二、對證人、鑑定人、通譯或執有文書、勘驗物之第三人處以罰鍰之裁定。三、駁回拒絕證言、拒絕鑑定、拒絕通譯之裁定。四、強制提出文書、勘驗物之裁定。」

[21] 公司法第173條第1項規定：「繼續一年以上，持有已發行股份總數百分之三以上股份之股東，得以書面記明提議事項及理由，請求董事會召集股東臨時會。」

時會改選董事，在當時大同公司的董事會之組成結構下，大同公司的董事會根本不可能同意召集股東臨時會。再者，大同公司的市場派大股東集團認為，若其續依公司法第173條第2項之規定[22]申請主管機關許可，由大同公司的市場派大股東自行召集股東臨時會，主管機關更不可能「公親變事主」（介入私人企業爭奪經營權之紛爭）而許可大同公司的市場派大股東自行召集股東臨時會。因此，大同公司的市場派大股東集團只好將希望寄託在今年公司法之修法。[23]

另一方面，金管會於去年5月查到在大同公司的市場派大股東集團之持股中包括中國龍峰集團董事長任國龍與其加拿大籍的女兒任梓菱透過永豐證券香港子公司以新臺幣10億元取得的超過4%之大同公司股份，而違反「臺灣地區與大陸地區人民關係條例」第73條之規定[24]，對永豐證券與違法的陸資（中國龍峰集團）各開罰新臺幣60萬元[25]，並對任國龍開罰新臺幣582萬元，且勒令其在6個月內出清持股。[26]

在公司法修正條文第173-1條通過後，大同公司的市場派大股東集團乃積極購買大同公司的股份，並宣稱已掌控大同公司52%的股權，不排除依法（公司法第173-1條）自行或與他人共同推動召集股東臨時會以改選全體董事。[27]

---

[22] 公司法第173條第2項規定：「前項請求提出後十五日內，董事會不為召集之通知時，股東得報經主管機關許可，自行召集。」

[23] 鏡週刊（Mirror Media），https://www.mirrormedia.mg/story/20180228inv004/（最後瀏覽日：10/30/2018）。

[24] 「臺灣地區與大陸地區人民關係條例」第73條規定：「大陸地區人民、法人、團體、其他機構或其於第三地區投資之公司，非經主管機關許可，不得在臺灣地區從事投資行為。」

[25] 鏡週刊，同前註23。

[26] 今周刊，https://www.businesstoday.com.tw/article/category/80392/post/201805230021/%E5%9C%B0%E7%94%A2%E5%A4%A7%E4%BA%BA%E6%90%B6%E7%B6%93%E7%87%9F%E6%AC%8A%20%20%E6%8E%8C%E6%8E%A752%EF%BC%85%E8%82%A1%E6%AC%8A%EF%BC%8C%E5%A4%A7%E5%90%8C%E6%81%90%E8%AE%8A%E5%A4%A9（最後瀏覽日：10/30/2018）。

[27] 同前註。

　　有媒體乃質疑，公司法放寬股東會召開程序的修法草案（公司法修正條文第173-1條），至今仍沒有完整的配套措施，尤其對於「持股過半數股權之股東」的定義不明，是否可能擴大解釋將關係人帳戶之持股都算入，許多問題都沒有考慮，貿然修法只會帶來更多的爭議。何況，我國對公司法人登記要求非常寬鬆，根本不用申報實質受益人，即便洗錢防制法要求加強申報機制，但相關修法配套存在很大的漏洞，再加上境外資金追查困難，很容易讓陸資隱身背後，以外資身分箭指臺灣指標企業，屆時臺灣股市和上市、櫃公司的董、監事會議，恐怕永無寧日。[28]

（二）公司法第173-1條所涉及的法律爭議

1. 關於立法院三讀通過的公司法修正條文第173-1條的內容與行政院版的公司法修正條文第173-1條的內容之比較研究

　　在立法院三讀通過的公司法修正條文第173-1條公布施行前，在我國有關股東行使股東會之股東召集權係依下列方式進行區分：若為「公開發行公司」之股東且其採用「公開收購」之方式取得該公司的股份，則該股東應依證券交易法第43-5條第4項[29]之規定行使股東會之股東召集權，可不受持股期間之限制；至於「公開發行公司」之股東但未採用「公開收購」之方式取得該公司的股份以及非「公開發行公司」之股東取得該公司的股份，則該等股東應依公司法第173條第1項[30]及第2項[31]之規定行使股東會之股東召集權，而受到持股期間繼續1年以上之限制。

　　有學者表示，美、日在股東召集權設計，完全採公司自治，並無政

---

[28] 鏡週刊，同前註23。

[29] 證券交易法第43-5第4項規定：「公開收購人與其關係人於公開收購後，所持有被收購公司已發行股份總數超過該公司已發行股份總數百分之五十者，得以書面記明提議事項及理由，請求董事會召集股東臨時會，不受公司法第一百七十三條第一項規定之限制。」

[30] 公司法第173第1項規定：「繼續一年以上，持有已發行股份總數百分之三以上股份之股東，得以書面記明提議事項及理由，請求董事會召集股東臨時會。」

[31] 公司法第173條第2項規定：「前項請求提出後十五日內，董事會不為召集之通知時，股東得報經主管機關許可，自行召集。」

府介入，日本則尚須取得法院許可。我國（過去依公司法第173條第1項及第2項之規定）尚須經主管機關許可方得（由股東）自行召集（股東臨時會），加計前述前置程序（持股期間繼續1年以上）亦耗費時間，股東自行召集（股東臨時會）所需時間可說相當長且不確定，使現任經營者處於優勢。[32]

該位學者並表示，在召集股東會時，挑戰公司現任經營者所面臨最大的困難，除了須通過股東召集權設計重重關卡外，就是股東名冊的取得。[33]股東縱使已取得主管機關許可召集（股東臨時會），是否即代表必然有權請求公司揭示其股東名冊仍不無疑問，更何況公司縱違法拒絕，後果也不過是代表公司的董事（依公司法第210條第3項）被處以罰鍰而已。而且，依我國公司法設計，現任經營者如前論及，也可以各種方法阻撓與其敵對之大股東順利召開股東會，例如使監察人（依公司法第220條）及時出面召開股東會等。可以說在現行公司法下，無論法條設計或實務運作，單純大股東（並未控制董事會多數席位，亦未控制董事長），相對於現任經營者，是處於相當不利的地位。[34]

為了平衡公司之現任經營者與單純大股東之權益，使公司之單純大股東行使股東會之股東召集權，可不受持股期間之限制，且無須政府介入，故該位學者在接受主管機關委託而擬定行政院版的公司法修正草案時，所提出的公司法修正條文第173-1條的內容為：「持有已發行股份總數過半數股份之股東，得自行召集股東臨時會。前項股東持股數之計算，以第一百六十五條第二項或第三項停止股票過戶時之持股為準。」

就行政院版的公司法修正條文第173-1條的內容與立法院三讀通過的公司法修正條文第173-1條的內容相較，行政院版的公司法修正條文第173-1條的內容並無「繼續3個月以上持股」之條件，只要持有已發行股份總數過半數股份之股東，即得自行召集股東臨時會。

---

[32] 方嘉麟，經營權爭奪戰中股東召集權設計兼論監察人角色—以元大復華併購案為例，政大法學評論，第108期，2008年，頁230。

[33] 同前註，頁232。

[34] 同前註，頁233。

　　惟有學者論及，若輕易降低股東臨時會門檻，會造成經營權的爭奪，尤其是股市禿鷹或中國資本以市場派持股優勢取得經營權，將導致公司動盪不安。[35]

　　在考量各方所主張之意見後，最後經立法院三讀通過的公司法第173-1條第1項的內容為：「繼續三個月以上持有已發行股份總數過半數股份之股東，得自行召集股東臨時會。」

　　關於公司法第173-1條第1項的修正理由，在立法院公布的公司法第173-1條的修正理由第二點論及：「當股東持有公司已發行股份總數過半數股份時，其對公司之經營及股東會已有關鍵性之影響，倘其持股又達一定期間，賦予其有自行召集股東臨時會之權利，應屬合理，爰明定繼續三個月以上持有已發行股份總數過半數股份之股東，可自行召集股東臨時會，毋庸先請求董事會召集或經主管機關許可。」

　　此外，有學者主張，依經濟部於2008年5月15日經商字第09702060280號函之說明，公司法第172-1條及第192-1條規定所稱「持有已發行股份總數百分之一以上股份之股東」[36]，不以單一股東為限，如數股東持有股份總數之和達百分之一以上者，亦包括在內。」為此，公司法第173-1條召集股東臨時會之召集權人股數之計算，亦應不以單一股東為限，如數股東持有股份總數之和超過半數者，亦包括在內。[37]

　　立法院三讀通過的公司法第173-1條第2項的內容則為：「前項股東持股期間及持股數之計算，以第一百六十五條第二項或第三項停止股票過戶時之持股為準。」

　　關於公司法第173-1條第2項的修正理由，在立法院公布的公司法第

---

[35] 陳連順，大同條款與敵意併購，月旦會計實務研究，第8期，2018年，頁62。

[36] 公司法第172-1條第1項規定：「持有已發行股份總數百分之一以上股份之股東，得向公司提出股東常會議案。但以一項為限，提案超過一項者，均不列入議案。」此外，公司法第192-1條第3項規定：「持有已發行股份總數百分之一以上股份之股東，得以書面向公司提出董事候選人名單，提名人數不得超過董事應選名額；董事會提名董事候選人之人數，亦同。」

[37] 劉承愚，新時代公司法下股東會的新風貌，月旦會計實務研究，第8期，2018年，頁44，註8。

173-1條的修正理由第三點論及：「繼續三個月以上持有已發行股份總數過半數股份之股東，得召集股東臨時會，該股東所持有過半數股份及持股期間，究應以何時為準，宜予明定，爰於第二項明定股東持股期間及持股數之計算，以第一百六十五條第二項[38]或第三項[39]停止股票過戶時之持股為準，以利適用。」

2. 關於立法院三讀通過的公司法修正條文第173-1條第1項的內容與證券交易法第43-5條第4項的內容之比較研究

由於公司法修正條文第173-1條第1項之規定與證券交易法第43-5條第4項之規定的內容不同，以至於在公開發行公司之公開收購人與其關係人於公開收購後，所持有被收購公司已發行股份總數超過該公司已發行股份總數百分之五十者（持有已發行股份總數過半數之股份）時，究應適用公司法修正條文第173-1條第1項之規定而自行召集股東臨時會，或適用證券交易法第43-5條第4項之規定而僅能請求董事會召集股東臨時會，即產生疑義。

依金融監督管理委員會主任委員（以下簡稱金管會主委）回答媒體對於前述問題之提問時表示，公司法是基本法，不論公開發行公司或非公開發行公司都適用，至於證交法第43-5條明確訂定只有同時符合「公開發行公司」且「公開收購持股過半」兩個條件，且繼續持股3個月以上時，才會有兩法適用的競合問題。[40]

亦即，由於證券交易法第43-5條第4項規定，「公開收購」持股過半數的股東，可以請求董事會召集股東臨時會，因此只有同時符合適用證券交易法的「公開發行公司」且「公開收購持股過半數」的股東，並符合公司法第173-1條第1項所規定的「繼續3個月以上持股」之情形，才會有適

---

[38] 公司法第165條第2項規定：「前項股東名簿記載之變更，於股東常會開會前三十日內，股東臨時會開會前十五日內，或公司決定分派股息及紅利或其他利益之基準日前五日內，不得為之。」

[39] 公司法第165條第3項規定：「公開發行股票之公司辦理第一項股東名簿記載之變更，於股東常會開會前六十日內，股東臨時會開會前三十日內，不得為之。」

[40] 中時電子報，https://www.chinatimes.com/newspapers/20180709000173-260202（最後瀏覽日：10/30/2018）。

用公司法第173-1條第1項或證券交易法第43-5條第4項的問題。

　　金管會主委也表示，金融監督管理委員會（以下簡稱金管會）與經濟部已達成共識，公開發行公司若公開收購持股過半數，二法可擇一適用。此外，經濟部次長也表示，若非走公開收購程序、持股過半數的股東，未來還是適用公司法第173-1條第1項，可以自行召集股東臨時會。只有走公開收購程序且收購持股過半數的股東，才會有二法擇一適用之問題。[41]

　　然而，金管會經內部討論與各界溝通後，決定直接刪除證交法第43-5條第4項之規定，以避免其與公司法第173-1條在適用上優先順序的問題。[42]

　　有學者論及，在面對敵意併購時，歐洲有些國家（如英、德）之立法例似傾向採取「董事會中立原則」，其立法政策是基於股東平等原則而來，故主張由股東會（德國則由監事會）決定是否採取防禦措施。[43]按我國「公開收購公開發行公司有價證券管理辦法」[44]第14條第1項第2款之規定[45]，似可見我國法並未採取像有些國家一樣以法律要求董事會對敵意併購應持中立主義，我國似較傾向美國（如德拉瓦州公司法）採行「董事會優先原則」，將防禦措施之決定交由董事會依其專業經營知識判斷之。[46]

　　該位學者並表示，特別法優於普通法，指的是同一事項，但證交法（第43-5條第4項）與公司法（第173-1條第1項）兩者規範內容並非同一

---

[41] 聯合新聞網，https://udn.com/news/story/11316/3240447（最後瀏覽日：10/30/2018）。

[42] 自由時報，http://news.ltn.com.tw/news/focus/paper/1221127（最後瀏覽日：10/30/2018）。

[43] 劉連煜，敵意併購下目標公司董事的受任人（受託）義務——以開發金控敵意併購金鼎證券為例，政大法學評論，第125期，2011年，頁36。

[44] 該辦法依證券交易法第43-1條第4項之規定而訂定。

[45] 「公開收購公開發行公司有價證券管理辦法」第14條第1項第2款規定：「被收購有價證券之公開發行公司於接獲公開收購人依第九條第六項規定申報及公告之公開收購申報書副本、公開收購說明書及相關書件後十五日內，應就下列事項公告、作成書面申報本會備查及抄送證券相關機構……二、董事會應就本次公開收購人身分與財務狀況、收購條件公平性，及收購資金來源合理性之查證情形，對其公司股東提供建議，並應載明董事同意或反對之明確意見及其所持理由。」

[46] 劉連煜，同前註43，頁37。

事項，沒有特別法優先適用問題；若合意的公開收購，依證交法（第43-5條第4項）可減少需持股滿3個月等待期；若是敵意收購，依公司法（第173-1條第1項）之程序較合適。再者，大同條款（指公司法第173-1條）缺乏「請求董事會召集」程序，立法有些不夠周延，如有這道程序，公司經營權不致「突然」變天，公司派和市場派可協商，有助市場穩定發展。[47]

另有學者表示，公司法第173條少數股東召集權有1年以上的持股限制，而無法及時召集股東會移轉經營權並對企業組織再造調整造成不便，更何況公司持股50%以上之股東，對原董事已無信賴，強以制度使原董事留任對公司反而更不利。公司法第173條少數股東之股東會召集權規定，其本質為股東權之共益權，其行使之目的並非專為股東個人，而在防止公司不當經營之救濟。新法第173-1條解釋上亦為股東共益權，而證交法第43-5條第4項規定，著眼於企業併購者於公開收購取得被收購公司逾50%之股份時，若不能召開股東會撤換原有經營者，將使企業併購之意願降低而設，二者內涵本質並不相同。公司法修正條文第173-1條給予持有已發行股份總數過半數股份之股東召集股東會的途徑，自有其存在之正當性和必要性。[48]

該位學者並表示，公開發行公司原則上在公開收購情形仍然應優先適用證交法第43-5條第4項，也必須以書面先向董事會請求召集股東臨時會，但持股3個月以上，以目的性解釋，得自由適用證交法第43-5條第4項或公司法第173-1條，無強制要求先向董事會請求（召集股東臨時會），否則根本違反當初公司法第173-1條修法目的。非公開發行公司則都是適用公司法修正條文第173-1條，必須持有3個月以上方得自行召集股東臨時會，且無庸先向董事會請求（召集股東臨時會）。[49]

如前所述，公司法第173-1條第1項之規定在原先行政院版的公司法修

---

[47] 中時電子報，同前註40。

[48] 陳彥良，持股過半股東召集股東會相關問題，月旦法學教室，第192期，2018年，頁24。

[49] 同前註。

正草案中僅有「持股過半數」之條件，並無「繼續3個月以上持股」之條件；然而，最後經立法院三讀通過的條文則增加「繼續持股3個月以上」之條件。

惟相較於公司法第173條第1項規定：「繼續一年以上，持有已發行股份總數百分之三以上股份之股東，得以書面記明提議事項及理由，請求董事會召集股東臨時會。」所設定之持股期間的條件為「繼續1年以上」，則公司法第173-1條第1項所設定之持股期間的條件為「繼續3個月以上」是否仍過於寬鬆，是否應該修法將公司法第173-1條第1項所設定之持股期間的條件改為「繼續半年以上」或「繼續1年以上」，俾使公司經營者與市場派大股東雙方權利能夠平衡，並維持公司經營之穩定性，相當值得斟酌。

此外，依美國德拉瓦州最高法院（Supreme Court of Delaware）在MM Companies, Inc. v. Liquid Audio, Inc案[50]所採之見解：(1)現在的董事會對於擴張董事會成員人數有責任顯示令人信服的正當性，且(2)由於股東經營權帶來威脅而採取防禦措施並非合比例及合理的[51]。前述大同公司以市場派大股東集團提出的「董事提名人資料不足」為由（亦即以違反原公司法第192-1條第4項為由），而排除市場派大股東集團推出的董事候選人之提名資格，即該當於前述美國德拉瓦州最高法院所採之第(2)項見解—由於股東經營權帶來威脅而採取防禦措施並非合比例及合理的。

三、關於公司法修正條文第192-1條適用上的問題

(一) 立法院三讀通過的公司法修正條文第192-1條的內容及修正理由

1. 立法院三讀通過的（以下同）公司法修正條文第192-1條第1項的內容為：「公司董事選舉，採候選人提名制度者，應載明於章程，股東應就董事候選人名單中選任之。但公開發行股票之公司，符合證券主管機關依公司規模、股東人數與結構及其他必要情況所定之條件者，應於章程載

---

[50] MM Companies, Inc. v. Liquid Audio, Inc., 813 A.2d 1118 (Del. 2003).

[51] *Id.*

明採董事候選人提名制度。」

　　關於公司法修正條文第192-1條第1項的修正理由，在立法院公布的公司法修正條文第192-1條的修正理由第一點論及：「依原第一項規定，董事選舉，僅限公開發行股票之公司得採行候選人提名制度。惟非公開發行股票之公司亦有意願採行董事候選人提名制度，爰刪除第一項『公開發行股票之』之文字，讓非公開發行股票之公司，亦得採行董事候選人提名制度。另增訂但書授權證券主管機關就公開發行股票公司應採董事候選人提名制度者，訂定一定公司規模、股東人數與結構及其他必要情況之條件，以符合授權明確性原則。」

　　2. 在立法院公布的公司法修正條文第192-1條的修正理由第二點則說明：「第二項及第三項未修正。」

　　3. 公司法修正條文第192-1條第4項的內容為：「前項提名股東應敘明被提名人姓名、學歷及經歷。」

　　關於公司法修正條文第192-1條第4項的修正理由，在立法院公布的公司法修正條文第192-1條的修正理由第三點論及：「為簡化提名股東之提名作業程序，修正第4項之『檢附』為『敘明』，且僅需敘明被提名人姓名、學歷、經歷即可。至於『當選後願任董事之承諾書、無第30條規定情事之聲明書』者，鑑於是否當選，尚屬未定，實無必要要求提前檢附，況被提名人一旦當選，公司至登記主管機關辦理變更登記時，即知是否願任，爰刪除該等文件；另『被提名人為法人股東或其代表人者，並應檢附該法人股東登記基本資料及持有之股份數額證明文件』者，基於法人股東登記基本資料及持有之股份數額證明文件，公司已有相關資料，亦無必要要求檢附，爰予刪除。」

　　4. 公司法修正條文第192-1條第5項的內容為：「董事會或其他召集權人召集股東會者，除有下列情事之一者外，應將其列入董事候選人名單：一、提名股東於公告受理期間外提出。二、提名股東於公司依第

一百六十五條第二項[52]或第三項[53]停止股票過戶時，持股未達百分之一。三、提名人數超過董事應選名額。四、提名股東未敘明被提名人姓名、學歷及經歷。」

　　關於公司法修正條文第192-1條第5項的修正理由，在立法院公布的公司法修正條文第192-1條的修正理由第四點論及：「配合法制作業用語，第五項序文『左列』修正為『下列』。又配合第四項已修正簡化提名股東之作業程序，是否列入董事候選人名單，應依本項規定判斷，爰不再要求董事會或其他召集權人，對被提名人予以審查，刪除『對董事被提名人應予審查』之文字；另配合第四項之修正，原第四款『未檢附第四項規定之相關證明文件』修正為『提名股東未敘明被提名人姓名、學歷及經歷』。」

　　5. 公司法修正條文第192-1條的修正理由第五點另說明：「配合第五項已刪除董事會或其他召集權人對被提名人予以審查之規定，爰刪除原第六項。」

　　6. 公司法修正條文第192-1條第6項的內容為：「公司應於股東常會開會二十五日前或股東臨時會開會十五日前，將董事候選人名單及其學歷、經歷公告。但公開發行股票之公司應於股東常會開會四十日前或股東臨時會開會二十五日前為之。」

　　關於公司法修正條文第192-1條第6項的修正理由，在立法院公布的公司法修正條文第192-1條的修正理由第六點論及：「原第七項修正移列第六項。鑑於第一項修正後，所有股份有限公司均得採董事候選人提名制度，原第七項前段針對公開發行股票之公司所設計之『公司應於股東常會開會四十日前或股東臨時會開會二十五日前』將董事候選人名單等資料公告之期限規定，改置於但書，本文則規範非公開發行股票公司之期限規

---

[52] 公司法第165條第2項規定：「前項股東名簿記載之變更，於股東常會開會前三十日內，股東臨時會開會前十五日內，或公司決定分派股息及紅利或其他利益之基準日前五日內，不得為之。」

[53] 公司法第165條第3項規定：「公開發行股票之公司辦理第一項股東名簿記載之變更，於股東常會開會前六十日內，股東臨時會開會前三十日內，不得為之。」

定，以利適用。另配合第四項及第五項之修正，刪除原公告持有股份數額等資料及有關審查董事被提名人之相關規定。」

7. 公司法修正條文第192-1條第7項的內容為：「公司負責人或其他召集權人違反第二項或前二項規定者，各處新臺幣一萬元以上五萬元以下罰鍰。但公開發行股票之公司，由證券主管機關各處公司負責人或其他召集權人新臺幣二十四萬元以上二百四十萬元以下罰鍰。」

關於公司法修正條文第192-1條第7項的修正理由，在立法院公布的公司法修正條文第192-1條的修正理由第七點論及：「原第八項修正移列第七項。依原第八項規定，公司負責人違反第五項規定（應列入董事候選人名單而未列入）者，並未處罰，又第五項規定之主體有董事會及其他召集權人，爰將『其他召集權人』一併納入處罰；另針對公開發行股票之公司，增訂但書由證券主管機關處較重之罰鍰。」

8. 公司法修正條文第192-1條的修正理由第八點並說明，董事會及其他召集權人違反第5項規定（應將董事被提名人列入董事候選人名單而未列入）者，提名股東得依民事訴訟法第七編「保全程序」[54]辦理，併予敘明。

(二) 對於立法院三讀通過的公司法修正條文第192-1條的內容之評析

由於在公司法修正條文第192-1條於2018年11月1日施行後，該修正條文第7項將違反公司法修正條文第192-1條第5項（應將董事被提名人列入董事候選人名單而未列入）的公司負責人及其他召集權人皆納入處罰，且對於公開發行股票之公司的負責人及其他召集權人違反公司法修正條文第192-1條第5項者，有提高罰鍰金額之特別規定；並於公司法修正條文第192-1條第5項之序文刪除原條文中的「對董事被提名人應予審查」之文字，故依公司法修正條文第192-1條第5項之規定，董事會或其他召集權人已不得對董事被提名人予以審查；且配合公司法修正條文第192-1條第4項簡化董事被提名人之證明文件，而僅要求提名股東應敘明董事被提名人之

---

[54] 民事訴訟法第七編「保全程序」係民事訴訟法第522條至第538-4條之規定。

姓名、學歷及經歷，故公司法修正條文第192-1條第5項有關董事會或其他召集權人應將董事被提名人列入董事候選人名單之除外條款的第4款自原規定的「未檢附第四項規定之相關證明文件」修正為「提名股東未敘明被提名人姓名、學歷及經歷」。在上述條文修正後，前述公司負責人藉由利用董事會對董事被提名人之審查權而惡意排除市場派股東所推出的董事及獨立董事的被提名人列入董事及獨立董事的候選人名單，致使持股數不足以維持公司經營權之公司負責人得以維持其對公司的經營權，而對於此公司負責人卻無任何罰則之情形，將不復見。

然而，無論公司法修正條文第192-1條第7項本文對於違反公司法修正條文第192-1條第5項（應將董事被提名人列入董事候選人名單而未列入）的公司負責人或其他召集權人之罰鍰金額（新臺幣1萬元以上5萬元以下），或公司法修正條文第192-1條第7項但書對於違反公司法修正條文第192-1條第5項（應將董事被提名人列入董事候選人名單而未列入）的公開發行股票之公司的負責人或其他召集權人之罰鍰金額（新臺幣24萬元以上240萬元以下），對於欲維持控制大規模資產的公司負責人或其他召集權人所產生的遏制效果仍屬有限。

此外，爾後若有公司負責人或其他召集權人違反公司法修正條文第192-1條第5項（應將董事被提名人列入董事候選人名單而未列入）時，該提名股東得依民事訴訟法第七編「保全程序」中的第538條向法院聲請定暫時狀態之處分，而請求法院以裁定使公司將符合公司法修正條文第192-1條第5項所規定的提名資格之董事被提名人列入董事候選人名單。

(三) 與公司法第192-1條之適用有關的重要函令內容

如前所述，公司法修正條文第192-1條第1項規定：「公司董事選舉，採候選人提名制度者，應載明於章程，股東應就董事候選人名單中選任之。但公開發行股票之公司，符合證券主管機關依公司規模、股東人數與結構及其他必要情況所定之條件者，應於章程載明採董事候選人提名制度。」

在公司法修正條文第192-1條公布施行前，為說明原公司法第192-1

條第1項之適用，公司法之主管機關經濟部即曾依行政程序法第154條第1項[55]授予行政機關訂定法規命令之職權，於2006年2月8日發布「經商字第09502011990號」函，該函第一點敘及，公開發行股票公司獨立董事應採候選人提名制度者，其提名方式應比照公司法第192-1條之規定辦理。

該函第二點另敘及，依公司法第192-1條第1項規定，公開發行股票公司董事選舉，得採候選人提名制度；又依證券交易法第14-2條第1項但書規定，經主管機關要求應設置獨立董事者，其獨立董事之選舉，依同條第2項規定，應採候選人提名制度。至於非獨立董事部分是否亦採提名制度，則由公司股東會修正章程時自行決定。

在證券交易法第14-2條的授權下，金管會的證券期貨局（以下簡稱證期局）修正發布「公開發行公司獨立董事設置及應遵循事項辦法」，作為設置獨立董事及獨立董事執行職務應遵循之規則。

「公開發行公司獨立董事設置及應遵循事項辦法」第5條第1項規定：「公開發行公司獨立董事選舉，應依公司法第一百九十二條之一規定採候選人提名制度，並載明於章程，股東應就獨立董事候選人名單中選任之。」

為說明前述經濟部於2006年2月8日發布的「經商字第09502011990號」函之第二點所敘之「依證券交易法第十四條之二第一項但書規定，經主管機關要求應設置獨立董事」之情形，金管會證期局於2013年12月31日發布「金管證發字第1020053112號」令，該號令第一點規定：「依據證券交易法第十四條之二規定，已依本法發行股票之金融控股公司、銀行、票券公司、保險公司、證券投資信託事業、綜合證券商及上市（櫃）期貨商，及非屬金融業之所有上市（櫃）公司，應於章程規定設置獨立董事，其人數不得少二人，且不得少於董事席次五分之一。」

該號令第二點前段並規定：「依據證券交易法第一百八十一條之二規

---

[55] 行政程序法第154條第1項規定：「行政機關擬訂法規命令時，除情況急迫，顯然無法事先公告周知者外，應於政府公報或新聞紙公告，載明下列事項：一、訂定機關之名稱，其依法應由數機關會同訂定者，各該機關名稱。二、訂定之依據。三、草案全文或其主要內容。四、任何人得於所定期間內向指定機關陳述意見之意旨。」

定，依前點規定須設置獨立董事之實收資本額新臺幣一百億元以下之非屬金融業上市（櫃）公司，得自現任董事或監察人任期屆滿時始適用。」

四、關於公司法修正條文第228-1條與公司法第232條和第233條在適用上的問題以及公司法修正條文第228-1條與公司法修正條文第240條和第20條在適用上的問題

(一)關於公司法修正條文第228-1條與公司法第232條和第233條在適用上的問題

1. 立法院三讀通過的公司法修正條文第228-1條第一項的內容為：「公司章程得訂明盈餘分派或虧損撥補於每季或每半會計年度終了後為之。」

關於公司法修正條文第228-1條第1項的修正理由，在立法院公布的公司法修正條文第228-1條的修正理由第二點論及：「按原公司法僅第三百五十六條之十規定閉鎖性股份有限公司可於一年內為兩次盈餘分派或虧損撥補。惟參諸國際立法例，包括英國、美國、新加坡均未限制盈餘分派或虧損撥補之次數，國際實務上多以每季分派盈餘或虧損撥補，甚或每月分派盈餘或虧損撥補者，亦有之。彈性化之盈餘分派或虧損撥補有助於提升股東投資意願，使公司治理更具彈性。爰增訂第二百二十八條之一，鬆綁盈餘分派次數限制得於每半年或每季為期限為之，並使公司得以章程訂定盈餘分派或虧損撥補之次數。」

2. 公司法第232條規定：「公司非彌補虧損及依本法規定提出法定盈餘公積後，不得分派股息及紅利（第1項）。公司無盈餘時，不得分派股息及紅利（第2項）。公司負責人違反第一項或前項規定分派股息及紅利時，各處一年以下有期徒刑、拘役或科或併科新臺幣六萬元以下罰金（第3項）。」

此外，公司法第233條規定：「公司違反前條規定分派股息及紅利時，公司之債權人，得請求退還，並得請求賠償因此所受之損害。」

3. 由於公司法第232條第3項並未限於公司負責人故意違反公司法第

232第1項或第2項才加以處罰；即使公司負責人過失違反公司法第232條第1項或第2項，亦依公司法第232條第3項加以處罰，且該公司之債權人得依公司法第233條之規定請求該公司賠償該債權人因此所受之損害。

因此，若公司負責人預期第四季亦如同前三季會有盈餘，而依公司法修正條文第228-1條第1項之規定，於前三季分派盈餘給股東，但第四季因國際經濟情勢突變（例如因中美貿易戰加劇，而使得作為中國大陸上游零件供應商的該公司在第四季之訂單突然大幅減少），致其全年虧損，此時不但該公司之債權人得依公司法第233條之規定請求該公司賠償該債權人因此所受之損害，且該公司之負責人尚需負擔公司法第232條第3項規定之刑事責任，對該公司及其負責人相當不公平。

既然公司法修正條文第228-1條的立法目的在使公司能進行彈性化之盈餘分派或虧損撥補而有助於提升股東投資意願，使公司治理更具彈性，則在公司法修正條文第228-1條於2018年11月1日施行後，關於公司法第232條及第233條之適用對象宜依目的性限縮解釋而限於以故意或惡意違反該等規定者，才有公司法第232條及第233條之適用；否則將會使公司及其負責人因為擔心違反公司法第232條及第233條而憚於適用公司法修正條文第228-1條第1項的規定在前三季分派盈餘給股東，致使公司法修正條文第228-1條之立法目的無法達成。

然而，為避免「在公司法修正條文第228-1條施行後，依目的性限縮解釋而使公司法第232條及第233條之適用對象限於以故意或惡意違反該等規定者」之見解未獲普遍採用，致生法律適用之紛爭與紊亂，因此正本清源之道仍有賴立法機關參考前述見解進行相對應之修法或由主管機關參考前述見解對此議題發布函令加以解釋。

(二)關於公司法修正條文第228-1條與公司法修正條文第240條和第20條在適用上的問題

有學者表示，因為公司法（修正條文）第240條[56]並沒有隨同公司法

---

[56] 公司法第240條規定：「公司得由有代表已發行股份總數三分之二以上股東出席之股

修正條文第228-1條加以變更，因此，公司如擬發放股票股利，仍應經過股東會特別決議始得為之。[57]

　　該學者並表示，由於公司法（修正條文）第20條第1項[58]並未隨同公司法修正條文第228-1條加以修正，因此，公司即使章程規定可於每季或每半年發放一次股利，在每屆會計年度終了，仍應將營業報告書、財務報表及盈餘分派或虧損撥補之議案，提請股東同意或股東常會承認。由於上市公司的股東組成變化較快，如果一家公司先前已按季分派股利，但會計年度終了後，股東組成已經改變，董事會所造具之年度財務報表及盈餘分派之議案並未獲得股東常會承認，此時應如何處理？此仍有待未來主管機關的解釋或司法判決來釐清。[59]

　　此外，公司法修正條文第20條第2項規定：「公司資本額達一定數額以上或未達一定數額而達一定規模者，其財務報表，應先經會計師查核簽證；其一定數額、規模及簽證之規則，由中央主管機關定之。但公開發行股票之公司，證券主管機關另有規定者，不適用之。」

　　為說明公司法修正條文第20條第2項本文所規定的「公司資本額一定數額」及「一定規模」之認定，公司法之主管機關經濟部乃依行政程序法第154條第1項授予行政機關訂定法規命令之職權，於2018年8月31日發布

東會，以出席股東表決權過半數之決議，將應分派股息及紅利之全部或一部，以發行新股方式為之；不滿一股之金額，以現金分派之（第1項）。公開發行股票之公司，出席股東之股份總數不足前項定額者，得以有代表已發行股份總數過半數股東之出席，出席股東表決權三分之二以上之同意行之（第2項）。前二項出席股東股份總數及表決權數，章程有較高規定者，從其規定（第3項）。依本條發行新股，除公開發行股票之公司，應依證券主管機關之規定辦理者外，於決議之股東會終結時，即生效力，董事會應即分別通知各股東，或記載於股東名簿之質權人（第4項）。公開發行股票之公司，得以章程授權董事會以三分之二以上董事之出席，及出席董事過半數之決議，將應分派股息及紅利之全部或一部，以發放現金之方式為之，並報告股東會（第5項）。」

57 劉承愚，同前註37，頁39。

58 公司法第20條第1項規定：「公司每屆會計年度終了，應將營業報告書、財務報表及盈餘分派或虧損撥補之議案，提請股東同意或股東常會承認。」

59 劉承愚，同前註37，頁39。

「經商字第10702420210號」公告，該公告第三點敘及，公司法（修正條文）第20條第2項規定公司資本額一定數額為新臺幣5,000萬元；一定規模之認定，以全年營業收入達1億元以上或年底員工人數達100人以上為認定指標，符合前開兩項指標之一者。

　　由於公司法修正條文第20條第2項但書規定，公開發行股票之公司，證券主管機關另有規定者，不適用之（亦即不適用公司法修正條文第20條第2項本文所規定的「公司資本額達一定數額以上或未達一定數額而達一定規模者，其財務報表，應先經會計師查核簽證」），而適用證券主管機關（金管會證期局）依證券交易法第35條[60]之授權所修正發布的「公開發行公司發行股票及公司債券簽證規則」，作為適用證券交易法的公開發行公司辦理簽證所應遵循之準則。

五、關於公司法修正條文第356-7條適用上的問題

　　立法院三讀通過的公司法修正條文第356-7條第2項規定，第157條第2項規定，於前項第3款複數表決權特別股股東不適用之。

　　關於公司法修正條文第356-7條第2項的修正理由，在立法院公布的公司法修正條文第356-7條的修正理由第二點論及：「為貫徹閉鎖性股份有限公司擁有較大自治空間之精神，爰增訂第二項，排除第一百五十七條第二項規定之適用。換言之，閉鎖性股份有限公司具複數表決權特別股之股東，於選舉監察人時，仍享有複數表決權。」

　　至於公司法第157條第2項係規定，前項第4款複數表決權特別股股東，於監察人選舉，與普通股股東之表決權同。

　　而公司法修正條文第356-7條第1項第3款係規定，公司發行特別股時，應於章程中所定之款項包括特別股之股東行使表決權之順序、限制、無表決權、複數表決權或對於特定事項之否決權。

　　另依公司法修正條文第356-1條第1項之規定，閉鎖性股份有限公司，

---

[60] 證券交易法第35條規定：「公司發行股票或公司債券應經簽證，其簽證規則，由主管機關定之。」

指股東人數不超過50人，並於章程定有股份轉讓限制之非公開發行股票公司。因此，閉鎖性股份有限公司較容易為少數大股東所控制。

由於公司法修正條文第356-7條第2項規定，第157條第2項規定（有複數表決權之特別股股東，於監察人選舉，與普通股股東之表決權同，亦即不得行使複數表決權），於前項第3款複數表決權特別股股東不適用之。因此，閉鎖性股份有限公司具複數表決權特別股之股東，於選舉監察人時，仍享有複數表決權。而閉鎖性股份有限公司較容易為少數大股東所控制，在具複數表決權特別股之股東於選舉監察人時仍享有複數表決權的情形下，所選出之監察人有極高的可能性係與控制閉鎖性股份有限公司之大股東為同一派系，將難以期待該監察人能公正客觀行使其監察權，致不足以防止閉鎖性股份有限公司之大股東違法經營或濫用職權之弊端，故公司法修正條文第356-7條第2項之規定實有斟酌之必要。

參、結論

在2018年8月1日修正的公司法其異動的條文之多為歷年次多，而僅次於2001年11月12日修正的公司法，惟2018年8月1日修正的公司法其影響之廣已超出2001年11月12日修正的公司法。

本次修正的公司法條文之重點包括：友善創新創業環境、強化公司治理、增加企業經營彈性、保障股東權益、數位電子化及無紙化、建立國際化之環境、閉鎖性股份有限公司更具經營彈性、遵守國際洗錢防制規範等領域，自2018年11月1日施行後勢必對於我國公司法制與企業經營產生重大之影響，而本文乃就其中若干重要條文之規定予以說明評析，例如：

（一）依公司法修正條文第22-1條第1項的規定，公司應定期申報董事、監察人、經理人及持有已發行股份總數或資本總額超過百分之十之股東的資料。惟公司法修正條文第22-1條第1項並未採用行政院版的公司法修正條文第22-1條第1項的規定（要求公司應定期申報實質受益人的資料），則公司法修正條文第22-1條第1項之規定是否足以防止關係人交易

等企業舞弊事件，是否不利於APG對於我國建置完善洗錢防制體制之評鑑，是否可能惡化我國公司治理之品質，有待進一步之實證研究。

（二）公司法修正條文第173-1條第1項之規定與證券交易法第43-5條第4項之規定的適用條件，以及在公開發行公司之公開收購人與其關係人於公開收購後，所持有被收購公司已發行股份總數超過該公司已發行股份總數百分之五十時，究應適用公司法修正條文第173-1條第1項或證券交易法第43-5條第4項之疑義的解釋。

（三）在公司法修正條文第192-1條第4項、第5項及第7項施行後，前述公司負責人藉由利用董事會對董事被提名人之審查權而惡意排除市場派股東所推出的董事及獨立董事的被提名人列入董事及獨立董事的候選人名單，致使持股數不足以維持公司經營權之公司負責人得以維持其對公司的經營權之情形，將受到一定程度之遏阻。

（四）在公司法修正條文第228-1條施行後，是否應依目的性限縮解釋而使公司法第232條及第233條之適用對象限於以故意或惡意違反該等規定者，以便能達成公司法修正條文第228-1條之立法目的；而司法機關將如何處理此議題、主管機關將如何解釋此議題、立法機關是否將針對此議題再修改公司法，都有待進一步之觀察。

（五）在公司法修正條文第356-7條第2項施行後，因其對於該條文第1項第3款之事項（包括特別股之股東行使複數表決權）排除公司法修正條文第157條第2項規定（有複數表決權之特別股股東，於監察人選舉，與普通股股東之表決權同，亦即不得行使複數表決權）之適用。因此，閉鎖性股份有限公司具複數表決權特別股之股東，於選舉監察人時，仍享有複數表決權，致其所選出之監察人有極高的可能性係與控制閉鎖性股份有限公司之大股東為同一派系，而難以期待該監察人能公正客觀行使其監察權，致不足以防止閉鎖性股份有限公司之大股東違法經營或濫用職權之弊端。關於此問題立法機關是否考慮再度修改公司法，亦有待進一步之觀察。

希望本文對於前揭議題所做的研究與檢討，能夠對企業界、學術界、司法實務界在適用該等條文時提供參考。

參考文獻

1. 方嘉麟，經營權爭奪戰中股東召集權設計兼論監察人角色—以元大復華併購案為例，政大法學評論，第108期，2008年，頁213-258。

2. 陳彥良，持股過半股東召集股東會相關問題，月旦法學教室，第192期，2018年，頁22-25。

3. 陳彥良、朱德芳，提升公司透明度及建置反洗錢措施—公司法部分條文修正草案評析，月旦法學雜誌，第275期，2018年，頁44-57。

4. 陳連順，大同條款與敵意併購，月旦會計實務研究，第8期，2018年，頁61-65。

5. 曾宛如、馬國柱、方嘉麟、朱德芳、朱竹元、吳志豪，公司法全盤修正重要議題—探討資訊揭露與法人犯罪防制、經營權爭奪及董事會功能，月旦法學雜誌，第276期，2018年，頁234-264。

6. 劉承愚，新時代公司法下股東會的新風貌，月旦會計實務研究，第8期，2018年，頁35-46。

7. 劉連煜，敵意併購下目標公司董事的受任人（受託）義務—以開發金控敵意併購金鼎證券為例，政大法學評論，第125期，2011年，頁1-53。

2

本票裁定強制執行的探討

陳月端*

壹、前言

　　我國票據法上所規定的票據有：匯票、本票及支票三種（票據法第1條）。在此3種票據中，僅有本票有票據法第123條：「執票人向本票發票人行使追索權時，得聲請法院裁定後強制執行。」的適用。三種票據當中，立法者特別制定本票有裁定強制執行的機制，其立法背景係因空頭支票的氾濫，多因簽發遠期支票（實際發票日與形式發票日不一致），到期調度不及所致，故藉由立法加強本票的索償性，使本票執票人可利用便捷的非訟程序，達到求償目的，以鼓勵社會大眾樂於接受本票，促進本票的流通[1]。本票也確實因有票據法第123條裁定強制執行的機制，實施50年以來，本票成為實務上普遍且受信任的籌資管道，有助於工商交易、企業籌資及債權實現。

　　然而，根據監察院的調查，本票裁定強制執行機制有被濫用的問題。媒體曾多次報導不法集團或人士利用鉅額或多張本票詐害既遂案件，警察機關每年破獲涉及本票案件超過1,000件，嫌疑犯超過2,000人，涉案類型以放高利貸重利罪最多，詐欺罪次之，此外，尚有恐嚇罪、偽造文書印文罪、擄人勒贖罪等。另更有犯罪黑數存在，可見以本票為刑事犯罪工具的情形相當嚴重，本票也常被作為重利剝削外籍勞工的工具[2]。

* 高雄市政府法制局局長、國立高雄大學財經法律學系教授。
　謹以此文獻給黃清溪教授，感謝黃教授的指導與日本行的協助。

[1] 金融監督管理委員會（103）金管銀法字10300348440號函。

[2] 監察院調查報告（審議日期：05/19/104，公告日期：05/19/104，字號：104財調0013）。

　　為降低本票裁定強制執行制度遭犯罪集團濫用的情形，兼顧合理工商活動，避免對使用者衝擊過大影響民眾融資取得[3]，金融監督管理委員會（以下簡稱金管會）擬具票據法部分條文修正草案，對現行票據法第123條，限縮得聲請強制執行的本票。本文即以此草案為核心，整合臺灣各界意見並參考日本立法例，就本票強制執行進行分析及建議，以供立法者修法的參考。

貳、本票在實務上的運用

一、商業本票發行量

　　臺灣商業本票發行量相當大，以2014年為例，商業本票初級市場發行量近10兆，次市場交易量超過33兆[4]。另外，租賃公會近3年本票裁定件數：102年，12,369件；103年，17,825件；104年，18,412件[5]，也呈現逐年上升的趨勢。從臺灣商業本票的發行量及本票裁定數觀察，本票對企業界的融資及後續債權的實現，的確發揮一定作用。

二、本票涉及犯罪類型

　　然而，不可否認，從警察機關處理涉及本票案件收結數據，101年度發生1,670件，破獲數1,613件，嫌疑犯2,414人；102年度發生1,572件，破獲數1,524件，嫌疑犯2,034人；103年度發生1,414件，破獲數1,382件，嫌疑犯2,510人[6]。可見以本票利用做為刑事犯罪工具的情形相當嚴重。

---

[3] 金融監督管理委員會，law.fsc.gov.tw/law/inc/GetFile.ashx?FileId=16365（最後瀏覽日：02/13/2018）。

[4] 許士宦、沈冠伶、曾宛如，本票裁定強制執行相關研議，月旦法學雜誌，第247期，2015年，頁176。

[5] 中時電子報（07/31/ 2016），票據法123條修正案翻盤，www.chinatimes.com（最後瀏覽日：02/11/2018）。

[6] 內政部警政署（103）警署刑經字1030007059號函。

此外，警察機關受（處）理涉及本票詐害的案件類型統計，101年度破獲1,613件中，涉及詐欺罪占171件、涉偽造文書印文罪10件、涉恐嚇罪45件、涉擄人勒贖1件，涉高利貸放（重利）罪1,166件，其他220件；102年度破獲1,524件中，涉及詐欺罪占237件、涉偽造文書印文罪14件、涉恐嚇罪47件、涉高利貸放（重利）罪1,032件，其他194件；103年度破獲1,382件中，涉及詐欺罪占247件、涉偽造文書印文罪9件、涉恐嚇罪35件、涉高利貸放（重利）罪938件，其他153件。由上開數據可見涉及本票犯罪類型中，主要為重利罪（即以地下錢莊為放高利貸的工具），其次為詐欺罪[7]。

三、司法實務的裁定

以2014年為例，本票裁定強制執行的統計數字即達65,000件至70,000件。南部多數法官主張廢除票據法第123條；北部法官則認為應維持現狀，因大部分公司主事務所在臺北[8]。若商業上運用本票的機會較大，維持現狀，方可符合實務的需求。

實務上，本票的運用比匯票廣泛。當事人雙方有債權債務關係時，債權人往往要求債務人開立本票，做為債務的處理方法。因依據票據法第123條規定：「執票人向本票發票人行使追索權時，得聲請法院裁定後強制執行。」若債權人持有債務人所開立的本票，到期日屆至債務人仍未履行債務時，則債權人可以此本票，向法院聲請准予強制執行的裁定。根據強制執行法第4條第1項第6款的規定，此裁定為「執行名義」的一種，憑此裁定，可以聲請強制執行，將債務人財產查封、拍賣取償。司法實務上，「本票裁定」的運用相當廣泛，此從前述的統計數字，亦可得印證。以本票裁定聲請強制執行，幾乎為目前最迅速有效的執行方法。因相較於確定終局判決的執行名義（強制執行法第4條第1項第1款），須經冗長的

---

[7] 同前註2。

[8] 許士宦、沈冠伶、曾宛如，同前註4，頁171。

訴訟程序，且裁判費用較高[9]，而本票裁定強制執行債權人只須擬具聲請狀，附上本票正本或影本，經法院書面審查做成裁定，即可對債務人財產聲請強制執行，具有極高的時效性與簡便性，不僅有利於債權實現，亦為一般社會大眾、租賃業及工商企業界慣用的債權保全手段[10]。

參、票據法最新修正草案

一、修法理由

依據金管會2017年8月18日金管銀法字第10610004360號函附件票據法部分條文修正草案總說明指出：「票據法於十八年十月三十日制定公布施行，歷經六次修正，最近一次修正公布日期為七十六年六月二十九日。據監察院調查，民間私人債權有濫用本票裁定制度情事，作為詐騙、暴力討債及剝削外勞之工具，被害人須另行提起訴訟救濟，致眾多民眾受害。為降低本票遭犯罪集團濫用之情形，兼顧合理工商業活動，避免對使用者衝擊過大影響民眾融資取得，爰擬具票據法部分條文修正草案」。

另外，在票據法第123條修正條文的說明也指出三點：「一、本票裁定制度於我國施行已逾五十年，於工商業交易、企業籌資及金融實務使用情形普遍，並廣泛利用作為債權確保及追償工具。惟私人債權亦有濫用本票裁定制度，做為詐騙、暴力討債及剝削外勞之工具，致民眾受害之情形。被害人如未及提起確認之訴或異議之訴，對於其財產權影響甚大。二、為杜絕本票因簽發容易而遭犯罪集團濫用之弊，並兼顧票據權利人以非訟事件程序行使權利，與工商業交易及金融實務運作之需要，且考量實務上不當利用本票裁定者多為民間債權，爰增訂第二項第一款，限縮得聲

---

[9] 以1,000萬元案件為例，聲請本票裁定的裁定費只須3,000元，但若進行訴訟程序，第一審裁判費即須10萬元（非訟事件法第13條、民事訴訟法第77-13條）。

[10] 安怡芸，本票裁定制度存廢問題之研析，立法院，https://www.ly.gov.tw/Pages/Detail.aspx?nodeid=6590&pid=146972（最後瀏覽日：02/14/2018）。

請強制執行之本票，以發票人委託金融業者為擔當付款人之本票為限。另配合現行票券集保結算制度之實施，商業本票之擔當付款人均為臺灣集中保管結算所股份有限公司，定明短期票券集中保管結算機構為擔當付款人時，亦得聲請強制執行。三、本票為金融實務廣泛使用之籌資工具，考量實收資本額新臺幣二億元以上且已加入同業公會並聲明遵循同業公會自律規範之辦理融資性租賃業務之事業，對於本項制度之使用量大，債權追索過程具有一定內部控制制度，不致發生暴力討債情形，爰非本制度調整所需排除適用之對象，為避免制度調整對相關業者之經營衝擊過大影響民眾或企業融資取得，增訂第二項第二款，明定執票人為銀行、信用合作社、農業金融機構、票券金融公司，證券商、期貨商、證券金融公司、人身保險公司、財產保險公司、保險合作社、專業再保險公司，或實收資本額新臺幣二億元以上且已加入同業公會並聲明遵循同業公會自律規範之辦理融資性租賃業務事業之本票，亦得向法院為第一項之聲請。」

綜觀本次修法理由，主要還是因實務上本票裁定制度有遭濫用情事，以其做為詐騙、暴力討債及剝削外勞的工具。然而，又為兼顧合理的工商業活動，避免對使用者衝擊過大，影響民眾融資取得，致限縮本票裁定限用的範圍。

二、票據法第123條修正條文內容

依據前附件票據法第123條修正條文內容規定：「第一百二十三條執票人向本票發票人行使追索權時，得聲請法院裁定後強制執行。

前項本票以符合下列情形之一者為限：

一、委託金融業者或短期票券集中保管結算機構為擔當付款人之本票。

二、執票人為銀行、信用合作社、農業金融機構、票券金融公司、證券商、期貨商、證券金融公司、人身保險公司、財產保險公司、保險合作社、專業再保險公司，或實收資本額新臺幣二億元以上且已加入同業公會並聲明遵循同業公會自律規範之辦理融資性租賃業務事業。」

　　事實上，在此草案之前，金管會所提的第一次版本草案，僅限於「委託金融業者或短期票券集中保管結算機構為擔當付款人之本票」，才可聲請本票裁定取得強制執行名義，但遭到相關業者的大力反對，迫使金管會重新討論後，在此次版本草案中，加入金融、證券、保險等特許行業或一定資格融資性租賃業務事業所執有的本票，仍得聲請具有執行力的本票裁定的例外規定。亦即依據修法施行後簽發的本票，並非人人均能申請本票裁定，僅委託金融業者或短期票券集中保管結算機構為擔當付款人的本票〔即一般銀行實務上所稱之小本票或甲存本票，客戶必須先在銀行開立甲種活期存款戶（即支票存款帳戶），並取得銀行所印製發給的甲存本票簿，方能開立甲存本票〕或者符合新法所定資格的執票人才能聲請本票裁定。至於不符合上述資格的本票或執票人，就只能用申請支付命令的方式或者透過訴訟程序，促請債務人履行債務。

　　現行草案修正條文排除金融業與融資租賃業，主因此等行業為特許行業，且須加入公會及遵守自律機制，犯罪可能性較諸私人討債或地下錢莊為低外，又因此等行業為實務上使用本票裁定制度的大宗，如過去本票裁定突破每年30萬件，目前則每年約為7萬多件。與金融業相關本票案件數量即超過三分之二，修正條文為例外規定，即是不希望增加債權人過多的負擔[11]。

　　最後，修正條文亦增加第144-2條，規定：「條文施行前，已簽發之本票適用修正施行前之規定」，其說明指出：「一、本條新增。二、為維護法安定性，保障票據權利人既得權益，爰定明本次修正條文第一百二十三條施行前已簽發之本票，適用修正施行前之規定。三、依據票據法第一百二十條第一項第六款規定，發票年、月、日為本票應記載事項之一，爰本條所稱已簽發之本票，指票載發票日為修正條文施行日前者。」採取法律不溯及既往原則，修法施行前所簽發的本票並不因此受到影響，仍可依舊法申請本票裁定強制執行。

---

[11] 洪國華，姍姍來遲的票據法修法，蘋果日報，https://tw.appledaily.com/new/realtime/20170818/1185428/（最後瀏覽日：02/14/2018）。

肆、分析

一、從立法沿革觀察

　　民國49年修正票據法第123條的規定時，同時增訂票據法第141條對於空頭支票的發票人處1年以下有期徒刑、拘役或科或併科該支票面額以下罰金。主因遠期支票的發行，造成空頭支票的泛濫，故立法強調本票的特有功能，以鼓勵大眾樂於接受本票並減少空頭支票。惟票據法關於支票刑罰制度實踐結果，不僅無法遏止空頭支票的泛濫，反而造成夫以妻為發票人又無法兌現支票，致妻受票據刑罰的不公平現象，故於民國76年修法廢止。當空頭支票泛濫及票據刑罰的問題不復存在，本票裁定強制執行的立法目的即失去存在基礎，亦即本票裁定強制執行已失其原先存在的時空目的。

二、從促進票據流通及促進工商業活動發展觀察

　　金管會以金融機構做為擔當付款人或執票人，才能向法院聲請強制執行，亦即限縮本票裁定的適用範圍，若以促進票據流通及促進工商業活動發展等觀點出發，反而不利於一般公司行號行使票據權利。為因應快速的公司行號商業行為，以本票作為交易方式相當普遍，在付款請求權未獲實現票據權利，進而向發票人行使追索權時向法院聲請本票裁定，有利於日後強制執行以保障債權，此為票據法第123條的主要功能。若限縮本票裁定的適用範圍，將有可能限縮工商活動交易方式，甚至有礙於票據流通，反而違反票據法的立法目標。

三、從實證觀察

　　本票制度，包括本票裁定強制執行，在臺灣本土社會實踐的結果，已經深耕存在。大多數臺商（包括中國大陸、柬埔寨及東南亞等），廣泛運

用本票,將本票做為融資管道的方法[12]。從企業籌資及扶植中小企業的觀點,或有必要跳脫立法沿革,而肯認本票在臺灣本土社會實踐的現象。

四、修法內容未必能杜絕不法討債的發生

此次修法的主要目的係降低本票裁定強制執行制度遭犯罪集團濫用的情形,將「實收資本額新臺幣2億元以上且已加入同業公會並聲明遵循同業公會自律規範之辦理融資性租賃業務事業」要件,列為得聲請強制執行的票據種類執票人,惟仍難以杜絕違法討債的情形。因有許多討債公司,包括地下錢莊,只須轉換為「資產管理公司」,並符合「實收資本額新臺幣2億元以上且已加入同業公會並聲明遵循同業公會自律規範之辦理融資性租賃業務事業」的要件,即可持本票裁定向法院聲請強制執行,進行不法討債,此項修法要件未必能有效達成修法目的。

伍、各界意見統整及日本立法例

針對票據法第123條的存廢或修正?本文除統整各界意見外,也將介紹日本立法例,做為我國修法的借鏡。

一、各界意見統整

(一)維持現行機制

其理由主要有四:1.基於金融實務的考量維持現行規定;2.若廢除恐使債權人回收債權不易;3.若廢除將增加當事人訴訟成本;4.若廢除不利我國企業競爭力[13]。

此方案主要是維持法院的程序經濟、當事人勞力時間費用的節省及本

---

[12] 許士宦、沈冠伶、曾宛如,同前註4,頁172、175。

[13] 贊成此方案有:銀行公會、信聯社。此二單位均希冀維持現狀,次之,亦同意第三種方案。許士宦、沈冠伶、曾宛如,同前註4,頁175、177。

票裁定強制執行在實際社會交易具有很強的穩定作用[14] [15]。實證上，本票裁定強制執行的確發揮一定作用，但不可否認：三種票據中，僅本票具備裁定強制執行的功用，匯票支票卻無此立法例，以促進票據流通的法理觀之，對於票據紛爭固然有迅速解決的必要，然應對三種票據一體適用，故應思考將三種票據以相同簡易裁判方式解決票據糾紛。此外，維持現行機制亦未對現行本票遭濫用情形，提出改善方案。

(二)刪除本條規定

其理由主要有三：1.立法理由不復存在、本票裁定遭濫用；2.易遭不法人士利用而侵害發票人權益甚鉅；3.廢除後的適用與調整，如訂定過渡條款及調整非訟事件法[16]。

此方案認為票據法第123條當初制定的立法理由已不存在，且現行非訟程序就本票裁定准予強制執行，採取書面及形式的迅速審查方式，造成被不法集團濫用的情形，故主張刪除。但管見以為：「法律的生命不是邏輯，而是經驗」[17]。票據法第123條當初制定的立法理由已不存在，但本票裁定強制執行在臺灣社會實踐的結果，已為工商企業界所接受且普遍使用，探討如何改善其缺失？應是現階段可以思考的方向。

(三)限制本票以金融機構爲擔當付款人或持票人具備一定資格者，才可聲請強制執行

其理由主要有二：1.避免遭致犯罪集團濫用；2.參考支付命令的修正，強化聲請人的釋明義務，債權人聲請本票裁定時，應檢附債權證明文

---

[14] 許士宦、沈冠伶、曾宛如，同前註4，頁163、165。

[15] 李宥德，爲防堵不肖業者濫用本票，金管會預計修正票據法，聯代管理顧問有限公司https://www.land-deputy.com/（最後瀏覽日：02/17/2018）。

[16] 贊成此方案有：梁宇賢教授、王志誠教授。同前註2，頁9。

[17] 「The life of the law has not been logic; it has been experience.」，出自美國大法官小奧利弗‧溫德爾‧霍姆斯的名著《普通法》（*The Common Law*）。

件[18]。

此方案係目前金管會提出的修正方案，也是現階段較符合實務需求的方案。惟其限制本票持票人具備一定資格者，才可裁定聲請強制執行，一般本票執票人則不可，有違票據平等性。此外，票據為無因證卷，持票人行使票據權利，即不應再要求其釋明原因關係債權。

(四) 維持現行機制，惟增加但書「但對追索權之存否有爭執者，不在此限」

其理由主要有三：1.比較法：日本制度；2.票據法第123條應與非訟事件法第195條合併加以理解；3.現行本票裁定問題所在：起訴責任在發票人身上[19]。亦即若對本票債權存在與否或可否行使有爭執時，即不可以裁定強制執行，而在非訟程序內讓雙方加以辯論，法院進行證據調查及實質上審判，並讓裁定發生執行力及既判力。

此方案可達訴訟經濟及迅速，且對本票一體對待，不僅有利於促進票據流通又可改善現階段本票遭濫用的情形。惟不足之處在於：未對三種票據一體適用，有違票據平等原則。

二、日本立法例

日本民事訴訟法針對票據訴訟，特別規定在日本民事訴訟法第五編（手形訴訟及び小切手訴訟に関する特則，第350條至第367條）。在第五編中，不限於本票，匯票及支票的訴訟均一體適用。有別於一般訴訟程序（日本民事訴訟法第二編），其採取簡易訴訟程序，與一般訴訟程序不同

---

[18] 贊成此方案者有：金管會、銀行公會、全國工業總會、曾宛如教授、林洲富法官、洪秀芬教授、梁宇賢教授。許士宦、沈冠伶、曾宛如，同前註4，頁170-173。

[19] 贊成此方案者有：許士宦教授。許士宦、沈冠伶、曾宛如，同前註4，頁164-167。

之處在於：不可合併起訴（第350條）[20]、不可反訴（第351條）[21]及採取書面證據原則（第352條）[22]，債務人收致判決不服時，即回歸普通訴訟程序。甚至債權人認為訴訟上書面證據有所不足時，也可開啟普通訴訟程序（第353條）[23]。亦即債權人債務人有爭執時，即可轉換為一般訴訟程序進行。

陸、結論與修法建議

一、結論

的確，誠如監察院在調查報告最後結論所指：當支票刑罰在民國76年廢除時，票據法第123條本票裁定強制執行的立法目的已失其存在基礎。況且，實務上，本票也常被利用做為刑事犯罪及剝削外勞的工具。但不可否認，本票確實對現行工商業及租賃業的融資取得及債權實現發揮一定作用，為改善本票裁定遭不當濫用的情形，金融單位及多數學者均贊成金管會所提的現行票據法修法草案。

然而，不可否認，現行草案限縮本票裁定適用範圍，有違本票平等原則，且現行修法內容，亦未必能杜絕不法討債情事發生。更何況，三種票據中，僅本票可請裁定強制執行，匯票及支票卻無明文，實有違票據平等原則。

---

[20] 第三百五十条手形による金錢の支払の請求及びこれに附帯する法定利率による損害賠償の請求を目的とする訴えについては、手形訴訟による審理及び裁判を求めることが できる。2手形訴訟による審理及び裁判を求める旨の申述は、訴状に記載してしなければ ならない

[21] 第三百五十一条手形訴訟においては、反訴を提起することができない。

[22] 第三百五十二条手形訴訟においては、証拠調べは、書証に限りすることができる。

[23] 第三百五十三条原告は、口頭弁論の終結に至るまで、被告の承諾を要しないで、訴訟を通常の手続に移行させる旨の申述をすることができる。2訴訟は、前項の申述があった時に、通常の手続に移行する。

最後，以促進票據流通及加速經濟發展的觀點立論，迅速解決票據糾紛，實現票據債權，大抵為國際立法所肯認。以日本立法例觀察，其在民事訴訟法一般訴訟程序之外，針對票據訴訟，不論匯票、本票及支票紛爭，特別明文採取簡易訴訟程序，其立法目的亦在於迅速解決票據糾紛，進而促進票據流通。

綜上觀察臺灣現行的票據法修正草案，似宜將現行票據法第123條刪除，並依據臺灣固有票據立法體例，在票據法第二章匯票第九節中增列票據法第105-1條為：「執票人向匯票發票人行使追索權時，得聲請法院裁定後強制執行。但對追索權之存否有爭執者，不在此限。」而現行票據法第124條及第144條內容中，原可準用第二章第九節關於追索權之規定，故對於票據法第124條及第144條，即無須做任何修正。

二、修法建議

新增或刪除條文	現行條文	新增或刪除理由
票據法第105-1條 執票人向匯票發票人行使追索權時，得聲請法院裁定後強制執行。但對追索權之存否有爭執者，不在此限		1. 本條新增。 2. 為迅速解決票據糾紛，進而促進票據流通，爰參考日本立法例，並兼顧我國固有票據立法體例，在匯票增列裁定強制執行條文。
	票據法第123條 執票人向本票發票人行使追索權時，得聲請法院裁定後強制執行。	1. 本條刪除。 2. 為迅速解決匯票本票及支票票據糾紛，進而促進票據流通，刪除僅適用於本票的票據法第123條條文。

參考文獻

1. 安怡芸，本票裁定制度存廢問題之研析，載於立法院https://www.ly.gov.tw/Pages/Detail.aspx?nodeid=6590&pid=146972（最後瀏覽日：02/14/2018）。

2. 李宥德，為防堵不肖業者濫用本票，金管會預計修正票據法，載於聯代管理顧問有限公司https://www.land-deputy.com/2017/08/18/（最後瀏覽日：02/17/2018）。

3. 洪國華，姍姍來遲的票據法修法，載於蘋果日報https://tw.appledaily.com/new/realtime/20170818/1185428/（最後瀏覽日：02/14/2018）。

4. 許士宦、沈冠伶、曾宛如，本票裁定強制執行相關研議，月旦法學雜誌，第247期，2015年，頁163-176。

3

公司治理與強化獨立董事之權能

李淑如[*]

壹、前言

公司治理（Corporate Governance）一直為國際社會所重視，從1997年亞洲金融風暴、2001年美國安隆（Enron）、2002年世界通訊（WorldCom）與默克藥廠（Merck）等大型企業皆陷入財報虛偽不實的重大弊案；而近期的德國福斯汽車（Volkswagen）、保時捷（Porsche AG）與日本三菱汽車公司（Mitsubishi Motors）陸續爆發柴油車排氣數據造假與油耗測試的造假弊案、日本神戶製鋼（Kobe Steel）數據造假風波、韓國三星生物製劑（Samsung BioLogics）會計造假與美國富國銀行（Wells Fargo Bank）假造帳戶等事件，暴露出各國企業的董事會在經營管理上存在諸多短視近利的問題與危機。當然，我國企業也爆發諸多醜聞弊案，如訊碟、合邦與銳普掏空、樂陞證券詐欺、雅新實業財報不實、永豐金爆發違規放款、兆豐金違反洗錢防制規範遭美重罰、復興航空無預警宣布解散、必翔實業炒股掏空，及近日華碩（ASUS）因違反歐盟反托拉斯法（EU antitrust rules）遭歐盟重罰等案，實際上嚴重損及市場投資人的權益。諸如此類的弊案發生主要原因不乏是董事會及管理高層人員遵法守紀的觀念薄弱、公司治理之監控制度失靈及企業組織文化缺乏遵守法規、誠信與社會責任等良善的觀念[1]。而為能重建資本市場上投資人對企業的

---

[*] 國立高雄大學政治法律學系專任副教授兼系主任。

[1] 2018年7月6日立法院正式審查通過公司法修正案，其中企業社會責任正式納入公司法第1條增訂之第2項，文中明定「公司經營業務，應遵守法令及倫理規範，得採行增進公共利益之行為，以善盡其社會責任。」該條文中說明除以營利為目的外，公司應當遵守相關法令以及倫理規範，並且建議得需考量公共之利益，以善盡企業對

信心、健全企業的經營之效能，各國都積極地進行公司治理制度的改革。

　　近年來各國努力不懈的試著就公司治理之外部及內部監控機制設有許多立法和行政上的改變，我國亦不惶多讓[2]。又公司治理之監控機制一般而論略分為外部監控及內部監控，前者係以會計師簽證發揮外部專家之功能、法規制度的修正、目的事業主管機關或交易所之查核監督與檢調、司法制度之發揮等，而後者則是透過內部組織的設計與建立，進行監督內部與執行企業自治，如強化董事會職能、發揮監察人的功能、設置獨立董事、審計委員會、內部稽核與內部控制的建立與執行、強化資訊透明公開、鼓勵小股東之參與及建立內部人吹哨者（Whistleblower）保護制度等。其中，設置獨立董事是推升公司治理的一大助力，使公司的決策不至於偏離法令或影響股東權益，也更能強化董事會的職能，對於公司治理的重要性不言而喻。

　　觀諸獨立董事制度雖引進臺灣數十年來，卻一直被外界認為僅是坐領高薪、職能不彰的橡皮圖章等負面評述。從兆豐銀行遭美重罰、樂陞證券詐欺，銳普掏空及永豐金違規放款等重大經濟弊案後，獨立董事的缺乏監督、不作為、內部監督職能不能被落實或甚是與經營管理者狼狽為奸，漠視投資者本位的主權性質進而造成投資股東權益受損，因此，檢討落實獨立董事制度、強化獨立董事的職責及功能又再次成為重要的議題，蓋獨立董事兼具獨立性與專業性，社會大眾投資者對其有一定的期待，若能適當發揮其職能，應可減少公司決策偏離法規的情況。因此，本文礙於篇幅有限，同時利於論點聚焦，僅就公司治理之獨立董事職能強化作為論述範疇。首先，說明獨立董事的制度目的，進而討論獨立董事制度何以在我國迄今仍面臨職能發揮不彰、令人為之詬病的窘境，其制度於現實運作上所面臨之困境，最後再予以提供法制面上的改善建議，期有效發揮獨立董事

於社會之責任。本次新增該條文，雖是宣示性的立法，但也再次說明政府對於企業社會責任之重視，及民眾對於企業善盡企業社會責任之期待，以符合國際潮流與趨勢。

[2]　我國企業（上市上櫃公司）執行公司治理之基本法律架構，除有公司法、證交法之規範外，另有臺灣證券交易所及證券櫃檯買賣中心所訂之上市上櫃相關規章。

於其法制上的職能，使得落實公司治理。

貳、獨立董事制度的引進與現行法制之規範

　　觀察現實的資本市場運作，其實不難發現，企業經營者的利益有時與公司及大眾投資之股東的利益並非一致。於企業「所有權」與「經營權」分離之原則下，為求企業永續經營、避免經營者濫用權力謀取自我私利，因而透過法律制度面的制衡管控設計來監督企業內部組織的活動，以健全企業組織之運作。而各國在設計公司法制時有採單軌制〔於董事會下設置審計委員會，而由獨立董事組成審計委員會（Audit Committee），使董事會兼具管理與監督之雙重機能〕或雙軌制（董事會中沒有設置獨立董事，係由監察人負責監督）的立法模式用以監督公司經營管理[3]。又我國傳統上公司法制與德國、奧地利、丹麥、荷蘭、日本等國相似，係採董事會（Vorstand）及監察人（Aufsichtsrat）雙軌監督模式[4]，由董事會為決策管理、業務執行機關，監察人則職司監督制衡的角色，但因過往的運作的經驗不難發現，許多企業的董事與監察人常為配偶或具一定的親屬、裙帶關係，缺乏專業性與獨立性或未積極行使監督職權，致無法發揮內部監控功能、監督成效不彰。衡酌外國立法例，獨立董事較能秉持客觀及專業，且獨立董事充分參與經營管理決策，較能提供事前或事中之治理機能，為擷取美國公司治理制度之優點，強化董事會職能及公司內部監控機制，我

---

[3] 依聯合國經濟合作暨發展組織（Organization for Economic Co-operation and Development，OECD）倡議的公司治理所提出的公司治理準則（Principles of Corporate Governances, 2004）之前言（preamble）的說明可以得知，OECD介紹公司組織架構差異，而對於單軌制或雙軌制係採中立立場；see https://www.oecd.org/daf/ca/Corporate-Governance-Principles-ENG.pdf.（last visited 08/09/2018）.

[4] 雙軌制又分為垂直式與並立式二種，前者是由股東及員工共同選任監察人組成監事會（Aufsichtsrat），然後由監事會選任董事，組成董事會（Vorstand），監事會有解任董事之權，監事會負責監督、董事會負責業務經營執行，兩個組織是屬上下垂直關係，德國即採垂直式；後者是股東會選任董事與監察，兩個組織是平行，監察人雖負監督之權，但無任免董事的權力，日本法採之。

國證券交易法（下稱證交法）於2006年修法通過引進單軌制下的獨立董事及審計委員會制度，希望藉由公司外部人（outsider）的獨立董事來擔任公司治理的守門員（Gate-keeper），發揮監督制衡的功能，以保障股東權益[5]。

觀諸證交法第14-2條第1項之規定：「已依本法發行股票之公司，得依章程規定設置獨立董事。但主管機關應視公司規模、股東結構、業務性質及其他必要情況，要求其設置獨立董事，人數不得少於二人，且不得少於董事席次五分之一。」得知，證交法對於強化公司治理規範之主體限於公開發行公司，適用對象將依國內實務運作情形及公司治理推展進程，主管機關採循序漸進的方式推動進行。按我國現行法規內容所提供之公司治理模式略有三種態樣：一、雙軌制：即公開發行公司得依章程規定，自由選擇採現行公司法所規定設置董事會與監察人之雙軌制，董事會中沒有獨立董事，由監察人負責監督；二、改良式雙軌制：公司設有董事會與監察人，但董事會設有獨立董事，執行董事之職務；三、單軌制：即公司設置審計委員會，而且由公司全體獨立董事組成審計委員會[6]；惟在必要時主管機關仍得指定符合特定情況的公司強制設置獨立董事[7]。又金管會於日

---

5 「獨立董事」係為強化董事獨立性、職權行使及功能、保障股東權益所設置，參見2006年增訂施行之證券交易法第14-2條、第14-3條暨立法理由。

6 事實上，此三種公司治理模式提供企業有彈性空間得以選擇，但相對的也使的法令變得複雜，而運作上卻也發現扮演如此重要公司治理角色的獨立董事，證交法第14-4條第3項規定，監察人的職權由審計委員會（全體獨立董事）行使，第4項規定，公司法有關監察人的許多職權，由獨立董事行使；因此若是當公司採取雙軌制而沒有審計委員會時，「獨立董事」和「監察人」的職權如何分別行使，出現了管理架構上疊床架的混清，公司法卻隻字未提；參閱曾宛如，半套公司治理移植經驗──以審計委員會與特別委員會為例，月旦民商法雜誌，第43期，2014年3月，頁38。

7 行政院金融監督管理委員會（下稱金管會）初期採鼓勵公司自主決定方式，循序推動公司設置審計委員會，並依證交法第14-4條規定授權發布訂定「公開發行公司獨立董事設置及應遵循事項辦法」（下稱獨董設置辦法）及「公開發行公司審計委員會行使職權辦法」，以利公開發行公司遵循辦理，俾落實並發揮審計委員會之職能，以提高公司治理之績效。又依金管證發字第1020053112號令，擴大強制設置獨立董事及審計委員會之適用範圍，包括下列公司：一、獨立董事：非屬金融業之上市（櫃）公司（實收資本額新臺幣100億元以下）。二、審計委員會：金融業〔證券

前公布「新版公司治理藍圖（2018-2020）」[8]用以提升資本市場公司治理措施，其中規劃目標中將於2022年前強制所有興櫃公司跟進設立獨立董事，以獨立董事組成審計委員會用以取代監察人制度，可見主管機關確實期許著以獨立董事制度之設計來增進影響著我國公司治理的效能。

事實上，為確保獨立董事真能發揮其守門員監督制衡的功能，其前提乃是獨立董事確能具備立法者所期待的「獨立性」，對企業之事務能為獨立判斷、提供客觀意見，且專業上須真的「懂」公司的經營之「事」務，如此才能確實協助董事會在進行重大決策時更具專業性的判斷、更能關注到其他利害關係的層面，使企業的決策不至於偏離法令或影響股東權益，且更能強化董事會的職能，因此獨立董事強調的就是獨立性與專業性。

首先，就獨立董事的「獨立性」部分進一步說明。以公司治理的角度出發，獨董的職能是以維護整體公司利益及保障股東權益為導向（be shareholder orientated），並應憑藉所具之專業性、獨立性，監督內部董事、經理人之經營行為，因此獨立董事在決策時應保持立場超然公正、獨立，不受管理階層或提名派的左右與影響。而當立法者要引進國外制度時，即先為參酌比較外國立法例之相關規範。因此，以紐約證券交易所上市公司準則（NYSE Listed Company Manual）§303A.02之規定為例，獨立董事須與在其任職之上市公司間不具有實質上關係（no material relationship），即沒有直接、或透過其他商業組織的間接關係，足以妨害其履行董事會職責時能做出獨立判斷[9]；再者，參酌那斯達克市場規則（Nasdaq Rule），其針對上市公司的獨立董事也做出類似規範，於該規則第5602(a)(2)定義所謂的獨立董事，係不應為公司的經理人或受雇人，

投資信託事業、非屬上市（櫃）或金融控股公司子公司之綜合證券商及上市（櫃）期貨商），及非屬金融業之上市（櫃）公司（實收資本額達新臺幣100億元以上未滿新臺幣500億元）。

[8] 關於金管會所提出之「新版公司治理藍圖（2018-2020）」之資訊，請參閱網站 https://www.sfb.gov.tw/ch/home.jsp?id=807&parentpath=0,648,806（最後瀏覽日：08/09/2018）。

[9] See Sec. 303A.02(a)(i).

或具某種關係之人[10]。另，沙賓法案（Sarbanes-Oxley Act 2002）雖對於公司治理內部控制部分多著墨於審計委員會，然其中該法案第301條[11]要求上市公司的審計委員會之成員應當由公司獨立董事擔任之，獨立董事（審計委員會成員）不得從該公司收受任何諮詢費用、顧問費用或其他報酬；亦不能同時為該發行公司或其子公司的關聯人員（affiliated person），主要的考量是以財務上及重大的經濟上利益為規範獨立的導向，蓋經濟上的利益易導致喪失獨立性。最後，觀諸德拉瓦州普通公司法（Delaware General Corporation Law）之規範，其未明訂「獨立性」之規範，僅於該法第144條[12]針對具利害關係之董事（interested directors）做出規範[13]，因此，關於董事針對公司董事會之經營治理或各項業務、議案，是否已發揮其等專業、是否具備客觀、獨立、善盡董事之職責係採實質個案認定，即法院在進行審查客觀、獨立性時考量的是董事與利害關係人是否有連結、董事業務執行決定的合理性及是否受到「董事個人情誼或外在因素」所干擾等[14]。綜上，就獨立性部份在外國立法制度面上有採以身分上關係與資金往來的關係予以概括性形式立法規範，也有認為獨立性的認定應採實質審查方式為之。然而，就實質審查董事特定交易行為是否進行獨立決策、客觀判斷具有相當程度困難，因此我國監理機關金管會最後係以條列式明文列舉消極資格，從身份上、財務上關係來加以定義獨立性。

依證交法第14-2條第2項規定：「獨立董事應具備專業知識，其持股及兼職應予限制，且於執行業務範圍內應保持獨立性，不得與公司有直接

---

[10] See http://nasdaq.cchwallstreet.com/nasdaq/main/nasdaq-equityrules/chp_1_1/chp_1_1_4/chp_1_1_4_3/chp_1_1_4_3_8/default.asp (last visited 08/09/2018)

[11] See https://pcaobus.org/About/History/Documents/PDFs/Sarbanes_Oxley_Act_of_2002.pdf (last visited 08/09/2018)

[12] Del. Gen. Corp. Law § 144, see http://delcode.delaware.gov/title8/c001/sc04/ (last visited 08/09/2018)

[13] 德拉瓦州普通公司法第144條主要規範董事應善盡忠實義務、忠實於公司利益。

[14] Edward P. Welch & Robert S. Saunders & Allison L. Land & Jennifer C. Voss & Andrew J. Turezyn, FOLK ON THE DELAWARE GENERAL CORPORATION LAW：FUNDAMENTALS, 434 (2016).

或間接之利害關係。獨立董事之專業資格、持股與兼職限制、獨立性之認定、提名方式及其他應遵行事項之辦法，由主管機關定之。」可得而知，證交法對於獨立性要求其「於執行業務範圍內應保持獨立性，不得與公司直接或間接之利害關係」，實則無明確規範，乃係授權交由行政主管機關金管會決定。故，依據金管會所頒布之「獨董設置辦法」第3條、第4條規定，將獨立董事獨立性資格的規範條列式明定為兩部分：一、獨立董事兼任其他公開發行公司獨立董事不得逾三家[15]；二、獨立董事應於選任前二年及任職期間，不得有下列情事：（一）公司或其關係企業之受僱人。（二）公司或其關係企業之董事、監察人。但如為公司或其母公司、子公司依本法或當地國法令設置之獨立董事者，不在此限。（三）本人及其配偶、未成年子女或以他人名義持有公司已發行股份總額百分之一以上或持股前十名之自然人股東。（四）前三款所列人員之配偶、二親等以內親屬或三親等以內直系血親親屬。（五）直接持有公司已發行股份總額百分之五以上法人股東之董事、監察人或受僱人，或持股前五名法人股東之董事、監察人或受僱人。（六）與公司有財務或業務往來之特定公司或機構之董事（理事）、監察人（監事）、經理人或持股百分之五以上股東。（七）為公司或關係企業提供商務、法務、財務、會計等服務或諮詢之專業人士、獨資、合夥、公司或機構之企業主、合夥人、董事（理事）、監察人（監事）、經理人及其配偶。但依股票上市或於證券商營業處所買賣公司薪資報酬委員會設置及行使職權辦法第7條履行職權之薪資報酬委員會成員，不在此限。

其中，該條第6款「與公司有財務或業務往來之特定公司或機構」的認定範圍較為廣泛，因此，本條第3項有進一步加以明文規範，係指與公司具有下列情形之一者：（一）持有公司已發行股份總額百分二十以上，未超過百分之五十。（二）他公司及其董事、監察人及持有股份超過股份總額百分之十之股東總計持有該公司已發行股份總額百分之三十以上，且

---

[15] 其立法理由乃係依證交法第14-3條之規定，獨立董事較諸一般董事尚有其特定之職權及責任，故兼任公開發行公司獨立董事之家數不宜過多，以避免影響獨立董事執行職務之品質，爰明定獨立董事兼任其他公開發行公司獨立董事不得逾三家。

雙方曾有財務或業務上之往來紀錄。前述人員持有之股票,包括其配偶、未成年子女及利用他人名義持有者在內。(三)公司之營業收入來自他公司及其集團公司達百分之三十以上。(四)公司之主要產品原料(指占總進貨金額百分之三十以上者,且為製造產品所不可缺乏關鍵性原料)或主要商品(指占總營業收入百分之三十以上者),其數量或總進貨金額來自他公司及其集團公司達百分之五十以上。

是以,透過法制面的董事會之組織性改革引進獨立董事,期其可對公司事務為獨立判斷及提供客觀意見,立法者乃授權主管機關規範嚴謹、明確的獨立性消極身分上資格之認定標準,如獨立董事本人與親屬應於選任前二年及任職期間與該公司並無受僱關係、董監事關係,也對獨立董事持股比例(1%)做出規範與兼職限制等,甚至將原本依法行使監察職權的監察人,及曾經為公司提供諮詢服務的專業人士,一併排除在外。期許依循如此嚴謹規範選任之具獨立性的外部董事能確實履行其職能,在判斷過程中不受任何干預或指揮,不涉入董事的個人利益,而得以監督經營管理績效表現,防止利益衝突的發生,發揮防弊與興利的功能,並透過外部獨立性的角色督導內部董事、經理人強化內部控制,落實公司治理。所以,獨立董事在履行其職務時,應展現獨立思考並表達專業意見[16],對公司的業務經營進行審查、監督。

然而,理想上的烏托邦通常無法在現實中停留太久。實際運作獨立董事制度時會發現,身分、財務、持股或業務往來上的利害關係不符合法規所要求之獨立性是相對而言容易判斷的,但較難評斷規範的是社交上的人際關係、人情關係(social ties),或獨立董事是否真正為獨立決策判斷、不受提名者的干擾或指揮也是難以認定的,如之前2013年中石化與2017年榮剛公司上演的經營權大戰,獨立董事們可能選擇性的選邊站,且偏向站在提名其獨董資格的派系上、易淪為大股東或提名方的門神,則就此部分是否具有獨立性則較易引發爭議,蓋獨立董事是由董事會提名,要當選通

---

[16] Catherine Shenoy & Kent McCarthy, APPLIED PORTFOLIO MANAGEMENT:HOW UNIVERSITY OF KANSAS STUDENTS GENERATE ALPHA TO BEAT THE STREET, 251 (2008).

常也會需要大股東的支持，如此情形下，獨立董事是否真能完全獨立於管理階層、公司派的指揮而進行監督、審查，則是不免令人心生疑竇，因此目前獨立董事的選舉制度實有再為檢討之必要，此部分將另立篇幅進行討論。

其次，如前所述，獨立董事的職能是指可對公司事務決策為獨立判斷及提供客觀意見之董事，因此強調其應具備獨立性及專業性，使其有助於監督公司之運作及保護股東權益。又因目前現行公開發行公司以是否有設置審計委員會而區分獨立董事的職權為二：一、若董事會中有獨立董事，但未設置審計委會，則依證交法第14-3條之規定，獨立董事對於董事會特別議案，如有反對意見或保留意見，應於董事會議事錄載明；二、若公司組織採單軌制，即由全體獨立董事組成審計委員會，則依證交法第14-5條之規定要求董事會就特定議案，如內控、處分資產、重大資金貸與、背書、發行有價證券、簽證會計師委任解任，財務稽核主管之任免等，須經審計委員會全體成員二分之一以上同意，才能提請董事會決議；但如未經審計委員會全體成員二分之一以上同意者，得由全體董事三分之二以上同意行之，並應於董事會議事錄載明審計委員會之決議，並應於二日內公告並向主管機關申報[17]。

按證交法第14-5條之規定觀之，乃係就重大議案賦予獨立董事同意保留權的概念，用以更有效地為監督行為，以確保資本市場上投資股東之利益；但若審計委員會或獨立董事認為該議案不妥時，立法者竟以公司經營的效率為理由，公司董事會仍得以全體董事三分之二之同意通過議案。實際運作上，就此種特定議案若事涉董事重大利害關係之決策，而審計委員會事前審查認為不妥，卻仍可透過三分之二董事同意過關，無疑架空內部組織監督機制的存在。申言之，透過證交法第14-5條第2項在立法上弱化審計委員會、獨立董事的監督功能，與立法者一再強調引進審計委員會、

---

[17] 按證交法第14-5條第2項之規定，審計委員會若對議案採反對意見，縱使經全體董事三分之二以上同意該議案者，則依照公開發行公司董事會議事辦法第17條之相關規定，於董事會議事錄載明審計委員會之決議，並於董事會之日起二日內於主管機關指定之資訊申報網站辦理公告申報，使投資人得知悉該議案之問題與考量。

強化內控監督機制等立法精神實乃背道而馳，此種立法實在令人百思不得其解。公司的管理經營效率與內部監督機制應該取得平衡，因此組織架構上建立審計委員會與獨立董事為監督者、守門員（Gate-keeper）的角色，且獨立董事在設置上是具有專業性的背景，若獨立董事對特定議案有反對意見時，管理經營的內部董事是否應依其職能去說明、對獨立董事作意見溝通始為得宜，而非便宜行事、直接架空監察機關。

誠如上述，獨立董事與由全體獨立董事組成之審計委員會其職務是在諮詢（advisory）、監控（monitoring）董事會之執行公司業務，立法者希冀藉著獨立董事所具備之專業性角色，對企業經營管理者提供專業建議、外部意見來強化公司治理，並運用其具獨立性的角色監督公司，在可能發生不法情事時能及時發現弊端，適時防止公司董事與內部經營者以非常規交易模式進行圖己利、造成公司損害之利益輸送（tunneling）等危險，以維護所有利害關係人之權益；例如金融銀行業的獨立董事對於違反內線交易、關係人交易（related-party transaction）等問題時，應適時提醒公司及內部人相關罰責，並須注意防範，這就是獨立董事的專業能力問題。然而，獨立董事的「專業性」要求並未於證交法中明文規定，金管會則依證交法第14-2條第2項規定授權訂定之「獨董設置辦法」作為補充。依據此辦法第2條第1項第1、2款，須有於大學為商務、法務、財務、會計等科系的講師資格以上，或具有法官、檢察官、律師、會計師或其他與公司業務所需之國家考試及格領有證書之專門職業及技術人員，始具有擔任獨立董事之資格。易言之，藉由國家所認證的教師或專門技術職業之資格限制，來確保獨立董事的專業性。

惟須特別注意的是，根據獨董設置辦法第2條第3款規定具有商務、法務、財務、會計或公司業務所需之工作經驗五年以上者，亦可擔任獨立董事。如此廣泛且模糊的規範，就使該條第1、2款的專業證書或證照之資格限制出現突破口，致使獨立董事的專業性要求形同虛設，也因此不乏出現所謂的「名人獨董」，因此其是否事實上具備提供專業諮詢、監督公司經

營者的專業性知識便令人質疑[18]。

綜上所述，立法上要求獨立董事須具有一定的獨立性與專業性，其並非負責企業實際經營的內部董事，也不得與公司有直接或間接之利害關係，即是以透過非參與公司經營的專業人士角色來參與、諮詢及監督公司管理經營運作。但，獨立董事制度引進臺灣已超過10年以上，如前述，企業弊案仍不斷出現，確實某些企業仍將公司治理機制流於形式，獨立董事未能履行其專業監督功能、未能發揮其專業性、獨立性以協助董事會作出有利的經營決策卻也是不爭的事實。就此，不免應再進一步討論，目前我國獨立董事制度在運作上所面臨現實上的困境。

參、臺灣獨立董事制度面對的困境

首先，本文先以近年來令人矚目的二件弊案來說明，目前臺灣獨立董事制度成效不彰的代表作。

一、以日商百尺竿頭收購樂陞科技弊案為例

日商百尺竿頭資本額僅有新臺幣5,000萬，卻發動高達48.6億元的公開收購，最後拒不履行公開收購義務、惡意違約詐欺證券一案。嗣後，樂陞的三位獨立董事[19]雖皆因個人因素相繼辭職，但財團法人證券投資人及期貨交易人保護中心仍對樂陞前董事長、董事及獨立董事提出民事求償，

---

[18] 其實名人當獨立董事也常見於國外企業，如星巴克（Starbucks）就聘任美國前國防部長蓋茲（Robert Gates）當公司董事會成員；蘋果電腦（Apple）也聘任美國前副總統高爾（Al Gore）為公司董事會成員。See https://news.starbucks.com/news/starbucks-appoints-former-defense-secretary-robert-gates-to-board-of-direct; https://www.apple.com/newsroom/2003/03/19Former-Vice-President-Al-Gore-Joins-Apples-Board-of-Directors/ (last visited 08/09/2018)

[19] 樂陞的三位獨立董事為知名媒體人陳文茜、尹啟銘、李永萍。陳文茜為知名媒體人，尹啟銘是前經濟部長及前總統府國策顧問，李永萍則是前臺北市文化局長。三位獨立董事具備「獨董設置辦法」第2條第3款所訂之要件，與樂陞科技的高層並無瓜葛，應具備足夠的獨立性與專業性。

求償金額逾39億元[20]。由於本件公開收購案乃經三位獨立董事所組成的審計委員會審議通過，但依樂陞2015年所提交之年報顯示，樂陞共召開過11次董事會，但有獨立董事僅出席3次參與董事會，因此，三位獨立董事被點名未善盡獨立董事的監督職能，或其至少應發言質疑以5,000萬資本額進行46.8億元公開收購是否具備收購能力、是否屬合理公平等疑竇請求經營管理者提出說明，況且獨立董事對公開收購對象也有實質建議權[21]，又依公司治理實務守則，獨立董事對於議決事項如果認為資料不足，亦可請求補足。樂陞案凸顯出，三位獨立董事適任性的問題，蓋獨立董事制度之設計向來被認為是用以監督參與業務經營的董事行為，進而節制公司業務經營董事的濫權行為，而在本案中三位獨董並未確實發揮獨立董事制度所設計之應有功能，反而淪為公司派的橡皮圖章，並未站在「以股東利益為核心的監督原則」善盡監督把關之職，監督義務顯有懈怠疑慮。

二、必翔實業涉非常規交易、作假帳掏空公司資產案

　　必翔實業成立於1983年，產品以電動代步車為主。然而2017年5月爆發財務報表涉嫌隱匿子公司揚明借款給天一公司的事實並隱匿非常規交易外，其中必翔實業的二位獨立董事[22]也曾對於公司董事會決議的授信案與必翔增加對子公司必翔電提出反對意見。就增加對子公司必翔電持股案時，二位獨立董事以損害股東權益且質疑必翔購買必翔電價格合理性、違

---

[20] 資料來源，請參閱投保中心的團體訴訟與仲裁團體訴訟案件進行中案件彙總表，http://www.sfipc.org.tw/MainWeb/Article.aspx?L=1&SNO=XqlDNAZ/9DguYlTrwJhJrQ==（最後瀏覽日：08/09/2018）。

[21] 由樂陞獨董組成的併購特別委員會審議結論：「百尺竿頭的公開收購條件符合公平性及合理性之原則，基於保護股東的立場，籲請股東詳閱公開說明書的參與或不參與應賣的風險，自行決定是否應賣」；樂陞獨立董事所採取的竟是「不鼓勵、不反對」投資人參與百尺竿頭的公開收購案；相較於三信商銀以及矽品面對公開收購案，獨立董事皆各自都依法召開審議委員會，明確表達了保留甚至反對的立場。

[22] 必翔實業當時的三位董事為沈志成律師、王明勝會計師與黃寬模（任長展資產管理公司董事長），而就董事會議案中的授信案與違反違反公司內部規定部分，獨立董事沈志成及王明勝表達反對意見，相關新聞請參閱網站：https://news.cnyes.com/news/id/3767216（最後瀏覽日：08/09/2018）。

反本公司「取得或處分資產處理程序」第12條有關投資上限之規定予以反對，因此兩位獨立董事對此二項重大議案在議事錄中皆投下反對票。又增加對子公司必翔電持股此一議案，最後審計委員會的意見被推翻，由董事會以三分之二董事同意決議以7.7億購買必翔電約15%的股權，而兩位持反對票的獨立董事黯然辭職離開[23]。5月爆出炒股掏空公司資產，最後因連三季交不出財報遭證交所於2018年1月2日公告下市。本案中，二位獨立董事雖然對董事會的議案持反對意見、保留意見，並記載於董事會議事錄，也依規定於公開資訊觀測站揭露，但是董事會仍可以無視審計委員會、獨立董事的反對意見，執意而行。然而在弊案發生後，獨立董事仍不免須承受外界的批評與指責。

　　從這二案觀察可以得知，本兩件的獨立董事從其學經歷觀之，各獨立董事與公司經營者看似皆無親屬關係、職業履歷漂亮及學歷證明也堪稱完勝，顯已具備法規所要求的獨立性與專業性，但獨立董事制度的監督功能、應積極發問與質疑業務執行機關，甚至有時應明確地表達反對與否決意見等職能似乎仍難以被發揮，監督功能運作成效仍不如立法者所預期之理想，甚至會發現，獨立董事的反對意見與公司派經營管理階層意見相左時，公司派是可以完全無視於獨董的反對意見。因此，在面對繼受外國法律制度時有橘越淮而為枳的困境外，須觀察的不僅是國際上對於獨立董事資格的規範趨勢，也須考量我國實務運作困境與國內特有的家族企業文化（Family Enterprise Culture），進而對法規範設計上有所改善、修正。因此，主管機關面對資本市場上的弊案層出不窮，即檢討近年實務運作獨

---

[23] 事實上，關於上市公司重大訊息的資訊揭露是公司的一面窗，更是投資大眾可以知悉公司近來重大決策方向，而這些依「臺灣證券交易所股份有限公司對有價證券上市公司重大訊息之查證暨公開處理程序」之規定，公開在公開資訊觀測站網上的重大資訊http://mops.twse.com.tw/mops/web/t05st01（最後瀏覽日：08/09/2018），其性質上大致可歸類為財務及投資、法律事件、生產及營運、人員異動、股利分派及股東會事宜及其他等六大類別，而此等重大資訊也是可以看出公司治理與內部控制缺點與端倪。以必翔為例，2014年9月至2017年3月該公司的高階管理階層有9席董事與1席監察人辭任、主要主管出現11次異動，多數是辭職，其中還換了三家簽證會計師，獨立董事與公司經營者認知不同、意見不一，甚至立馬辭職，種種跡象都應會使投資者心生警覺。

立董事制度常見令人詬病的問題時，不免發現獨立董事的專業性易以學經歷的要求做出法律規範，但獨立性的部分則涉及除了獨立董事的人際、人情關係或甚至是裙帶關係難以法令規範、董事選舉制度（董事候選人提名制度）與臺灣特有家族企業文化背景，皆是導致獨立董事的職能難以被落實的重要因素。

　　金管會面對投資市場弊案層出不窮，為杜社會大眾悠悠之口及兼顧強化獨立董事之獨立性，於2017年新增幾項措施來強化獨立董事參與董事會，其中包括：一、為了排除上市公司常見之「萬年董事」的弊病，蓋獨立董事的任期時間一長則容易與內部人關係過從甚密，進而不利於監督者地位，因此，爰參酌新加坡及香港等地之規範，明定公開發行公司提名之獨立董事候選人，其已連續擔任該公司獨立董事任期達三屆者，公司應公告繼續提名其擔任獨立董事之理由，並於股東會選任時向股東說明前開理由，俾供股東選任時之參考[24]；二、獨立董事於行使職權時應積極發問、明確地表達意見，因董事會會議的任何議案結果皆有可能會對股東權益造成影響，因此在樂陞案後，主管機關增修辦法即要求公司設有獨立董事者，應有至少一席獨立董事親自出席董事會[25]，以促使獨立董事確實發揮專業監督功能[26]；三、如獨立董事成員就與其自身有利害關係之事項，應說明內容、利益迴避，並不得代理其他成員行使其表決權，用以保障投資人的利益[27]；四、公司應將董事會與審計委員會之開會過程全程錄音或錄影存證，並妥善保存，而保存方法得以電子方式為之，以健全監督功能，

---

[24] 獨董設置辦法第5條第6項。

[25] 公開發行公司董事會議事辦法第7條第5項。

[26] 依證券交易法第26-3條第8項、第165-1條、第178條第1項第7款、第179條及公開發行公司董事會議事辦法第7條第1項第8款、第5項等規定，如獨立董事都未與會，乃對公司負責人罰款240萬元以下罰款。探究主管機關規範目的，乃係冀希每次的董事會至少有一席獨董親自出席，以促使獨董確實參與董事會會議、發揮專業監督功能；若獨董皆未與會，董事會卻通過之重大議案，嚴重損及股東權益，則240萬元以下罰款是否可達成嚇阻的效果，非生疑義。

[27] 公開發行公司審計委員會行使職權辦法第9條。

且若發生相關議決事項之訴訟時得明確其責任歸屬[28]。

如此看來主管機關積極修訂現行辦法期許得以亡羊補牢，事實上也解決了一些現狀所積存的問題。而透過這些年的增進修法，我國獨立董事專業性、獨立性規範似已相當完善，但實務運作上，成效似乎仍不能達到預期、之間還是存在於公司派利用各種規避的方式致使獨立董事喪失應有之獨立性，而無法確切落實立法的美意。其中，根本原因即是我國企業的經營權與所有權結構、家族企業盛行及在此等股權結構下影響著獨立董事選任問題。以必翔案觀之，該公司的獨立董事是有發現公司管理階層是有問題的，但問題弊端一涉及到公司派經營高層時，當企業所有者、經營者與獨立董事意見不一，或公司派與市場派發生經營權爭奪戰時，有的是獨立董事選擇自動離開，但現實上，有更多時候是獨立董事也是面臨「被」選擇離開。

肆、獨立董事制度的實質上獨立性

按我國現行董事選舉係採行累積投票制（cumulativevoting），每一股份有與應選出董事人數相同之選舉權，得集中選舉一人，或分配選舉數人，由所得選票代表選舉權較多者，當選為董事（公司法第198條）。再結合我國董事選舉的提名制度與獨立董事的獨董設置辦法第5條規定可以得知，公開發行的獨立董事提名權限掌握在持股達1%的股東手上（公司法192-1條、證交法第14-2條）[29]。又按公司法舊法第192-1條第5項之規定，股東提名董事候選人之審查權專屬於董事會（或其他股東會召集權

---

[28] 公開發行公司董事會議事辦法第18條、公開發行公司審計委員會行使職權辦法第10-1條。

[29] 觀其立法理由乃係為避免董事提名權之濫用，癱瘓董事選舉過程，對於提名股東設有持股數之限制，即提名股東須持有已發行股份總數百分之一以上股份為必要，但不以單一股東為限，共同提名亦可，並要求股東之提名人數不得超過董事應選名額。

人），而由於市場上發生數次董事會濫用審查權限，即公司派的股東會召集權人（董事會）利用審查董事候選人資格之權限，排除競爭對手或敵對陣營的候選人，如大同公司以公司法第192-1條第4項（舊法）之「規定要件不齊備」，將市場派提名之董事候選人名單全數剔除[30]。因此，為落實當初鼓勵小股東參與公司監督經營的立法目的，在本次公司法修法中即修訂公司法第192-1條的第4項與第5項，一方面簡化提名股東之提名作業程序[31]，另一方面刪除召集權人的實質審查權限，只作形式審查[32]。而且進一步對於公司負責人違反第5項規定（應列入董事會候選人名單，而未列入）者，增訂相關罰則[33]。

雖然立法制度上目前獨立董事選任程序係強制依公司法第192-1條規定採候選人提名制度，賦予持股已發行股份總數1%以上股份的小股東得

---

[30] 兩位提名董事的股東也皆依民事訴訟法第538條規定，向法院聲請定暫時狀態假處分的緊急處置，詳閱臺灣高等法院106年度抗字第537號民事裁定。

[31] 修訂公司法第192-1條第4項：「前項提名股東應敘明被提名人姓、學歷及經歷。」修訂理由：「為簡化提名股東之提名作業程序，修正第四項之『檢附』為『敘明』，且僅需敘明被提名人姓名、學歷、經歷即可。至於『當選後願任董事之承諾書、無第三十條規定情事之聲明書』者，鑒於是否當選，尚屬未定，實無必要要求提前檢附，況被提名人一旦當選，公司至登記主管機關辦理變更登記時，即知是否願任，爰刪除該等文件；另『被提名人為法人股東或其代表人者，並應檢附該法人股東登記基本資料及持有之股份數額證明文件』者，基於法人股東登記基本資料及持有之股份數額證明文件，公司已有相關資料，亦無必要要求檢附，爰以刪除。」

[32] 修訂公司法第192-1條第5項，直接刪除「對董事被提名人應予審查」之規定：「董事會或其他召集權人召集股東會者，除有下列情事之一者外，應將其列入董事候選人名單……」。

[33] 修訂公司法第192-1條第7項：「公司負責人或其他召集權人違反第二項或前二項規定者，各處新臺幣一萬元以上五萬元以下罰鍰。但公開發行股票之公司，由證券主管機關各處公司負責人或其他召集權人新臺幣二十四萬元以上二百四十萬元以下罰鍰。」觀諸本次公司法此部分的修法，排除董事會的實質審查權限確實能防止董事會濫權情形再次發生，但如此的修法亦將有可能使上市櫃公司經營權爭奪戰更易發生，對公司經營穩定性、業務運作影響甚大，進而造成公司及其他多數的小股東難以回復之損害。況且觀諸公司法增訂的罰則，但若董事會違法亂紀，如此罰則實則過輕，一個上市公司經營權保衛戰的利益與如此的罰則設計，怎可能會發生達到阻嚇之效用。

以提名董事，其目的是擴大股東參與，相當程度上似是保障小股東的權益[34]。但我國選舉採用累積投票制，在現實面上，獨立董事若缺乏控制股東或大股東的支持，單仰賴散戶股東是幾乎不可能當選的，且董事會中當選的董事席次實際上也代表著不同股權持有者之利益。因此也不難理解，董事的提名與選舉制度本質上即反映了企業股權的結構，大股東或控制股東基本上主導了最終獨立董事的當選人選。而公司大股東或控制股東往往本身自己就是企業經營者，在臺灣企業的發展上常見於家族企業之比例極高、股權相較於美國企業是相對集中、董事長兼任總經理職位等現象也是自此一脈，基此，國內大企業也常處於「所有權與經營權有高度的重疊性」，甚至不乏可見某些公司是處於「控制股東」、「主要董監事」與「經營階層」三位一體的情形[35]；在此等企業模式下，即型態是大公司，但實質上是家族企業，則控制股東憑藉著優勢的表決權，定能有效的操控主導著股東會選舉結果與董事會的運作，排除一般小股東所提名的獨立董事候選人當選為董事。

　　在如此的優勢下，現行法關於獨立董事獨立性的諸多規定基本上已淪為具文，因為依現行法之規定，獨立董事雖不可與公司派股東間具備任何親屬、僱用或商業往來關係，但人情上的關係、人際關係與友好關係則仍可使由公司派支持而當選之獨立董事偏向公司派股東。因此，觀諸目前董事的選任制度是被監督者（執行業務之董事）與監督者（非執行業務之獨立董事）容易系出同門，則經營者、控制股東的心態即成為獨立董事的監督功能能否發揮的最主要關鍵。倘控制股東想要的是不被干預、不重視內控制度與內稽單位等監督功能者，結果即是虛應法令，選出不具實質上獨立性的橡皮圖章當獨立董事；反之，倘若有控制力的股東，真心願意落實公司治理，則會選任具備獨立性、適任性與應具備的專業監督、內稽能力、勇於任事的獨立董事。由此可知，控制股東或經營者的心態與企業文

---

[34] 按公司法第192-1條立法旨趣係鑒於上市、上櫃等公開發行公司之股東人數眾多，為健全公司發展並保障股東權益，推動公司治理，宜建立董事候選人提名制度，俾供股東就董事候選人名單進行選任，以強化股東參與公司營運事宜。

[35] 王文宇，公司法論，元照，2008年，4版，頁45-46。

化反而是最重要的因素。

　　從實務的運作面下觀察，實難以期待控制股東從自我內心即具有健全公司治理之心態，否則新聞就不會常出現掏空公司、超貸、關係人交易等弊案新聞。因此，在現行法下董事選舉制度與提名程序要期待獨立董事具有實質上的獨立性，現實上是有某種程度的困難。又我國在引入獨立董事制度後，也陸續引進了審計委員會（證交法第14-4條）與薪資報酬委員會（證交法第14-6條），卻未立法引進提名委員會，是以，在參酌各國目前法制的發展，為能徹底解決國內獨立董事選任程序、提名制度不具獨立性的問題，學者間多數建議可考慮立法引進在董事會下設立提名委員會（nomination committee）掌握適當的董事（包括獨立董事）提名權與同意權，並得對其提名者之資格是否具備獨立性加以審查[36]。公司被要求設置提名委員會者，則該組成委員通常全數[37]或至少過半須由獨立董事擔任[38]，且該相對具有獨立性的提名委員會負責在公司選任董事時主導著推薦董事候選人（包括獨立董事候選人）名單給董事會，而某種程度規避了由控制股東及其所控制的董事會所主導，也可以在一定程度內排除控制股東對於獨立董事人選的干預，進而確保獨立董事的獨立性。但如此一來，確實可以防弊，但是否可以興利則也不免令生疑慮；且在保障小股東權益、擴大股東參與的董事候選人提名制度似乎不免被犧牲，因此主管機關是否可以考慮在上市櫃公司部分至少保留一定的董事席次給予由小股東處

---

[36] 劉連煜，現行上市上櫃公司獨立董事制度之檢討暨改進方案—從實證面出發，政大法學評論，第114期，2010年，頁84；see NYSE Listed Company Manual Section 303A.04. Commentary: 「A nominating/corporate governance committee is central to the effective functioning of the board. New director and board committee nominations are among a board's most important functions. Placing this responsibility in the hands of an independent nominating/corporate governance committee can enhance the independence and quality of nominees. The committee is also responsible for taking a leadership role in shaping the corporate governance of a corporation.」

[37] See NYSE Listed Company Manual Section 303A.04(a).

[38] See Nasdaq Rule 5605(e)(1)、(3), http://nasdaq.cchwallstreet.com/nasdaq/main/nasdaq-equityrules/chp_1_1/chp_1_1_4/chp_1_1_4_3/chp_1_1_4_3_8/default.asp (last visited 08/09/2018).

獲得多數選舉票的董事候選人，或以限制控制股東的選舉權，賦予小股東一定程度的特別選舉權等方式，進而保障投資市場上小股東的權益。

伍、獨立董事之職權行使與資訊揭露

獨立董事要發揮其制度應有之職能，除了思考獨立董事如何取得事實上獨立性的地位外，尚須思考的面向包含應如何協助獨立董事在其任期中有效率的行使職權及獨立董事要「棄船」或「被離職」時，使大眾投資者得以在資訊揭露部分得以知悉情事，且正視危機。

首先，有關我國公司法的立法原型採雙軌制，而引進美國立法例的獨立董事制度乃是以單軌制為原型，即獨立董事係指不兼任執行決策行政職務（內部董事）之外部董事且與公司間全然無利害關係（no material relationship）者，其主要的功能乃係單純的監督公司業務之經營管理。然而我國繼受獨立董事制度除具備監督權限外，依現行法獨立董事也是董事會成員，依法以董事身分參與公司經營之決策與業務之執行（公司法第202條），因此，獨立董事與一般內部董事一樣，需基於有償委任關係對公司應負起善良管理人之受託人的義務（fiduciary duty）[39]。在職權上，我國獨立董事的職權與一般董事幾乎沒有太大差別。且按規定，若公司設有獨立董事者，應有至少一席獨立董事親自出席董事會[40]，公司的董事會

---

[39] 公司法第192條第4項：「公司與董事間之關係，除本法另有規定外，依民法關於委任之規定。」因此董事與公司間之法律關係為委任關係，適用民法有關委任之規定。惟此一契約之締結以處理公司之事務為其標的，與一般委任不盡相同，故公司法基於其特殊性，就董事之報酬（公司法第196條）、解任（公司法第192條第5項、第199條、第200條、第197條）、出席董事會（公司法第205條）及競業禁止（公司法第209條）等另設規定，不適用民法委任之規定。基此，獨立董事於執行業務時應踐行忠實義務（Duty of loyalty）及注意義務（Duty of care），如有違反致公司受有損害者，負損害賠償責任（公司法第23條、第8條、民法第535條）。此外，上市櫃發行公司財報不實之團體訴訟案件，因獨立董事亦為公司法規定之公司負責人，故依證交法第20-1條之規定，獨立董事亦與執行業務董事同負推定過失責任。

[40] 公開發行公司董事會議事辦法第7條第5項。

若設有常務董事者，常務董事中獨立董事人數不得少於一人[41]。觀諸此規定乃立意良善，係為使獨立董事得以參與公司重大決策，似能及早警戒監督進而防止弊案的發生[42]；但該規範運作邏輯衍生的結果則形成一種扭曲的獨立董事制度設計，即要求獨立董事須致力監督自己所作成的業務經營決策，實則使獨立董事兼為監督者與執行業務者角色上的混淆[43]。由此可見，本國立法的單軌制與美國單軌制也因此在設計上也截然不同[44]。

因此，可能的解決方式還是應該在法制面上回歸公司設置獨立董事的目的，乃在於強化董事會結構，發揮監督職責，藉以提升公司之經營效能與競爭能力。回應在設置獨立董事應以其具有的獨立性位階，對公司的經營管理階層善盡監督職能，專注在監督的角色與確實執行內部稽核與內部評估，確立其不兼任行政職務的董事（non-executive director）、不參與業務決策、不參與業務執行，這樣獨立董事才能權責分明、發揮作用，以維護公司小股東和其他利害關係人的利益。

再者，獨立董事的職務係屬兼任職務，而董事的席次與選任也反映一個企業的股權結構，各董事實際上代表不同股權持有者之利益，控制股東或大股東們對獨立董事自然未必信賴，因此縱使經濟部有函釋謂，獨立董事有權取得公司資訊[45]；惟事實上，獨立董事執行業務時要取得公司重大

---

[41] 公開發行公司獨立董事設置及應遵循事項辦法第8條。

[42] 按現行辦法規定，公司設有獨立董事者，對於證交法第14-3條應經董事會決議事項，獨立董事應親自出席或委託其他獨立董事代理出席。獨立董事如果有反對或保留意見，應於董事會議事錄載明；如獨董不能親自出席董事會表達反對或保留意見者，除有正當理由外，應事先提出書面意見，並載明於董事會議事錄。參考上市上櫃公司治理實務守則第33條、證交法第14-3條。

[43] 方嘉麟，從永豐金案看獨立董事制度，月旦法學雜誌，第272期，2018年，頁10。

[44] 賴英照，股市遊戲規則－最新證券交易法解析，自版，2009年，再版，頁174-187。

[45] 經濟部商業司94年7月5日經商字第409012260號函「按董事為股份有限公司之負責人，應忠實執行業務並盡善良管理人之注意義務，如有違反致公司受損害者，負損害賠償責任（公司法第8條及第23條參照）；依本部76年4月18日商第17612號函釋略以：「董事會就其權限言，對公司有內部監查權，為使內部監查權奏效，身為董事會成員之董事，如為執行業務上需要，依其權責自有查閱、抄錄公司法第210條第1項章程、簿冊之權」。基此，董事為執行業務而依其權責自有查閱或抄錄公司法

資訊常不得其門而入，有高度困難。而要求獨立董事落實執行其法律上應盡之監督義務時，其應得以取得相對應完整地資訊與權力。無資訊，等同無法監督，因此企業應協助並提供其所需之資源與資訊，建立獨立董事可以直接取得資訊的管道與制度。

由於獨立董事之資訊取得是實現監督的必要因素，內部董事與管理階層所提供資訊透明度與詳實程度影響著獨立董事監督的效能。而企業營運相關的資訊具有一定程度的專業性，為能強化獨立董事與審計委員會在內控制度上的監督功能，一方面參酌沙賓法第301條（Sarbanes Oxley Act Section 301(5)）之規定[46]，賦予審計委員會或其獨立董事成員在履行監督職務時，認為有必要時，得委任外部專家提供意見或為查核，協助其工作之執行，藉由獲取相關資源，充分發揮審計委員會之功能及職責[47]；另一方面考量證交法雖明定獨立董事應具備專業知識，然獨立董事之知識畢竟有其侷限，難期全面兼具會計、法律及公司治理專業。而過去法院判決對獨立董事之要求，援引公司法及獨立董事之職權法條，獨立董事往往必須個人同時超越簽證會計師及律師之專業，在事實狀況下並不權責相符。是故，獨立董事若要善盡公司治理之責，對公司事務做出獨立、客觀之判斷，宜另有其他專業評估意見供其審酌，俾厚實其見解，有效監督公司的運作和保護股東權益。然而，獨立董事蒐集相關治理專業意見，必須支付

第210條第1項有關章程、簿冊之權，公司尚不得拒絕之。至於查閱或抄錄應負保密義務，自是董事忠實執行業務及盡善良管理人義務範疇。」95年3月27日經商字第09502037800號函「按本部94年7月5日經商字第09409012260號函，旨在董事為執行業務而依其權責自有查閱或抄錄公司法第210條第1項有關章程、簿冊之權，公司尚不得拒絕之；惟董事於查閱或抄錄時，自應負保密義務，以盡忠實執行業務及善良管理人之注意義務。」

[46] 陳春山，公司治理法制及實務前瞻，新學林，2013年，2版，頁332-334；劉連煜，現行上市上櫃公司獨立董事制度之檢討暨改進方案—從實證面出發，政大法學評論，第114期，2010年，頁65-66; also see Sarbanes Oxley Act Section 301(5) AUTHORITY TO ENGAGE ADVISERS.—Each audit committee shall have the authority to engage independent counsel and other advisers, as it determines necessary to carry out its duties, https://www.corporatecompliancepartners.com/klmbill2.html (last visited 08/09/2018)

[47] 公開發行公司審計委員會行使職權辦法第11條。

相當金額之費用，雖然獨立董事支領一定薪酬，惟其薪酬乃依據公司經營規模而有所不同，尤其小型上市櫃公司之獨立董事薪資所得，並非全部皆為年薪數百萬數千萬，往往僅領取月薪5萬或是3萬，不可能自行另聘請律師、會計師。鑑此，為強化獨立董事之專業監督能力，並避免獨立董事執行職務受到不當干擾，爰參考現行「○○股份有限公司獨立董事之職責範疇規則參考範例」第7條規定，增訂證交法第14-2條第3項，明定「公司不得妨礙、拒絕或規避獨立董事執行業務。獨立董事執行業務認有必要時，得要求董事會指派相關人員或自行聘請專家協助辦理，相關必要費用，由公司負擔之。」以健全公司治理，落實獨立董事對公司事務為獨立判斷與提供客觀意見之職責與功能，並於第178條增訂違反的罰則，賦予獨立董事可以發揮更大做為的法源，健全化獨立董事制度。

此外，為能落實內部稽核品質，避免內部董事與管理階層舞弊之情事無法被及時發現，審計委員會或獨立董事應透過正式與透明的制度，與公司內部稽核單位、外部稽核單位（如簽證會計師）建立直接的溝通管道，要求直接獲取資訊報告，並提供詳實資料。因此，上市上櫃公司治理實務守則第3條第3項即規定，公司宜建立獨立董事、審計委員會或監察人與內部稽核主管間之溝通管道與機制；並於該守則第29條第4項亦規定，公司應選擇專業、負責且具獨立性之簽證會計師，定期對公司之財務狀況及內部控制實施查核。另外，考量到獨立董事係屬兼任職務，所投入的時間有限，因此上市櫃公司的獨立董事可透過內部稽核報告了解內容，並與內部稽核人員建立良好的直接溝通關係，乃是促進獨立董事行使職權的方法之一；且獨立董事與內部稽核單位主管應得於公司管理階層未在場的情況下定期舉行會議[48]，使獨立董事應得要求與公司內部稽核人員及會計師有單獨私下相處機會，亦即此時公司內部董事等應迴避不在場，藉以詢問公司近來有無會計上及經營上不法徵兆或詐欺行為[49]，使其得獨立性的獲取資

---

[48] 蔡昌憲，省思公司治理下之內部監督機制─以獨立資訊管道的強化為核心，政大法學評論，第141期，2015年，頁248。

[49] 劉連煜，現行上市上櫃公司獨立董事制度之檢討暨改進方案─從實證面出發，政大法學評論，第114期，2010年，頁139。

訊之管道。

　　因此，獨立董事在執行其監督職能的過程，制度面上立法使獨立董事可得直接取得公司營運活動相關的資訊、內部稽核報告與外部會計師的資訊，並輔以專業人士提供詳實資訊，且建立直接的溝通管道，使獨立董事可以定期，在無內部董事或經營管理階層的情況下，單獨與內部及外部稽核單位進行溝通會議，以健全其職能。採外，尚可透過資訊揭露（Information Disclosure）制度，回歸到投資者本位的主權原則，使投資市場的參與者知悉重大資訊，在於資訊公開、透明化原則（Transparenzgrundsatz）下得做為投資判斷或決定之基礎（Entscheidungsfundament）[50]，蓋公開公司股權分散、經營決策權卻集中在少數的大股東、經營決策業務執行的董事會手中，外部人員難以接觸企業相關財務或業務相關資訊，因此特別需要資訊公開揭露制度藉以衡平投資者與經營者間的資訊不對稱之情形（eine asymmetrishe Informationslage）[51]。

　　目前我國針對公開發行公司資訊揭露原則略分定期揭露事項與不定期揭露事項二部份。前者依證交法第36條、第25條、公司法第22-1條及第170條等規範主要包括「經會計師查核簽證（年度）或核閱（季報）之財務報告」、「年報」、「每月營運情形」、「董事、監察人、經理人及持有股份總額10%以上之股東持股變動情形」、「申報公司內部人資料[52]」與「股東會開會資料」等，強化公司（法人）透明度、提升全體上市公司之資訊揭露透明度及強化資訊公開；後者則是針對不定期應揭露事項係指公開發行公司財務業務狀況發生重大變化，並有損及股東權益或對公司

[50] Martin Winter/Stephan Harbarth, Corporate Governance und Unternehmensübernahmen: Anforderungen an das Verhalten von Vorstand und Aufsichtsrat des Bieters und der Zielgesellschaft, 2009, S. 503.

[51] Karsten Paetzmann, Corporate Governance: Strategische Marktrisiken, Controlling, Überwachung, 2014, S. 33.

[52] 增修公司法第22-1條之立法理由，乃係配合洗錢防制政策，協助建置完善洗錢防制體制，強化洗錢防制作為，增加法人（公司）之透明度，明定公司應每年定期以電子方式申報相關資料至中央主管機關建置或指定之資訊平臺。

營運產生影響之虞時，主管機關要求公開發行公司立即將此資訊揭露予投資大眾，以保障投資大眾之基本權益不致受侵害，如證交法第36條第3項、第36-1條所規範，包括「年度財務報告與公告申報之財務報告不一致」、「發生對股東權益或證券價格有重大影響之事項」、「取得或處分資產」、「從事衍生性商品交易」、「資金貸與他人」、「為他人背書保證」與「揭露財務預測資訊」等，冀希提供投資大眾另一個更加即時、透明之財務業務資訊。

　　其中，當企業的獨立董事有異動[53]或變更簽證會計師[54]時，為確保公開發行公司誠信經營，並保障股東權益，因此公開發行公司於發生上開事項時須於2日內公告並向主管機關申報、公開揭露[55]，以維股東基本權益。因此，按目前法規範「獨董辭職或異動」上市櫃公司依法需發布重大訊息於臺灣證交法的公開資訊觀測站網頁（http://mops.twse.com.tw/mops/web/index），令大眾投資者知悉。且如前所述，依照證交法第14-2條至第14-5條等相關規範，獨立董事及審計委員會可透過資訊揭露方式表示意見以發揮其功能，即若獨立董事有反對、保留意見者，除記載於董事會議事錄，並應於公開資訊觀測站揭露，使投資者心生警覺再予以決定是否繼續投資、持有股權，此乃保障投資股東的權益。此外，透過臺灣證券交易所每年年底公告「公司治理評鑑指標」，並於次年4月底前公布評鑑結果，鼓勵企業落實公司治理、增加對投資人之保障，營造良好投資環境，以達健全資本市場的目的。

---

[53] 臺灣證券交易所股份有限公司上市公司設置獨立董事之處置要點第4條、財團法人中華民國證券櫃檯買賣中心上櫃公司設置獨立董事之處置要點第4條。

[54] 證券交易法施行細則第7條。

[55] 金管證發字第10400293346號令：公開發行公司辦理法令規定應公告或申報之事項，應向公開資訊觀測站進行申報傳輸，於完成傳輸後，即視為已依規定完成公告申報，自即日生效。

陸、結論

　　為強化國內企業之公司治理，我國引進美國的獨立董事制度，但運作幾年下來，獨立董事的監督職能卻未能如預期發揮其功能、公司治理的內控制度並未落實、企業不重視遵法守紀，導致無法確實防止企業不法行為的發生。在此情形，本文認為首先仍應強化獨立董事監督功能著手。因此，應使獨立董事具事實上的「獨立性」，非屬控制股東的門神或橡皮圖章，可以考慮的方向是董事選舉提名制度之方式應需有所變革，由獨立的提名委員會來持續蒐集具適當性的獨立董事人選，並可兼顧董事的專業性、多元化。再者，公司在制度面應積極建立輔以獨立董事得排除經營階層而與內部稽核、會計師私下見面的機制，讓他們可暢談公司財報及業務狀況有無弊案，使獨立董事可以取得監督所須之完整充分的資訊。此外，一百年前美國聯邦最高法院大法官Louis D. Brandeis寫道：「陽光是最好的消毒劑，燈光是效率最高的警察」（Sunlight is said to be the best of disinfectants; electric light the most efficient policeman.），所以當公司透明、資訊公開供投資大眾檢視，則市場參與者將會察覺問題、發現弊端，得以使許多違法亂紀之情事無所遁形，因此，強化獨董的職能與提升公司治理資訊揭露的最終目的皆是保障投資人權益與健全資本市場。

參考文獻

中文專書部分

1. 王文宇，公司法論，元照，2008年，4版。
2. 賴英照，股市遊戲規則——最新證券交易法解析，自版，2009年，再版。
3. 陳春山，公司治理法制及實務前瞻，新學林，2013年，2版。

中文期刊論文

1. 方嘉麟，從永豐金案看獨立董事制度，月旦法學雜誌，第272期，2018年，頁5-12。
2. 曾宛如，半套公司治理移植經驗——以審計委員會與特別委員會為例，月旦民商法雜誌，第43期，2014年，頁33-47。
3. 蔡昌憲，省思公司治理下之內部監督機制——以獨立資訊管道的強化為核心，政大法學評論，第141期，2015年，頁197-276。
4. 劉連煜，現行上市上櫃公司獨立董事制度之檢討暨改進方案——從實證面出發，政大法學評論，第114期，2010年，頁53-156。

英文部分

1. Shenoy Catherine; McCarthy Kent (2008), APPLIED PORTFOLIO MANAGEMENT: HOW UNIVERSITY OF KANSAS STUDENTS GENERATE ALPHA TO BEAT THE STREET, New Jersey: Wiley.
2. Welch, Edward P.; Saunders, Robert S.; Land, Allison L.; Voss, Jennifer C.; Turezyn, Andrew J. (2016). FOLK ON THE DELAWARE GENERAL CORPORATION LAW: FUNDAMENTALS, 2017 EDITION. Maryland: Wolters Kluwer Law and Business.

德文部分

1. Paetzmann, Karsten (2014). Corporate Governance: Strategische Marktrisiken, Controlling, Überwachung, 2. Aufl., Springer.

2. Winter, Martin/Harbarth, Stephan (2009). Corporate Governance und Unternehmensübernahmen: Anforderungen an das Verhalten von Vorstand und Aufsichtsrat des Bieters und der Zielgesellschaft, in Hommelhoff/Hopt/v. Werder (Hrsg.) Handbuch Corporate Governance, 2. Aufl., Köln-Stuttgart, S. 475-512.

4

論董事之內部控制建構義務與責任

黃國川[*]

壹、內部控制制度簡介

一、內部控制制度之緣起

(一) 美國1934年證券交易法時期

約在十九世紀中葉，美國隨著鐵路興建，促使許多公司擴展業務範圍於各地，經營與所有分離為當時勢之所趨，為保障所有者權利，乃有內部控制制度之設，但斯時內部控制制度之設計目的，側重於公司之財產保全，與會計、審計資料之完整與正確性，即為使公司經營者、所有者、會計及審計人員能更關注公司財產及財務之不法、不當行為而設立內部控制，所以關於會計、審計資料之驗證，即為當時內部控制之重心。為因應時代背景需求，美國在1934年聯邦證券交易法（Securities Exchange Act of 1934，下稱34年法[1]）第13條(b)(2)規定：公司有義務維持正確，且公正反映公司交易及資產處分之帳冊、紀錄等。聯邦證券管理委員會（下稱SEC）登錄公司有義務建置內部會計控制制度，合理保證交易係經由具體授權而執行，及保全資產，且依照GAPP來做財務報表，此為內部控制之雛形。依該規定，足以看出當時之內部控制客體，係以公司之資產、交易及會計，財務等相關事項為其規制對象。至其方式則係經由正確、且公正、保存各該資產或交易行為之書面紀錄，進而認為登錄公司負有建立該制度之義務，其目的應係藉由會計、財務之登載事項與證據資料完整性保

---

[1] 柿崎環，米國における內部統制概念の展開とその法的意義，私法66號，2004年。

存，提供往後審查及認定責任歸屬之用。但對公司內部控制制度之建置義務應由何人負責，則未觸及，是以每當公司生未建構內部控制制度而須負責時，容易相互推諉致難達規範目的，內部控制設立之功能，自難彰顯。

（二）1977年海外不正支付防止法時期

內部控制制度真正為社會大眾普遍關注，應係肇因於1970年美國水門醜聞事件（Watergate scandal）爆發後，檢察官及證管會在調查過程，發現不少美國大公司逕自為不正目的之支付，為此，1977年之海外不正支付防止法首次明文規定內部控制之建構義務。後因1980年間美國又陸續發生公司作假帳事件，引起金融危機，催生了1985年詐欺性財務報告全國委員會之誕生（National Commission on Fraudulent Reporting，俗稱Treadway Commission即杜威委員會），依該委員會調查報告，主張直至財務報告提出時止，公司為確保會計處理程序之正當，應確立其值得信賴之相關流程。嗣後其贊助單位如美國會計師協會（AICPA）、美國會計學會（AAA）、內部稽核協會（IIA）等成立美國杜威委員會贊助單位組成研究小組（Committee of Sponsoring Organization Of the Treadway commission，下稱COSO），負責研究內部控制制度之定義與判斷標準。依其研究結果，認為有效之內部控制架構，應由控制環境、風險評估、控制活動、資訊與溝通及監督等五要素所組成，其定義則為提供足以合理擔保達成下列各項目標之過程：一、營運有效果及有效率；二、財務報告之可靠性；三、法令之遵循。34年法或Treadway Commission時期雖已規定內部控制，但當時內部控制概念，僅侷限於特定單位即會計，財務部門，就特定事項如交易行為或資產處分，並就財務報告之正確及相關資料之保全所為單點式審查，此與針對財務方面之內部稽核並無太大不同或區隔，且僅屬COSO研究報告中財務報告可靠性之範疇。如將早期內部控制概念、功能與COSO研究報告之內部控制構成要素、目標相互觀察，可發現兩者間有如下之不同：一、構成要件：34年法等時期內部控制構成要件並不明確；COSO時期則明其定義，並就內部控制構成要件予以規定；二、控制標的（對象）：34年法等時期內部控制之客體，為公司之交易行為及

資產處分之帳冊、紀錄；COSO時期內部控制客體，除財務報告資料外，尚包括營運過程中之重要業務資訊、交易及決策過程記錄，規範對象範圍擴大，更直指公司經營核心之業務執行，意義顯然不同；三、控制目的（功能）：34年法等時期著重會計、財務報告之正確性；COSO時期除會計、財務報告可靠性外，並包含營運有效果、有效率及法令之遵循，即除攸關公司永續發展之業務有效性與效率性納入，更兼及晚進普遍認定法人應遵守法令部分，符合法人時代之背景與社會義務；四、控制架構：34年法等時期著重會計、財務報告之正確性，故內部控制之架構限於會計、財務等定點式靜態管理；COSO時期則因控制範圍擴大，其架構自應包括公司營運過程之重要業務、財務及活動準繩之法律遵循等各流程，架構已更易為常態性及動態性之流程管理，本文認為此部分正是內部控制制度之特色，也是內部控制是否能具有有效性、效能性等功能之觀察重點，藉以達成現代公司首重之「興利」目標。

(三) 2002企業改革法與SEC規制連結時期

再者，由於弊端一再被揭發，顯示公司法之內部管理方法與證券交易市場之規制作用，不足以因應各該弊端之發生而有強化公司內部管理之必要，因此議會及其他研究機關等藉此契機改造，認為加強公司之內部控制，應與其他機制如SEC規制之改革相呼應。其中2002年制定之企業改革法第302條將有關「公司之財務報告責任」、同法第404條「經營者之內部控制評價」與SEC規制一併改造、連結，則為社會大眾所矚目。第302條揭明公司應對財務報告負責，並課以董事保證財務報告公正性之責任。其重點在於要求依34年法第13條(a)或15條(d)應提出定期報告書之公司，其CEO或CFO或同等職務者，在年度報告書及季報告書中，應就下列事項宣誓：一、署名董事得發表報告書；二、為不使對報告書作成之狀況產生誤導，依其所知，報告書並無必要之重要事實未記載或為不實記載；三、依其所知，財務諸表及其他財務資訊，在報告書顯示之期間內，公司之財務狀況及經營成績等重要事項都有做公正之揭示；四、署名董事：（一）負有建構、維持內部控制之責任。（二）內部控制之設計，應包含定期報

告書作成期間內之公司及關係子公司之重要資訊，能確實傳達與該董事。
（三）報告前90日內所作之內部控制有效性之評價。（四）應載明內部控
制有效性評價之日期；五、署名董事對於監察人及監察委員會必須揭露下
列事項：（一）監察人及監察委員認為公司所做財務資料之紀錄、處理、
要約、報告有重要不良影響；對內部控制制度之設計執行運用上有重大缺
失或疏忽之指摘。（二）不論是否重要，在內部控制制度上具重要性之經
營者或員工之不法行為；六、必須在報告書內載明評價後是否有重大變
化，或足以影響內部控制之其他原因。為此，企業改革法第906條亦針對
故意虛偽財務報告為宣示者規定其刑事責任，足見宣示之對象已擴及全部
之財務報告，可以說第302條規範目的在確保財務報告之公正性，並以刑
事責任擔保宣誓者從實作好評價。

　　另404條及SEC相關規定，則要求登錄公司[2]在年度報告書上應有經營
者對於內部控制制度有效性評價之報告，以及為強化監察能力，規定負責
董事對於監察人或監察委員會就內部控制制度之重大缺陷，或於內部控制
制度重要人員及員工之不法，以及有關財務報告內部控制有效性評價後之
變化等，有向監察委員會揭露及報告之義務。而監察委員會亦應就經營者
有關財務報告內部控制之評價報告書，負出具證明之義務。為貫徹上開規
範目的，SEC將原13a-15(b)所規定CEO或CFO或同等職務等經營者不但要
求共同作出評價外，另就提出報告書前90日內為有效性評價調整為季報
告書之最終日，避免空窗期過長所隱藏之弊端發生，因而各依法應負宣誓
責任者，其宣誓實質內容也跟著調整；另因經營者應對監察委員會就財務
報告內部控制制度揭露資訊及報告，及監察委員會應就上開有效性評價報
告書提出證明書而強化監察功能。綜上，2002年企業改革法經由與SEC規
定銜接後，至少有如下幾個面向與功能：於內部控制，加入內部控制揭露
程序之規定，並課以宣誓董事之內部控制制度建構、適當維持義務，且因
強化資訊揭露之時效性，使證券市場得以及時知悉，確保交易市場之公正
性；依上規定，具體轉化為CEO或CFO等同等職務者、監察委員會就內部

---

[2] 指資產超過1,000萬美元，股東500名以上之證券發行公司。

控制之評價之法之義務，責任因此相對明確，強化公司治理之功能，同時確保資訊之公開及促進交易市場公正性等正面義務與價值[3]。

二、內部控制之定義及建置

　　按內部控制制度是一動態具持續性之管理流程，該流程因隨公司主觀需求及客觀時空發展之必要性而演進，甚難為一普世性之定義。如依COSO報告所稱，內部控制是一種「過程」，受董事會、管理階層及其他從業人員之影響，用以合理保證達到營運活動之效果、效率，及財務報告可靠性、完整性並遵循相關法令之目的。如依我國中央主管機關即金融監督管理委員會前身財政部證券暨期貨管理委員會發布「公開發行公司建立內部控制制度處理準則[4]」（下稱內部控制處理準則）第3條第1項之規定，是由經理人設計，經董事會通過，提供董事會、經理人及其他員工執行之管理過程，用以健全經營，以合理確保：一、營運之效果及效率；二、財務報告之可靠性；三、相關法令之遵循。本文嘗試定義內部控制制度，係為達成公司之既定目標，有效管理公司之營運，確保遵循法令、完整揭露財務報告等資訊，並及時發現、溝通、回饋問題，而由董事會所制定之一系列管理流程。亦即一套由董事會等制定供所有員工執行之管理流程，並隨相關業務或關聯作業與特定人、事持續結合，藉之合理保證營運效率、法令遵循、財務報告正確、資訊透明之營業活動之一環。

三、內部控制之組成要件

　　依COSO委員會於1992年及1994年分別提出「內部控制—整體架構」報告及補篇，認為一有效之內部控制制度，係由控制環境、風險評估、

---

[3] 柿崎環，內部統制の法的研究，日本評論社，2006年8月，第三章第一節。

[4] 依98年5月16日修正條文。另學者中所為定義均未逾越上開定義，蔡篤村，以內部控制強化公司治理之探討，臺大會計學系碩士論文，2002年4月，頁36-37；吳克府，企業建立內控內稽制度之個案探討—以遠東企業集團為例，東華大學企業管理學系碩士論文，2005年1月，頁27；林秀玲，高科技企業導入ERP對內部稽核機制之影響，中華大學碩士論文，2006年8月，頁7-8。

控制活動、資訊與溝通及監督等五要素所組成。是由上開COSO報告之定義、內容及架構，並參之上開內部控制制度處理準則[5]規定以觀，內部控制應具有如下之組成要件：

(一)控制環境（Control environment）

按控制環境包含型塑特定公司文化、精神，足以影響該公司員工控制意識之綜合因素，包括董事會與監察人等重要經營、監督方針、指導；董事會、經理人之管理哲學、經營風格、聘僱組訓員工與權責分派；員工操守、價值觀及能力等，可粗分為內部環境與外部環境[6]，故控制環境可稱為其他內部控制組成要件之基石。

(二)風險評估（Management's risk assessment）

公司經營雖以追求最大利益為目的，但因經營環境本即存有諸多不確定風險，加以公司業務日益擴增、組織體龐大及多元化、經濟全球化等結果，且商機瞬息萬變，決策及業務推展若恆受時間限制，所面臨之風險與危機，處處可見，因此如何有效設定目標，整合研發、產銷等營運及財務等活動，使公司之機關組織運作和諧，業務推展順暢，勢須建立一套風險管控機制，俾有效及時辨識、分析及評估風險。而所謂風險，乃指目標不能達成之可能性，其原因或為內在，或係外在因素使然。至風險層級包含公司之整體層級風險與作業層級風險[7]，藉以辨認目標不能達成之內、外在因素後，才可能採取適當有效之風險管理行動。

(三)控制活動（Control activities）

控制活動係指公司應設立一套完善之控制架構及訂定各層級間之控

---

[5] 我國中央主管機關財政部證券暨期貨管理委員會於91年11月18日訂定「公開發行公司建立內部控制制度處理準則」後，陸續於92年12月18日、94年12月19日及98年3月18日修正，但就內部控制制度組成要件規定，並無不同。

[6] 榮泰生，管理學，三民，2017年1月，初版2刷，頁63；蔡篤村，同上論文，頁41。

[7] 蔡篤村，同上論文，頁41-42。

制流程，以確保董事會及經理人等管理階層之指令，被確實有效執行之政策與程序，此包括核准、授權、驗證、調節、覆核、定期盤點、紀錄核對、職能分工、保證資產實體安全、與計畫、預算或前期績效比較，及對子公司之監理等政策及程序。其運用程序為：1.授權程序（Authorization procedures）：該程序主要在確保作業是於權限範圍內為之，此於非屬自然人之公司尤顯重要，也是釐清各自然人行使職權之基本設計，對公司言此所核定授權等級之不同程度、範圍，也可便於管理者為層級分工；2.職能分工[8]（Segregation of duties）：職能分工是刻意不將工作流程交由一人或特定一部門為之，藉由其他人或部門之檢查，其目的在預防與及時發現執行所產生之錯誤甚或舞弊行為；3.文件憑證與紀錄（Documents and records）：主要是作為證據使用，以審查其決策、執行或作業過程是否符合相關運作規範要求，便於將來認定瑕疵所在及責任之重要參考，因有證據資料之存在可供事後審查責任之歸屬，促使該資料製作人或於該資料所顯示之相關人員更為謹慎以對；4.接近控制（Access control）：目的在保護資產安全，即透過直接接近實體資產，或以編制、處理、核准使用或資產處分之文件等間接方式接近公司資產，並隨易滋錯誤或舞弊可能者，其資產接近之要求程度相對較多藉之防杜於前；5.獨立內部複核（Independent internal verification）：指交由幹部等上級人員或其等充分授權者獨立檢查或複核，避免作業人員無意或有意之過錯，此獨立檢查人員為發揮其功能，自應對其職務為相當之保障，依此無論是其派任或職務之行使均應異於一般人員。

(四) 資訊與溝通（Information and communication）

此資訊泛指與公司營運、財務報告、遵循法令等目標有關之財務、非財務系統而供辨認、衡量、處理等主資訊及附屬資訊，其主要目的在幫助決策者作成決策。至所謂溝通，則指將資訊透過各種模式告知相關人員，包括內、外部溝通，將規劃、監督所需之資訊提供予需求者，同時藉由各

---

[8] 蔡篤村，同上論文，頁42-43。

需求者針對可能問題所作回報，採取檢視與必要因應措施之交互機制。按溝通足以使下達指令、接受指令者甚至接觸該指令過程者，得以清晰明白指令所交付之任務，自己扮演之角色與責任，並與他人間之橫向工作關係，因此有效之組織內溝通，包含上下垂直溝通與橫向水平溝通；至外部溝通則包含廠商、顧客與股東等，而不論內，外部溝通除較為基本者外，範圍之寬狹則視公司之營運規模、內容與決策取向而定。

(五) 監督（monitoring）

　　監督是指評估內部控制執行品質如何之程序，因而係隨著時間經過而評估執行成效與品質之過程，包含前述評估環境是否良好妥適；風險評估是否及時、切實及盡可能完整；控制活動是否完整妥適，有否調整必要；資訊與溝通是否良好、連貫而不至中斷等。又監督可區分為持續性監督與個別評估，前者，通常係指營運過程中之例行監督；後者，是由內部稽核人員、監察人或董事會授權之人為特定目的、對象所進行之監督。

四、內部控制之運用

　　內部控制既為管理流程之一環，屬管理上如何利用組織資源，以有效率、有效能之方式達成組織目標之一系列過程，因而其管理程序自離不開規劃與策略、組織化、控制及領導，以是前開內部控制組成要件當無從捨棄。要言之，欲達成為公司謀取最大利益及永續發展之兩大主軸目的及使營運有效率、效能，財務報表可靠性、正確性及法令之遵循等，完善之內部控制制度及運作，對公司管理言實居於樞紐地位。內部控制既為完善管理所不可或缺，而得於運作過程中提早發現問題所在，及時採取必要因應措施，是五個組成要件中任何要件均不輕忽，此亦合於管理學之方法，即PDCA（plan、do、check、action），其中控制環境、風險評估屬內部控制之規劃與控制活動（plan）；控制活動（兼具執行性）、資訊揭露與溝通為內部控制之執行（do）；監督屬內部控制之檢驗（check）與改善（corrective action）略述如下。

（一）應建立妥善之內部控制計畫（plan）

按控制計畫包括控制環境、風險評估、控制活動規劃，及資訊揭露之程度與溝通方式、對象，並監督者之資格、運作模式及保障等。首先，公司必須建構有效能、有效率之工作環境，而影響組織運作之環境，包括內部環境與外部環境，是應如實地運用此控制環境，藉以塑造公司個別性文化、員工操守及價值觀等內部控制因素，此控制因素是公司之重要內在資產，也是有別於他公司之特色，因而於公司之存續與發展具舉足輕重之延續作用。其次，公司組織經營階層與從業員工間必須就事前、事中等風險詳為評估，雖各階層有關風險評估之高度與密度未盡相同，但均就職責上可能產生或預慮之風險予以評估，始得發揮預判風險、預為有效降低營運傷害。第三，公司必須建立實用之控制作業包括其組織規章、制度等，以利各級員工活動之遵循，蓋內部控制既為管理方法之體現，自不得再過度，甚或全然仰賴人治管理，而須有適當可行之組織規章、程序等制度供所有人員遵行。再者，有關資訊揭露及溝通之方向及運作程序，並監督者之身分、資格及保障等基本模式，均應做明確指示與要求。

（二）應落實資訊揭露與溝通之執行（do）

公司既為一有機體組織，相關營運均需假手自然人，因而資訊之暢通，對公司經營管理目標之達成與否，具有決定性價值。例如經營者如不能掌握正確之資訊即難作成正確之決策，管理階層之管理計畫也將無法有效運作，從業人員無資訊之提供將難清楚知悉決策或管理者之所需，何況及時溝通，隨時回饋反應，尤其以現代公司之規模，經營者、管理階層與實際作業人員謀面機會不大（除直屬關係外），純人治管理有其時間與空間上之障礙，經營管理階層只能藉由各種資訊；報表等資料，檢視其制度規劃可行性與執行運作之有效性、及效能之落實程度，並於分享資訊後為有效之垂直溝通，方能發揮管理階層不出門能知公司事效果；另不同部門彼此間、也能利用這些及時有效之資訊，隨時作水平溝通，因此做好暢通資訊與溝通，實是現代公司確保業務執行成效之所繫，重要性斑斑可見。

(三) 確實做好監督之檢驗 (check) 與改善 (corrective action)

　　公司為追求永續發展，各分工人員固應隨時注意營運情況，但規劃不周全或有漏洞，或嗣後時空背景之變遷而未能達成目標或規劃目的者，時有所聞，因此發現問題及障礙所在後，能及時反應回饋，提供有效之改善方針，更是經營成效之關鍵，所以只有在管理階層持續、有效之監督才能及早發現並改善問題，方能貫徹內部控制之規劃與執行而達成預期規劃目標。此監督行為無外乎先藉由隨時檢驗原有內部控制制度是否仍能辨認風險，會否將所發現之缺失向上報告反應，內部設計是否持續有效等。

五、內部控制之功能

　　內部控制雖為內部監控之一部，但何以現代公司亟需仰賴內部控制，其主要原因乃其營運規模已非昔日可比，加以組織龐大後之結果，早期事必躬親之管理模式實不足以因應日趨激烈之公司經營環境，爾後公司治理如組織改造等，亦大多傾向人治之管理制度，是需有一非人治，又明確可資遵循之管理制度，使上令下達、下情上傳，便於發現公司運作偏差時得及時採取必要措施。尤有進者，即使是在常態性之人事異動，亦可透過妥善之內部控制制度，讓繼任人員相對容易接手職務而縮短適應期、及與他人間之磨合期，此種積極功能固非初期之內部控制制度規劃目的，但以現代公司而言，非但不能以附屬功能視之，反而應躍升為其主要功能之一，以是內部控制除有效確保各種作業，均能達到原規劃環境所預期成效之管理制度等固有功能外，本文認為在討論人才及人力有效配置之現況下，上開人力有效輪替、更新及磨合期之縮短也是公司之另一效率功能，應可預期。至其建置功能無外乎：1.降低錯誤發生可能；2.避免或減少違法事故發生；3.減少營運失敗機率；4.提高公司競爭力，前三者，屬內部控之消極功能，可發揮公司治理之「除弊」目標，後者，則因可促進公司營運更有效果，有效率，為其積極功能，也是現代公司追求之「興利」目標，以確保公司之永續發展。又依內部控制制度之內容及其運作方式，有如下：1.書面化資料保存；2.責任歸屬明確；3.強化法律上責任及全面性

監督等特性、功能，對於證據資料及責任發現更易達成，公司經營團隊於不法行為前，可能因顧忌遭追究責任，不敢輕率為之，而發揮預防作用。

貳、我國內部控制制度之引進

一、制度引進

我國證券交易法於91年6月12日增訂第14-1條，規定公開發行公司、證券交易所、證券商及第18條所定之事業（按指經主管機關核准之證券金融事業、證券集中保管事業或其他證券服務業）應建立財務業務之內部控制制度；主管機關得訂定前項公司或事業之內部控制準則；第1項之公司或事業，除經主管機關核准者外，應於每會計年度終了後4個月內，向主管機關申報內部控制聲明書，自此我國法制已正式引進內部控制制度。基此授權，當時之主管機關財政部證券暨期貨管理委員會乃於91年11月18日訂定「公開發行公司建立內部控制制度處理準則」（下稱內部控制制度處理準則），嗣於92年12月18日修正內部控制制度處理準則，又為強化公開發行公司內部控制及內部稽核制度，主管機關行政院金融監督管理委員會陸續於94年12月19日、98年3月18日就上開處理準則作修正。

實則我國於正式立法引進內部控制制度之前，主管機關財政部證券暨期貨管理委員會為使公開發行公司能有效自我評估及聲明內部控制制度之有效性，早於81年即由主管機關引進，並制定「公開發行公司建立內部控制制度及內部稽核實施要點」，以為公開發行公司建置內部控制制度之參考，86年間由證券交易所及櫃檯買賣中心分別頒布「申請上市公司自行評估及會計師審查內部控制制度作業要點」、「申請上櫃公司自行評估及會計師審查內部控制制度作業要點」，所謂評估及聲明，即為美、日等國內部控制制度之有效性評價、評價報告書，如以美國觀點報告書具有宣誓之意義。隔年進一步分別頒布「公開發行公司建立內部控制制度實施要點」、「會計師執行公開發行公司內部控制制度專案審查作業要點」，

上開修法無非就實務上已運作之內部控制制度予以法制化，既已法制化，公開發行公司董事會對內部控制之建構，已提升為其法律上義務，應堪認定。

二、98年內部控制制度處理準則介紹

98年內部控制制度處理準則於98年3月16日修正，全文共45條，處理準則既為主管機關就公開發行公司建立內部控制制度之具體規定，則公司除應依規定遵行外，更具準則效能，亦即該處理準則已為公司建立內部控制制度之最低標準。此次修正依序為第一章總則，自第1條至第4條。第二章內部控制制度之設計及執行，包括第5條至第9條，第三章內部控制制度之檢查，第10條至第37條，其中再細分為內部稽核、自行審查及內部控制制度聲明書及專案審查三部分。第四章對子公司之監督與管理及第五章之附則等部分，茲擇要介紹如下：

第2條（適用對象及適用標準之規定）：

明定其適用對象為除證券、期貨、金融及保險等事業之相關法律另有規定者外，凡公開發行公司均應依處理準則規定標準建立內部控制制度。

第3條（內部控制制度之設計權責及其功能）：

規定內部控制制度係由經理人所設計，經董事會通過，由董事會、經理及其他員工執行之管理流程，其目的在促進健全經營，以合理確保（一）營運之效果及效率，包括獲利、績效及資產安全保障。（二）財務報導之可靠性等制度之三大實質功能，包括確保對外之財務報表係依照一般公認會計師原則編制，且其交易經適當核准。（三）法令之遵循等目標之達成。

第4條（內部控制制度建構形成過程及書面化）：

內部控制制度應以書面為之，其內應含內部稽核實施細則，並經董事會通過，有異議且有紀錄或以書面聲明異議之董事意見，應連同通過之內部控制制度一併送各監察人；修正時亦同。依上開規定將內部控制制度提報董事會討論時，如該公司已設置獨立董事，應充分考量獨立董事之意見，並將其同意或反對之明確意見及理由列入董事會紀錄。

第5條（制度設計應有明確之公司整體組織架構及權責劃分）：

內部控制制度應訂明內部組織架構，載明經理人之設置、職稱，委任或解任及其職權範圍等事項。應考量公司及子公司整體之營運活動，設計並確實執行，且隨時因應檢討。

第6條（內部控制制度組成五要素）：

明定內部控制制度應包括控制環境、風險評估及回應、控制作業、資訊及溝通並監督等五要素，故設計、執行、自行審查或委託會計師專案審查內部控制制度時應綜合上開要素，並依實際需要自行增列。

第7條、第8條（制度內容之涵蓋範圍及個別公司特殊性考量）：

規定內部控制制度應涵蓋所有營運活動，併依企業所屬產業特性及交易循環類型區分銷售及收款、採購並付款、生產、薪工、融資、固定資產、投資、研發等循環之政策及程序，據以訂立最基本之控制作業，並依營運結果調整，同時亦應保包括如印鑑使用等各類管理控制作業。

第9條（資訊部門與使用者之權責劃分化及其控制作業）：

明定使用電腦化資訊系統處理之公司，有關資訊部門與使用者間之權責劃分，其控制作業包括資訊部門功能、職責劃分，及系統開發、程式修改及資訊之編制、存取、輸出、處理、安全等作業控制，並向應金融暨期貨監督管理委員會指定網站進行公開資訊申報相關作業之控制。

第10條至第20條（內部稽核與內部控制制度之關連規定）：

規定內部稽核之目的；內部稽核設置之獨立性，包括應隸屬於董事會，人員任免亦應經董事會通過，並稽核人員之適當人數、專業適任人員、應具備條件；稽核項目；擬定年度稽核計畫、作成年度稽核報告；據實揭露異常事項並確認已否改善、稽核報告交監察人查閱；重大違規事項之即時報告及通知監察人、獨立董事或審計委員會；應本誠實信用原則、公正、超然執行職務、定期向監察人報告；持續進修；公司向金融監督管理委員會年度申報稽核人員、年度稽核計畫執行並缺失改善等規定。

第21條至第23條（公司自行檢查）：

公司自行檢查內部控制制度之目的在落實公司之自我監督機制，及時因應時空環境做適切之設計及執行調整變化，並其自行檢查之範圍、作業

程序及方法；子公司之一併檢查，以及自我檢查後之內部控制制度是否持續有效或重大缺失，俾提供各相關部門作改善，及董事長或總經理等有關內部控制制度有效性評估之重要參考，並出具者聲明書之主要依據。

第25條至37條（會計師專案審查之相關規定）：

規定會計師審查標準、範圍、期間、程序、審查報告及意見等事項。

第39條至41條（對子公司監理之控制作業）：

規定對子公司經營、管理等監理之控制作業及監督其建構內部控制制度，監督管理子公司有關業務、財務、內部稽核等事項之控制作業。

三、98年內部控制制度處理準則初探

如就我國內部控制制度自81年由當時之主管機關財政部證券暨期貨管理委員會引進，迄至證券交易法於91年6月12日增訂第14-1條，並由行政院金融監督管理委員會依立法授權，多次修訂內部控制制度準則之過程以觀，已具有如下之意義。

（一）內部控制制度法制化之建構

承上，我國於內部控制制度法制化之前，同樣是先經由主管機關要求交易市場針對公開發行公司率先引進鼓勵建構，即86年間由證券交易所頒布「申請上市公司自行評估及會計師審查內部控制制度作業要點」，及由櫃檯買賣中心頒布「申請上櫃公司自行評估及會計師審查內部控制制度作業要點」試行。隔年進一步分別頒布「公開發行公司建立內部控制制度實施要點」、「會計師執行公開發行公司內部控制制度專案審查作業要點」作為運作基礎，此或許因法制引進之初，容有再予觀察利弊及磨合改進之必要所為之階段性考量。然核其實，僅具行政指導性質，其效力自與法律施行未能同日而語。迨認為時機成熟，遂於證券交易法第14-1條增訂納入，主管機關並依該條第2項授權制定內部控制制度處理準則，至此我國已正式將內部控制予以法制化。內部控制制度既已法制化，則內部控制制度已蛻變為公開發行公司之法律上義務，如董事會未依法建構，自屬違反

其法律上義務，此於內部控制法制之納入與公司、董事是否應負內部控制之建構義務責任歸屬認定上，均具明確之正面意義。

(二) 於證券交易法建構內部控制制度之意義

有別於日本就內部控制制度是分別於公司法與金融商品交易法規定，我國自81年經主管機關指導引進後，內部控制制度之建置係以公開發行公司為規範對象，即至證券交易法將之納入規定後，依該法第4條、第14-1條第2項規定，仍以公開發行有價證券之公司，其適用對象明確且前後一致。至內部控制處理準則第2條所稱之證券、期貨、金融及保險等事業之所以排除適用處理準則規定，乃因其等均為特許公司，本有更嚴格之各該相關法令規範，非謂其等即無需建構內部控制制度。執此以觀，將內部控制制度於證券交易法制定，隱然可看出立法者及主管機關，是將社會大眾之利益、健全交易秩序與國家整體經濟利益之發展密合連結，與美國是朝內部控制制度與聯邦證券交易管理委員會之規制為關聯結合之規定，亦相符合。參以日本亦就內部控制制度於公司法與金融商品交易法為互動規定，足見我國內部控制制度之法制化已與當前經濟強國等同步接軌，自有利於公司往後之國際經濟活動及國際游資之注入。

(三) 內部控制制度處理準則化之時代意義

依我國內部控制制度處理準則第2條規定，除該條所列特許公司外，所有公開發行公司所建構之內部控制制度均應適用該準則所定之內部控制制度規定，是自形式上觀之，各公開發行公司所建構內部控制制度既應以該準則為據，且內部控制制度處理準則又係主管機關依證券交易法第14-1條第2項立法授權而訂定，則內部控制制度已具法規範效力。惟法理上如從內部控制屬公司經營管理之一環，基於法人自治，本無強求所有公開發行公司一律適用之必要，否則即有過度干涉法人自治事項之虞。然就內部控制處理準則各該規定綜合觀察，大抵上仍屬美、日內部控制制度之基本架構、體系及基本方針範圍，因此如從內部控制之發展沿革，我國對內部控制之理解尚屬萌芽階段，運用未臻嫻熟情況下，予以統一規定用為各公

司制定內部控制制度之建構基礎，實亦若合我國當代公司經營背景與時代意義。再者，處理準則所規範者既屬公司自治事項，公司如於該基礎架構上擬定更嚴謹之內部控制體系，當為法之所許，自不得僅因處理準則第2條後段「應」依本準則，及本準則所訂定之內部控制制度規定辦理等，而以辭害義，認為不可。

四、建構內部控制制度之實益

現代公司興起後，一般股東對公司之經營或不具專業，或欠缺意願而僅存盈餘分配與剩餘財產分配請求權可資行使，亦即公司資產及永續經營成為股東之最後保障，此亦為公司債權人債權之最後擔保。然因公司經營不善，甚或被淘空資產之情形，不論國內外，均屢見不鮮，對公司股東及債權人權益之侵害甚鉅，影響社會大眾投資公司之意願，社會經濟源頭之資金不願再行投入，影響整體經濟發展可見。有見於此，公司治理概念隨之興起，或從公司組織架構、權限改造著手，或採取從其他內部監控，或選擇以外部監控等方式，然終均功虧一簣。實則論及公司治理，不外乎如何消極「防弊」與積極「興利」，此兩大功能取向及目標，幾為當代各種公司治理所標榜，何以未能達設計預期目的？

本文試圖分析各種公司治理未能發揮預期功能之共同原因，發現公司治理不論是採外部監控或內部管控方式，大抵仍屬「人治」範疇，既不敵於人性自私、舞弊之弱點，自無從發揮各種管控功能。何況上開公司治理方式，均偏重於公司治理之「防弊」一端，反而就現代公司所追求為公司謀取最大利益及永續發展之另一「興利」目的，卻著墨較少，縱得以防弊，亦不合於現代公司興利之基本要求，自應另尋解決之道。而此制度之設考量「防弊」功能，即避免人為因素之不當干擾或故意舞弊，達到權責明確、得不償失之預警作用外，更應能發揮「興利」功能，以立足未來，採取良性競爭之永續經營。34年法之前之美國內部控制制度，是以保障公司經營者、所有者、會計及審計人資料之完整性與正確性制度設計為其重心，已於前述。然經由與聯邦證券交易法連結後之34年法、1977年海外支付不爭支付防止法改善，及2002年企業改革法與證券交易法互相連結後，

內部控制制度已脫胎換骨，其架構要素包含控制環境、風險評估、控制活動、資訊與溝通及監督。至其目標，主要在合理擔保達成營運有效果及有效率、財務報告可靠性及法令之遵循等過程。顯然已與34年法前之內部控制原有規劃及功能發生質變，而為另一嶄新制度。此後之內部控制制度相對於其他公司治理，具有下列優點，如善加應用，正可以達成上開防弊與興利之現代公司二大目標，此何內部控制緣起美國，改良後為日本及我國等所採用之原因所在，爰分述內部控制制度之優點亦為其特性如下。

一、書面化有利於資料保存

參之美國或日本，舉凡有關內部控制度之建構決定，及內部控制制度之基本方針、具體內容之設計、確認與執行過程，均應以書面紀錄為之，因此如董事會有關內部控制制度建構之討論、正反意見、過程，如有獨立董事個人意見者，並其意見及相關資料等均應予以留存，藉由書面紀錄以利保存相關資訊與資料，是內部控制制度具有「書面化」運作之結果，且此書面化功能確保所有制度、流程及責任之歸屬與制度之明確性，故同時發揮「透明化」功能。

二、責任歸屬明確

內部控制制度係提供董事會、經理人及其他員工執行之管理流程，而相關內部控制制度之建構或執行（含內部稽核、自我審查及外部審查）、過程並其利弊得失與改善建議等，因均有書面資料可資檢驗，因而所有相關人員於自己職權之行使過程與執行成效，經由該書面資料之保存而被逐一檢驗，且制度內已就各人權責劃分，責任歸屬明確規定，不像「人治」模式，容易發生相互推諉情事，或沆瀣一氣，當發揮「責任化」與一切依照所設計之內部控制運作、執行，自亦同時發揮「制度化」功能。

三、強化法律上責任

內部控制制度屬公司營運管理流程所必需，其核心基礎乃職權分立與權責區分，並過程之明朗化，而內部控制制度建構與執行是經由法律規

定，縱從證券交易法第14條第1項、第178條第1項第2款規定文義觀之，建構義務人為公司，但公司需藉機關代為行為，且該建構義務核屬公司業務經營之一環，故解釋上應認建構義務人為董事會，已於前述。是董事會如未建構或建構不合於公司之規模、業務類別及特性需求之內部控制制度，或其他人員未依設計之內部控制制度運作，即已違反其善良管理人義務而應負責，因此相關訴訟，當事人僅須舉證對造當事人違反內部控制制度規定即可，他造當事人如欲免責，須另行舉證，原告舉證責任相對減輕，強化行為人之法律上責任。另因內部控制制度設計與執行結果，經營弊端等將無所遁形，可迅速達成法令遵循目標而充分發揮公司治理第一關防弊之「責任化」、「制度化」、「透明化」功能。

四、全面性監督之開展

內部控制制度建構後提供董事會、經理人及其他員工執行，各級人員均依內部控制制度之內容執行，且各負其責，輔以內部稽核單位之覆核，得以隨時發現、追蹤及解決問題，對公司營運管理提供全面性之監督。再者，公司除就內部控制制度應先自為審查，提供董事會為有效性評價參考外，會計師對董事會上開聲明復為專案審查並提出審查報告意見，社會大眾亦可經由該內部控制制度之公開，對公司營運有相對充分了解，公司營運相對「透明化」，運作「制度化」，究責「責任化」，使違法者不敢輕舉妄動而有所節制，故不論自內或對外公司營運「全面性」監督於焉開展。內部控制制度如運作良好，除得達成上開「書面化」、「制度化」、「透明化」及「責任化」等「全面化」作用而得發揮公司治理之防弊功能外。另更因內部控制是係行採風險評估方式，佐以動態性經營管理公司，除非不可預料之事件，內部控制設計、修正過程，通常已就建構或修正前之各種可得預見之外部環境與內部環境予以綜合認知，並經此認知之結果，就公司主、客觀，有利、不利等情事予以風險評估，才採取適當之控制活動，及隨時注意運作弊端、瓶頸，適時報告與回饋，加上全面監督等作業流程，自得發揮全面性防弊功能之公司治理第一道目標。

五、永續經營之展望——營利功能之具體發揮

尤應一提者，公司之業務執行權雖歸屬於董事會，但依內部控制處理準則規定，實際上是交由各部門經理人負責設計規劃，再交由董事會同意。而各部門經理人為使所設計之內部控制，合於公司營運有效果、有效率，財務報告之可靠性及法令之遵循等目標，自會與管理或作業流程中之各單位、環節人員，就其等負責之部分，依循內部控制五要素即控制環境、風險評估、控制活動、資訊與溝通及監督等予以認知、製作、參與與回饋及監督詳為分析、討論而為設計。約言之，各階層就可能影響公司營運之風險等如何排除，及如何使公司發揮更大效益等利弊得失，事先參與設計，且使之制度化作為管理、作業流程之依循，自會上下一心、左右聯繫，集全體人員之凝聚力，設計出一套最合於公司永續發展需求之內部控制制度，而發揮其他公司治理難其達成之興利目標，此亦為內部重之一大特色。

參、董事之內部控制建構義務與責任

內部控制制度法制化後，已為公開發行公司之法定義務，是董事會是否善盡建構義務即與董事責任息息相關，而公司董事責任可分為對公司與第三人之責任。

一、董事與公司之關係與所負義務

按公司與董事間之關係，除本法另有規定者外，依民法關於委任之規定，公司法第192條第4項定有明文。即二者間之權利義務除公司法另有規定外，自應適用民法委任節之規定。

（一）董事對公司所負義務與責任

1. 董事對公司所負義務

依民法委任節規定，受任人義務固包括最基本之事物處理義務、計算及報告義務等，前者又可分為善良管理人注意義務（民法第535條）、不違背指示義務（第536條）、親自處理義務（第537條）；後者，可分為事務狀況始末報告義務（第540條）、物之交付及權利移轉義務（第541條）等。上開委任關係所生之義務群與董事建構內部控制制度有關者，應屬善良管理注意義務，公司法於第23條第1項亦再度重申董事應盡善良管理人注意義務。

2. 董事對公司所負責任

我國董事對公司所負責任，可區分為一般規定與具體規定即公司法個別列舉責任原因之規定。一般規定，依民法第544條規定，受任人處理委任事務有過失，或因逾越權限之行為所生之損害，對於受任人應負賠償之責，如按第535條規定受任人處理委任事務應依委任人之指示，並與處理自己事務為同一之注意及負損害賠償責任，然因董事職權與一般受任人不同，故公司法第23條第1項特別規定公司負責人應負善良管理注意義務，是董事對公司應負善良管理人注意義務之抽象輕過失責任，而排除民法第535條規定適用。

（二）董事內部控制制度相關義務與善良管理人注意義務

1. 董事權限與內部控制制度建構義務

內部控制制度為公司營運管理機制，因此，董事對公司之內部控制制度建構決定義務，端視公司組織架構及其業務執行權限歸屬而異。以我國公司法制，業務執行權歸屬董事會，則內部控制建構事項自屬董事會，此觀內部控制處理準則規定內部控制制度由經理人設計，經「董事會」通過至明。惟董事會因不能自為行為而需藉由其成員即董事為之，因此，董事對公司之內部控制制度就有建構決定義務。又依公司法第192條規定董事會應設置之董事，或第208條第1項、第2項規定之董事長、副董事長及常

務董事，均應依法令、章程、股東會決議及董事會決議，以集會方式經常行使董事會職權；另依證券交易法第14-2條第1項規定已公開發行股票之公司，依章程規定設置獨立董事，則屬章定機關，亦即我國董事職稱雖有不同，但均屬董事會之成員。又依證券交易法第14-1條第2項授權制訂之內部控制制度處理準則第3條第1項規定，內部控制制度之建構義務機關為董事會，是如屬公開發行公司之董事，既為董事會成員，就負有依法建構內部控制制度義務，則董事建構內控制度之義務，自為其法定義務。

證券交易法第14-1條第1項僅規定公開發行公司應「建立」財務、業務之內部控制制度，並於第2項授權主管機關制訂內部控制處理準則，但處理準則就內部控制僅就重要原則性即架構性、通用性規定，供各該公司參考建立，但不能以此為限，即如參之內部控制制度，是針對現代大型公司之股東成員多元、缺乏經營能力與意願，代理成本等造成之各種弊端之防患之道，以及考量公司之資本、資金取自社會游資，股東權益應予確保，及公司永續經營等目的所制訂。董事會自應建立足以防免不法舞弊，促使公司營運有效率，有效能，使之永續經營等功能之完善內控制度。是雖有內部控制制度之設，但其內容如過於簡略、疏漏，或有瑕疵，致不能發揮內部控制功能，自與董事會未建立內部控制制度無異，應被評價為與未建立內部控制之義務違反相同。是所稱建立內部控制義務，自應指及時建立合於公司當時之主客觀需求之內部控制基本方針及具體內容，且於經營環境發生重大變化時，適時變更調整。

公開發行公司之董事會應建構內部控制制度之基本方針，至內部控制之具體內容，依內部控制處理準則第3條規定由各該部門經理人為之，所以經理人就內部控制之具體內容負有實際建構義務。因此經理人應於其職務範圍內，負設計合於公司特性、要求之內部控制具體內容義務。則董事就內部控制具體內容之建構，究應負建構決定義務或監督建構義務？本文基於條文一致性規定原則，認處理準則既未細分內部控制之基本方針與具體內容，自應認「具體內容」之建構義務亦屬董事會，縱實際上委由經理人設計，仍屬銜董事會之命而為，何況經理人所設計之內部控制應經董事會通過，亦可認係董事會之追認，故應認具體內容之建構義務仍屬董事

會，而與美國、日本法制作相同解釋。

　　又如係非公開發行公司，董事會並無依內部控制處理準則規定建構內部控制之法定義務，自不得逕以董事會未建構內部控制制度，遽指董事違反法令。但內部控制制度既有興利與防弊之功能，且證券交易法規定之特定公司應予建立內控制度，足見內控制度於公司之永續經營具關鍵地位。參以本文採如同日本法制見解，認經營判斷原則僅為董事是否善盡善良注意義務之判斷基準，則衡諸非公開發行公司之營業項目、規模、業務性質、特性及成本等主客觀情況，以一具有公司經營專才之人，就該公司之營業項目、規模及特性等判斷後，通常認有建構內部控制制度之必要，卻未建構或建構內容不合公司需求等瑕疵，董事縱不負業務執行違反法令責任，但仍會被檢驗是否違反善良管理人注意義務，而非當然得免建立內部控制之義務。

2. 董事內部控制制度監督建構義務

　　我國就董事是否負有監督義務，公司法並未明文規定。學者基於董事會就公司業務執行權之行使，有時因無從親自為之，而須假手董事長、副董事長及常務董事等自然人為之，因認董事對其上開董事等具有監督義務，此為董事會內部監察（internal audit）。另公司董事會決定建立內部控制後，同樣須經由其他自然人代為「執行」，是於授權他人執行內部控制制度時，其他不負執行內控職務之董事責任，即轉化為對被授權執行者之監督，以副權責相符原則，此種情形與董事對經理人具體內部控制制度之建立負監督義務無殊，準此，不論內部控制是董事親自為之，或交由他人建立、執行之監督或監視，其性質均屬董事之善良管理人注意義務之一環。

3. 內部控制制度相關義務與善良管理人注意義務之關聯

　　董事為股份有限公司之負責人；負責人應忠實執行業務並盡善良管理人之注意義務，如有違反致公司受有損害者，負損害賠償責任，公司法第23條第1項、第8條規定甚明。公司內部控制制度之建構，屬董事會權限與義務，則董事未建立內部控制制度，依其情節自屬善良管理人注意義務之違反。次按董事會執行業務，應「依照法令」章程及股東會決議；違反前

項規定者，致公司受有損害，參與決議之董事，對於公司負賠償責任，公司法第193條第1項、第2項規定甚明，是適用證券交易法之公開發行公司之董事會負有建立內部控制制度之法定義務，此與非公開發行公司之董事不同，並無不予建構內控制度之裁量權，是參與決定之董事，如為不予建立之決定，除違反善管義務外，亦違反其法定義務，致公司受有損害時，公司另得依公司法第193條第1項、第2項規定對董事請求賠償。

綜上，公開發行公司之董事就內部控制制度之基本方針未予建構，或所建構之基本方針不合公司需要；或對經理人設計之具體內容抑或對其他內部控制執行者未及時監督，致公司受損害時，自屬違反其善良管理人注意義務，亦合於不依照法令執行業務，董事對公司應負公司法第23條第1項及第193條第2項債務不履行損害賠償責任，二者間為請求權競合關係。

反之，非屬公開發行公司，董事會因不適用證券交易法第14-1條第1項及內部控制制度處理準則內控之相關規定，建構內部控制制度自非屬該公司董事會之法定義務。然本文認內部控制制度為當代公司經營管理重要基石，如依其公司之規模、業務性質等主、客觀事實，足有被期待具有經營管理、智識之董事，於同類公司，通常於該等情況，即會建構一般水平之內部控制制度，卻未建構該一般水平之內部控制制度，自難認其等已盡善良管理人注意義務。約言之，此類非公開發行公司之董事雖不負建構內部控制制度之法定義務，但基於與公司之委任關係，仍應具體審查應否建構內部控制制度，是如應予建構卻未建構，或建構不適當，仍可能被課以違反善良管理人注意義務債務不履行責任。然此時既非法定義務之違反，公司無公司法第193條第1項、第2項損害賠償請求權可資行使，而僅得依同法第23條第1項主張權利。另公司是否建構內部控制及如何建構，均屬公司業務執行權範圍，非公開公司董事會建構內控制度與否，自有經營判斷法則之適用，是其決定不予建構或所建構內部控制制度不完善時，除經公司舉證排除經營判斷原則之適用（採美國法制之經營判斷原則），或建立之決定及內容顯有過失者（採日本制度及本文見解）外，原則上應予尊重，不得遽指違反善良管理人注意義務。

再者，董事會雖建立適當之內部控制制度，然徒法不足以自行，若

未確實執行，仍不能發揮內部控制功能。是未執行內部控制制度之董事，應對被授權執行之董事或其他被授權者，負有監督執行之義務已如前述，如未適當監督，自應負監督執行懈怠責任。簡言之，公開發行公司之董事會成員，對於公司所負建立內部控制制度義務，包含於董事會參與內部控制基本方針之決議、監視其他董事決定內部控制制度建立義務，以及監督對被授權設計具體內容之經理人或其他被授權者，並於內部控制之執行等義務，如有違反，應負損害賠償責任，但上開義務之違反應視各別階段審認，即雖無建立義務之違反，仍可能因監視、監督義務之違反而負債務不履行責任。而非發行公司董事會，就內控制度之建立雖有經營判斷原則之適用，然依其公司之主客觀環境等，於被評價應予建構卻未建構，或為不完善建構，仍應負未盡善良管理人注意之債務不履行責任。

(三) 公司對董事責任之訴追

按公司董事與公司間具有委任關係，是公司負責人應忠實執行職務並盡善良管理人注意義務，如有違反致公司受有損害者，負損害賠償責任；又董事會執行業務，應依照法令章程及股東會決議，另董事會決議違反前項規定，致公司受損害時，參與決議之董事，對於公司負賠償之責，但經表示異議之董事，有紀錄或書面聲明可證者，免其責任，公司法第23條第1項、第193條第1項、第2項定有明文。承上所述，公司對董事內部控制制度之違反，可區分為「建立」與「執行」義務之違反。前者，包含董事自己無故不參與決定及不適當之決定，對其他董事參與建立決定之監督（監視）義務違反，及監督經理人等被授權人具體內容設計義務之違反。後者，監督被授權者執行內部控制制度義務之違反。上開義務之違反事由雖有不同，然一經評價為義務之違反，董事對公司即應負懈怠責任。雖董事之歸責事由，可分為違反法令及未盡善良管理人注意義務，但本質上均源於公司與董事間委任關係所生之債務不履行責任。是而於公開發行公司，因董事違反建立內部控制制度之法定義務，同時構成善管義務之違反，各該當於公司法第193條第2項及第23條第1項規定。至非公開發行公司之董事，縱被認定其不建立內部控制制度，而違反善良管理注意，公司僅得依

公司法第23條第1項請求賠償。

　　爰就公開發行公司與非公開發行公司之董事會，未建立或建立不完善之內部控制之董事義務違法事由、責任要件、請求權基礎及時效等相關法律問題簡略整理如下：

1. 公開發行公司董事：

　　(1) 義務違反事由（即歸責事由）：內部控制法制化前，是否建立內部控制制度，公開發行公司之董事得主張經營判斷法則之適用，而不負賠償責任；縱令有建立內部控制制度必要而未建構，公司亦僅得以董事違反善良管理人注意義務主張權利。此種情形與後述之非公開發行公司之董事義務相同。反之，內部控制法制化後，董事不建立內部控制制度即屬違反其法定義務、亦違反善良管理人注意義務。歸責事由雖有不同，本質上均屬委任關係所生之債務不履行。

　　(2) 請求權基礎：公司法第193條第2項及第23條第1項債務不履行損害賠償責任，為請求權競合關係。

　　(3) 消滅時效：既屬債務不履行所生之損害賠償，其請求權時效依民法第125條規定為15年。

　　(4) 舉證責任：因公司與董事間為委任關係，於內部控制法制化後，董事會未建構內部控制，公司依公司法第193條請求時，公司只要舉證其為公開發行公司，及因董事未建構內部控制制度（債務不履行）致其受有損害之事實，即已盡其舉證責任，董事抗辯免責時，應就公司法第193條第2項但書之免責事由舉證；公司如主張建構不合宜事由，除為上開舉證外，尚應舉證董事建構之內控制度不合公司當時之需求。公司如依公司法第23條第1項請求時，因依法令應建構內部控制而未建構之事實，該當於未盡善良管理人注意義務，是公司舉證責任與董事之免責舉證責任同上所述。

2. 非公開發行公司董事會董事：

　　(1) 義務違反事由（歸責事由）：因董事得主張經營判斷法則之適用，公司依公司法第23條第1項請求時，公司應先就公司有建立內控制度之必要，董事卻未建構，致違反善良管理人注意義務而受有損害等

債務不履行事實舉證。於公司舉證完善後，始轉由董事就其免責或損害因果關係欠缺等事實舉證。

(2) 請求權基礎：公司法第23條第1項債務不履行責任。

(3) 時效：15年。

(4) 舉證責任：於董事會根本未建構及建構之內部控制不合宜時，公司依公司法第23條第1項請求時，公司要舉證董事未建立或所建立之內部控制不合公司當時需求，及因而致受有損害等債務不履行事實舉證。於公司舉證完善後，董事始就其他免責或損害因果關係欠缺等事實舉證。

值得一談者，公司就董事依法應建構內部控制制度卻不建立或所建立之內控制度不完善，得否另依侵權行為請求損害賠償？此部分涉及債務不履行損害賠償請求權與侵權行為損害賠償請求權之關係，如採法規範競合說，公司與董事間存有委任關係，則相關權利義務關係自應依當事人合意之契約特別關係處理。本文以公司法第23條第1項、第193條第2項就董事應建構完善之內部控制，卻不建置或建構不完善之違反法令，或未盡善良管理人注意義務之行為，已明定其損害賠償責任，當事人是否應依上開契約關係尋求救濟，而無再依處理無契約關係之侵權關係論斷，較合宜當事人以合意方式處理契約關係之真意，我國實務早期就債務不履行與侵權行為競合時，曾採此說。然晚近實務似有改採請求權競合說之請求權相互影響說趨勢。

按因故意或過失，不法侵害他人之權利者，負損害賠償責任；故意以背於善良風俗之方法，加損害於他人者亦同；另違反保護他人之法律，致生損害於他人者，負損害賠償責任，但能證明其行為無過失者，不在此限，民法第184條第1項、第2項定有明文，學者通說認民法第184條第2項規定，為一獨立之侵權行為類型，即依該項請求者，不以行為人之故意或過失為要件，且於當事人舉證上，被害人僅須舉證加害人違反保護他人之法令，與自己受有損害間有相當因果關係為已足；反之，加害人應舉證其無過失，始得免責。即令如此，如以公開發行公司為例，董事未依法建立或建立不完善之內部控制制度之事由以觀，公司法第193條第1項規定之執

行業務違反法令規定，即為民法第184條第2項所稱之違反保護他人之法律，其行為本可依公司法第193條第1項、第2項規定獲得救濟，何須再承認公司得依民法第184條第2項規定請求？何況二者間請求之損害額相同，且依民法第197條第1項之侵權行為損害賠償請求權時效規定，短期時效2年、長期時效10年，均短於依債務不履行損害賠償之請求權時效15年。反之，如屬非公開發行公司，其董事固無依法令建構內部控制制度之法定義務，縱未建立或建構不完善，亦無公司法第193條第1項之違反法令可言，公司無該條第2項損害賠償請求權可資行使，且因不該當於民法第28條第2項違反保護他人法律之侵權行為要件，自亦無該項侵權行為損害賠償請求權得予主張，從而公司僅得依公司法第23條第1項董事違反善良管理人之注意義務規定，或依民法第184條第1項前項侵權行為請求權主張權利。然承前所述，董事之未建構內控制度之行為事實，即令合於民法第184條第1項前段侵權行為要件所稱之過失，不法侵害他人權利，該行為事實即為公司法第23條第1項所稱之違反善管義務，而得依該條項主張權利，何須疊床架屋就董事之同一行為，再承認公司亦得依侵權行為請求。

　　本文綜合當事人締約真意、債務不履行與侵權行為規範之基礎事實及目的有別，是否確有承認請求權競合之情已非無疑，何況即令勉強承認得以競合，亦因債務不履行損害賠償之請求權15年較之侵權行為損害賠償之2年或10年時效為長，且被害人得請求之損害額相同，以及承認債務不履行與侵權行為損害賠償請求權競合，於當事人之賠償救濟並無實益等情，認於董事未建構內部控制制度或建構不完善情形，並無承認上開二請求權競合之餘地與價值。

二、董事對第三人之責任

　　公司負責人對於公司業務之執行，如有違反法令致他人受有損害時，對他人應與公司負連帶賠償之責，公司法第23條第2項定有明文。上開規定之性質為何？學說見解不一，如解為特種侵權行為，其消滅時效為2年；反之，認係法定責任，消滅時效為15年，惟最高法院96年度台上字第2517號裁判要旨，認為係基於法律上之特別規定，並非侵權行為上之

責任，故其請求權之消滅時效，應適用民法第125條之規定云云，即採法定責任。準此，亦即只要該當於構成要件行為，不論行為人是否故意、過失，均需負損害賠償責任。按公開發行公司，依證券交易法第14-1條第2項規定，董事會有建構內部控制制度之法定義務，設未建構或為不合於公司需求之建構，直接受害者即因此所造成之損害本應為公司，然法律為保護第三人，因此公司法第23條第2項特別規定，第三人因而受有損害，雖屬行為造成之間接損害（如係加害行為造成之直接損害，第三人可依被害人身分直接依侵權行為法律關係行使權利），亦得請求公司負責人與公司連帶賠償。倘非屬公開發行公司，董事會就公司是否建置內部控制制度有經營判斷原則之適用，且如認經營判斷原則僅為善管義務之判斷基準，則此類公司之董事會決議不建構內部控制制度，而依該公司之規模、業務類別、財務架構等綜合判斷，認有建構內部控制制度之必要，可能因而被認定為有違善管義務，而仍有公司法第23條第2項規定之適用。

肆、結論

　　現代公司治理，追求者無非興利與除弊二大主軸，且為現代公司經營管理最基礎之課題，是不論立法機關、學術單位或實務運作，陸續就公司經營管理所發生之重大弊案，採取各種類型之內部監控與外部監控機制，試圖徹底解決經營管理者之不法情事藉以導正公司之正常營運，俾社會游資樂於投入公司，可惜基於人性自私及徒法不足以自行，終功虧一簣，未能發生防弊與興利功能。而內部控制制度乃異於上開思維方式，嘗試於公司營運中就業務、財務、會計、資產及財報等公司之基本架構事項及細部作業流程等，就公司整體及各部門執掌事項可能面臨之各類環境，預以事先評估風險，尋求各種排除風險與不利益之手段，經由上下垂直與左右水平溝通，相互獲得回饋之同心協力方式，及時發生監督效果等動態性、常態性之管理，並採書面確認等證據保全，執為將來責任歸屬之重要參考，以防免公司之經營管理因人為因素所造成之重大倒閉事件，藉以促進正常

經濟活動及公司設立初衷，回饋廣大群眾之社會功能。而內部控制制度雖非新創，但鑑於當前公司弊端所採取之其他公司治理，仍無法導歸公司於正途，而經過改良、強化後之現代內部控制制度，是以取自風險管理之概念，佐以動態、及時性管理方式，且有書面化資料保存、責任歸屬明確、強化法律上責任、全面性風險評估、與監督功能等制度特點，相對於既有之公司治理，當更能發揮防弊與興利之功能，爰不揣鄙陋，勇於分享，敬請斧正，共臻制度之善。

5

董事、董事會、董事長權限分配關係之探究

蔣志宗[*]

壹、董事與董事會

一、總說

(一) 董事會與公司經營

公司之經營活動係透過內部機關之分工而完成，為確保公司策略朝正確方向執行，強化管理效能，須以適切的制度設計針對機關權責做明確劃分，方得使公司業務經營達到效率最大化的同時，亦有完善監督機制可確保全體股東及債權人獲得應有之報酬，並兼顧其他利害關係人之利益。質言之，如何設計制度妥善分配公司內部機關間之權責歸屬，以提升公司策略管理效能並監督業務經營者之行為，實乃公司法之重要課題。

(二) 董事與執行業務機關之關係

1. 股份有限公司業務執行機關之立法沿革

我國公司法關於股份有限公司之業務執行機關，於民國18年公司法制定時，係採「董事」為執行機關之體制；此項規定除於民國35年增設董事在職權上須集體行動時，得組織董事會外，仍係採「董事」為業務執行機關原則，董事會僅為公司之章定、任意性機關。直至民國55年為順應企業「所有與經營分離」之原則，乃有重大修正，將業務執行機關改採取董事會中心主義，於公司法第202條前段規定「公司業務之執行，由董事會決定之」，是以董事會為股份有限公司必要常設機關，於焉成形；嗣於民國

---

[*] 臺灣高雄地方法院法官。

90年修正通過公司法第202條，更加確立除公司法或章程規定應由股東會決議之事項外，餘概由董事會決議行之，董事會實質上掌控公司經營大權之核心地位，至此更獲得法律明文之承認。惟民國107年7月6日立法院三讀通過之公司法（下稱新公司法以資區別），另開放政府或法人股東一人所組織之股份有限公司得不設董事會，而僅置董事一人或二人，且得不置監察人；非公開發行股票之公司亦得不設董事會，而僅置董事一人或二人（新公司法第128-1條第1項、第2項[1]及第192條第2項[2]規定參照）。

由前述股份有限公司業務執行機關之立法沿革可知，早期公司法固以「董事」為執行業務機關，僅例外於有集體行動需要時，可另行組織董事會為之，至民國55年修法時，乃正式將「董事會」列為股份有限公司之法定、必備、常設之業務執行機關，雖今年（107年）開放部分情形得不設董事會，惟依法設置董事會之股份有限公司，其構成員「董事」之地位究為如何，學說上向來存有爭議，因各個董事之地位及性質之把握，關乎所謂機關究應如何解釋之根本問題，故有先將公司機關之概念予以釐清之必要。

2. 機關（Organ）之定義

按公司乃社團法人，經濟上、法律上都是獨立的企業主體，公司是由多數的出資者股東所構成；但是，在法律上，雖說公司是獨立企業活動之「人」，然而其實質上僅是社員的集合體，有異於生命體的自然人，公司本身不具有意思決定的頭腦，決定的意思對外表示之口嘴，或決定意思執行實現之手腳等器官，最終只好藉由有頭腦、口嘴、手腳之人（自然人）為意思決定、意思表示與意思實行，並將該自然人所作所為（包括意思決

---

[1] 新公司法第128-1條第1、2項：「政府或法人股東一人所組織之股份有限公司，不受前條第一項之限制。該公司之股東會職權由董事會行使，不適用本法有關股東會之規定。前項公司，得依章程規定不設董事會，置董事一人或二人；置董事一人者，以其為董事長，董事會之職權由該董事行使，不適用本法有關董事會之規定；置董事二人者，準用本法有關董事會之規定。」

[2] 新公司法第192條第2項：「公司得依章程規定不設董事會，置董事一人或二人。置董事一人者，以其為董事長，董事會之職權並由該董事行使，不適用本法有關董事會之規定；置董事二人者，準用本法有關董事會之規定。」

定、表示與實行），視為公司之意思決定。

只是此之代行之人，是任何人均可時，亦不合適，假如公司裡的任何人均可的話，任何人均得逕行為意思表示，其意思表示之內容相互齟齬時，以何者為準無法確定，困難叢生，因此以何人之意思表示作為公司之意思表示，必得事先指定為宜；惟固定某一特定人也行不通，所以指定公司地位之方法因運而生。這個地位即是公司機關，任此地位之自然人，在其授權範圍內為公司所為之行為，視為公司本身之行為[3]。又各機關之機能均有一定，原則上互不干涉，故若存在機能屬性相同之二機關，便生衝突，應屬當然之理。

3. 董事是否為股份有限公司法定、必備、常設執行業務機關之爭議

(1) 肯定說：董事為公司之業務執行機關

主張董事為公司之業務執行機關者，認為「董事者，乃董事會之構成員，而為股份有限公司之法定必備常設之業務執行機關」[4]。至於董事會則為「由全體董事所組成之會議體，而有決定公司業務執行權限之股份有限公司法定、必備、常設之集體業務執行機關」[5]。換言之，董事為公司常設之執行機關，而董事會則為執行業務之必要集體機關，故董事依然是公司業務執行個體機關，不過由集體機關的董事會決定其執行的意志而已[6]。

主張此說之學者有謂：董事乃董事會之成員，且為股份有限公司之法定、必備、常設之業務執行機關。按本法雖設「董事會」為股份有限公司之法定、必備之業務執行機關，而其採所謂之集體執行制，即以董事長為公司對外之法定代表機關（公司法第208條第3項前段），個別之董事平時並無法代表公司，而與民法上規定法人之董事就法人一切事務對外代表法人，而董事有數人者，各董事均得代表法人者不同（民法第27條第2

---

[3] 黃清溪教授課堂講義。

[4] 柯芳枝，公司法論（下），三民，2009年2月，修訂8版，頁251。採此見解者尚有：施智謀，公司法、梁宇賢，公司法論。

[5] 柯芳枝，公司法論（下），三民，2009年2月，修訂8版，頁296。

[6] 陳國華，董事忠實義務之研究，輔仁大學法律研究所碩士論文，1997年7月。

項）。惟一般董事除以董事會成員之身分參與「董事會」之決議而為公司業務執行之決定，及盡其監督董事長、副董事長及常務董事之具體執行業務之功能（利用董事會對董事長、副董事長及常務董事之任免權）等主要權限外，更屬本法所定之股份有限公司負責人（公司法第8條第1項），甚者，其亦得個別行使各種權限。例如：在公司股票或公司債券簽章之權利（公司法第162條）以及召集董事會之權利（公司法第203條第1項後段）。是故，董事仍不失為公司之法定、必備之業務執行機關，非僅屬董事會之構成員而已。又董事因得經常行使其權限，而董事缺額時更將導致公司業務之停滯，故學說上認為董事亦屬公司之常設機關[7]。

(2) 否定說：董事非公司之機關

　　主張此說者認為董事會為股份有限公司之必設業務執行機關，而董事則為董事會之組成分子。由於採取董事之集體執行制，原則上由董事會決議行之，董事僅為參與決議之各個分子而已[8]。蓋依公司法第193條第1項之規定為「董事會執行業務……」及公司法第202條規定：「公司業務之執行，除本法或章程規定應由股東會決議之事項外，均應由董事會決議行之。」可知現行公司法上，股份有限公司之業務執行（包含決定及實行）機關應為董事會，董事並非公司之執行機關。至於我國公司法賦予董事得個別行使之權利，諸如出席董事會參與表決、簽名於股票及公司債、申請辦理各種登記、召集董事會等，似應解為對應董事為公司機關之構成員地位所賦予之權限，而不能因此即認為董事係公司機關，否則即將違背現行法上「董事會中心主義」之原理。因此我國公司法上股份有限公司之各個董事之地位與性質，應認為僅單純止於董事會之構成員，而不具有公司機關之地位[9]。

---

[7] 參見王文宇，公司法論，元照，2005年8月，2版，頁309；柯芳枝，公司法論（下），三民，2009年2月，修訂8版，頁251之論述。

[8] 劉興善，商事法，頁98；同此見解者尚有賴源河，公司法問題研究（一），政大法律學系法學叢書編輯委員會，1982年，初版，頁306。

[9] 朱琇瑜，股份有限公司業務執行機關之研究，政大碩士論文，2002年，頁46-47。

(3) 本文意見—否定說

誠如否定說學者所言，我國公司法在民國55年修法後，已確立股份有限公司之業務執行機關為董事會，此觀公司法第193條第1項及同法第202條規定甚明，在此情況下，是否仍應肯定董事之機關地位？如肯認董事為業務執行機關，又其亦係董事會之構成員，則董事不就成為業務執行機關中之業務執行機關，構造上實無必要且不可行。

申言之，公司設置機關之功能，無非是藉由自然人代公司為意思表示，亦即機關擔當人或其構成員所為之意思表示（包括決定至實行），均直接視為公司本身的意思表示，已如前述。是以，此與代理、代行之方式，其代理人或代行人所為法律行為，仍然是自己行為，只是法律效果及於本人而已，截然有別。準此，我國公司法既已設定董事會為股份有限公司之業務執行機關，並由董事擔任其構成員，以董事合議方式為其運作，故其等所議決之業務執行決定，即係公司之決定，如此運作方不生齟齬。假如認為董事亦為業務執行機關，公司之中便生有數個業務執行機關，此意謂各個董事均可獨自作成業務執行決定，不一定要以合議方式為之，或若不服董事會之多數決定時，董事亦可本於自己之機關地位，作成相反意見之業務執行決定並加以實行，其體制必將大亂，蓋已違背機關設置之法理之故。

是以，判斷是否為機關，自須視法律是否賦予其機關權限，其決定是否即係公司之決定。肯定說雖舉董事可藉由參與董事會而盡其監督執行董事具體執行業務之功能並行使任免權，或得行使股票暨債券簽章、召集董事會等權限，據以為董事為公司機關之理由，即非的論，蓋此等權限均非賦予董事擁有機關權限，理由如下：

①就董事參與作成業務執行決定並可行使任免權以監督董事長、副董事長及常務董事之業務執行方面而言，仍係透過召開董事會，並以決議方式通過，始能為之，機關權限在董事會而非董事，董事基於其構成員之地位參與決定之形成，不能因此認為其為機關，蓋上開決定均非董事能獨斷決行，不容混淆。

②所舉董事在股票上簽名或公司債券簽章之規定（公司法第162條、

第257條），須有董事3人以上[10]之簽名或蓋章，並經法定機構之簽證後發行，核其性質，應係股票或公司債券發行之要式規定，故上開簽章之要求，自係董事所負之義務，肯定說將之解為權限規定，已非的論。更重要的是，本條規定係股票或公司債券發行之業務執行決定作成後，交由董事3人以上簽名或蓋章，是以，董事係在公司意思表示作成後，依法律規定代公司為簽章，僅是代行之性質，自不能以此解釋董事具有機關地位。

③有關董事召集董事會權限部分（公司法第203條第1項後段；新公司法第203條第1項），姑不論此權限僅侷限於每屆第一次董事會召集始有適用，能否以此推論董事具有機關地位已屬有疑。且就召集權性質言，亦只是關於召集會議之權限，並不涉及公司機關實質機能（例如業務執行、對外代表或監察等），不能因有此權限即謂具機關地位。否則依此推論，少數股東有召集股東會之權限（公司法第173條參照），少數股東成為公司機關，豈不荒謬？

④末查，肯定說論者或以為，若不將董事解為機關，何以解釋董事為公司負責人（公司法第8條），又如何解釋董事執行業務而違法致他人受有損害時，其侵權行為即視同公司本身之行為？此亦屬謬誤之論。蓋董事執行業務如對第三人構成侵權行為，是因董事乃「董事會」之構成員，無論其係在業務執行之「決定」或「實行」層面發生侵權行為，均屬「董事會」之作為；而董事會作為公司之業務執行機關，董事會之行為即為公司之行為，所以公司應擔負此項侵權行為責任，僅因立法者認為實際行為人即董事亦應負連帶賠償責任，才有公司法第23條第2項之規定。如此才是董事應負此項責任之真正理由，並非因為法條規定董事是「公司負責人」，才根據這個規定去追究他的責任。職故，董事是否為機關，與其是否為公司負責人及應否依公司法第23條第2項負連帶賠償之責無關，肯定論者無法提出為何被法條說是「公司負責人」就可認為具有機關地位之理由，所為主張，自不足取。

綜上所述，本文就有依法設置董事會之股份有限公司（以下論述對象

---

[10] 新公司法則規定由代表公司之董事簽章（第162條第1項）。

亦同），認為該公司董事僅是擔當董事會此一機關之構成員，本身不具機關地位[11]。

三、董事會

(一) 董事會的意義

董事會是由全體董事所組成，以執行公司業務為任務的合議制機關。董事會一詞，如同股東會般，在概念上可區分兩種意義，一是指作為公司機關的董事會（board of directors），與公司之存續有關，原則上只要公司存在，機關當併之相存；另一則是開會活動形態會議體的董事會（meeting of the board of directors），乃指董事會機關存在期間，由其構成員即董事集合議事之會議[12]。我國公司法並未在用詞上加以區分，一律以董事會稱之，因此在適用上應就法條文義予以辨明。茲就董事會此一機關之構成、權能及屬性分述如下：

1. 董事會是由董事所構成之合議制機關

董事法定人數必須3人以上，全體從選任到退任一直是董事會的當然構成員，換言之，董事會是以複數的董事構成的合議制機關。民國55年公司法修改之前，各個董事都是單獨公司機關，各個董事機關在同一公司同格並存。然如前所述，在55年公司法修改後迄107年7月再次修正期間，董事會合議制機關法定化，法定業務執行機關只有董事會一個，各個董事變為董事會的構成員，不再是業務執行機關之地位。此於107年7月修法後，仍設董事會之股份有限公司，董事與董事會間之關係，亦同此性質。

---

[11] 惟政府或法人股東一人所組織之股份有限公司，或非公開發行股票之股份有限公司，如分別依107年7月立法院所三讀通過之新公司法第128-1條第2項、第192條第2項規定不設董事會，且僅置董事一人者，該董事即可直接行使董事會職權，而取代董事會之地位，成為公司之業務執行機關，即屬例外。

[12] 黃清溪教授課堂講授內容；柯芳枝，公司法論（下），三民，2009年2月，修訂8版，頁297參照。

2. 通常性公司業務執行之機關

(1) 通常性公司業務執行之意涵

因應「所有與經營分離」趨勢，有關股份有限公司業務執行之權限，公司法第202條於民國90年修正時，將除法律或章程另有規定外之概括權限，儘劃歸董事會決議行之。大體上言，有關公司結構或組成發生變動或影響之事項，例如解散（公司法第315條）、合併、分割（公司法第316條）、變更章程（公司法第277條）等，本質上不屬業務執行範圍者，固非董事會之權限，法律亦多有規定由股東會決議始得為之；而一般業務執行事項雖為董事會之權限，然因影響公司存續之基礎，亦不乏特別規定為股東會權限者，例如讓與全部或主要部分之營業財產（公司法第185條第1項）；反之，業務執行以外之公司組織行為，卻劃給董事會權限之事項也有之。簡言之，董事會是大部分的業務執行以及業務執行以外的部分公司組織行為之擔當機關，稱其為通常性公司業務執行機關。

(2) 業務執行權之專屬性

所謂業務執行是公司為遂行事業目的所為之事務處理。董事會對這些事務處理開會決定，並自己實行為原則，但礙於董事會機關是會議體性質，無法具體實行，一般均在董事會之權限與責任下，委任董事長、業務擔當董事（或執行業務董事）、經理人或職員實行。董事會業務執行之實行委任，僅是單純業務執行輔助者的使用關係，並非授與輔助者機關權限，使其成為公司機關。被委任者不論是董事長、董事、經理人或一般職員一律都是輔助者（使用）之地位而已，全員遵從董事會委任指揮命令行動，蓋業務執行權是專屬於董事會，縱為代表機關之董事長亦無此權限。

(二) 董事會之權限

1. 董事會業務執行之範圍

(1) 與股東會間之劃分

董事會係職掌公司業務執行權限之機關，惟公司業務執行事項中，關乎公司基礎之重大事項，亦有劃給股東會行使者，前已有述，此亦即公司法第202條規定：「公司業務之執行，除本法或章程規定應由股東會決議

之事項外，均應由董事會決議行之」，可知董事會所行使之業務執行權限範圍，係除公司法或章程未規定給予股東會之部分。

(2) 公司法第202條與第193條衝突爭議之釐清

公司法第202條於民國90年修正前，因法條用語規定「……均『得』由董事會決議之」，引發究係「股東會至上」與「董事會中心」的爭議，因此在90年修正時，特將原條文後段之「得」字，修正為「應」，用以明確劃分股東會與董事會之職權[13]。惟在修正後，多數學者認為同法第193條：「董事會執行業務，應依照法令章程及股東會之決議」之規定未一併修正，致與第202條發生齟齬，引發解釋上之爭議，應如何解決，有以下說法：

甲、將公司法第193條適用範圍目的性限縮之說法

認為從公司法第202條過去的學理爭議與其強化董事會權限的修法目的來看，此一法律漏洞的填補應藉由目的性限縮同法第193條所稱之「股東會之決議」來完成，亦即該條所指之「股東會之決議」應認為係以股東會就「法定專屬決議事項」或「章定專屬決議事項」所作成者為限，而不及於其他所有的「非專屬於股東會決議之事項」，蓋就該等非專屬決議事項而言，董事會既有概括決定之權，自無義務去遵守股東會所作成之相關決議[14]。

乙、認爲公司法第193條係在解決權限劃分錯誤之說法

另有學者認為，我國公司法條中固有將公司基本結構性改變之重大事項以明文列舉為股東會專屬決議事項者，但不可否認可能有所遺漏，若章程內亦未將之列為股東會決議權限事項，則可能部分重大結構變更事項，將依公司法第202條規定，落入董事會專屬決議範圍。此時，或可運用公司法第193條規定加以補救，將此種「本質性事務」劃歸股東會作出

---

[13] 參見本條修正之立法理由。

[14] 參見王志誠，股東會之權限與議事原理，月旦法學教室，第27期，2005年1月，頁71-81；洪秀芬，董事會與股東會權限之爭議，月旦法學教室，第31期，2003年5月，頁32-33；林仁光，董事會功能性分工之法制課題，臺大法學論叢，35卷1期；劉連煜，現代公司法，新學林，2008年2月，增訂3版，頁419。

決議，而要求董事會遵照執行。[15]

丙、認爲兩者規制面向不同而無衝突問題

此說認爲，董事會因係會議體之故，須藉自然人爲其手足而爲業務之實行，因此業務執行在概念上可分爲決定及實行兩個層面，亦即董事會就業務執行作成決定後，再委由其構成員（董事長、常務董事、業務擔當董事）、經理人甚或公司之職員，以爲實行之輔助；而董事長等實行輔助者在執行業務時，除應遵照董事會之決議指示外，更不可踰越法令、章程或股東會決議之限制規定，亦爲當然之理。是以，觀諸公司法第202條法條文字：「公司業務之執行……應由董事會『決議』行之」，第193條則係「董事會『執行』業務……」，前者乃從意思決定面向爲規定，後者則著重在實行層面之規範，本無相互扞格之處。

本文認同丙說之意見，認爲公司法第202條與第193條第1項分別係由「決定」及「實行」兩不同面向所爲之規定，並無相互抵觸之情形，而股東會得有效作成決議之範圍，以法律及章程所定之事項爲限，股東會如就董事會專有之業務執行權限加以決議，對於董事會自無拘束力，本有法理可資依循，並無對第193條第1項目的性限縮之必要，甲說自無可採；乙說雖慮及公司法以列舉方式規範股東會決議事項，或有將部分涉及基本結構性改變或攸關股東重大權益事項遺漏之可能，惟未舉例說明，已難服人。且縱有上述情形發生，其中屬基本結構性事項之組織行爲者，性質即非公司業務執行範疇，本無落入公司法第202條規範之餘地，自不可能因此歸由董事會決議，乙說論者未注意及此，亦有不足；又屬業務執行範疇但對於股東權益影響重大之事項，法律既未將之明文由股東會決議，能否遽認係立法疏漏（也許立法者已判斷過）？亦屬有疑，且即使存有此種情形，直接類推適用相關權限劃分之法條（如公司法第185條第1項）解決，豈不更具說服力？欲利用公司法第193條去解釋，反而捨近求遠，且可能是緣木求魚！自非可採。

---

[15] 陳彥良，由公司治理看臺灣公司法之發展——以股份有限公司董事會、股東會職權爲中心，財產法暨經濟法，第8期，頁82-83。

2. 法定權限及委讓之問題

公司法明文規定，為董事會決議事項有：經理人選任（公司法第29條第1項）、經理人競業同意權（公司法第32條但書）、公司債發行（公司法第246條）、簡易合併（公司法第316-2條）等法定權限以外，關於公司之業務執行權，除公司法或章程規定應由股東會決議之事項外（公司法第185條、第196條），原則上屬董事會之機關權限，故由董事會決議行之。董事會之業務執行權可否以章程規定移轉到其上屬機關股東會行之，素有爭議。董事會權限全部委讓，架空董事會，導致董事會成虛設機關，自非可行。部分委任雖可商議，但其極限為董事會專屬權限事項之保留（如特別是重要業務執行之決定等）。權限之委讓，除股東會以外，任何機關皆不可為之。如委讓給董事長、業務執行董事或總經理等，這些是董事會的下屬組織，輔助行使業務執行之實行行為，董事會負有指揮以及監督之權限，倘若權限的委讓，則董事會之監督職責免除，開闢董事會逃避責任之道，是不可輕易容許之事；唯一例外的是關於日常業務執行權部分，若必由董事會親力親為，實際上亦無可能及必要，故依一般解釋，董事會於選任董事長之時，依習慣將此權限（包括決定及實行）授予董事長。

3. 董事會的業務監督權與董事會的監督義務之根據與關係

(1) 董事會業務監督權限及義務

董事會基於其業務執行的固有權限，對於公司業務執行之實行者握有監督權限是合理的解釋，我國學者亦有相同見解者[16]。承前所述，在經營與所有分離原則下，股份有限公司出資者將對於公司經營方面之支配權交由專責專業之董事會，自此角度以觀，董事會就公司業務之執行，自是受託執行此任務之機關；而此項委任關係之形成，亦即是建構在董事會各個構成成員與公司之委任關係（公司法第192條第4項參照）上，董事被選任組成董事會，以集體方式執行公司業務，董事會與公司間自當可解釋存有此般委任關係。次之，現今董事多以受有報酬為常態，則依民法第535條後段規定，董事與其等所組成董事會，皆應對其委任事務之處理，以善良管

---

[16] 柯芳枝，公司法論（下），三民，2009年2月，增訂8版，頁298。

理人之注意義務為之。

只是董事會機關是會議體性質，對於業務執行之決定固可自行為之，然就具體實行方面，則有賴委任董事長、業務擔當董事（或執行業務董事）、經理人或職員實行，已如前述。是以，董事（會）在業務執行決定之形成過程，應以善良管理人注意義務為之，包括出席並參與決議、充分蒐集相關市場資訊，並利用所具備之專業知識及經驗作成正確而有利公司之決定；而在委任他人實行之場合，受任人執行受託任務時，董事會對受託人的行為同要負起善良管理人注意義務，其具體內容就是盡到監督之義務。因此，董事會對於委任實行之人，依其與受任人間之委任關係（復委任），固有監督權限，但同時也要基於其與公司間之委任關係負起監督義務，如有違背，自應就受任人之行為負起全責。

(2) 董事之監視義務[17]

①監視義務之根源

承上，不管是董事長或者業務執行擔當董事，其從事業務執行之實行行為是基於董事會的權限與責任之下授權委任，此等實行行為必然受董事會之監督，然而董事會僅係抽象存在之機關組織，自是無法勝任此一實際監督義務，但因違反監督義務原則上是董事會之責任，其追究之結果，仍應由身為其構成員之各個董事承擔，因此，董事為避免責任，就得負起監督義務，終而，監督義務之實行者為各個董事，由董事進行監視職責，稱之為董事之監視義務[18]。董事長或業務執行擔當董事又將其實行再委任補助者（經理、公司幹部員工）實行時亦同，董事對補助者的行為仍負監視義務。

②董事監視義務是否因個別董事反對決議內容而免除？

有疑義的是，在董事會作成決議過程中，必有反對意見出現之可能，則反對之董事雖然最終仍須服從多數決，但此時是否意謂有紀錄或書

---

[17] 參考黃清溪教授課堂講義。

[18] 因董事此項監督義務，並非基於授權或隸屬關係而來，學理上為求區別，而另稱之監視義務。參見黃國川，論內部控制——以董事責任為中心，國立高雄大學法律學系研究所碩士論文，第106頁論述意旨。

面聲明之異議董事（公司法第193條第2項參照），即可免負任何責任？本文認為異議之董事能否全部免責，尚須視該業務執行係何環節之疏失所造成而定。申言之，如董事會業務執行決定事後被證明是錯誤之決策，導致公司受有損害時，反對之董事固可不必就該錯誤決定負損害賠償責任；反之，如可排除係「決定」之錯誤，則須視異議之董事對於該業務執行決定之「實行」，是否盡到上開監視義務而定。亦即，董事縱不贊同董事會之多數業務執行決定，所能免除僅限於關於決定本身之責任，並不免除其對該決定實行時之監視義務，蓋董事係以集會方式共同行使職權，異議董事最終仍應服膺於多數決定，故董事會以多數決作成業務執行決定，並將此決定之實行委諸他人時，董事會之全體成員自無一可以豁免於因此發生之善良管理人注意義務（即監督義務）。是以，就監視義務而言，不問作成決定時有無異議，所有董事均須善盡監視受任人是否遵照決議指示實行之義務，如有違反，即須對於受任人實行不力造成之損害負責。

③董事會業務執行之方法

我國現行公司法之規定，董事會是法定業務執行機關，執行公司業務，其業務執行如屬法律行為之類，通常習慣上委任董事長實行。又一般業務或非重要業務，以董事會的責任之下，將業務執行決定權以及實行權一併委任董事長去決定與實行，是現時下的慣例。

被董事會委任的董事長在業務執行過程上，更加廣泛利用輔助者來推行，利用多數的輔助者來實行多種多樣的業務，非得善用指揮命令系統來達成統一的經營目的，此為各個公司均任意性的、自治性的將眾多的輔助者組織化、制度化。經理、部長、科長以及一般職員等階級分工制度即是。而此指揮命令系統的頂點就是總經理，上承董事會及董事長之授權委任，下對補助者組織發號施令，使其完成多種多樣，大大小小的公司業務執行[19]。

---

[19] 黃清溪教授課堂講義參照。

貳、董事會與董事長之權限分配

一、代表權與業務執行權之關係——經管權限分化、經管機關分立

依公司法規定，公司固有行為能力，惟公司本身係社員的集合體，其所為法律行為，對外尚須具有公司代表權限（涵蓋公司營業一切事務辦理包括性的代表權限）為之，始克達成。而業務執行係公司最主要對外關係之事項，業務執行中有關法律行為，其法律效力直接對公司發生，此僅代表權始能當之，業務執行權限與此代表權限是完全不同性質。在制度設計上，業務執行機關同時也是代表機關，原係理所當然，但對股份有限公司而言，因必設董事會專擅業務執行權，而董事會是由複數人的董事所構成之合議體機關，代表權限劃歸給董事會，現實上董事會無法親自作為，如訂立契約等法律行為，通常是由董事會依據其代表權限授權他人代理行使（即使董事會擁有代表權限，絕非必定親自行使不可）。簡化每次透過代理權授與行使之繁瑣，從而將兩種權限分化歸屬兩個不同機關，這種制度設計也稱為經管權限分化、經管機關分立[20]。

二、代表機關——董事長

（一）前言

按我國公司法第208條第3項：「董事長對內為股東會、董事會及常務董事會主席，對外代表公司」是關於代表機關之規定。惟公司法就股份有限公司尚設有副董事長一職，依公司法第208條第1項、第2項規定，得依章程規定，分別由董事或常務董事中，以選任董事長之同一方式互選一人為副董事長。故副董事長之選任，係依章程而定，屬任意機關，其本身之職權並無法定，僅於董事長請假或因故不能行使職權時，依法代理董事

---

[20] 引自黃清溪教授課堂講義。

長，而行使董事長之職權。故以下論述僅就董事長一職為之，合先敘明。

(二)股份有限公司代表機關──董事長的意義

依首揭公司法第208條第1項、第2項規定，股份有限公司董事長視公司有無設置常務董事而定，而分別由董事或常務董事，互選一人為董事長，對外代表公司；故董事長本身必為董事，因擔任董事長一職而擁有公司代表權，故亦稱為代表董事。茲分述如下：

1. 董事長是由董事或常務董事中，互選出來一人單獨制的機關

依公司法第208條第3項前段規定，董事長僅能由董事中選出一人，單獨對外代表公司。而按公司代表機關設置之源由，起於公司係法人而無實體所致，已如前述。代表機關作為對外聯絡之窗口，理論上本無限定由一人單獨充任之理，此由無限公司、兩合公司或有限公司之代表機關，原則上即未限定不得由多數人擔任，自可明瞭。至於複數代表間如何分工或共同而為，則係公司內部之問題，自不能引為單獨代表制之充分理由。職故，代表董事理論上也可以設置數人，單獨代表或共同代表均可行；惟我國公司法將代表機關法定名稱定為「董事長」，董事長僅能容有一人，自然成為單獨代表制[21]。

2. 代表董事或董事長為代表公司常時活動狀態的機關

董事長是公司代表機關，為公司發送、接受意思表示，也為公司發送、接受通知、催告，公司之法律行為以及其他法律上之行為，代表機關均為公司為之。業務執行機關董事會為兼有代表關係的業務執行時，原則上是交付給董事長行使，此為董事會無權限直接以公司名義為法律行為，公司本身自為法律行為時，必須由代表機關擔負行之。又董事長為公司發送、接受意思表示，所成立的法律行為就直接是公司的法律行為。

---

[21] 由單獨代表制衍生之董事長缺位問題，請見拙著，股份有限公司業務執行機關權限分配之研究──以董事、董事會、董事長之法律關係分析為中心，高雄大學法律系研究所碩士論文，頁49-63。

三、董事長與董事會之關係

　　按我國公司法第208條第3項前段規定，董事長對內為股東會、董事會及常務董事會主席，對外代表公司；同條第1項及第2項並定有董事長選任之方法。是以，董事長是董事會（常務）董事互選產生，董事長是公司代表機關，對外代表公司行使代表權限，甚為明確。但對內方面，法文雖僅曰「股東會、董事會及常務董事會主席」，但因董事長亦為董事會之構成員，故實際上亦為擔當業務執行「實行」行為之主要角色。申言之，業務執行權由董事會全權掌握，但是會議體之董事會對業務執行權之決定雖可自行為之，惟就業務執行之實行方面，則無法自為而必經委外實行；而董事長因係董事會之召集人及主席，對於董事會決議之形成過程最應知悉，復其擔任公司之代表機關，交由董事長實行自有效率、方便之優勢，故董事會通常委任實行對象是董事長[22]。

(一) 日本學說上對代表董事與董事會間關係之討論

　　董事會關於業務執行權之行使，因存有上述困難而將具體執行部分轉由董事長處理。而董事長就未涉及對外法律行為之實行部分，係董事會授權而來，固無疑問，至於須對外代表之實行行為，則有爭議。舉例言之，董事會為擴建廠房而作成購買土地之決議後，董事長在依董事會決議內容（即各項承購條件）覓洽合適地主及詢價之階段，尚未涉及對外代表行為，董事長所為係得自董事會之授權，固無疑問，但嗣後董事長進一步就符合決議條件之土地，以公司名義與地主簽訂買賣契約之代表行為時，其與董事會間之關係究竟如何，則有深入探討之必要。

　　對於上開問題，我國學者討論甚少；而日本股份有限公司之代表董事，其地位與角色與我國股份有限公司之董事長相當[23]，其代表董事在業

---

[22] 應注意的是，委由董事長實行之標的，不以法律行為為限，申言之，若須對外為法律行為者，必委由股份有限公司唯一代表機關董事長（公司法第208條第3項前段）；至非關法律行為者，亦由於董事長身居要職，承上啟下，可善用公司內部組織指揮系統有效達成任務，一般亦委任董事長為之。

[23] 日本会社法第349条（株式会社の代表）：「1取締役は、株式会社を代表する。た

務執行上與董事會發生如何之關係，在日本學界爭議已久，主要有「並立機關說」及「派生機關說」兩種見解；前者認為，業務執行之實行權則是代表機關之固有專屬權限，決定機關的董事會與實行機關之代表董事兩者分工合作，互相獨立，沒有上下隸屬關係，且認為代表董事並非董事會之代表機關，而是公司的代表機關，公司可以在章程中規定代表董事由股東會選任[24]。後者則認為董事會具有所有有關業務執行的固有權限，但如果全體董事皆要執行業務，經營效率就很難提高，所以由董事會選出代表，代表董事會執行公司業務。因認代表董事乃「董事會」之派生機關[25]。

(二) 董事長實行公司業務執行權源之究明

以上日本對立之兩派見解，雖各有其立論基礎，但也各有可指瑕疵[26]，無法圓滿地說明董事會與代表董事（董事長）在業務執行上之關係。究其原因，皆患了將實際處理方法的問題與事務處理權限的問題兩者觀念相混淆之毛病[27]，茲逐一分析如下：

1. 公司業務執行之實行權有無劃分給董事長

並立機關或派生機關說之兩派見解，或從法律規定之面向，或從業務執行機關之演變歷程推論，均有意將對外代表之實行權，解釋成代表董事本身所擁有之權限（即法定分權說）。然而，在此值得深思的是，業務執行權真的可以如此一分為二，而分別劃歸不同機關？在須對外代表之業務

だし、他に代表取締役その他株式会社を代表する者を定めた場合は、この限りでない。」、「4代表取締役は、株式会社の業務に関する一切の裁判上又は裁判外の行爲をする権限を有する。」意即規定董事有代表股份有限公司之權，但有代表董事或其他代表股份有限公司之人時除外。代表公司之董事有實施與公司業務有關之一切訴訟上及訴訟外行爲之權限。

[24] 胡浩叡，股份有限公司内部機關之研究—以權限分配與公司治理爲中心，國立臺灣大學法律學研究所碩士論文，頁199。

[25] 胡浩叡，股份有限公司内部機關之研究—以權限分配與公司治理爲中心，國立臺灣大學法律學研究所碩士論文，頁199。

[26] 詳見前揭拙著，頁65、66。

[27] 黃清溪教授課堂講義參照。

實行方面，固僅能交由董事長加以完成，但此是否意味著在制度上要將此部分實行權劃為董事長之權限不可？

對此問題，黃清溪教授採取反對之看法並闡述道：「業務執行雖在概念上能作『決定』與『實行』之區別，但不基於決定的實行，實行無藉；又不實行之決定，決定是虛無；決定是體，實行是形，兩者合體成形，謂之業務執行。我國公司法規定董事會之職權『公司業務之執行……均應由董事會決議行之。』（公司法第202條），即係依循此一道理，從決定面規定董事會業務執行權限，沒有決定，就沒有實行，決定權所在，也就是實行權限所在之事由所使然[28]。」依此見解，將業務執行權再分成決定及實行二個權限，而劃歸兩個機關，從事務之本質上言，難能苟同。

因此，實際從事公司業務執行之人，雖然大多由董事長為之，但這種情形不代表董事長本身即擁有業務執行權限。申言之，法律並未規定權限保有人必須親自實際行使權限不可[29]，且自理論上言，董事會當然也可以親自實行其業務執行之決定，只是以會議體之形態為之，欠缺效率，故實際上很稀少，通常習慣作法是利用輔助者來完成，而此之方式，並不會改變董事會才是業務執行機關，應對於業務執行成敗負完全之責任（包括決定及實行）。因此，吾人對於董事長實行公司業務執行之理解，仍是由董事會作為業務執行之主體，自決定至實行，一脈相承，僅在實行方面，因董事會是會議體，不適於實行行為，無奈下才採取變通辦法，而在董事會自己負責情況下，委由他人來輔助完成，此時之董事會為履行其善良管理人注意義務，便須對於實行者盡到監督之責任，董事長在受任實際行使前，其本身毫無業務執行權限可言[30]。學者多數意見未能認清公司業務交付董事長實行，只是董事會執行業務方法之一，縱使常態為之，亦不能將對外業務執行之實行，認為是董事長之固有權限。

---

[28] 黃清溪教授課堂講義參照。

[29] 業務執行在性質上，殊難想像非由董事會自己履行不可之專屬性存在。

[30] 此指董事長本身並無因其代表機關之地位，而在解釋上當然擁有業務執行之實行權，並非認為董事長不可經由委任授權而取得實行權。

2. 董事長實行業務執行之權源[31]

　　承上所述，業務執行權限是董事會專屬，業務執行的決定與實行在觀念上的區別可以成立，但是將決定權與實行權分離，而將實行權歸屬別的機關，則不容許。業務執行決定權與實行權一體組成，業務執行權完整歸屬董事會，董事會依此權限，決定業務執行並實行業務執行。不適於實行行為之會議體機關董事會，通常將其實行權委任他人實行，這不是意味著董事會因此失去實行權，更無法解說被委任人的實行權限是固有權限；習慣上，有關法律行為之業務執行委任給對外有代表權之董事長居多，也較方便，但這本質上也不過是董事會業務執行之一種態樣而已，不因此產生法律關係的質變。

　　是以，董事長執行業務之權源係來自董事會之委任授權，董事會將一定的法律行為委任或命令董事長為之，此際董事長是屬於董事會的補助者之地位，而為公司為法律行為而已，在受委任執行公司業務之面向上，其地位與其他公司使用人並無不同。

3. 委任關係構造下所形成之監督義務

　　董事長在實行業務執行權方面，係受董事會之委任，故其實行權乃係經委任授權而來，並非其本身法定固有之權限，而董事會將自己應親自履行之義務託付董事長執行，董事會之善良管理人注意義務自不會因此免除，而係轉變成對於董事長實行行為之監督義務。反之，如採取法定分權說之看法，亦即董事會作成業務執行決定，董事長即應本於其法定固有之實行權限（同時也是義務）加以執行，不待董事會之授權，如此一來，董事長對外代表之實行行為如造成第三人受有損害時，將無法藉由上開委任之法律關係去追究董事會之責任，蓋依法定分權說之意見，董事會僅存有業務執行之決定權，實行權則已劃歸董事長所有，董事會僅就其決定負責，至董事長就其決定之實行結果如何，在理論上已與董事會無關，故在董事長實行公司業務執行過程中，發生對第三人損害賠償責任時，第三人僅能對所屬公司及負責實行之董事長（公司法第23條第2項）究責。因此

---

[31] 黃清溪教授課堂講義參照。

採法定分權說之結果，將導致身為業務執行機關之董事會對於原屬業務執行一環之實行責任，竟可以完全置身事外，自非事理之平。

　　因此，吾人若關注到對於董事會責任之追究問題，並明瞭董事會業務執行之方法，自然就不會僅因董事長身兼代表機關，對外代表之業務執行實行事項必交由董事長為之乙事，即認為此部分實行權應劃歸董事長。

　　綜上，本文認為董事長之實行，不論有無對外代表之情形，終究只是受董事會委任而為，如此才能確立董事會為業務執行機關之制度理念，並可藉由委任之法律關係追究董事會之監督責任。

（三）國內學者之相關意見

1. 認為董事長係執行業務機關並有業務執行權限者

　　國內多數公司法學者就董事長之地位，乃稱為股份有限公司之法定、必備、常設之「執行業務機關」及「代表機關」[32]，明白肯認董事長亦係「執行業務」機關，正如同其等對於董事地位之描述，好像是理所當然地如此定義，而未能說明道理何在；少數有說明者，認為董事長之業務執行權係得自公司法第208條整體條文，特別是其中有關常務董事會之規範，其謂：「董事會為會議體之機關，並非經常開會。當董事會休會時，常務董事應依法令、章程、股東會決議及董事會決議，以集會方式經常執行董事會職權（即執行公司業務），由董事長隨時召集……（公司法第208條第4項）。董事長為常務董事之一分子（同條第2項），並為常務董事會之主席，自亦參與公司之執行業務。若董事會未設常務董事，則於董事會休會時，當係由董事長依法令、章程、股東會決議及董事會決議，經常執行董事會職權，自不待言。綜上所述，可知董事長在公司內部有執行業務權[33]。」本文認有以下可資爭議之處：

---

[32] 柯芳枝，公司法論（下），三民，2009年2月，修訂8版，頁323；梁宇賢，公司法論，三民，2006年3月，修訂6版，頁457；王文宇，公司法論，三民，2006年8月，3版，頁346。

[33] 柯芳枝，公司法論（下），三民，2009年2月，修訂8版，頁326；劉連煜，現代公司法，增訂3版，2008年2月，頁443。

①綜上論者所述，係以「董事會休會」為前提，於董事會未休會時，董事長有無業務執行權，則未見其意見及論述，卻其結論竟泛稱「董事長在公司內部有執行業務權」，已直指董事長對內有執行業務之權[34]，不分董事會休會與否，顯有可議。又其所稱「內部執行業務權」究何所指，未見說明，尤以該論者在同書之論述提到「董事會有就公司業務之執行為意思決定之權限。至於其所決定意思之執行，則交由董事長、副董事長或常務董事為之」等語[35]，可知該論者對於業務執行權亦有決定及具體執行之區分，然在此卻又如此籠統泛稱，有令人混淆之虞，實非允當。

②再就其構成理由而言，論者似以董事長係常務董事會之構成員並有召集權及擔任該會主席之理由，論斷董事長業務執行權之有無，然而，姑不論本文認為常務董事會不屬業務執行機關，且其功能充其量解為係董事會休會期間受託執行非重要業務及作為董事會及董事長諮詢顧問，業務執行權限仍然專屬於董事會不變，縱依同論者所認常務董事會係業務執行機關[36]之見解，然召集權及擔任會議主席均係關於會議之召集及主持之權限，絲毫與有無業務執行權無關，而董事長固係常務董事會之構成員，因此參與決議甚或具體執行，本屬當然之道理，亦不能以此遽謂有參與之人均有業務執行權，否則大多業務執行均有公司一般職員之參與，豈能謂之同有此權限？其理至明。況且，照該論者之邏輯，當董事會未休會時，董事長亦有召集董事會及擔任主席之權利，且亦因係董事會構成員而參與業務之執行，已能得出董事長享有業務執行權，何須迂迴透過常務董事會規定加以論述，而多此一舉，益徵其論理有欠妥適。

③論者另稱董事會未設常務董事，則於董事會休會時，董事長當可依照法令、章程、股東會決議及董事會決議，經常執行董事會職權。關於

---

[34] 此觀各該論者相關內容之標題為「對內方面—執行業務權」自明，見柯芳枝，公司法論（下），三民，2009年2月，修訂8版，頁325；劉連煜，現代公司法，增訂3版，2008年2月，頁443。

[35] 柯芳枝，公司法論（下），三民，2009年2月，修訂8版，頁298。

[36] 柯芳枝，公司法論（下），三民，2009年2月，修訂8版，頁328、329；劉連煜，現代公司法，增訂4版，2008年9月，頁452、453。

法令方面，吾人遍查公司法規定，不論董事會是否休會，都無任何規定賦予董事長有業務執行權之明文，所謂依法令，不知從何而來[37]，此其一。又法定為董事會之業務執行權，自不能再由章程、股東會或董事會決議將之全部委讓給董事會之下屬組織，以免開闢董事會逃避責任之道，已如前述，故論者所謂董事長可依章程、股東會決議及董事會決議經常執行董事會職權，若係指將完整的業務執行權限（即含決定及實行），全部委讓給董事長，是斷然不可行之事[38]；反之，若僅指實行權而言，自不能透過章程或股東會決議為之，蓋誠如前述，實行與決定密不可分，若無董事會就某經營事項作成決定，自無實行可言。綜上分析，論者上開說法唯一合乎法理的解釋就是指董事會先有決議，然後在休會時，由董事長加以實行。縱是如此，董事長此項權限究係由董事會授權而來，抑或係其法定固有之權限？事涉董事會監督責任之追究問題，至關重大，卻未見論者有所說明[39]，亦屬缺憾。更令人感到不解的是，為何要等到董事會休會時，董事長才有具體執行之權限？難道在董事會正常開會期間就不能如此？那正常開會期間又由何人去具體執行董事會之決議？在在顯示其論述漏洞百出，尚非嚴謹。

2. 委任授權說

(1) 本文認同之部分

國內另有學者亦對於上開論者之說不以為然而加以批評者[40]，並進而

---

[37] 公司法第193條規定：「董事會執行業務，應依照法令章程及股東會之決議」，係指「董事會」執行業務，而非董事長。

[38] 除非是公司日常業務執行權才可能由董事長享有（包括決定及實行），但此部分權限毋庸特別經章程或任何決議規定，通常是在選任出董事長時，習慣上認定董事會同時授予董事長此一權限。

[39] 觀其「若董事會未設常務董事，則於董事會休會時，當係由董事長依法令、章程、股東會決議及董事會決議，經常執行董事會職權，自不待言」之語氣，似指董事長經常執行董事會職權，係當然至明之理，較有法定分權說之味道。果真如此，即如本文前之批評，於董事長執行過程發生對第三人之責任時，第三人即無從追究董事會其他未參與具體業務執行之董事責任。

[40] 批評之意見內容請參閱黃銘傑，股份有限公司董事長之權限及未經股東會決議所為代表行為之效力——最高法院97年度台上字第2216號判決評析，月旦法學雜誌，2009

主張在現行公司法之架構下，並無法推演得出董事長擁有業務執行權，而係由董事會授權而來。其論據略以：依公司法第208條第3項前段就董事長之權限規定「董事長對內為股東會、董事會及常務董事會主席，對外代表公司」，對照同法第202條「公司業務之執行，除本法或章程規定應由股東會決議之事項外，均應由董事會決議行之」之董事會權限規定，則可能得出董事長並無業務執行權限；其次，公司法第208條第5項雖準用同法第57條規定，而使得代表公司之董事長因此有辦理關於公司營業上之一切事務之權限。然細觀該規定所處之章節，係定於無限公司之「公司對外關係」章節中，而未準用無限公司「內部關係」章節之第45條第1項前段「各股東有執行業務之權利，而負其義務」。從而，上開準用結果，僅能解釋為與代表權行使有關之事務處理；最後，依據公司法民國90年關於第202條修正之精神，除公司法或章程另有規定者外，公司業務執行專屬董事會權限，董事長僅是對內為股東會、董事會、常務董事會之主席，對外代表公司。

其以上主張及所持論據，本文深表贊同。並其進一步認為，在現行公司法架構下，應恪守公司法第202條定位董事會為公司業務執行機關之規定，無法將業務執行劃分為「決策或決定」與「具體執行」二階段而分由董事會及董事長擁有其權限，更與本文上開主張，不謀而合。

(2) 本文不認同部分

惟值得討論的是，此說論者係基於下列二點理由[41]，認為董事會授權之範圍原則不應侷限在實行權，而係包括決定或決策權在內。其一，倘若董事長於業務執行過程中，僅是具體的業務執行者，則必待董事會有所決定，方能依照該當決定交付董事長付諸執行；倘若董事會未為業務執行之意思決定，則董事長之具體執行權，將無由附麗。股份有限公司內外事務，經緯萬端，事事皆仰賴1個月或3個月方才定期召開之董事會，勢必緩不濟急，對於公司業務正常推動，必將造成重大阻礙；其二，董事長若僅

年6月，頁261、262。

[41] 黃銘傑，股份有限公司董事長之權限及未經股東會決議所為代表行為之效力—最高法院97年度台上字第2216號判決評析，月旦法學雜誌，2009年6月，頁262、263。

係依據董事會指示，具體執行業務，則當無所謂權限限制問題，則公司法第208條第5項準用同法第58條，而謂對董事長「代表權所加之限制，不得對抗善意第三人」之規範，將毫無意義可言，將成贅文。

以上論據乃稱為避免公司業務無法正常推動及有關董事長代表權（公司法第58條）之規範成為具文，因認在尊重公司自治精神下，容許董事會將業務執行權全部授由董事長實施。看似言之成理，實則不然，本文提出其缺失如下：

①論者第一點理由係著眼於我國董事會開會實況而發，固有所本，然此一社會現實乃我國公司實務運作背離公司法制度及精神之嚴重畸象，豈可不思如何落實董事出席參與開會之義務，加強董事會運作機能，使之回歸公司法制度正軌，卻反而對董事及董事會之怠惰責任惛置不談，還以此為由認為董事會可把公司所付託之業務執行權，恣意全部授權予董事長為之，而私自免除自己所擔負之義務？令人匪夷所思。

②論者認為授權範圍應包括決定權之第二點理由是以「若董事長僅是依據董事會指示，具體執行業務的話，則當無所謂權限限制問題」為其立論思想，進而導出在有授予決定權之情況下，公司始有對其決定權（代表權）加以限制之可能[42]，方能使對董事長代表權限制之規定（公司法第208條第5項準用第58條）不成為贅文云云。然此想法，實有商榷必要。申言之，在董事會授權董事長具體執行業務時，確是要依照董事會之決定為之，然董事會所為之決定內容，實際上不可能也無必要將具體執行之各項細節規定清楚才交給董事長去執行，蓋如何執行有時尚須視事務性質及執行時之各種條件狀況而定，董事長非全無裁量餘地，例如董事會決議添購新機器1台，而市場上又多家廠商可供選擇時，即授權董事長在價格新臺幣500萬元以內去洽商採購；又如公司欲出賣閒置廠房，亦可決議交由董事長在一定價額以上出售，此種訂定交易價額範圍之授權，即構成了董事長在實際執行該項業務時之限制或條件，亦即公司法第58條所稱「代表權

---

[42] 論者認為業務執行權與代表權乃一體兩面之關係，見同上文，頁263，標題（二）第一段內容。

之限制」，並非論者所稱董事長若只是受託實行，就無權限限制可言，進而非得要將董事會授權解為係包括決定及實行兩者，否則會使得公司法第208條第5項準用同法第58條之規定，變成毫無意義之贅文。論者立論之前提顯然有誤。

③再者，吾人若再檢視論者授權條件，即可發現論者也意識到其根據以上兩點有瑕疵所推演出之結論，無異是架空董事會的業務執行權限，或說是為董事會開闢一條推卸責任之「康莊大道」，因此，論者一方面認為董事會可基於公司自治原則授予董事長完整的業務執行權，但又認為應予限縮其適用範圍，其謂：當公司法等法律規定，應由股東會或董事會親自決議之事項，就不得授權董事長決定之；同時，公司內部亦得自行以章程或股東會、董事會之決議，限制董事長之業務執行權。於上開二種情形，董事長就系爭事務，即無決定或決策權，而僅有依據股東會、董事會等之決議，具體執行其所交付之決議事項[43]。據其所述意旨，可區分如下情形：I.公司法規定應由股東會或董事會親自決議時，董事會授權範圍不包括決定權，董事長僅得有實行權。II.公司法未有上開規定，董事會授權範圍可包括業務執行之決定及實行權；但同時若由內部限制其權限時，董事長僅有實行權。易言之，依論者之說法，僅有在公司法未規定應由股東會或董事會親自決議，且公司亦未為內部限制時，董事長始可被授予業務執行之決定及實行權。

姑不論其將內部限制作了過度窄化之解釋乙點，其所謂「公司法規定應由股東會或董事會親自決議」之情形為何？按我國公司法規定中，並無訂明何種事項應由股東會或董事會「親自」決議之條文，此點未見論者解釋或舉例，不知所指為何；則論者若是指公司法中將何種事項規定由股東會或董事會以一定條件決議之條文，例如公司法第185條（公司重大事項之決議）、第196條（董事報酬之議定）、第209條（董事自己交易之許可）、第240條（分派股息及紅利）、第246條（公司債之募集）、第266條（發行新股）等規定，則細譯以上規定，多係無關權限分配，僅因事關

---

[43] 見同上文，頁263，第一段內容。

重大而提高決議門檻，難以遽認立法者有非要各該機關親自決議不可之意思[44]；抑或論者意指只要是有關權限分配之條文，就可推認立法者有要該機關親自決議的意思，但有關公司業務執行之權限，依據公司法第202條規定，不是劃歸股東會就是董事會決議？如此一來，還有所謂不用股東會或董事會親自決議之情形？誠有疑義。

綜上分析，縱依論者之說法，我國公司法根本也沒有其所謂之剩餘權限可資分配予董事長。事實上，如同本文之前所闡述，依民國55年公司法將董事單獨業務執行制改為由董事會擔任業務執行機關之立法目的，無非係欲藉董事會集思廣益之功能，使公司業務執行能更加正確地完成，以謀取公司最大之利益，董事會對於此項之權限之賦予，自是責無旁貸，豈可任意將整個權限委讓與他機關或人員，以脫免責任，尤其是將此等權限委讓與下屬組織，更是絕不能容許之事，因此所有通常業務執行事項，本來就毋庸透過法律或章程規定，解釋上都應由董事會親自加以決議，除非是屬於日常業務執行之事項，才例外地容許將此部分權限之決定與實行包括性地委任董事長，蓋此等例常性事務之性質單純，毋須集思廣益，故依一般所認同之說法，於董事長被選任之時，習慣上即經授權予董事長為之。

據上，由論者意欲開啟一條授權之路，卻因顧忌董事會才是正牌業務執行機關之核心原則而多所限制，反自陷泥淖之窘，恰足印證其上開兩點根據之理由確有問題，無可認同[45]。

---

[44] 本文認為股東會與董事會之權限分配，在法理上本來就應該負有決議並執行之義務，只是執行的方法因會議體性質故，才會將之委任給其他自然人去實行，不是如論者所言，係根據公司法之規定。

[45] 國內社會矚目之太百案，臺灣高等法院引用黃銘傑教授上開意見，進而認為太百公司關於轉投資公司法人代表之指派及選任，屬董事長之職權，毋須召開董事會決議，容有可議（參見臺灣高等法院98年度上字第904號判決）。

6

公司法第9條之研究

李美金[*]

壹、前言

公司法早於民國98年間刪除最低資本額之規定，故除特許行業外[1]，應無違反公司法第9條未實際繳納股款罪之事由，然實務上仍頻有企業負責人、代辦業者及其他關係人等甘冒5年以下有期徒刑、拘役或科或併科新臺幣50萬元以上250萬元以下罰金。又106年12月之公司法部分條文修正草案中，對於本條文第3項、第4項亦有作修正，是本條法律規定實值研究，且就其應否予以除罪化為討論。

貳、綱要

一、公司法第9條規定之沿革

第9條第1項規定：「公司應收之股款，股東並未實際繳納，而以申請文件表明收足，或股東雖已繳納而於登記後將股款發還股東，或任由股東收回者，公司負責人各處五年以下有期徒刑、拘役或科或併科新臺幣五十萬元以上二百五十萬元以下罰金。」[2]

---

[*] 臺灣高雄地方檢察署檢察官。

[1] 銀行法第23條定有銀行資本最低額之規定，內容為：「各種銀行資本之最低額，由中央主管機關將全國劃分區域，審酌各區域人口、經濟發展情形，及銀行之種類，分別核定或調整之。銀行資本未達前項調整後之最低額者，中央主管機關應指定期限，命其辦理增資；逾期未完成增資者，應撤銷其許可。」

[2] 107年8月1日公布之公司法修正條文，包括第9條第3項、第4項之修正，請參註5。

本項係於民國72年修正增列（當時為第3項）將公司應收股款有虛偽不實情事之處罰獨立於公司設立登記或其他登記事項虛偽記載之刑責之外，課以公司負責人的獨立刑責，以防止虛設公司及防範經濟犯罪（此為公司法第9條第1項前段之立法目的，故實務上採只要行為人提出不實之申請，即足成立[3]）。

民國90年則是刪除原條文第1項「違法登記」及第2項「虛偽登記」之刑責規定（原即應依刑法處罰），而將原第3項之公司應收股款有虛偽不實情事，公司負責人之刑責移列為第1項；並於第2項增列公司負責人應與各該股東對公司或第三人（債權人）之損害負連帶賠償責任。另公司與負責人之行為應予區別，且考量公司已持續經營狀態，如驟以撤銷公司登記，對於社會交易相對人及債權人之保障，恐衍生另一問題。因此，於第3項明定未確定判決前，給予公司補正資本之程序。第4項則規定設立或其他登記事項有偽造、變造文書，經裁判確定後，由檢察機關通知中央主管機關撤銷或廢止其登記。

106年12月公司法部分條文修正草案則認現行第3項但書「但裁判確定前，已為補正或經主管機關限期補正已補正者」，立法原意係指該補正可由公司主動為之或被動為之，然無論何種方式，均須在「判決確定前」補正。為免誤解公司被動補正之情形不須在「判決確定前」，爰刪除「或經主管機關限期補正已補正」之文字，以杜爭議。並將第4項「『公司之設立或其他登記事項有偽造、變造文書』，經裁判確定後，由檢察機關通知中央主管機關撤銷或廢止其登記」，改為「由中央主管機關依職權或依利害關係人之申請撤銷或廢止其登記」[4]，立法原意係指犯刑法偽造文書印文罪章所規範之罪，即除偽造、變造文書罪外，公務員登載不實罪、使公務員登載不實罪、業務上登載不實罪、行使偽造變造或登載不實之文書

---

[3]　參最高法院96年度第7次刑事庭會議第4號提案、96年刑議字第4之1號提案。

[4]　俗稱「SOGO條款」的第9條修正，因攸關遠東集團董事長徐旭東經營權，儘管三讀條文將公司設立或其他登記事項有違刑法偽造文書印文罪章，經裁判確定由中央主管機關撤銷或廢止其登記，但在民進黨團堅持修法不得溯及既往的狀況下，此次修法對SOGO公司並不適用。

罪、偽造盜用印文罪等，亦包括在內，惟個案上，有法院在認定上採狹義見解，認為不含業務上登載不實罪。為杜爭議，將「偽造、變造文書」修正為「有犯刑法偽造文書印文罪章之情事」，以資明確並利適用[5]。

二、立法目的——資本三原則

股款收取涉及資本三原則。資本三原則指資本確定原則、資本維持（充實）原則與資本不變原則。

(一) 資本確定原則

指公司於設立時，資本總額必須於章程中確定，且應認足（發起設立）或募足（募集設立），以確保公司成立時有穩固財產，其特點在於採行法定資本制，重視公司之財產基礎，以維護交易安全及公司債權人之保護。

(二) 資本維持原則（資本充實原則）

指公司在存續期間，隨時維持至少相當於公司資本額的財產。此原則不但保護公司債權人，也維持股東平等原則，提供公司對抗現有股東不合理盈餘分配要求之法律基礎，以免損及未來股東權益。

(三) 資本不變原則

指公司資本額一旦經章程確定，應維持不變，非經法定增資或減資程序，不得任意變動，以控制公司資本之流入與流出。

學說實務上有認為第9條第1項資本登記不實情形，有違資本確定原則；亦有認為係在維護公司資本充實，尤其股份有限公司股東僅以出資負終局責任，股份有限公司之設立重在「資本充實」；又有認為，應參考德國股份法第62條體系架構，將本項分為2部分，前段「公司應收之股款，股東並未實際繳納，而以申請文件表明收足」係針對公司設立階段而設，

5　即為107年8月1日公布之公司法第9條之修正條文。

股東如未真實出資，即違反資本確定原則；後段「股東雖已繳納而於登記後將股款發還股東，或任由股東收回」係就公司成立後存續中所設，乃基於資本維持原則。最主要目的即在於維持一定財產以保護公司債權人，並維持公司債信與信用。

股份有限公司股東，對公司之責任，以其股份金額為限（本法第154條第1項），僅負有限之出資義務，債權人無法對股東個人請求履行公司債務。為謀求公司債權人之保護，大陸法系公司法之資本制度，設有最低資本額制度，並承認資本三原則（確保資本真實流入及防止資本不當外流），以與股東有限責任原則相互配套。

再觀諸公司法歷年修正，雖未全然放棄資本三原則，但已逐漸改良（相對化或緩和化），尤其股份有限公司章節中，如第156條授權資本制（資本確定原則之緩和）、第140條但書允許公開發行公司得折價發行股票及第167條放寬公司自將股份收回、收買或收為質物之限制規定（資本維持原則之緩和）等規定。再者，98年公司法修正時，亦刪除公司最低資本額限制。英美法系公司法及人合公司（無限、兩合）並不以資本三原則確保債權之履行。英美法系之公司法並不採取最低資本額及資本三原則，著眼於建立信任義務（fiduciary duties）之標準，強調經營者及控制股東之責任，以建構公司債權人之保護機制。故資本三原則僅係保護公司債權人之一種法律策略，並非護身符，亦非股東有限責任之當然產物。[6]

人合公司是指以股東個人條件作為公司信用基礎而組成的公司（無限、兩合公司）。這種公司對外進行經濟活動時，主要不是依據公司本身的資本或資產狀況，而是股東個人信用狀況。因人合公司裡有股東對公司債務承擔無限連帶責任，公司資本不足抵債時，股東須以個人全部財產清償公司債務（實務上此兩種公司登記的家數極少）。是並非所有公司類型均採取嚴格之資本三原則制度或均須以資本三原則來確保公司債權之履行。資本三原則在第9條第1項立法意旨中之重要性應已逐漸降低。

---

[6] 方華香，公司法第9條第1項公司負責人虛設公司之刑事責任修法研析，立法院議題研析。

資本三原則在公司法修正過程中逐漸鬆綁，趨於彈性，資本三原則並非債權人保護之萬靈丹，亦非四種公司類型均以公司資本作為公司債權人債權之擔保等情，法律之解釋應與時俱進，是現今公司法第9條第1項之規定，係為防止虛設公司及防範經濟犯罪為其立法目的，而無庸再論及資本三原則。否則，在解釋上，將資本三原則納入第9條第1項之立法意旨，卻又不區分公司類型及違反資本三原則之情節輕重，將造成第9條第1項刑罰要件之成立與輕重判斷之不合理。

三、公司負責人之定義及本條應否予以除罪化

查「公司負責人」之定義，規定於公司法第8條，區分為當然負責人（第8條第1項）及職務範圍負責人（第8條第2項）。公司應收股款，股東並未實際繳納，而以申請文件表明收足，係屬公司設立「登記前」階段事項，依第8條第2項規定，股份有限公司「發起人」，在執行職務範圍內，為公司負責人；而其他類型公司（無限、有限、兩合公司）在尚未完成設立登記前，應如何認定「公司負責人」？

從體系解釋，股份有限公司之發起人既規定於第8條第2項屬職務範圍負責人，則其他類型公司在「設立登記完成前」階段之「公司負責人」，亦應規定於第8條第2項，同屬職務範圍負責人，惟現行法並無此規定。

再者，第8條第1項之當然負責人，在無限公司、兩合公司為執行業務或代表公司之股東，在有限公司、股份有限公司為董事，惟在公司設立登記完成前，是否可認為已有「董事」一職，或已有「執行業務或代表公司」之股東？董事、執行業務或代表公司股東之法律責任（尤其是刑事責任）宜否及於公司設立登記完成前之違法行為？又倘透過第8條第1項公司負責人之解釋，將其刑事責任擴及公司設立登記完成前之違法行為，則第8條第2項何以尚須規定股份有限公司之「發起人」為職務範圍負責人？均非無疑義。故第9條第1項公司負責人虛設公司之刑事責任未來修正方向筆者認應予除罪化。

又，公司法在歷次修正過程中，將很多刑罰除罪化乃為趨勢。如民國90年之修正，個別具體違法情形，可適用刑法或其他法令規定者，自可依

其規定；且對於違反公司法行為之本質上屬行政義務違反者，應將其刑罰規定修正為採行政罰。

　　按行為人明知公司應收之股款，並未實際繳納，仍持不實結果之資產負債表及申請文件表明收足，使公務員登載於職務上所掌之公文書，足以生損害於公眾或他人，犯刑法第214條之使公務員登載不實罪、公司法第9條第1項之公司應收股款，股東並未實際繳納而以申請文件表明收足罪及商業會計法第71條第5款之利用不正當方法致使財務報表發生不實結果罪，上開3罪，因僅有自然行為概念之一行為，且係基於一個意思決定為之，屬一行為觸犯數罪名之想像競合犯，應依刑法第55條之規定，從最重之本法第9條第1項處斷。是按公司法第9條第1項之未實際繳納股款罪，已明定其行為主體為公司負責人，又商業會計法第71條第5款之不實財務報表罪行為主體亦須為商業負責人、主辦及經辦會計人員或依法受託代他人處理會計事務之人員，則上開犯罪自均屬因身分或特定關係始能成立之犯罪，故公司法第9條第1項之未繳納股款罪所稱之「公司負責人」，及商業會計法第71條第5款之不實財務報表罪所稱之「商業負責人」，均應依公司法第8條規定之公司負責人而為認定。次按因身分或其他特定關係成立之罪，其共同實行者，雖無特定關係，仍以正犯論，觀諸刑法第31條第1項固明，但此專指該犯罪，原屬於具有一定之身分或特定關係之人，始能成立之犯罪，而於有他人加入、參與其犯罪之情形，縱然加入者無該特定身分或關係，仍應同受非難，乃以法律擬制，視同具有身分之正犯，故適用時，應併援引刑法第31條及第28條，以示論擬共同正犯之所從出，亦即擴大正犯之範圍，使無此身分或特定關係之人，變為可以成立身分犯罪（最高法院104年度台上字第1684號判決同此意旨）。又按公司之申請登記，主管機關僅需形式審查（最高法院96年度第5次刑事庭會議決議可資參照）；資產負債表乃商業會計法第28條第1項第1款所列之財務報表，而商業負責人以虛列股本之不正當方法，使公司之資產負債表發生不正確之結果，應成立商業會計法第71條第5款之罪，且為刑法第216條、第215條行使業務上登載不實文書罪之特別規定，應優先適用（參最高法院94年度台上字第7121號判決意旨）。此為目前之實務見解。惟針對公司法第9條

第1項之犯行絕大多數均課處有期徒刑數月而已，並給予緩刑；抑或於偵查中檢察官為緩起訴處分而向公庫繳納新臺幣2萬元至12萬元不等之處分金。而經濟刑罰重刑化原為達到嚇阻之政策目的，嚇阻方向包含刑罰嚴重程度、刑罰定罪機率、刑罰執行之迅速性等三部分。重刑部分，與本條構成想像競合之刑法第214條使公務員登載不實罪（3年以下有期徒刑）或商業會計法第71條第5款利用不正當方法致使財務報表發生不實結果罪（5年以下有期徒刑）已有重刑規定，縱使於本法第9條第1項增設刑責，實務上亦看不出因此增加定罪機率或執行之迅速性。故而，公司法第9條第1項採取重刑政策，所能發揮嚇阻經濟犯罪之功能，似不明顯。

　　不論從公司法去刑罰化之趨勢、與現行刑法、特別刑法（商業會計法）或公司法其他刑罰相關犯行之輕重衡平及司法實務之論罪科刑情形與刑罰謙抑化思想，第9條第1項公司應收股款不實之公司負責人刑責，似無獨立存在必要，蓋並非無刑法或其他特別刑法（商業會計法）可資歸責，實無庸疊床架屋。

　　縱使仍欲保留刑罰，或可考慮限縮適用於某些公司（排除無限公司、兩合公司，蓋此兩種公司形態，具人合公司色彩，係以股東個人還款能力，而非以公司資本為公司債權人債權行使之擔保），或是以行政罰鍰及民事賠償責任為主，僅在「違法情節重大」時，始考慮課予刑罰。且行為主體除「公司負責人」外，應放寬加上「設立登記之申請人」。

　　文義解釋為法學解釋方法之基礎。公司法所稱之公司負責人定義既規定於第8條，則在設立登記「前」，除股份有限公司發起人為職務範圍之負責人外，其他公司類型，未必已經有董事[7]或執行業務、代表公司之股東；即使有，亦未必已經開始執行職務、代表公司。將董事、執行業務或代表公司股東之法律責任（尤其是刑事責任）擴及於公司設立登記完成前之違法行為，是否妥適？如均可如此擴大解釋，第8條第2項何以尚須規定股份有限公司之「發起人」為職務範圍負責人？解釋上容有疑義。

---

[7] 黃清溪，公司法基礎理論—董事篇，2016年1月，初版，頁14，載有「就董事選任，公司成立時第一屆董事的選任，在發起設立公司是由發起人，在募集設立公司由創立會；公司成立後則由股東選任」。

（八）從歷史解釋言之，本條項立法目的既為防止虛設公司，自應以虛設公司之行為人為處罰對象，參考公司法第19條第2項未經公司設立登記而以公司名義業務或為其他法律行為之刑罰亦以「行為人」為課責對象之體例，本條第1項前段既屬公司設立登記完成前之行為，其刑事責任主體不宜為「公司負責人」，應係「設立登記之申請人」。至於本條項後段「股東雖已繳納而於登記後將股款發還股東，或任由股東收回」之犯行，屬公司設立登記完成後之行為，則仍可保留以「公司負責人」為刑罰課責對象。

綜上，筆者認應予以除罪化，惟以適用之方便性而言，似應以保留其刑責規定，因而歷經幾次之修法，仍保留該刑事處罰之規定，足證多數見解仍採刑罰予以處罰。

四、落實商業會計法、會計師查核簽證制度

98年取消最低資本額由中央主管機關同一規定之限制[8]（股份有限公司為50萬元、有限公司為25萬元）後，可能產生虛設公司行號問題，政府相關部門應落實商業會計法、公司法會計師查核簽證制度，並把公司資本、負債透明化，公布在網站，讓外界可以公開查詢。

公司之登記或認許，應由代表公司之負責人備具申請書、連同應備之文件1份，向中央主管機關申請；由代理人申請時，應加具委託書（公司法第387條第1項）。且代理人以會計師、律師[9]為限（同條第3項）。代表公司之負責人有數人時，得由1人申辦之（同條第2項）。公司之登記或認許事項及其變更，其辦法由中央主管機關定之（同條第4項）。

我國公司法，對於公司之設立，係採登記要件主義，於第6條定有：「公司非在中央主管機關登記後，不得成立。」而於設立登記以外之其他登記，則採對抗要件主義。資本額若經會計師查核簽證認定資本足敷設立

---

[8] 根據世界銀行調查，我國所規定之最低資本額，超過國人的平均所得，世界排名第157名，為改善經商環境，節省企業開辦成本，才修法刪除最低資本額規定。

[9] 記帳士法第13條第1項第1款規定：「記帳士得在登錄區域內，執行：受委任辦理營業、變更、註銷、停業、復業及其他登記事項。」故記帳士亦得為代理人。

成本，登記機關即准予登記[10]。

惟為達防止虛設公司及防範經濟犯罪，實應就落實商業會計法及會計師查核簽證制度之建立，實無需以刑罰處罰之必要。

新洗錢防制法第5條第3項第3款規定，會計師為客戶準備或進行買賣不動產、管理金錢、證券或其他資產、管理銀行、儲蓄或證券帳戶、提供公司設立、營運或管理服務、法人或法律協議之設立、營運或管理以及買賣業體等交易行為時，為洗錢防制法指定之非金融事業或人員。包括記帳士、記帳及報稅代理人自107年3月7日起，亦納入洗錢防制行業。因此會計師於提供公司設立或資本額簽證服務、記帳士於協助公司註冊營業地址……等被指定的交易型態時，應確實執行洗錢防制守門人的角色，以風險為基礎的方法，確認客戶身分（Know Your Customer, KYC）、落實客戶盡職審查（Customer Due Diligence, CDD）、對於高風險客戶加強盡職審查（Enhanced Due Diligence, EDD）、保存交易紀錄、申報可疑交易等，以落實商業會計法、會計師查核簽證制度。

五、資本登記相關事項與非資本登記相關事項之適用

從公司法第9條將資本事項與其他登記事項區分立法之立法體系以觀，公司法第9條第1項、第3項所規定者乃為資本登記相關事項，而第4項則為應非指涉及資本登記相關事項，尤以最近一次對於公司法第9條第3項之修正中，增加「但裁判確定前，已為補正或經主管機關限期補正已補正者，不在此限」之規定，更足以得知，立法者確實有意對於資本登記相關事項，與其他事項加以區分。因此，對於此一立法者有意之區分，根據法學方法論中的體系解釋，如有涉及資本登記相關事項時，應優先適用公司法第9條第1項及第3項之規定，而應排除適用公司法第9條第4項之適用。

「偽造、變造文書」之解釋疑義：1.罪名之範圍為何：實務見解採狹

---

[10] 公司法第7條規定：「公司申請設立登記之資本額，應經會計師查核簽證；公司應於申請設立登記時或設立登記後三十日內，檢送經會計師查核簽證之文件。公司申請變登記之資本額，應先經會計師查核簽證。前二項查核簽證之辦法，由中央主管機關定之。」

義說，限於刑法第210條至第212條，參最高行政法院102年度判字第270號判決。而不包括廣義之刑法第213條至第215條之「登載不實」及第217條至第219條之「偽造印章、印文」。學說見解亦採狹義說。惟新修法係以「犯刑法偽造文書印文罪章之情事」，採廣義說。2.犯罪之主體範圍：如承公司法第9條第4項並未規定行為主體為何，故於適用上不無疑義，惟參以第1項之規定似無以將行為主體擴張至非公司負責人。3.「檢察機關通知中央主管機關」之解釋意義：登記主管機關必然受檢察機關拘束？有無裁量權？據行政法院83年度判字第1747號判決見解則認有裁量權。

參、結論

　　2001年修正公司法時，於立法理由中明確標示「除罪化」之趨勢，就具體內容而言，可分成「刪除刑罰規定」及「以行政罰代之」。[11]惟現行法仍保留第9條之刑罰規定，雖以適用便利性及嚇阻作用，似有其存在之必要。再者，現行公司法已無最低資本額之限制，為何尚有甘冒5年以下有期徒刑、拘役於或科或併科新臺幣50萬元以上250萬元以下罰金之刑責，鋌而走險籌借款項充為資金、支付短期借款（大約為3天至1個月）高額利息者，其等無非為掩飾其資本短缺之事實，使得與其交易對象誤以為其具有高資本而願意與之交易，或給予較長付款日之寬限，或者為符合政府公共工程之採購標案資格等，是各有其行業別之需要。然為防止虛設行號或防範經濟犯罪之立法目的，無論有無最低資本額之規定，一直以來均存在於我國，故與有無規定最低資本額無關。

　　又公司法第9條之規定實與商業會計法、刑法已有重複，應以除罪。且按公司設立後，係以設立時之實質資本為基礎開始進行繼續性之營業行為，此時其資金來源呈現多面性與動態性，不僅以設立時之資金為限。且實質資本為公司債權人及股東於實質上之財產總擔保、客觀上為公司債權

---

[11] 王文宇，公司法論，2005年8月，2版，頁177。

人評估公司營運成果與債信之標準。故公司所應公開、透明化者應非僅以「資本額」為限，應包括會計學上所稱之實質資本，內容有流動資產、固定資產、遞延資產、無形資產、其他資產、基金及長期投資等，即以落實商業會計法、會計師查核簽證制度，而非以重罪或刑責予以規範，盡量於公司法規定行政處罰，而刑事罪責則依商業會計法、刑法之規定即能達其目的，以符公司自治原則。

尤以洗錢防制新法上路以後，雖已展現我國打擊經濟犯罪及洗錢犯罪的決心，提升我國整體金融效能及防制犯罪對民生造成的危害，並確保臺灣建立更透明、更有秩序及更健康的金融環境，而與國際接軌，促成大規模的經濟活動，惟於實務上亦造就公司法第9條之案件增升，增加檢調人員成本，是筆者認應將本條文除罪化，改以行政處罰，即可達嚇阻效果，當然如有涉及刑事違反者，自有如前已述之刑法、商業會計法等法律規定，已足收刑事客觀義務、公平之效果，並無何疑義之處，希冀得以為日後修法予以除罪化之考量。

7

董事會召集通知之研究

黃偉銘[*]

壹、前言

　　董事會召集通知之瑕疵在實務上常成為爭執董事會決議效力之事由，因此在實務上具相當之實用性與重要性，例如：臺灣高等法院99年上字第639號判決係爭執董事會召集通知未達7日之效力[1]、臺灣高等法院98年上字第904號判決則係以董監事同時請辭是否構成緊急情事[2]、臺灣高等法院100年上字第54號判決涉及所謂7日前是否應扣除國定假日和載明事由僅概括記載「討論召開股東臨時會事宜」是否足夠？[3]最高法院98年度台

---

[*] 臺灣雲林地方法院法官。

[1] 臺灣高等法院99年上字第639號判決：「惟按董事會召集應載明事由於七日前通知各董事，但有緊急情事者，隨時召集之，公司法第二百零四條第一項定有明文，可見關於七日前通知之規定，並非絕對必須者，此與公司法關於股東會召集之通知時間全無但書之規定不同，故應認董事會之七日前通知規定，僅屬訓示規定。」

[2] 臺灣高等法院98年上字第904號判決：「……堪認被上訴人當時確實發生董事章民強、鄭洋一及監察人賴永吉同時請辭，須隨時召開董事會之緊急情事。……亦顯見當時董事鄭洋一對於另二名董事即上訴人與李恆隆通知召開董事會決議召集九十一年五月九日股東會並選任其以太百公司代表人身分擔任監察人一事，並無異議。應認被上訴人係因發生董監事同時請辭之緊急情事，而依公司法第二百零四條但書及公司章程第二十三條之一但書規定，召開董事會決議召集九十一年五月九日股東會。」

[3] 臺灣高等法院100年上字第54號判決：「系爭董事會之開會通知書雖僅記載『討論召開股東臨時會事宜』，惟依前述系爭董事會召開之緣由、及上訴人已可預知系爭董事會召開之目的和內容之情，參互以觀，系爭董事會開會通知書內容既已記載『討論召開股東臨時會事宜』，核與其召開之目的、欲擬討論之事由相符，至於所欲擬召集股東臨時會之議題，自須待於系爭董事會會議中討論始可確定，衡情，實無從預先於系爭董事會之開會通知書中載明各項議題，亦無此必要。上訴人於系爭董事會開會前二日即已收受系爭董事會之開會通知，其原可參與該董事會，並於會中就股東臨時會之各項議題表示不同意見，惟上訴人未前往開會，卻主張上述開會通知

上字第871號判決則認為剩餘未辭職之董事全體未載明事由所召集之董事會是否無效[4]。

　　準此，現行公司法第204條第1項規定：「董事會之召集，應載明事由，於七日前通知各董事及監察人。但有緊急情事時，得隨時召集之。」[5]其規定之界限如何，則有予以進一步釐清之必要。本條之規定揭示了董事會召集通知之程序，然而，本條之「7日前通知」是否為訓示規定？抑或為強行規定？此7日之期間得否以章程縮短或延長？「應載明事由」其載明之方式及內容應如何具體特定？「緊急情事」應如何認定？「緊急情事」是否亦須載明事由通知各董事及監察人？凡此種種均為本文所欲探究之議題。

　　又於立法論之下，我國公司法對董事會召集程序之規定是否過苛？開董事會本身是否為目的？抑或是為了要做業務執行及業務決策才是目的？若是後者，則公司法第204條之規範是否與其目的相互牴觸？是否應通盤檢討董事會召集程序本身之價值意義與所造成之問題？因此，本篇文章將

　　之記載不明，其召集程序違背法令云云，委無足採。」

[4] 最高法院98年度台上字第871號判決：「末按董事會之召集，應載明事由，於七日前通知各董事及監察人。但有緊急情事時，得隨時召集之，此觀修正前公司法第二百零四條規定自明。乃因董事會係全體董事於會議時經互換意見，詳加討論後，決定公司業務執行之方針，故須於開會前予各董事充分了解開會內容，俾便各董事得以充分討論。查振吉公司於董事缺額達三分之一後，因無監察人，所餘三位董事甲○○、李麗瑞及李文瑋以董事身分召集董事會，由甲○○及李麗瑞互選甲○○擔任董事長，此為兩造所不爭執之事實，已如前述。既為其三名董事所召集，召集事由本即為其三人所知悉，自無再以書面於七日前通知董事之必要，故其三人召集董事會時，縱未踐行公司法第二百零四條規定之程序，亦難謂該董事會所為決議違反法令而為無效。」

[5] 新修正公司法第204條雖已於中華民國107年8月1日修正公布，然因施行日期由行政院另定，目前尚未生效施行，因此本文仍以目前有效之公司法第204條作為論述主軸，於立法論時再就新修正公布但尚未生效之公司法第204條略述個人淺見，先予敘明。又依新修正公布之公司法第204條規定：「董事會之召集，應於三日前通知各董事及監察人。但章程有較高之規定者，從其規定（第1項）。公開發行股票之公司董事會之召集，其通知各董事及監察人之期間，由證券主管機關定之，不適用前項規定（第2項）。有緊急情事時，董事會之召集，得隨時為之（第3項）。前三項召集之通知，經相對人同意者，得以電子方式為之（第4項）。董事會之召集，應載明事由（第5項）。」

分為二大部分，第一大部分係解釋論下公司法第204條應如何操作；第二大部分則為立法論之下公司法第204條之檢討修正，以及針對甫於107年8月1日修正公布，尚未生效施行（施行日期由行政院另定）之公司法第204條略敘拙見，合先敘明。

貳、解釋論下董事會召集程序之操作

一、「7日前通知」之定性──訓示規定與強行規定之爭

（一）立法過程

　　於立法過程中，本條於二讀程序中受到立委們的熱烈討論：[6]首先就7日前通知之部分，吳延環立法委員認為，原先行政院版本之修正草案規定為：「董事會之召集，應於7日前載明事由通知各董事，但此期間得以章程變更之。」並無硬性規定為7日，現行法硬性規定為7日，是否失其彈性？就此部分，立委討論過後認為，現行法但書之規定已屬法律定有例外得不於7日前通知之彈性規定，因此無須再規定得由章程變更之。

　　再就本條但書：「但有緊急情事時，得隨時召集之」而言，有立委質疑本條但書是否得不載明事由而隨時召集？在討論的過程中，立委們一致認為所謂得隨時召集之僅是放寬7日之期間爾，縱使為緊急情事之召集，仍應載明事由，避免董事長或公司負責人操控之弊。[7]

---

[6]　http://lis.ly.gov.tw/ttscgi/lgimg?@54351800;0009;0039，立法院公報，第35會期，第18期。會議日期：54/08/03，54卷35期號18冊，頁9-39。

[7]　就此部分，魏惜言立法委員發言認為：「就臨時通知言，也要載明會議事由，突然開會換總經理，這是不可以的……。」林棟立法委員發言認為：「緊急情事必須有一個定義，規定其緊急的狀況，至少是急需解決，如依通常手續7日前通知就有使公司蒙受損害之虞情況發生，才可以。緊急情事發生召開董事會，也要載明事由，杜絕操控的流弊，因此，本席的意見認為但書應修正好『但有緊急情事時，載明事由，得隨時召開之。』這樣可以使問題簡單，可避免將來董事長或公司負責人借緊急情事召開董事會，而操縱公司一切，茲生很多糾紛，……。」參http://lis.ly.gov.tw/ttscgi/lgimg?@54351800;0009;0039，立法院公報，第35會期，第18期。

　　又關於本條但書之部分不需於7日前通知，是否會遭董事長操縱之嫌？立委認為董事長有股東會、監察人之監督，如董事長有不當行動，股東會有權改選。現在公司法採權能分立原則，所以在立法方面使董事長有能，給他有召集會議的權力，而不太過束縛，而責成其負責。

　　另外，在行政院版本的草案第216條中，原規定：「董事會得經全體董事同意，不經召集手續隨時開會。」但後來進入二讀時被刪除，就此刪除原因，魏惜言委員表示是因為該規定之目的原在於避免董事長消極不願召開董事會時，可由全體董事同意召開，但是因為董事長兼具董事身分，因此全體同意當然包括董事長同意，故認為該規定並無必要。[8]本文認為，這部份於立法過程中的討論，僅侷限在避免董事長不願召開董事會時的因應方式，且以此一理由遽認因規定之目的不達，將之刪除，而未能進一步討論：若全體董事同意，可否免除所有召集手續、且不附事由的立刻開會？甚為可惜。

　　因此，從立法解釋以觀，應認為公司法第204條有關董事會召集之通知之規定並非訓示規定。

（二）實務見解

1. 訓示規定說

　　依臺灣高等法院99年上字第639號判決之見解：「惟按董事會召集應載明事由於7日前通知各董事，但有緊急情事者，隨時召集之，公司法第204條第1項定有明文，可見關於7日前通知之規定，並非絕對必須者，此

8　就此部分，魏惜言立法委員發言認為：「至於第216條『董事會得經全體董事同意，不經召集手續隨時開會』這裡的問題在全體董事是否包括董事長在內，董事長是董事互推的，有董事身分，全體董事包括董事長在內，則這條文就沒有用了，董事長可以召集，用不著這個條文，因為這條是怕董事長不願召集會期，其餘董事自行集會，從法律上研究，董事長有董事身分，包括在全體董事之內，以董事長身分可以召集會議，所以不必有這條的規定。審查不採納這一條，因為這條的規定落了空，董事長包括在全體董事之內，董事長不同意，也不是全體董事同意，不能開會，所以用不著這一條文。」，參見http://lis.ly.gov.tw/ttscgi/lgimg/@54351800;0009;0039，立法院公報，第35會期，第18期。會議日期:54/08/03，54卷35期號18冊，頁13。

與公司法關於股東會召集之通知時間全無但書之規定不同，故應認董事會之7日前通知規定，僅屬訓示規定。」本判決認為公司法第204條第1項之「7日前」通知僅係訓示規定。[9]

2. 強行規定說

依最高法院97年度台上字第925號判決之見解：「按股份有限公司之董事會，係有決定公司業務執行權限之執行機關，其權限之行使應以會議之形式為之，公司法第二百零三條至第二百零七條分別規定董事會召集之相關程序及決議方法，其目的即在使公司全體董事能經由參與會議，互換意見，集思廣益，以正確議決公司業務執行之事項；關於董事會之召集程序有瑕疵時，該董事會之效力如何，公司法雖未明文規定，惟董事會為公司之權力中樞，為充分確認權力之合法、合理運作，及其決定之內容最符合所有董事及股東之權益，應嚴格要求董事會之召集程序、決議內容均須符合法律之規定，如有違反，應認為當然無效。又按董事會除有緊急情事時，得隨時召集之之外，董事會之召集，應載明事由，於七日前通知各董事及監察人，為公司法第二百零四條所明定。查系爭董事會既未依公司法第二百零四條規定於開會前七日通知上訴人，如無緊急情事，依上開說明，系爭董事會之召集程序違反法律，所為決議無效。乃原審認公司法第二百零四條本文僅屬訓示規定，而為相反之論斷，據為上訴人敗訴之判決，洵有未洽。」似認為本條係強行規定，違反應屬董事會決議無效。

3. 創設全體同意之例外說

法務部75年5月24日法參字第6320號函認為：「董事會之召集未遵守公司法第二百零四條召集期間之規定，是否即為召集程序違反法令？不能一概而論，例如因有同條但書所稱之緊急情事致未遵守召集期間，或全體董事皆已應召集出席董事會，對於召集期間不足並無異議而參與決議，似尚難解為董事會之召集為違反法令。故董事會之召集未遵守公司法第二百零四條召集期間之規定，而依此董事會決議召開之股東會所作決議效力如何，宜視具體情形如何而為判斷。」

---

[9]　本案並未上訴第三審，故於第二審即臺灣高等法院99年度上字第639號判決確定。

此法務部見解認為於「緊急情事」或「全體董事皆已出席，且無異議並參與決議」下，未遵守7日之期間寄發開會通知並不違法。然而其餘情形未遵期通知則仍應認為違法。

另參最高法院99年度台上字第1401號判決亦同上開法務部之看法：「按公司法第二百零四條關於董事會之召集應載明事由於七日前通知各董事及監察人之規定，其目的無非係以董事會由董事所組成，董事會之召集通知，自應對各董事為之，俾確保各董事均得出席董事會，參與議決公司業務執行之事項。故董事會之召集雖違反上開規定，惟全體董監事倘皆已應召集而出席或列席董事會，對召集程序之瑕疵並無異議而參與決議，尚難謂董事會之召集違反法令而認其決議為無效。」

又最高法院98年度台上字第871號判決之見解，亦與上開實務見解相同，認為所餘董事全體同意召開董事會尚難謂違反公司法第204條：「按董事會之召集，應載明事由，於七日前通知各董事及監察人。但有緊急情事時，得隨時召集之，此觀修正前公司法第二百零四條規定自明。乃因董事會係全體董事於會議時經互換意見，詳加討論後，決定公司業務執行之方針，故須於開會前予各董事充分了解開會內容，俾便各董事得以充分討論。查振吉公司於董事缺額達三分之一後，因無監察人，所餘三位董事甲○○、李麗瑀及李文璋以董事身分召集董事會，由甲○○及李麗瑀互選甲○○擔任董事長，此為兩造所不爭執之事實，已如前述。既為其三名董事所召集，召集事由本即為其三人所知悉，自無再以書面於七日前通知董事之必要，故其三人召集董事會時，縱未踐行公司法第二百零四條規定之程序，亦難謂該董事會所為決議違反法令而為無效。」

(三) 學者之見解

就此議題表示意見之學者，大體均肯認創設全體同意之例外說，其理由則不外為：董事本於忠實義務下之注意義務及謹慎判斷不自限之原則，原應親自出席董事會，且不應自我限縮個案之裁量權，因此，確保每位董事均得出席，不僅是董事權能發揮之重要過程，也是董事善盡忠實義務之前提。因此嚴格遵守程序自有其道理，順此思維，若全體董事皆已出席，

則法律所設之通知程序，目的已達，董事若認為時間過短以至於無法周全準備，董事應於開會時表達異議，否則事後再任意翻覆，無非假程序之名義達翻覆不符其意之決議的目的，與董事忠實義務亦有相違。[10]另有以瑕疵治癒之觀點說明，認為董事會召集程序雖有瑕疵事由，但若全體董事及監察人或漏未通知之董事或監察人已出席或列席董事會，並參與董事會之決議，應可解為其同意省略召集程序或同意放棄受通知之權利，其召集程序之瑕疵已然治癒。[11]

另有學者肯認全體董監出席並決議時得治癒瑕疵之看法，惟其認為其治癒應僅限於「決議成立但程序瑕疵之情形」，而不及於「決議不成立之情形」與「決議成立但內容瑕疵之情形」，蓋董事會召集程序與決議方法瑕疵之得被「治癒」，應僅限於出席之全體董事對於董事會之「瑕疵」，有加以「治癒」之「權限」的情形，始克當之。而就「無召集權」之瑕疵，董事會既然係由無召集權人所召集，且此「召集權限」之「瑕疵」並非為全體董事所擁有，當然並無由全體董事出席而加以「治癒」之可能。同理，於董事會「決議成立但內容瑕疵之情形」，係「瑕疵」乃為董事會決議內容違反法令、章程、或股東會決議與決議內容踰越董事會權限，亦非為全體董事所擁有，當然亦無由全體董事出席而加以「治癒」之可能。[12]

然亦有採訓示規定說之學者認為，如果全體董事均已事前知悉開會日期（如章程已規定每月某日開會或董事間以合意特定日期開會），而未在法定7日前通知，形式上不符合第204條之規定，但實質上並不影響董事之

---

[10] 參閱曾宛如，董事會決議瑕疵之效力及其與股東會決議效果之連動—兼評97年台上字第925號判決，臺灣法學雜誌，第120期，2009年1月15日，頁190-191。另學者劉連煜教授亦同此見解，參劉連煜，公司董事會召集程序違反規定之決議效力—最高院97台上925，臺灣法學雜誌，第152期，2010年5月15日，頁181-182。

[11] 參閱王志誠，董事會召集程序之瑕疵—評最高法院98年度台上字第871號判決，月旦裁判時報，創刊號，2010年2月，頁109；另參閱王志誠，董事會決議瑕疵之效力，法學講座，第32期，2005年3月，頁72。

[12] 參閱陳俊仁，論董事會召集程序與決議方法瑕疵之效力—評最高法院99年度台上字第1401號民事判決，中正財經法學，第3期，2011年7月，頁30-32。

出席情況，則無損於204條立法目的，應認為該瑕疵已被治癒。再者從董事會與股東會之關聯性而言，如果因未能遵守7日之規定而導致董事會召集股東會之合法性，亦未必符合交易安全或股東權益之考量。因此公司法第204條之7日規定僅為一訓示規定，僅便於董事及早安排時間以利議事之進行，因此通知只有一日之差或者董事會日期早就定好了，在不影響董事會出席之情況下，均不能認為程序違法而導致董事會決議無效，甚至影響到股東會召開程序之合法性。[13]

(四) 本文見解

　　法律規定可分為任意性規定及強行規定，強行規定又可再分為強制規定及禁止規定，強制規定指應為某種行為的規定（不得不為規定），禁止規定係指禁止為某種行為的規定。由上說明可知強制規定是要求當事人一定要積極的為規定之行為，禁止規定則係阻止行為人為某種行為，在現行法律中之強制規定較少，避免強制當事人積極為一定行為，以符合私法自治之原則。[14]因此，本文認為在解釋上，除非涉及必要之根本原則問題[15]，否則宜盡量避免將之解為強制規定。又在某一規定中，或許規定了數個之誡命規範，是否應該全部一體解為強行或訓示規定？抑或可以在同一條文中，分別論斷該誡命規範是屬於強行規定還是訓示規定？就此問題本文認為應以後者為宜，是仍應依上開旨趣，分別判斷該規定所欲達到或保護之目的，是否每一個誡命規範均絕對不可違反，而係不容許公司自治之事項。因此，就公司法第204條本文之規定而論，所涉及之誡命規範至少有3：即「應載明事由」、「於7日前通知」、「應通知各董事及監察人」。在此可以先思考的一個問題是，哪一個要件是一定不容許公司自治

---

[13] 參閱杜怡靜，關於董事會召集程序之瑕疵——最高法院97年台上字第925號民事判決，月旦裁判時報，第5期，2010年10月，頁91-92。

[14] 參閱王澤鑑，民法總則，自版，2017年3月，增訂新版，頁313-314。

[15] 例如違反公司法第206條規定會議之多數決原則，以章程規定董事會之決議只需出席董事三分之一以上同意即可通過議案。又如將應由股東會專屬決定之事項，以章程劃歸由董事會決定。

或為相反規定的呢？又哪些要件其實縱然違反，然與所欲保護或達成之目的相較，並無絕對不許公司自治之必要？其實，就公司法第204條本文來說，應該只有「應通知各董事及監察人」這一點是絕對不能被挑戰、且一定要遵守的，試想，公司章程可以規定董事會之召集，可由董事長一個人好惡，選擇性通知部分董事或監察人參與會議即可嗎？這明顯剝奪特定董事出席、參與董事會之權利，也讓會議體所欲達成之需要大家集思廣益，討論出相對有利於公司經營方案之功能，乃至於董事自我監督、監察人監督之功能無法發揮，因此「應通知各董事及監察人」之規定是屬於強制規定，殆無疑義。

但是，「應載明事由」或「於7日前通知」是否一概不容許公司章程破除之？又或者說，董事能否說我個人要放棄這個權利，可以前一天通知我開會即可，不用一定要告訴我開會的議題跟內容？這就涉及到這一條規定這些程序的規範目的何在，從上開立法過程及委員之發言內容，可知立法委員訂立這一條文很大的原因是擔心董事長操控董事會，又或者說突襲董事，讓董事沒有時間可以準備。但是董事由股東會選任，理論上應該是選任對於該領域具有專業之人來擔綱公司的經營，因此準備時間是否充足，對董事而言，尚難認已具大影響董事的權利，而應讓該次的董事會所為之討論全部無效。且只要有通知董事開會時間，董事並無自由選擇出席與否之權利，蓋出席董事會為董事最為重要之義務，如有違反是會被追究責任的，況董事通常具備專業，若臨時不能決定，大可決定擇期再議或先投反對票，即可解決準備時間不足之問題。難道董事會決議某議題（不緊急，且是臨時動議所提出[16]，之前未曾載明事由）3日後再開會決定，則該3日後的董事會因為沒有符合7日前通知，所以開了也沒用（無效）？同理，該3日後所召開的董事會，能否說沒有載明事由，所以無效？但是董事都已經知道要討論什麼議題了，卻因3日後召開的董事會沒有載明事由而無效，豈不怪哉？因此上開二要件是否為強行規定，實有詳加探究之必要。本段落茲就「7日前通知」之要件，先行論述如下。

---

[16] 關於董事會能否提出臨時動議，詳後述，於此不贅。

關於公司法第204條之「7日前通知」是否為訓示規定之問題,依上述說明,學說與實務上均有所爭議,若認為係訓示規定,則恐有遭董事長操縱董事會之弊,得以隨時召集之,則此時本文與但書之區別亦無實益,蓋本條僅為訓示規定爾。然而若認為該條並非訓示規定,而為強行規定者,則似乎會過於僵化而沒有彈性,則其間之平衡點究竟應如何取捨?應為關鍵之所在。

1. 本文認為公司法第204條之「7日前通知」係訓示規定

採強行規定說者或認為公司法第204條之文義係規定為:「董事會之召集,『應』載明事由,於七日前通知各董事及監察人。但有緊急情事時得隨時召集之。」文義上既規定為「應」,則應解為強行規定為宜。且解釋為強行規定,本文與但書之區別方有其實益,蓋若本文為訓示規定,則但書規定緊急情事時得隨時召集,將由於本文無規範限制之功能而毫無意義。若本條係訓示規定,則董事長得以隨時召集之,甚至是臨時通知所有董事馬上出席,讓其餘董事措手不及,其弊端顯而易見云云。

然而上開見解忽略了現實面之考量,蓋現行全球化市場之下,為求公司營利之目的,必須使得公司得以隨時因應突發狀況,因此董事會毋寧應處於24小時備戰之狀態,隨時因應市場、因應客戶之需求而做出明確果斷又不失專業之決策。若從此一現實層面之考量,現行激烈競爭之市場下,公司法第204條但書之緊急情事毋寧為常態,申言之,公司法第204條之但書恐怕已由例外變原則,因此再嚴格區分本文與但書之實益,已無意義。也由於本文與但書已無區別之實益,因此強行規定說所認為的文義解釋作為立論依據,其說理性亦有不足。更何況公司法第204條本文所謂「應」載明事由之文義是否亦包括「7日前」尚有解釋之空間,若採嚴格解釋而謂文義上係「應載明事由」,然「於7日前通知」則不包括在「應」的文義範圍內,亦非不可。

再從董事會之本質而論,創設董事會此一會議體機關之目的在於集思廣益,但是董事會既為會議體,就必須透過開會決議來形成意思決定,此間履經召集、開會議論、決議等程序,費時費事,較諸舊法之董事制度,顯然輸於運作之彈性、效率性。董事會制度本質上負有這種先天性的缺

失，因此制度規定當儘量賦予彈性、效率性，克制減少缺失。反之，主張嚴格規定，嚴格控管會議程序，董事會之短處將是雪上加霜，殊非妥適。

另從董事長操縱之疑慮而論，本文認為董事之義務即為隨時出席董事會，因此即便開會時間係在凌晨或春節假期，為了因應市場變化，董事亦有出席之義務，尚難僅因董事長臨時通知召開董事會，即可認為董事長得以操縱董事會議案（反倒是董事長消極不召開董事會處理對其不利之議案：如有董事提議解任某甲擔任董事長之職務等，才是最該擔心的）。又董事理論上係該領域之專業人士，若某議案仍有待進一步研究，董事亦不應貿然同意該議案，易言之，董事此時應投反對票，或提議下次再行表決，依此而論，董事長要利用隨時召開董事會而達其任意操縱董事會之目的，恐怕亦非易事。

2. 應肯認全體同意之例外

全體董監事同意開會之情形下，既已達到通知各董監事開會之目的，理論上即無程序規定之違反，蓋7日前之程序性要求僅為訓示規定，又載明事由之要求亦已因全體同意召開而治癒，因此當然全體同意而召開之董事會係屬合法。

又縱採強行規定說之學者大體上亦肯認全體同意得作為合法召開董事會之方法，其理由不外為：於全體董、監事均同意召開董事會之情況下，應認為公司法第204條所欲使各董事享有充分準備之期間之目的已然達成，因此，在此情形下，即便少於7日之通知，尚不得認為違反公司法第204條第1項之規定。又本於相同法理，若全體董監事均出席，而於會議中就某未事先通知之議案表決，僅要全體董事均未就此表決事前表示異議，即應認為全體董事對此議案之表決均默示同意，此時就表決結果不滿意之董事不得嗣後以違反公司法第204條第1項為由，訴請確認該董事會決議無效，以避免該董事假程序之名而達翻覆不符其意之決議之目的。因此創設全體同意之例外基本上並無太大爭議。[17]

---

[17] 但本文認為，採強行規定說者，恐怕必須要面臨下列問題：為何可以藉由當事人之合意，來破除法律的強行規定？如此一來還可以說它是強行規定嗎？

　　然而就學者之看法認為，無召集權所產生之瑕疵，不得經由全體同意召開而治癒，其理由為召集權限之瑕疵並非為全體董事所擁有。本文認為尚值商榷，蓋依公司法第203條規定，董事會之召集人係董事長[18]或每屆第一次董事會之所得選票最多之董事，而「全體」同意召開自包含上開有召集權之董事在內，則無法治癒之理由已不成立，再就董事會之召集而言，董事會既為會議體之方式呈現，則全體董事均為董事會之主角，之所以將召集權僅交由董事長一人行使係因便於召開董事會之考量，然而斷不可因此而反推全體董事均同意召開之下亦無法治癒無召集權之瑕疵。又，關於學者認為決議內容瑕疵無法藉由全體出席決議而治癒之部分，本文認為此乃理之當然，蓋之所以肯認全體同意之例外，係為了破除召集董事會之程序性規定，而斷無改變實體法律秩序之考量也。

　　於外國立法例，日本公司法亦規定，若經董事及監察人全體之同意，得不經法定程序而召集。[19]我國則欠缺此一例外規定，然而立法論上，將來公司法修正時，是否有必要將全體同意之例外納入公司法第204條？本文認為仍應採肯定見解為宜，相關立法論之問題將於後作一探討，於此不贅。

二、載明事由之相關問題

　　由於公司法第204條第1項本文係規定「應」載明事由，因此從文義解釋來說，並無解為訓示規定之空間；從立法解釋來說，依上開立法過程之說明，應載明事由亦無解為訓示規定之空間；再從該條之本文與但書整體觀察，若應載明事由解為訓示規定，則本文與但書可以說是毫無區別實益可言，蓋「應載明事由」與「於7日前通知」之程序規定全免，只剩下應通知各董事及監察人的話，那但書之規定即無任何意義，因此在法條文義上規定為「應載明事由」之情況下，似難將之解為訓示規定[20]，因此，在

---

[18] 實則董事會之召集權是否僅有董事長一人才擁有之，本文持保留看法。

[19] 參照日本公司法第368條第2項規定。

[20] 然而，承本文前述，「應載明事由」若認為係強行規定，則理論上並無法透過章程或董事同意之方式免除此一程序，因此，透過創設全體同意之例外來破除條文「應

「解釋論」上，本文以下將探討載明事由之方式，以及緊急情事下是否亦須載明事由之相關問題。

(一) 載明事由之方式

1. 公司法第204條第2項增訂前

有學者認為，召集之通知既須載明事由，自須以書面為之，於緊急情事召集時，原則上仍應以書面為之，如章程另有規定者，從其規定[21]；另有學者認為，現在電子方式傳輸便捷，依公司法第172條第4項之規定，股東會開會通知若經股東同意，得以電子方式為之，且董事會開會時亦得以視訊會議為之（公司法第205條第2項），從而，此處亦應配合檢討董事會之召集通知是否得以電子方式為之。[22]

經濟部98年7月17日經商字第09802090850號函則認為[23]，鑒於「電話或口頭通知」皆無法載明事由，登記實務上，不准類此之章程登記。又基於應載明事由之規定，倘公司章程規定之董事會召集通知，係以電子郵件（E-mail）或傳真為之者，尚無不可。

2. 公司法第204條第2項增訂後

公司法第204條於民國100年6月29日已明文增訂第2項，明文肯認第1項之召集通知，經相對人同意者，得以電子方式為之。

載明事由」之規定，在理論上就會面臨挑戰（既然是強行規定，怎可讓當事人自己決定要不要遵守？），就此部分，本文認為在解釋論上要解為訓示規定雖無空間，惟可透過條文但書對於「緊急情事」解釋之放寬，達到破除應載明事由此一強制規定之目的。但根本解決之道，仍應透過「立法論」來解決，附此敘明。

[21] 柯芳枝，公司法論（下），三民，2007年，增訂6版，頁320；廖大穎，公司法原論，三民，2008年，修訂4版，頁188。

[22] 劉連煜，現代公司法，新學林，2009年9月，增訂5版，頁454。

[23] 經濟部98年7月17日經商字第09802090850號函：「按公司法第204條規定：『董事會之召集，應載明事由，於7日前通知董事及監察人。但有緊急情事時，得隨時召集之』。但書規定『有緊急情事，得隨時召集之』，乃指有緊急情事時，得不於7日前通知召集，並未排除載明事由之規定。準此，鑒於『電話或口頭通知』皆無法載明事由，登記實務上，不准類此之章程登記。又基於應載明事由之規定，倘公司章程規定之董事會召集通知，係以電子郵件（E-mail）或傳真為之者，尚無不可。」

　　經濟部旋於100年8月9日發布經商字第10002422930號函[24]，認為若章程已記載董事會召集通知得以電子方式為之者，毋庸另取得董事之同意，解釋上應認為董事已默示同意。惟若公司章程未規定董事會召集通知之方式，而公司擬以電子方式作為董事會召集通知之方式者，應依公司法第204條第2項規定取得董事同意始可。另臺灣高等法院104年度上訴字第1618號判決亦認為，董事雖無明示同意得以電子方式通知，然在該案爭議之前，董事對於其他次之董事會公司均以電子方式通知開會均無異議，甚至以電子方式與公司聯繫，而認董事已有默示同意公司以電子方式通知開會。[25]

---

[24] 經濟部100年8月9日經商字第10002422930號函：「一、本部98年7月17日經商字第09802090850號函略以：『……基於應載明事由之規定，倘公司章程規定之董事會召集通知，係以電子郵件（E-mail）或傳眞爲之者，尚無不可。』公司法第204條修正條文業經總統於100年6月29日公布，並自100年7月1日起生效。該條文針對董事會召集通知之方式，新增第2項規定：『前項召集之通知，經相對人同意者，得以電子方式爲之。』二、按傳眞分爲兩種，一爲一般之紙本傳眞；另一爲電腦傳眞系統之傳眞（文件之製作與傳輸可直接於電腦設備上完成傳眞程序）。倘屬一般之紙本傳眞方式，不屬電子文件，不生經相對人同意之問題。倘屬電腦傳眞系統之傳眞，係電子文件之一種，如於章程中明定爲董事會召集通知之方式，解釋上應認爲董事已默示同意，毋庸另依公司法第204條第2項規定取得其同意。是以，倘公司章程規定：『董事會召集通知，得以傳眞或電子郵件（E-mail）方式爲之。』者，所稱傳眞倘係指一般之紙本傳眞，因不屬電子文件，不生經相對人同意之問題；倘係指電腦傳眞系統之傳眞，與電子郵件（E-mail）均屬電子文件之一種，應認爲董事已默示同意，毋庸另依公司法第204條第2項規定取得其同意。三、倘公司章程未規定董事會召集通知之方式而公司擬以電子方式作爲董事會召集通知之方式者，應依公司法第204條第2項規定取得董事同意始可。四、本部74.10.24經商字第46656號、90.10.29經商字第09002526570號及95.10.12經商字第09502145290號函釋，不再援用：98.7.17經商字第09802090850號函，爰予補充。」

[25] 臺灣高等法院104年度上訴字第1618號判決：「……，上訴人固主張被上訴人未經其同意，遽以電子郵件方式通知開會，故系爭董事會召集程序違反公司法第二百零四條第二項之規定云云。惟上訴人於原審已陳稱公司設立之初，上訴人有派駐一位代表在被上訴人公司，當時均用口頭通知開會，後來派駐代表回到韓國後，也曾用電子郵件通知，雙方發生本件爭議後被上訴人才改以書面通知等語。且上訴人希望推遲股東會時，亦以電子郵件通知被上訴人，此有電子郵件1件在卷可稽。可見於本件爭議之前，被上訴人不論以口頭或電子郵件通知上訴人召開董事會，上訴人均無異議，甚至亦以電子方式與被上訴人聯繫，足認上訴人已默示同意被上訴人公司以

電子方式通知具有經濟性、便利性、快速性等特性，符合現今社會發展，甚且電子通知亦得留下相關通知資料作為證據，日後縱使有相關糾紛，亦得便於訴訟。茲有附言者，電話告知或口頭告知仍不符合「載明事由」之要求，因此不得以新法放寬電子通知之方式即謂得以電話方式通知。

(二) 載明事由在緊急情事之必要性與可行性

公司法第204條第1項但書僅規定「但有緊急情事時，得隨時召集之」，然而在此產生一爭議問題，即緊急情事時是否亦須載明事由？

1. 學說見解

有學者認為，有緊急情事時，不受7日期間之限制，得隨時召集，此之所謂緊急情事係指事出突然，又急待董事會商決之事項。此際，原則上仍應以書面為之，如章程另有規定者，從其規定。[26]

另有學者認為，所稱緊急情事，是指事出突然，又急待董事會商議之事項而言。公司如有緊急情形時，雖得隨時召集董事會決議，但是否應以書面通知董事及監察人，應屬公司內部之自治事項。[27]

因此，學者間對於緊急情事是否須載明事由，大體上均允許公司內部以章程或他法自行規定。

2. 經濟部見解

(1) 早期經濟部之見解認為原則上仍應載明事由，例外則視公司章程是否另有規定

經濟部95年10月12日經商字第09502145290號函及90年10月29日商字第09002526570號函略以：公司法第204條規定：「董事會之召集，應載明事由，於七日前通知董事及監察人。但有緊急情事時，得隨時召集之」。

電子方式通知開會之事，故上訴人主張被上訴人以電子方式通知上訴人召開系爭董事會，違反公司法第204條第2項之規定，系爭董事會召集程序違反法令，其決議無效，而因此決議召開之系爭股東會之召集程序亦違反法令云云，委無可採。」

[26] 柯芳枝，公司法論（下），三民，2007年，增訂6版，頁320。

[27] 王泰銓、王志誠合著，公司法新論，三民，2006年，增訂4版，頁523。

旨在規定董事會之召集通知方式,應訂於7日以前,並載明事由,俾使各董事能預先準備,集思廣益。又依該條所謂「緊急情事」,係指事出突然,又急待董事會商決之事項而言,其但書規定「有緊急情事,得隨時召集之」,乃指有緊急情事時,得不於7日前通知召集。而遇有緊急情事得否以書面通知,應視公司章程有否明定為斷。易言之,原則上仍應以書面為之,如章程另有規定者,從其規定。至於董事會之召集是否為緊急情事及其召集程序是否有效,係屬司法認定範疇,如有爭議,允宜循司法途徑處理。

(2) 近期之函釋認為電話或口頭通知均無法載明事由,不准類此之章程登記

經濟部98.7.17經商字第09802090850號:按公司法第204條規定:「董事會之召集,應載明事由,於七日前通知董事及監察人。但有緊急情事時,得隨時召集之」。但書規定「有緊急情事,得隨時召集之」,乃指有緊急情事時,得不於7日前通知召集,並未排除載明事由之規定。準此,鑒於「電話或口頭通知」皆無法載明事由,登記實務上,不准類此之章程登記。又基於應載明事由之規定,倘公司章程規定之董事會召集通知,係以電子郵件(E-mail)或傳真為之者,尚無不可。

3. 立法過程

在立法院二讀時,魏惜言委員發言認為:「就臨時通知言,也要載明會議事由,突然開會換總經理,這是不可以的……。」林棟委員發言認為:「緊急情事必須有一個定義,規定其緊急的狀況,至少是急需解決,如依通常手續7日前通知就有使公司蒙受損害之虞情況發生,才可以。緊急情事發生召開董事會,也要載明事由,杜絕操控的流弊,因此,本席的意見認為但書應修正好『但有緊急情事時,載明事由,得隨時召開之。』這樣可以使問題簡單,可避免將來董事長或公司負責人借緊急情事召開董事會,而操縱公司一切,茲生很多糾紛,……。」[28]因此立法者認為即便

---

[28] 參http://lis.ly.gov.tw/ttscgi/lgimg?@54351800;0009;0039。立法院公報,第35會期,第18期。

是緊急情事而為召集，仍須載明事由。

4. 實務見解

　　最高法院70年台上3410號判例認為：「又公司法第二百零四條規定：『董事會召集，應載明事由於七日前，通知各董事。但有緊急情事時，得隨時召集之』。準此規定，董事會之召集，其召集之對象應包括董事之全體，**除緊急情事外，應以書面載明召集事由通知之，……。**」

　　本判例似乎認為本條但書之情形並無須以書面載明召集事由通知之，因此若以口頭或電話通知亦可。

5. 日本立法例

　　日本對董事會召集通知方式未予限制，書面或口頭等僅須表明時間地點即可，至於召集事由則可任意為之。雖然召集事由之載明有助於董監事之會前準備，使董事會運作更具效率，然該規定強制性之必要，尚有討論餘地。蓋董事會為公司業務執行機關，關於公司重要業務須經董事會決議事項者，隨時可能成為董事會之討論議題而難於事前載明，然董事會不論事前載明與否皆應決議之；另公司董事於股東會中選出，通常被認為對公司經營具有相當經驗、能力者，從而關於公司經營事項，縱未於事前受通知亦能適切作成決議。職是之故，不必如通常股東會之召集，為使股東能適切行使表決權，而強制載明召集事由。[29]

6. 本文見解

　　緊急情事下是否亦有載明召集事由之必要，於上述探討中可知學說與實務見解不一，本文認為，緊急情事下應無載明事由之必要，電話或口頭告知開會應屬可行。蓋於解釋論上，公司法第204條第1項但書文義上並無規定須載明事由，甚且若從目的解釋以觀，既曰緊急，則恐怕有馬上召開之可能，從嚴要求仍須載明事由似與該條但書係為了應付緊急情事而作程序上之放寬措施之目的不符。甚且緊急情事下所要決定之議案之範圍，勢必於討論過程中會有較大之變動可能性，很可能最後決定之議案不在一開

---

[29] 上柳克郎等編輯，新版注釋会社法(6)，有斐閣，2000年12月，頁97。引自林麗香，董事會召集程序瑕疵之治癒／最高院99台上1401，臺灣法學雜誌，第176期，2011年5月15日，頁191。

始通知之列，要求董事長須未卜先知的列明所有可能的議案亦不切實際。

　　再由載明事由之目的而論，之所以規定須載明事由，係為了使董事有充分準備之時間與機會，惟緊急情事所召開之會議，目的就是在排除讓董事有充分準備之時間與機會之規定，因此本文認為在緊急情事下，應儘量放寬程序性之規定，既然載明事由不在公司法第204條第1項但書之文義範圍，且緊急會議之目的係為了及時因應狀況，排除充分準備之規定，則應認為緊急情事僅要通知董事及監察人出席即可，無庸載明事由，亦無告知緊急原因之必要。

(三) 載明事由之範圍

　　實務上經常發生於通知召開董事會時，僅載明「討論召開股東臨時會事宜」，或僅概括載明「討論轉投資事宜」，而未載明其具體議案內容，於此情形下是否仍得認為其已符合載明事由之要求？換言之，載明事由應具化體至何程度始可？

　　臺灣高等法院100年上字第54號判決認為：「系爭董事會之開會通知書雖僅記載『討論召開股東臨時會事宜』，惟依前述系爭董事會召開之緣由、及上訴人已可預知系爭董事會召開之目的和內容之情，參互以觀，**系爭董事會開會通知書內容既已記載『討論召開股東臨時會事宜』，核與其召開之目的、欲擬討論之事由相符，至於所欲擬召集股東臨時會之議題，自須待於系爭董事會會議中討論始可確定，衡情，實無從預先於系爭董事會之開會通知書中載明各項議題，亦無此必要。**上訴人於系爭董事會開會前2日即已收受系爭董事會之開會通知，其原可參與該董事會，並於會中就股東臨時會之各項議題表示不同意見，惟上訴人未前往開會，卻主張上述開會通知之記載不明，其召集程序違背法令云云，委無足採。」

　　由上開判決見解可知法院認為若其事由之載明與召開之目的、欲討論之事由相符者，即屬已載明事由。本文贊同此判決之見解，蓋董事通常被認為具有相當之經驗及能力，其載明事由之範圍較之股東會應可適度放寬，且若該董事認為該議案僅概括載明，致具體內容未能充分準備，自應就該具體議案投下反對票，待下次開會時再重啟討論，且實務上亦可能會

有某些事項之具體化須待董事會中討論方得達成，於開會前尚無定論而僅得概括載明事由，若一概要求須載明得非常具體亦屬過苛。

公司係以營利為目的，因此股東會選任出專業之經營者（即董事）來經營公司，以符合企業所有與經營分離之原則，而為了達成此一營利之目的，即有必要使得董事會此一必備、常設之集體執行業務機關得以發揮其作用，並爭取商機、應付瞬息萬變之競爭市場，是以站在這個大前提之下，若董事會之召集程序規範得愈寬鬆，則董事會之運作將愈加靈活，較有利於營利目的之追求。至於董事長操縱之弊此一疑慮，本文認為董事本有隨時待命準備出席董事會之義務，因此董事長欲透過董事會隨時召開或概括載明事由之方式操控，應非易事。因此在解釋相關概念時，可適度放寬，以平衡追求董事會之經營效率與彈性，立於這樣的思考下，本文認為放寬載明事由之範圍應屬可接受之解釋方向。

三、緊急情事之認定

所謂緊急情事係屬不確定之法律概念，有認為所謂緊急情事者，係指事出突然，又急待董事會商決之事項。[30]其實，在本文之7日前通知採「訓示規定說」之下，判斷緊急情事與否，其實益儼然不大[31]，因此將來立法論上應可刪除緊急情事之區分，然而在未刪除前，解釋論上仍有探討之空間，茲分述如下。

緊急情事究竟應如何認定？換言之，若董事長認為係緊急情事，而其他董事有人不認為係緊急情事，則將如何認定？緊急情事應採主觀標準抑或客觀標準？有學者[32]認為究竟有無緊急情事仍應依個案判斷之。本文

---

[30] 參柯芳枝，公司法論（下），三民，2007年11月，增訂6版，頁320；劉連煜，現代公司法，新學林，2009年9月，增訂5版，頁454。

[31] 在解釋論下本文認為僅剩下是否須載明事由此一區別實益，然而本文認為立法論下（詳後述）根本無須於董事會中規定載明事由，於此看法下，緊急會議與一般會議之區別在立法論上更無區別實益。

[32] 參閱曾宛如，違法發行新股之效力：自董事會決議瑕疵論之，月旦裁判時報，第9期，2011年6月，頁104。

認為，公司法第204條第1項之目的有二，其一係為使董事充分準備；其二係為了避免董事長（召集權人）操縱董事會。然而承前所述，公司以營利為目的，為使董事會得以快速因應瞬息萬變的市場，召集程序亦須有適度的彈性為宜，因此反應在緊急情事究應如何判斷上，則為一難以解決之問題。在解釋上本文認為可以區分為「客觀說」、「主觀說」，茲分述如下。

（一）客觀說

　　若依公司法第204條之目的存有避免董事長操縱董事會以觀，似不宜依董事長之個人判斷為準，又在承認全體同意之例外之情形下，則採主觀標準似乎亦無必要。因此緊急情事之認定應以「客觀標準」為宜。其判斷或可以「事出突然，若不及時開董事會公司恐將遭受重大影響」作為標準，然其具體適用上仍應依社會之通念而個案認定之。若對於該董事會之召集是否符合緊急情事有爭議時，仍須訴請法院認定。

（二）主觀說

　　在主觀說下，必須區分是以「何人」之主觀認定為準，應可再區分為：「董事長認定說」、「全體董事共同認定說」以及「任一董事認定說」。所謂「董事長認定說」，顧名思義就是以董事長之認定為準，只要董事長認為是緊急情事，即屬公司法第204條第1項但書之緊急情事；「全體董事共同認定說」則以全體董事對於該情況屬於緊急情事達成共識，才算是緊急，只要有其中一位董事認為並非緊急，則不能適用公司法第204條第1項但書；至於「任一董事認定說」則是認為只要其中一位董事認為屬緊急情事，就可依公司法第204條第1項但書之規定來召集董事會。

　　實務上，依最高法院99年度台上字第261號民事判決：「……甲○○於九十四年十一月四日以討論系爭合併案及召開系爭股東會議為事由，寄發同月八日召開系爭董事會開會通知單予農民銀行各董事及監察人，固未依公司法第二百零四條規定於開會前七日為之。但有緊急情事時，得隨時召集之，同條但書復有明文。本件合併案推動過程，堪認合併公司已經相

當時日討論合併契約內容，及協商換股比例，待會計師就協商換股比例合理性提出複核意見後，甲○○認有急待董事會商決之緊急情事，隨即於董事會請財務顧問及會計師列席說明，使全體董事得以獲悉相關內容及與會討論，應認尚未逾董事經營判斷之合理範疇。」似採董事長認定之標準。

（三）本文之見解

1. 董事會之召集權人概論

在探討緊急情事之認定標準，乃至於主觀說或客觀說之爭議之前，會面臨到董事會之召集權人究竟是何人之問題，因此，本文在此不得不先行探究董事會之召集權問題。

依公司法第203條規定：「董事會由董事長召集之。但每屆第一次董事會，由所得選票代表選舉權最多之董事召集之（第1項）。每屆第一次董事會應於改選後十五日內召開之。但董事係於上屆董事任滿前改選，並決議自任期屆滿時解任者，應於上屆董事任滿後十五日內召開之（第2項）。董事係於上屆董事任期屆滿前改選，並經決議自任期屆滿時解任者，其董事長、副董事長、常務董事之改選得於任期屆滿前為之，不受前項之限制（第3項）。第一次董事會之召集，出席之董事未達選舉常務董事或董事長之最低出席人數時，原召集人應於十五日內繼續召集，並得適用第二百零六條之決議方法選舉之（第4項）。得選票代表選舉權最多之董事，未在第二項或前項限期內召集董事會時，得由五分之一以上當選之董事報經主管機關許可，自行召集之（第5項）。」依照前開規定，董事會原則由董事長召集，僅在每屆的第一次董事會，因為還沒有選出董事長，才會由該次得票最高的董事來召集，而第5項則是要防範萬一得票最多的董事不召集時，要怎麼補救之問題，以避免無法召開董事會。

依上開規定，通說見解認為董事會之召集權專屬於董事長，但是學者大部分亦均認為當董事長不為董事會召集時，公司法並無補救之明文，為立法殊漏[33]。因此，有學者建議將來修法時，應仿照公司法第203條第5項

---

[33] 參閱柯芳枝，公司法論（下），三民，2004年5月，增訂5版2刷，頁306-307。王文

之規定增訂之[34]。

　　本文認為，針對董事會之召集權歸屬，理論上可以有2種解讀，其一為：董事是董事會之構成員，本質上各董事均應享有召開會議之權利，僅是為了召集方便，避免召集程序混亂，而統一由董事長召集；其二為：法律已明文規定召集權人為董事長，因此，召集權劃歸董事長所享有，乃法律所賦予之權利。

　　上開二說理論上應以前者為當，蓋各董事均為董事會之構成員，且董事長雖為董事會主席，但其表決權與其他董事無異，萬一董事長拒不召開董事會，公司之業務執行或將停擺，若因而致公司受有損害，董事亦難逃相關之責任追究，因此解釋上，每位董事本即應有召集董事會之權利，只是因為要避免董事間相競召集、或無人召集之情形發生，乃將召集權統一劃由董事長行使爾，但每位董事之召集權並不因此而消失，而應是成為潛在的召集權，若董事請求董事長召集董事會，而董事長消極不為或不能召集時，在一定條件下，該潛在的召集權即應復活，而得以自行召集。況公司法於民國69年5月9日修正前原僅規定：「董事會之召集，依章程規定；但每屆第一次董事會，由所得選票代表選舉權最多之董事召集之。」嗣於民國69年5月9日修正時，才規定由董事長統一召集，然其所持之修法理由為：「一、依第二百零八條第三項規定，董事長即為股東會、董事會及常務董事會主席，同條第四項復規定董事長得隨時召集常務董事會，而股東會之召集除另有規定外，亦係由董事會召集，且實際上公司章程皆訂定由董事長召集董事會，爰修正第一項明訂董事會由董事長召集之。……」，可知其修法理由僅係為因應實際上公司皆訂由董事長召集，所以就將之明文化，並無要使董事原本所享有之召集權，劃歸由董事長專屬之意。[35]

宇，公司法論，元照，2016年7月，5版1刷，頁428-429。劉連煜，現代公司法，新學林，2012年9月，增訂8版，頁491-492。

[34] 參閱柯芳枝，公司法論（下），三民，2004年5月，增訂5版2刷，頁307。

[35] 更詳細的說明，請參閱黃清溪、黃國川、游聖佳、簡祥紋、蔣志宗、黃偉銘、黃雅鈴、莊如茵、張鴻曉、鄭瑞崙、黃鋒榮、羅玲郁、楊有德、李美金、邵勇維、顏汝羽、謝孟良，公司法爭議問題研析：董事篇，五南，2015年9月，初版1刷，頁64-67。黃清溪，公司法基礎理論：董事篇，五南，2016年1月，初版1刷，頁37。

　　下一個要面臨的問題則是，什麼情況下可以允許各別董事自行召集董事會？本文認為，為免召集程序混亂（例如同時有兩個董事召集董事會，且時間衝突，地點不同），因此規定由董事長統一處理召集手續之事宜，應值肯定，但為免董事長故意消極不召集開董事會（例如甲董事請求董事長召開董事會討論撤換、改選董事長事宜，董事長故意不召集董事會討論此議案），因此制度上宜設計一套少數董事得以召集之程序，例如：董事長經董事請求召開董事會，而於一定期間內不予召開，則允許各該請求之董事（或仿照少數股東召集權之規定，由一定數額之董事召集），自行處理開會手續，通知各董事及監察人開會等等，但詳細之條件應如何訂立，或可由公司章程自行訂立，或以立法之方式處理之。

2. 本文認為緊急情事之認定，應採主觀說之「任一董事認定說」

　　客觀說雖提出判斷標準認為或可以「事出突然，若不及時開董事會公司恐將遭受重大影響」作為標準，然而此一判斷標準仍有淪為各說各話之可能，而事後須訴請法院確定該情況是否緊急，乃至於召集程序有無瑕疵，以及該次董事會之決議是否因程序瑕疵而造成無效，對董事會決議之效力，以及後續之業務執行，有安定性上之疑慮。雖然對於公司法第204條第1項本文之「7日前通知」如採訓示規定說，當不至於違反7日前通知而有程序瑕疵之情形，惟如前所述，在現今實務上乃至於學說見解，均不乏認為「7日前通知」為強行規定者，故採客觀說之下，恐將面臨董事會決議之效力懸而未決之窘境，對於公司後續業務之決定及執行均屬不利。

　　而「全體董事共同認定說」則又過於嚴苛，恐造成少數派之董事藉由董事長違反7日前召集之規定，並以其一人之意，認定該情況並非緊急，而訴請法院認定該次董事會決議有程序上之瑕疵而無效，藉此杯葛、阻撓董事會所為決議之推動，亦非妥適。

　　若採「董事長認定說」，則需面對董事長（召集權人）操縱董事會之質疑，然而承前所述，董事之義務就是出席董事會，無論開會時間訂於何時，董事均須出席，尚難僅因董事長臨時通知召開董事會，即可認為董事長得操動董事會之議案，反而是董事長消極的不召開董事會，才是最應該擔心的問題。況董事會是否要召開，以及召開之目的為何，自以召集人

最為清楚，在我國之設計上，若董事認為有緊急情事要召開董事會，仍須向董事長報告，由董事長召開董事會，是以，由召集人即董事長之認定為準，原則上沒有太大問題，但誠如前述，本說無法處理倘若董事長消極不召集董事會，而其他董事認為有緊急事由應與召集時，該怎麼辦的問題，且董事會之召開，原則上無須太多繁瑣之程序性規定，因為商場瞬息萬變，緊急情事毋寧是常態，因此本說仍有所不足。

誠如前述，每一個董事都應享有潛在的召集權，因此，在制度的設計上，無須、也沒必要將召集權劃歸由董事長專屬享有，因此本文認為「任一董事認定說」應該較能符合有召集權者能認定事由是否緊急之想法，且董事會如何召開，程序為何，宜由公司董事會自治，蓋公司規模大小不一，各公司之經營風險，乃至於各董事之住居遠近亦不相同，國家強制介入規定召集權人只能由董事長享有，應無必要（且既然不涉及重要之基本原則，而可由公司自治，則公司法第203條亦非強制規定）。在此應思考者為，假設公司章程規定：若董事長經董事請求召集董事會，而未於7日內召集，則可由三分之一以上之董事自行召集之。則倘若該公司有9位董事，意味著需要有3位董事才可以召集董事會，則任一董事認定說是否並無意義？不如採「召集人認定說」即可（因為召集人等如果在不足7日之時間召集，不可能認為不緊急）？本文認為就實然面而言，確實會有放寬到「任一董事認定說」無實益之問題，然就應然面而言，既然每一董事理論上均應有召集權，則基於董事會自治原則，由章程去限制董事會之召集權行使，並不會反過來讓本質上應享有召集權之董事變成無召集權（只是未達一定條件不能行使而已），因此即便採「任一董事認定說」，就最後之結論仍與「召集人認定說」無異，且能比「召集人認定說」更加放寬「緊急情事」之認定，盡量架空、破除公司法第204條第1項本文此種戕害公司董事會自治之程序規定，故仍應採「任一董事認定說」為宜。

綜上所述，本文之見解認為情況是否緊急，應該是每一個本應享有召集權之董事均有權來認定，因此應採「任一董事認定說」。

四、臨時動議在董事會之容許性

　　臨時動議之議案並未經7日之期前通知，亦未載明事由，因此臨時動議所涉及者，乃違背公司法第204條第1項召集期間7日及召集程序應載明事由之問題，是以董事會能否容許臨時動議之存在，即為一必須要探究之議題。

　　承前所述，本文認為關於7日前通知之規定僅為訓示規定，因此臨時動議所牽涉者應僅為載明事由之問題，實務上，經濟部曾有函釋認為，董事會並無如同公司法第172條規定之改選董、監事應於召集事由中列舉，不得以臨時動議提出之規定，因此股份有限公司補選常務董事於董事會中以臨時動議方式為之，尚無違法。[36]然法務部則就此見解提出質疑認為，公司法第172條第4項明定召集事由得列臨時動議，而同法第204條則無如此之規定，因此亦未設但書之禁止規定，是否為立法疏漏？如係疏漏，則可否類推適用上開條項規定及何種事項不得以臨時動議提出？宜請經濟部本於職權自行審酌之。[37]而經濟部就此並無回應，似可認為經濟部係維持董事會得為臨時動議之觀點。[38]

　　學者就此有認為，董事會未如公司法第172條第5項明定不得以臨時動議提出之事項，並非立法疏漏，而係考量股東之出席股東會，與董事之出席董事會，其權利義務性質有本質上之不同所致。蓋股東之出席股東會，係股東之權利而非義務。且得於開會當場提出臨時動議，乃一般會議之常

---

[36] 經濟部1985年2月28日（74）商07805號函認為：「二、復查公司法第172條第4項（2001年修正前）規定，股東會改選董事、監事人之事項，應在召集事由中列舉，不得以臨時動議提出，惟於董事會選舉常務董事尚乏類似之規定。則股份有限公司補選常務董事於董事會中以臨時動議方式為之，尚無違法。」

[37] 法務部1993年8月2日（82）律決16021號函：「說明三、次查『（經濟部1985年2月28日（74）商07805號函內容，略）』固經貴部於1985年2月28日（74）商07805號函釋有案；惟公司法第204條僅規定董事會之召集應載明召集事由，而未如同法第172條第4項明定召集事由得列臨時動議，因此亦未設但書之禁止規定，是否為立法時之疏漏？如係疏漏，則可否類推適用上開條項規定及何種事項不得以臨時動議提出？宜請貴部本於職權自行審酌之。」

[38] 參閱林國全，董事會之臨時動議，月旦法學教室，第60期，2007年10月，頁24。

態，隨著公司規模之擴大，召開一次股東會往往勞師動眾，允許就召集通知未載明之事項，以臨時動議提出，亦有助於股東會開會之經濟效益。而為避免董事會操縱股東會，將不易通過之議案故意不予載明，損及反對股東之權益，因而規定特定事項應在召集事由中列舉，不得以臨時動議提出，否則股東得依公司法第189條之規定，自決議之日起30日內，訴請法院撤銷該決議。相對於此，董事與公司間為委任關係，董事之基本職責即係出席董事會，亦即董事之出席董事會，不僅是董事之權利，亦係董事之義務。董事收受召集通知時，並無因個人事務或其他時間、空間因素而評估、選擇出席或不出席之權利。出席董事若認為臨時動議事出突然，自應反對、阻止該決議之成立。反之，未出席董事會之董事，係違背出席義務在先，故不宜，亦無必要允許其得主張召集程序瑕疵，而否認該決議之效力。[39]

本文認為，董事會並無如同股東會有公司法第172條第5項之不得臨時動議之限制，此時解釋方式有二，一為董事會無此規定為立法疏漏，應一律禁止董事會為臨時動議，否則公司法第204條第1項本文應載明事由之要求即成為具文；二為臨時動議毋寧是會議之常態，為使有必要討論之事項一併提出，促進董事會議之經濟性，應一律容許董事會得為臨時動議而不論其為一般會議或緊急會議。

經查，會議中臨時想到的獨立問題用口頭提出討論謂之臨時動議，臨時動議係一般會議上為了補充討論臨時性議題而設，以促進會議之經濟性。故臨時動議本即一般會議體之常態，而股東會之所以必須對臨時動議加以限制，係由於股東出席股東會係權利而非義務，因此避免董事會故意將重要議案不載明事由，而藉由臨時動議提出討論，對股東造成突襲，因而法律有立法禁止重要議案提出臨時動議之必要。惟董事並無自由選擇出席董事會與否之權利，則於董事會上為臨時動議其弊端甚微，甚且允許臨時動議有助於促進議事效率，因而本文認為董事會無公司法第172條第5項之規定，並非疏漏，而係立法者有意為之。

---

[39] 參閱林國全，董事會之臨時動議，月旦法學教室，第60期，2007年10月，頁25。

　　再由載明事由此一要件之必要性觀察，股東會之召集要求須載明事由，其立法目的有二：其一為使得會議之構成員得以有準備之時間與機會；其二為可使會議體之構成員判斷並選擇出席與否之權利。惟載明事由在董事會中就只剩下第一個目的，蓋董事並無選擇是否出席之權利，因此，理論上在臨時動議提出之當下，全體董事必然在場，縱然董事認為尚未準備充足，亦得就該臨時動議投反對票，或提議擇日再行表決，換言之，允許臨時動議對董事會之衝擊並不大，甚且股東會亦僅列舉之重要事項才不得以臨時動議為之，其餘事項均可臨時動議，則由此推論，更加追求會議效率與彈性之董事會當然更應允許臨時動議之提出。

　　在此應思考者為，若實際上某董事違背其出席義務，則於該次董事會中得否為臨時動議？本文仍採肯定見解，蓋雖然董事會為該次臨時動議之決議，然而若該未出席之董事事後不認同該臨時動議之決議，亦可於下次董事會議時再次提出該臨時動議之相同議案，重新討論、表決一次，僅要嗣後作成之決議與前次之決議有異，即可翻覆先前所為之議案。

　　雖然允許臨時動議恐怕架空了公司法第204條第1項本文應載明事由之要求，然而本文認為於立法論上，本即應刪除載明事由之要求，蓋董事會隨時得召開，且董事有其專業性，法律上強制董事會應載明事由否則董事會決議無效，與所為達到保護董事得充分準備之目的兩相權衡之下顯然輕重失衡，更何況董事會隨時均可召開並翻覆前次議案，其靈活與彈性即足以彌補未充分準備所為議案之瑕疵，因此並無由法律強行規定載明事由之必要，且法律縱未規定須載明事由，亦不排除公司得自行以章程規定董事會之召集須載明事由，法律介入「載明事由」之正當性恐怕亦有疑義，因此本文認為應允許臨時動議之提出為妥。

五、違反之效力

　　關於違反召集程序所為之董事會決議其法律效果為何，實務上除了前述認為公司法第204條第1項之「7日前」規定為訓示規定者外，大體均認為無效，例如：

　　最高法院100年度台上字第2104號判決認為：「公司法第二百十八條

之二規定賦予監察人得列席董事會陳述意見之權利，乃因監察人為公司業務之監督機關，須先明瞭公司之業務經營狀況，俾能妥善行使職權，同法第二百零四條因就董事會之召集明定應載明事由於七日前通知監察人，以資遵循。而董事會為公司權力中樞，為充分確認權力之合法運作，其決定之內容能符合所有董事及股東之利益，自應嚴格要求董事會之召集程序及決議方式符合上開規範及其他相關法律規定，如有違反，其所為決議，公司法雖未設特別規定，亦無準用同法第一百八十九條之明文，惟參諸董事會係全體董事於會議時經互換意見，詳加討論後決定公司業務執行之方針，依設立董事會制度之趣旨以觀，應屬無效。」

　　又如臺灣高等法院91年度上字第187號判決亦認為：「按董事會之召集，應載明事由於七日前通知各董事。但有緊急情事時，得隨時召集之；股東會之召集程序或其決議方法，違反法令或章程時，股東得自決議之日起一個月內，訴請法院撤銷其決議，公司法第二百零四條、第一百八十九條分別定有明文。次按董事會之召集通知，須對董事全體為之，如有部分董事漏未通知時，為召集程序之違法，而董事會為會議體之機關，其權限之行使應以會議之形式行之，立法原意旨在期望董事能夠慎重且妥適行使其權限，會議之召開，不僅係為取決於董事之多數意見，主要意義，在透過意見之交換與協議，以聚集董事之知識與經驗，其與股東會之性質不同，茲公司法並無準用第一百八十九條之規定，應認該決議當然無效。」

　　學理上，多數學者認為，公司法就董事會決議之瑕疵未如股東會一般區分類型而定其不同之效果，依通說見解，董事會決議一旦有瑕疵，任何人均得主張其為無效，而不論其屬程序上瑕疵或決議內容上之瑕疵皆同。[40]然有學者認為，不應一有違反公司法第204條本文之規定，即應遽認該次董事會之決議無效，相反的，應具體審酌違反情節之輕重，據以判斷該違法情事是否實質上違反公司法第204條之立法目的，而且同時應考量該瑕疵是否足以影響董事會之決議結果，若一律認為董事會決議無效，

---

[40] 參閱王文宇，公司法論，元照，2016年7月，5版，頁431；柯芳枝，公司法論（下），三民，2007年11月，增訂6版，頁320。

恐不切實際。[41]亦有學者從立法論之觀點認為，即使注重嚴格程序正義之股東會，如其召集程序上有瑕疵時，亦僅構成得於一定期限內訴請法院撤銷之事由，一旦除斥期間經過，其瑕疵即為治癒。何況對於應機動決定業務執行之董事會，如經過一段長期間後，仍得由任何人隨時主張其決議無效，而不區分其決議瑕疵之程度，縱然理論上得另謀他途，以保護善意交易相對人或交易安全，實仍有予以適當限制之必要。換言之，應比較衡量遵法經營之利益與法律關係安定性之利益，以決定董事會決議之效力。[42]

　　本文認為，董事會召集程序之瑕疵其效力應屬無效，蓋董事須對政策之成敗負其責任，而股東對公司則僅有權利，而無須負擔經營成敗之責任，因此保障董事得以參與董事會之程序性規定，若有所違反，其效力應定性為無效為妥。然而，此一召集程序之瑕疵所造成之無效，在現行公司法第204條第1項可能之情形有二：（一）未通知各董事及監察人；（二）未載明事由。雖於現行解釋論下此二瑕疵均會造成無效，然而承前文所述，董事會得隨時以嗣後之議案翻異前案，可重新討論前次議案下，本文認為無效之範圍應限縮於「未通知各董事及監察人」即可，「未載明事由」不宜賦予其無效之效力，然此有賴修法刪除「應載明事由」此一誡命規範，以徹底解決相關議題。

參、立法論

　　董事之地位本為股份有限公司之機關，於民國18年12月7日制定之公司法中並無「董事會」此一機關之出現[43]，當時公司法第144條規定：「董事之執行業務，除章程另有訂定外，以其過半數之決議行之。關於經

---

[41] 參閱劉連煜，現代公司法，新學林，2009年9月，增訂5版，頁455。

[42] 參閱王志誠，董事會決議瑕疵之效力，法學講座，第32期，2005年3月，頁68-69。

[43] 民國18年制定之公司法第四章股份有限公司中，第四節為董事，並無董事會此一制度。參http://zh.wikisource.org/wiki/%E5%85%AC%E5%8F%B8%E6%B3%95_（%E6%B0%91%E5%9C%8B18%E5%B9%B4）（最後瀏覽日：06/17/2014）。

理人之選任及解任亦同。」遲至民國35年3月23日修訂之公司法中，方於第192條第1項增訂：「董事在職權上須集體行動時，得組織董事會。」換言之，當時之董事會係可有可無之制度，僅須由董事過半數之決議即可為業務之執行，嗣於民國55年7月5日修正之公司法中，方於股份有限公司章中之第四節修正為「董事及董事會」，至此方確定我國股份有限公司應設立董事會此一機關，而將原先各董事所得享有之業務決策及執行權，交由會議體之董事會行之。並增訂公司法第202條：「公司業務之執行，由董事會決定之。除本法或章程規定，應由股東會決議之事項外，均得由董事會決議行之。」及第204條：「董事會之召集，應載明事由於七日前通知各董事；但有緊急情事時，得隨時召集之。」

若由立法過程以觀，可知早年無董事會此一制度之下，僅要過半數董事決議某議案可行，即得為業務之執行，無須透過董事會集思廣益，此一方式之優點為公司得以迅速反應瞬息萬變之商場競爭及突如其來的變化，惟亦造成公司之業務執行率斷，未充分進行討論即作成業務之決策與執行，有董事濫權之弊。因此，民國55年公司法引進董事會此一制度，期待藉由董事間之集思廣益，作成對公司利益最大化之決策，此應為董事會制度之精華所在。

若從此觀點切入，則董事會本身之存在應非目的，而係為了要使得各董事間得以集思廣益，作成對公司相對而言較佳之決策，而董事之義務即為隨時準備出席董事會，貢獻其專業之意見並參與董事會之決議。在全球化市場之競爭之下，競爭壓力日益擴大，商機稍縱即逝，市場上之對手間隨時可能會作出瓜分市場或影響市占率或搶食客戶大餅之決定，若公司董事會不隨時因應，則隨時可能造成公司之巨大損害，換言之，緊急情事毋寧是現代公司所面臨之常態，是以董事會此一會議體毋寧是24小時待命之性質，隨時可能會有需要董事立即出席並作成決議以因應市場變化之需要，而董事之義務為，不論該開會時間有多麼不合理，均應負有出席之義務，即便董事人在國外亦得以視訊會議為之。是以，董事會所面臨之業務決策具有複雜多樣性、緊急應變性等性質，許多議案之成立恐怕均無法事前一一載明，而係在開會討論的過程中逐漸形成，此亦為董事會本身對公

司之意義與機能。因此，公司法204條之召集程序之規定，是否有必要如此嚴格即不無檢討之餘地。

比較法上，日本公司法第368條第1項規定，董事會之召集雖應於7日前通知，然亦允許公司章程縮短之，且召集通知之方式亦無限制，書面或口頭等僅須表明時間地點即可，至於召集事由則可任意為之。雖然召集事由之載明有助於董監事之會前準備，使董事會運作更具效率，然該規定強制性之必要，尚有討論餘地。蓋董事會為公司業務執行機關，關於公司重要業務須經董事會決議事項者，隨時可能成為董事會之討論議題而難於事前載明，然董事會不論事前載明與否皆應決議之；另公司董事於股東會中選出，通常被認為對公司經營具有相當經驗、能力者，從而關於公司經營事項縱未於事前受通知亦能適切的作成決議。[44]又日本公司法第368條第2項亦規定，董事會之召集，若經董事及監察人全體同意，得不經法定程序而召集之。[45]

參酌日本立法例，可知我國公司法第204條之嚴格規定，將不利於董事會之彈性運作，誤將董事會本身之存在視作目的，而嚴格控管會議程序，忽略了董事會之功能之追求，殊非妥適。準此，本文認為我國公司法第204條僅須規定為：「董事會之召集，應通知各董事及監察人。但經全體董事及監察人同意，得不經章定程序召集之。」即可，無須硬性規定要載明事由及通知之期間，亦無區分緊急情事之必要，申言之，將此等事項解為公司內部之自治事項，由公司章程自行規定即可。且在全體同意召開董事會之下，亦可因本條但書之規定，破除章程對召集程序所為之限制。

我國公司法於民國107年8月1日甫修正通過第204條（惟施行日期由行政院定之，尚未生效施行），其規定為：「董事會之召集，應於三日前通知各董事及監察人。但章程有較高之規定者，從其規定（第1項）。公

---

[44] 參照上柳克郎等編輯，新版注釋会社法(6)，有斐閣，2000年12月，頁97。引自林麗香，董事會召集程序瑕疵之治癒／最高院99台上1401，臺灣法學雜誌，2011年5月15日，頁191。

[45] 林麗香，董事會召集程序瑕疵之治癒／最高院99台上1401，臺灣法學雜誌，2011年5月15日，頁191。

開發行股票之公司董事會之召集，其通知各董事及監察人之期間，由證券主管機關定之，不適用前項規定（第2項）。有緊急情事時，董事會之召集，得隨時為之（第3項）。前三項召集之通知，經相對人同意者，得以電子方式為之（第4項）。董事會之召集，應載明事由（第5項）。」，修正理由則說明：「一、修正第一項。鑒於董事會之召集，於三日前通知各董事及監察人，應已足夠，爰將原『七日』修正為『三日』。此『三日』為最低基準，尚不得於章程另定低於三日之規定，例如一日前或二日前通知之情形。又倘公司認為三日，不夠充裕，得於章程延長應於三日前通知各董事及監察人之規定，例如於章程定為四日前、五日前、六日前、七日前等，公司得自行斟酌情形訂定，爰為但書規定。二、增訂第二項，明定公開發行股票之公司董事會之召集，其通知各董事及監察人之期間，由證券主管機關定之，不適用第一項規定。三、原第一項但書移列第三項，並酌作修正。四、原第二項移列第四項，並酌作修正。五、原第一項前段『董事會之召集，應載明事由』，移列第五項。」由上開新修條文及修法理由觀之，有下列幾點可議之處：

一、立法者仍然固守著嚴格控管董事會召集程序的思維，而且變本加厲，雖將「7日前」通知縮短為「3日前」通知即可，然亦認為這「3日前」通知為最低基準，不可以少於3日前通知，連章程都無法破除這3日前通知的規定，只能多不能少，意思就是當新法開始施行時，這「3日前」通知已經是不折不扣的「強行規定」了！連解釋論要解為訓示規定的空間都沒有，然而誠如前述，嚴格控管董事會的召集程序，其實並無必要，此可謂為退步的修法，還不如不要修。

二、新法第3項規定緊急情事之下得隨時召集之，乍看之下雖與舊法相同，但是第5項卻明定了「董事會之召集，應載明事由。」換言之，即便是緊急情事，哪怕你急到必須現在、馬上、立刻開會，董事長都要先將召集事由寫好才可以召集，這樣子的堅持意義何在？要讓董事們不被突襲嗎？緊急情事下還是要保護這群理論上具有專業的董事們，讓他們可以在家至少翻一下書、找一下資料，以應付馬上要召開的董事會？顯然這樣的修法完全是倒退的修法，與本文見解完全背道而馳，這樣的程序堅持意義

何在？令人費解，難道董事長有如洪水猛獸，必須嚴加防範董事長操控董事會，所以我國公司法修法方向一路的朝嚴格控管董事會的程序之路邁進？

三、新修公司法第204條並未將「臨時動議」之容許性問題納入規定，如果說立法者的態度是要嚴格控管程序，那不是更應該要「嚴格禁止臨時動議的提出」才可以嗎？否則臨時動議不只違反「3日前」通知，還沒有「載明事由」，可以說是完全規避掉新修公司法第204條之程序規定，請問立法者這是否為漏洞？在立法者的眼裡這或許是漏洞，但在本文的立場，應該說是不幸中的大幸！讓本文的論點還有透過「臨時動議」適用的機會，誠如本文前述，創設董事會此一會議體機關之目的在於集思廣益，董事會既為會議體，就必須透過開會決議來形成意思決定，此間履經召集、開會議論、決議等程序，費時費事，較諸舊法之董事制度，顯然輸於運作之彈性、效率性。董事會制度本質上負有這種先天性的缺失，因此制度規定當盡量賦予彈性、效率性，克制減少缺失。反之，主張嚴格規定，嚴格控管會議程序，董事會之短處將是雪上加霜，殊非妥適。

四、新修公司法第204條並未將「全體同意」作為召集程序之例外情形，因此在新公司法第204條施行後，董事全體同意立刻、馬上召開董事會之情形下，該董事會所作成之決議是否仍因違反第204條而無效？難道仍然要由學說、實務自行去透過「解釋論」來破除新法的程序枷鎖？這樣子明目張膽的扭曲立法者嚴格控管程序的意志，可以嗎？本文認為，新法未創設全體同意之例外，令人遺憾。

雖然新修公司法第204條是一個退步的修法，但是本文仍要稱讚一下公司法第203-1條的增訂，該條規定：「董事會由董事長召集之（第1項）。過半數之董事得以書面記明提議事項及理由，請求董事長召集董事會（第2項）。前項請求提出後十五日內，董事長不為召開時，過半數之董事得自行召集（第3項）。」所為之修法方向大體正確，已適度彌補了董事長消極不召開董事會時該怎麼辦的問題。但是仍有為德不卒之憾，既然董事長在立法者眼裡有如洪水猛獸一般的存在，無時無刻都要防止董事長操控董事會，那麼如果是過半數董事自行召集之情形，董事會的主席是

否一樣是董事長？還是說該次會議的主席之位可由他人取而代之？另外，董事長之所以能當到董事長，不就是因為他有董事會過半的董事支持，才能被選為董事長嗎？換句話說，董事長就是公司派的人馬，董事長的人馬在董事會裡面會沒有過半？如果市場派的少數董事想要討論的議題得不到「過半董事」的支持，也是一樣連主動召開會議的機會都沒有，這樣要怎麼達到立法者日思夜想的防範「董事長操控」的目的呢？總之過半數的董事才能自行召集的門檻有點過高，其實沒必要，但至少已經是立法者邁出的第一步了。

肆、結論

　　我國公司法第204條之立意固然係為了避免董事長濫權操弄董事會，以及確保董事之出席與準備，然而以國家強制規定董事會召集程序之方式，其妥當性容有討論之空間，或許國家對公司董事會之召集程序可以僅作框架性規定，讓董事會得以彈性召開，以因應瞬息萬變之全球化競爭市場，並允許將此類事項解為公司之內部事項，交由公司章程自行對董事召集程序作細緻化之規定，亦不失為一妥當解決董事會召集程序之方法。綜合上述，本文認為我國公司法第204條僅須規定為：「董事會之召集，應通知各董事及監察人。但經全體董事及監察人同意，得不經章定程序召集之。」即可。

8

兩岸民事裁判與仲裁裁決相互認可及執行之介紹與展望

鄭瑞崙[*]

壹、前言

海峽交流基金會與海峽兩岸關係協會於2009年4月26日簽署的《海峽兩岸共同打擊犯罪及司法互助協議》第10條，明確約定：「雙方同意基於互惠原則，於不違反公共秩序或善良風俗的情況下，相互認可及執行民事確定裁判與仲裁判斷。」隨著兩岸地區人民交往日益頻繁、經濟貿易往來日漸繁盛，兩岸間關於相互認可及執行民事裁判與仲裁裁決的案件數量有逐年增長的趨勢。

雖然在兩岸法院實務案例中，已有許多民事裁判及仲裁判斷成功獲得對岸法院認可及執行，但兩岸法制關於認可及執行的適用範圍並不相同，且仍有未臻完善、值得探討的空間。本文以下擬先介紹兩岸相互認可與執行之法制與實務現況，再以大陸地區法制為借鏡，探討臺灣未來修法方向，最後提出對於兩岸未來的展望，期能對於兩岸的相互往來，有更進一步的貢獻。

瑞瀛法律事務所所長律師、中國大陸、臺灣律師、中國政法大學法學博士。

貳、兩岸法制及實務現況

一、臺灣關於認可及執行在大陸作成之民事確定裁判、仲裁判斷與調解書的法制及實務現況

依據中華民國81年7月31日總統公布之《臺灣地區與大陸地區人民關係條例》（以下簡稱《兩岸人民關係條例》）第74條第1、2項規定：「在大陸地區作成之民事確定裁判、民事仲裁判斷，不違背臺灣地區公共秩序或善良風俗者，得聲請法院裁定認可。前項經法院裁定認可之裁判或判斷，以給付為內容者，得為執行名義。」可知臺灣法律僅明文認可及執行在大陸地區作成之民事確定裁判、民事仲裁判斷。

在臺灣的司法實務上，已有多起關於認可執行在大陸地區作成之民事確定裁判，例如：臺灣彰化地方法院以93年度家聲字第7號民事裁定[1]，裁定大陸地區廣西壯族自治區桂林市疊彩區人民法院（2003）疊民初字第217號民事確定判決應予認可；臺灣高等法院臺中分院作成92年度家抗字第92號民事裁定[2]，認可大陸地區福建省寧德市焦城區人民法院（2002）蕉民初字第422號民事判決書。[3]

至於在臺灣地區認可與執行在大陸地區作成之民事仲裁判斷案例中，首例為臺灣臺中地方法院92年度仲聲字第1號民事裁定[4]，裁定主文：「大陸地區中國國際經濟貿易仲裁委員會於民國九十二年（即西元二○○三年）一月二十日就聲請人與相對人間因違反工程合約事件所作成之仲裁判斷，內載：相對人及案外人上海海鈺建築工程有限公司應於該仲裁判斷作成之日起四十五天內連帶給付聲請人人民幣玖佰陸拾萬柒仟佰陸拾肆

---

[1] 臺灣彰化地方法院93年度家聲字第7號民事裁定。

[2] 臺灣高等法院臺中分院92年度家抗字第92號民事裁定。

[3] 陳希佳，兩岸相互認可執行仲裁判斷和調解協議的現況與展望，第三屆兩岸和平發展法學論壇論文集，2014年，頁330。

[4] 臺灣臺中地方法院92年度仲聲字第1號民事裁定。

元，及美金壹萬肆仟元，逾期給付，按年息百分之六加計利息（如附件仲裁判斷書），准予認可。」本案迭經相對人提起抗告、再抗告，其後經臺灣高等法院臺中分院92年度抗字1209號裁定、最高法院93年度台抗字214號裁定駁回其抗告、再抗告[5]而確定。

另外，《兩岸人民關係條例》並無規定在大陸地區作成的「調解書」為認可及執行之適用範圍，因此，不論是否為大陸地區人民法院依《民事訴訟法》第97條及第98條等規定所製作的「調解書」，或是業經人民法院依《關於建立健全訴訟與非訴訟相銜接的矛盾糾紛解決機制的若干意見》第20條前段、《人民調解法》第33條、《民事訴訟法》以及《最高人民法院關於人民調解協議司法確認程序的若干規定》等相關規定，為司法確認的民間「調解協議」，均經臺灣司法院及法務部認為在大陸地區作成之「調解書」及「調解協議」並非《兩岸人民關係條例》第74條明文規定的民事確定裁判、民事仲裁判斷，不在可聲請臺灣法院認可之列。[6]

儘管欠缺法律明文規定，但臺灣實務上仍有法院裁定認可大陸人民法院作成的民事「調解書」案例，絕大多數為關於認可大陸人民法院就離婚作成的調解書，例如：臺灣臺北地方法院101年度家聲字第95號民事裁定[7]，認可大陸地區江蘇省太倉市人民法院（2007）太民一初字第1254號民事調解書；臺灣高雄地方法院100年度家聲字第11號民事裁定[8]，認可中國大陸地區湖南省澧縣人民法院西元2010年10月11日（2010）澧民初字第984號民事調解書，於西元2010年10月18日生效，只有少數個案是關於認可大陸人民法院就當事人間因商事糾紛所作成之民事調解書，例如：臺灣臺北地方法院99年度審聲字第16號民事裁定，認可大陸地區上海市閔行區人民法院西元2009年6月4日（2009）閔民一（民）初字第6166號民事調解

---

[5] 臺灣高等法院臺中分院92年度抗字第1209號民事裁定；最高法院93年度台抗字第214號民事裁定。

[6] 同註3，頁330。

[7] 臺灣臺北地方法院101年度家聲字第95號民事裁定。

[8] 臺灣高雄地方法院100年度家聲字第11號民事裁定。

書。[9]

二、大陸地區關於認可及執行在臺灣作成之民事確定裁判、仲裁裁決與調解書的實務現況

首要一提者為，大陸最高人民法院於2015年6月29日公布《最高人民法院關於認可和執行臺灣地區法院民事判決的規定》及《最高人民法院關於認可和執行臺灣地區法院仲裁裁決的規定》（以下合稱「2015年的新規定」），自7月1日起施行，舊規定包含：「《最高人民法院關於人民法院認可臺灣地區有關法院民事判決的規定》（法釋〔1998〕11號）、《最高人民法院關於當事人持臺灣地區有關法院民事調解書或者有關機構出具或確認的調解協議書向人民法院申請認可人民法院應否受理的批復》（法釋〔1999〕10號）、《最高人民法院關於當事人持臺灣地區有關法院支付命令向人民法院申請認可人民法院應否受理的批復》（法釋〔2001〕13號）和《最高人民法院關於人民法院認可臺灣地區有關法院民事判決的補充規定》（法釋〔2009〕4號）」同時廢止。「2015年的新規定」大幅擴張關於認可和執行臺灣地區的民事判決、仲裁裁決與調解書的適用範圍，以下分別說明「2015年的新規定」要點，並比較新、舊規定的不同。

(一) 就民事判決及仲裁裁決分別規定，並明確適用範圍

舊規定即《最高人民法院關於人民法院認可臺灣地區有關法院民事判決的規定》（法釋〔1998〕11號）僅於第19條規定：「申請認可臺灣地區有關法院民事裁定和臺灣地區仲裁機構裁決的，適用本規定。」然而有部分關於不予認可法院民事判決的規定，並不適用於申請認可仲裁裁決案件的情況，因此「2015年的新規定」就民事判決及仲裁裁決分別規定：《最高法院關於認可和執行臺灣地區法院民事判決的規定》與《最高法院關於認可和執行臺灣地區法院仲裁裁決的規定》，更為清楚明確。

適用範圍部分，2015年的《最高法院關於認可和執行臺灣地區法院

---

[9] 同註3，頁331。

民事判決的規定》第2條規定：「本規定所稱臺灣地區法院民事判決，包括臺灣地區法院作出的生效民事判決、裁定、和解筆錄、調解筆錄、支付命令等。申請認可臺灣地區法院在刑事案件中作出的有關民事損害賠償的生效判決、裁定、和解筆錄的，適用本規定。申請認可由臺灣地區鄉鎮市調解委員會等出具並經臺灣地區法院核定，與臺灣地區法院生效民事判決具有同等效力的調解文書的，參照適用本規定。」；2015年的《最高法院關於認可和執行臺灣地區法院仲裁裁決的規定》亦於第2條規定：「本規定所稱臺灣地區仲裁裁決是指，有關常設仲裁機構及臨時仲裁庭在臺灣地區按照臺灣地區仲裁規定就有關民商事爭議作出的仲裁裁決，包括仲裁判斷、仲裁和解和仲裁調解。」解決了舊規定下在臺灣經法院核定的鄉鎮市調解書、臨時仲裁判斷、仲裁人作成的和解書及調解書是否可向大陸人民法院申請認可的問題。[10]

(二) 申請認可身分關係的判決不受二年期間的限制

　　不同於舊規定即《最高人民法院關於人民法院認可臺灣地區有關法院民事判決的補充規定》（法釋〔2009〕4號）第9條：「申請認可臺灣地區有關法院民事判決的，應當在該判決效力確定後二年內提出。」，「2015年的新規定」明訂申請認可身分關係的判決不受大陸《民事訴訟法》第239條關於應在2年內提出申請的時間限制，參照2015年的《最高法院關於認可和執行臺灣地區法院民事判決的規定》第20條規定：「申請人申請認可和執行臺灣地區法院民事判決的期間，適用民事訴訟法第二百三十九條的規定，但申請認可臺灣地區法院有關身分關係的判決除外。」以及2015年的《最高法院關於認可和執行臺灣地區法院仲裁裁決的規定》第19條規定：「申請人申請認可和執行臺灣地區仲裁裁決的期間，適用民事訴訟法第二百三十九條的規定[11]。」依照現行大陸民事訴訟法第239條規定申請執行的期間為2年。

---

[10] 陳希佳，二分鐘看懂最高人民法院關於認可和執行臺灣地區法院民事判決及仲裁裁決的新規定，臺商張老師刊物，2015年。

[11] 同註10。

(三) 新增申請認可前的保全

　　「2015年的新規定」在大陸人民法院受理認可臺灣地區法院民事判決或仲裁裁決的申請之前或之後，均可裁定採取保全措施，參照2015年的《最高法院關於認可和執行臺灣地區法院民事判決的規定》第10條規定：「人民法院受理認可臺灣地區法院民事判決的申請之前或者之後，可以按照民事訴訟法及相關司法解釋的規定，根據申請人的申請，裁定採取保全措施。」以及2015年的《最高法院關於認可和執行臺灣地區法院仲裁裁決的規定》第10條規定：「民法院受理認可臺灣地區仲裁裁決的申請之前或者之後，可以按照民事訴訟法及相關司法解釋的規定，根據申請人的申請，裁定採取保全措施。」有別於舊規定即《最高人民法院關於人民法院認可臺灣地區有關法院民事判決的補充規定》（法釋〔2009〕4號）第5條：「申請人提出認可臺灣地區有關法院民事判決的申請時，或者在案件受理後、人民法院作出裁定前，可以提出財產保全申請。」僅規定申請人可在申請時或案件受理後提出財產保全申請。[12]

(四) 新增受理法院及放寬受理條件

　　根據2015年的《最高法院關於認可和執行臺灣地區法院民事判決的規定》第4條規定：「申請認可臺灣地區法院民事判決的案件，由申請人住所地、經常居住地或者被申請人住所地、經常居住地、財產所在地中級人民法院或者專門人民法院受理。申請人向兩個以上有管轄權的人民法院申請認可的，由最先立案的人民法院管轄。」及《最高法院關於認可和執行臺灣地區法院仲裁裁決的規定》第4條規定：「申請認可臺灣地區仲裁裁決的案件，由申請人住所地、經常居住地或者被申請人住所地、經常居住地、財產所在地中級人民法院或者專門人民法院受理。」可知「2015年的新規定」新增舊規定所無的「被申請人」之住所地、經常居住地、財產所在地中級人民法院或者專門人民法院，亦得受理申請。[13]

---

[12] 同註10。

[13] 同註10。

　　過去大陸司法實務中，申請人要向大陸人民法院申請認可與執行，除了需提出民事判決或仲裁裁決外，還要將該法律文書經過臺灣公證機關公證，再經大陸公證協會認證，法院才會立案。然而，依據2015年的《最高法院關於認可和執行臺灣地區法院民事判決的規定》及《最高法院關於認可和執行臺灣地區法院仲裁裁決的規定》第7條規定，申請書僅需附有「臺灣地區有關法院民事判決文書和民事判決確定證明書（或仲裁協議、仲裁判斷書、仲裁調解書）的正本或者經證明無誤的副本」，不用行公證、認證程序，人民法院即應予立案。同時，該條後段規定：「臺灣地區法院民事判決為缺席判決的，申請人應當同時提交臺灣地區法院已經合法傳喚當事人的證明文件，但判決已經對此予以明確說明的除外。」

（五）新增救濟途徑

　　依照舊規定，當事人若不服關於申請認可臺灣法院民事判決的裁定，並無相關救濟途徑。然而「2015年的新規定」則新增了舊規定所無的救濟途徑，當事人對裁定不服者，無論是裁定認可、裁定不予認可或是裁定駁回，按2015年的《最高法院關於認可和執行臺灣地區法院民事判決的規定》第18條規定：「人民法院依據本規定第十五條和第十六條作出的裁定，一經送達即發生法律效力。當事人對上述裁定不服的，可以自裁定送達之日起十日內向上一級人民法院申請復議。」均可自裁定送達起10日內申請復議。[14]

（六）明定審查期限

　　「2015年的新規定」明文規定人民法院的審查期限，參照2015年《最高法院關於認可和執行臺灣地區法院民事判決的規定》第14條規定：「人民法院受理認可臺灣地區法院民事判決的申請後，應當在立案之日起六個月內審結。有特殊情況需要延長的，報請上一級人民法院批准。通過海峽兩岸司法互助途徑送達文書和調查取證的期間，不計入審查期限。」

---

[14] 同註10。

2015年的《最高法院關於認可和執行臺灣地區法院仲裁裁決的規定》第13條規定：「人民法院應當儘快審查認可臺灣地區仲裁裁決的申請，決定予以認可的，應當在立案之日起兩個月內作出裁定；決定不予認可或者駁回申請的，應當在作出決定前按有關規定自立案之日起兩個月內上報最高人民法院。通過海峽兩岸司法互助途徑送達文書和調查取證的期間，不計入審查期限[15]。」

參、臺灣未來修法方向

由上可知，大陸最高人民法院於2015年公佈《最高法院關於認可和執行臺灣地區法院民事判決的規定》與《最高法院關於認可和執行臺灣地區法院仲裁裁決的規定》，總結了舊規定自1998年以來，施行長達10餘年的經驗，大幅優化、細緻化關於認可及執行在臺灣作成之民事確定裁判、仲裁裁決與調解書等相關規定，有助保障兩岸人民法律權益。

相比之下，臺灣關於認可及執行在大陸作成之民事確定裁判、仲裁判斷的規定，僅於《兩岸人民關係條例》第74條第1、2項規定：「在大陸地區作成之民事確定裁判、民事仲裁判斷，不違背臺灣地區公共秩序或善良風俗者，得聲請法院裁定認可。前項經法院裁定認可之裁判或判斷，以給付為內容者，得為執行名義。」以單一條文簡單規範，實不足因應兩岸密切往來衍生問題，前述提及的臺灣雖欠缺法律明文規定，仍有許多法院裁定認可大陸人民法院就離婚作成的「調解書」，即為著例。本文以為，修法乃根本解決之道，故以下分別討論《兩岸人民關係條例》第74條規定以外之大陸地區作成之法律文書，是否宜修法納入臺灣認可執行的範圍，作為日後可能的修法方向。

---

[15] 同註10。

一、由大陸人民法院作成的支付令

依大陸地區《民事訴訟法》及相關規定，當符合下列要件時，債權人單方即可向人民法院申請支付令：1.債權人請求債務人給付的目標為金錢或有價證券；2.請求給付的金錢或者有價證券已到期且數額確定，並寫明了請求所根據的事實、證據的；3.債權人與債務人沒有其他債務糾紛的；4.支付令能夠送達債務人的。

若債務人自收到支付令之日起15日內向人民法院提出書面異議，並經法院審查認為成立的，人民法院應當裁定終結督促程式，支付令自行失效，即無強制執行力可言。倘債務人在前述期間（即收到支付令之日起15日內）不提出異議亦不履行支付令的，債權人即可向人民法院申請強制執行。至於債權人是否可聲請臺灣法院認可並執行此支付令，則必須先討論大陸人民法院所發出的支付令是否屬於《人民關係條例》第74條第1項所定之「民事確定裁判」？

依最高人民法院1992年作成的《關於支付令生效後發現確有錯誤應當如何處理給山東省高級人民法院的復函》以及2001年《最高人民法院關於適用督促程序若干問題的規定》第11條：「人民法院院長對本院已發生法律效力的支付令，發現確有錯誤，認為需要撤銷的，應當提交審判委員會討論決定後，裁定撤銷支付令，駁回債權人的申請。」可知當事人仍得以實體上錯誤為由，請求人民法院撤銷依《民事訴訟法》第214條規定作成之「支付令」，故「支付令」之效力與「民事確定裁判」之效力不同，應非屬《人民關係條例》第74條第1項所定之「民事確定裁判」。

本文認為，臺灣宜先了解支付令的法律效力、大陸地區司法實務上撤銷支付令的數量，以及兩岸民情的不同，考慮是否將「大陸人民法院作成的支付令」納入臺灣認可及執行的範圍。

二、大陸人民法院作成的調解書

依照大陸《民事訴訟法》第198條、第201條規定，已將爭執人民法院作成的「調解書」的程序與爭執已經發生法律效力的「判決、裁定」為

類似規定，有時甚至規定在相同的法條中，例如：大陸《民事訴訟法》第198條及第201條分別規定當事人就「已經發生法律效力的判決、裁定」及「調解書」可申請「再審」情況；大陸《民事訴訟法》第124條第1款第5項規定：「對判決、裁定、調解書已經發生法律效力的案件，當事人又起訴的，告知原告申請再審。但人民法院准許撤訴的裁定除外。」大陸《民事訴訟法》第198條規定：「各級人民法院院長對本院已經發生法律效力的判決、裁定、調解書，發現確有錯誤，認為需要再審的，應當提交審判委員會討論決定。最高人民法院對地方各級人民法院已經發生法律效力的判決、裁定、調解書，上級人民法院對下級人民法院已經發生法律效力的判決、裁定、調解書，發現確有錯誤的，有權提審或者指令下級人民法院再審。」大陸《民事訴訟法》第208條規定：「最高人民檢察院對各級人民法院、上級人民法院對下級人民法院或地方各級人民檢察院對同級人民法院已經發生法律效力的判決、裁定、調解書，有權提出抗訴。」此外，大陸《民事訴訟法》第56條則規定：「對當事人雙方的訴訟標的，認為有獨立請求權的第三人，或對當事人雙方的訴訟標的，雖然沒有獨立請求權，但案件處理結果同他有法律上的利害關係的第三人，因不能歸責於本人的事由未參加如訴訟，但有證據證明發生法律效力的判決、裁定、調解書的部分或者全部內容錯誤，損害其民事權益的，可以向人民法院提起訴訟。」可認人民法院作成的調解書與民事確定裁判有相同或類似的效力[16]。

又如前所述，臺灣雖欠缺法律明文規定，仍有許多法院裁定認可大陸人民法院作成的調解書，顯見實務有此需求。因此，本文建議臺灣日後修法時，可將「大陸人民法院作成的調解書」納入認可及執行的範圍。

三、當事人在大陸人民法院審判中達成的和解協議

依照大陸《民事訴訟法》第50條、第230條規定，雙方當事人可自行和解，雙方當事人自行達成「和解協議」者，大陸人民法院可以根據當事

---

[16] 同註3，頁335-336。

人的申請製作「調解書」。因此，若臺灣日後修法將大陸人民法院作成的「調解書」納入認可及執行的範圍，則對於和解協議經大陸人民法院製作調解書者，應可比照處理。[17]

至於未經大陸人民法院製作調解書之「和解協議」，因大陸《民事訴訟法》並未明文規定有與民事確定裁判有相同或類似的效力，本文認為不宜修法納入認可及執行的範圍。

四、經大陸人民法院審判中司法確認的調解協議

依大陸《人民調解法》第28條規定：「經人民調解委員會調解達成調解協議的，可以製作調解協議書。當事人認為無需製作調解協議書的，可以採取口頭協定方式，人民調解員應當記錄協定內容。」同法第33條規定：「經人民調解委員會調解達成調解協定後，雙方當事人認為有必要的，可以自調解協議生效之日起三十日內共同向人民法院申請司法確認，人民法院應當及時對調解協議進行審查，依法確認調解協議的效力。人民法院依法確認調解協議有效，一方當事人拒絕履行或者未全部履行的，對方當事人可以向人民法院申請強制執行。」可見經大陸人民法院為司法確認的調解協議具有執行力，但大陸人民法院就調解協議司法確認所為之裁定，是否屬於《人民關係條例》第74條第1項規定之民事確定裁判？尚有討論的空間。依《最高人民法院關於人民調解協議司法確認程序的若干規定》第10條規定：「案外人認為經人民法院確認的調解協議侵害其合法權益的，可以自知道或應當知道被侵害之日起一年內，向作出確認決定的人民法院申請撤銷確認決定。」可知「經司法確認的調解協議」仍得以實體上事由撤銷，亦與臺灣法院依《鄉鎮市調解條例》核定的民事調解協議效力（與民事確定判決有同一效力）不同，因此，本文認為不宜將「經大陸法院司法確認的調解協議」修法納入認可及執行的範圍。[18]

---

[17] 同註3，頁334。

[18] 同註3，頁336。

五、當事人在仲裁程序中達成的和解協議

依照大陸《仲裁法》第49條規定:「當事人申請仲裁後,可以自行和解。達成和解協定的,可以請求仲裁庭根據和解協定作出裁決書,也可以撤回仲裁申請。」當事人在仲裁程序達成和解後,若有請求仲裁庭根據和解協議作出「仲裁裁決書」,此「仲裁裁決書」即為《兩岸人民關係條例》第74條規定之仲裁判斷,可申請臺灣法院認可及執行。[19]

但若未請求仲裁庭根據和解協議作出仲裁裁決書,因和解協議並非《兩岸人民關係條例》第74條第1項規定之民事確定裁判或仲裁判斷,而且大陸《民事訴訟法》並未明文規定「在仲裁程序中達成的和解協議」有與仲裁裁決或民事確定裁判有相同或類似的效力,本文認為無需修法納入認可及執行的範圍。

六、仲裁庭在大陸地區作成的調解書

依照大陸《仲裁法》第51條規定:「仲裁庭在作出裁決前,可以先行調解。當事人自願調解的,仲裁庭應當調解。調解不成的,應當及時作出裁決。調解達成協議的,仲裁庭應當製作調解書或者根據協定的結果製作裁決書。調解書與裁決書具有同等法律效力。」明白規定「仲裁庭作成的調解書」與「仲裁裁決書」具有同等法律上之效力。因此,本文建議臺灣日後修法時,可將「仲裁庭作成的調解書」納入認可及執行的範圍。

肆、結論

兩岸間法律文書之相互認可與執行,與兩岸人民的權益至深且遠,當有詳加規範之必要。相比大陸最高人民法院細緻化規範關於認可及執行在臺灣作成之民事確定裁判、仲裁裁決與調解書,於2015年公布施行《最高法院關於認可和執行臺灣地區法院民事判決的規定》與《最高法院關於認

---

[19] 同註3,頁334-335。

可和執行臺灣地區法院仲裁裁決的規定》，臺灣若仍固守《兩岸人民關係條例》第74條第1、2項規定，難以與時俱進，且無助於保障兩岸人民法律上之權益。

　　本文以大陸地區法制沿革為借鏡，探討臺灣未來修法方向，並聚焦於法律文書認可執行之適用範圍，期能拋磚引玉，獲得更多討論及迴響，盡速促成相關法令的修訂，對於兩岸的相互往來及人民權益保障，有所貢獻！在未完成修法前，實有賴於法院以裁判來解決實務上面臨的一些問題，同時也建議兩岸相關當局，在制定或公布相關法律前，能預作溝通，了解彼此法律制度，經過充分討論，期能保障兩岸人民之法律上權益。

9

董事長專斷行為之效力與交易安全的實踐

壹、摘要

董事長基於公司法第208條第3項規定：「董事長對內為股東會、董事會及常務董事會主席，對外代表公司。」若董事長片面執行應經董事會決議或股東會決議之事項，其行為之效力如何，法律無明文規定，不論實務抑或學者通說，均採善意有效、惡意無效之結論，但交易安全的保護係為衡平本人與相對人享有利益，以「法律規定」加以調整、安排，然而實務與學者通說對於董事長片面執行必要應經董事會決議或股東會決議之事項，其行為之效力如何，其本質上效力之前提問題，及進而為衡平公司與交易相對人所享有之利益，採取善意有效、惡意無效之安排，其法律之依據等，均欠缺完備之討論，按法律行為以意思表示為要素，而意思表示之要素為行為人內心之意思與外部表示行為，兩者缺一不可，是本文對於董事長片面執行必要應經董事會決議或股東會決議之事項，其行為之效力問題，擬從公司行為自其內部意思形成至對外之表示行為之整體歷程加以觀察，從本質上探討其效力問題，此前提問題討論後，始進而討論交易相對人保護之必要及調整公司與交易相對人所享有利益之法律依據，並提出解決途徑。

貳、公司的代表機關與董事長之代表權限

一、董事會與董事長的關係

業務執行機關同時即為代表機關，此為一般法人之通例，蓋業務執行之內涵應包含決定權與實行權，而對外之業務實行，端賴代表行為方能實現，是對外之業務執行與代表行為雖觀念上可分，但實為一體兩面而已，股份有限公司之董事會為公司之業務執行機關，故業務決定權與業務實行權限不可分離均屬董事會之權限，從而股份有限公司之代表權限亦劃歸為董事會[1]，但董事會為會議體，對於業務之決定固以決議方式為之，但對外業務之實行即代表權之行使為求簡便並無董事會親自行使為必要，學者有認為業務執行權限分屬董事會，代表權分屬於董事長，兩者是各自獨立之機關，但在業務執行關係上，董事會與董事長非並立機關，也非派生機關，董事長位居於董事會之下屬機關，是輔助人地位[2]，公司法第208條第3項乃簡化董事會重複個別授權代表人對外行使代表權之規定[3]。然本文認為董事會執行業務係以會議體之方式為之，執行業務之決定以決議行之乃當然之理，但代表公司為執行業務之施行以自然人為之將更為簡便，故公司法208條第1項乃規定：「出席董事過半數之同意，互選一人為董事長」並依公司法208條第3項規定：「董事長對內為股東會、董事會及常務董事會主席，對外代表公司。」推由董事長對外行使代表權，故董事長為董事會行使代表權之輔助者，並非獨立之機關，董事會與董事長之關係實為一體，此可從該代表之人為董事會之成員可為明證。

---

1 黃清溪，清晰論法：公司法基礎理論—董事篇，五南，2016年1月，初版1刷，頁29-30。

2 黃清溪，清晰論法：公司法基礎理論—董事篇，五南，2016年1月，初版1刷，頁33。

3 黃清溪，清晰論法：公司法基礎理論—董事篇，五南，2016年1月，初版1刷，頁29。

二、董事長之代表權限

　　董事長為董事會行使代表權之輔助者，兩者實為一體，公司為法律行為必須由具有公司代表權限之代表人為之，其代表行為即為公司本身之行為，與代理關係係行為主體與法律效果歸屬主體分離之制度不同，有學者認為公司法第208條第5項準用公司法第57條規定：「代表公司之股東，關於公司營業上一切事務，有辦理之權。」可知股份有限公司之代表機關董事長其代表權限為在公司權利能力範圍內有包括性之代表權，為法定、固有、包括性之權利[4]，是依此說，董事長片面執行應經董事會決議或股東會決議之事項，其行為依然有效，亦有認為公司法第208條第5項準用公司法第57條：「代表公司之股東，關於公司營業上一切事務，有辦理之權。」之所謂「營業上事務」應具備「經常性」、「反覆性」，但本文以為公司法第57條係法人業務執行機關即代表機關之重申，無限公司之代表公司之股東，關於公司營業上一切事務，有辦理之權，乃當然之理，但股份有限公司董事會為業務執行機關，係會議體，以決議方式為意思決定（公司法第202條參照），但對外代表公司為業務之實行由董事長為之（公司法第208條第3項參照），此與無限公司之情形不同，董事長之代表權限法律適用上實難以準用公司法第57條之規定，若董事長對外在公司權利範圍內有全面、概括之代表權，即董事長有全面、概括意思決定及實行之權限，此恐與公司法第202條規定：「公司業務之執行，除本法或章程規定應由股東會決議之事項外，均應由董事會決議行之。」不符，倘股份有限公司日常事物仍經董事會決議，也恐不切實際且無必要，故就公司法第208條第3項規定：「董事長對內為股東會、董事會及常務董事會主席，對外代表公司。」為目的及體系之解釋，應認為係董事長營業上具備「經常性」、「反覆性」之事務有代表權限，可自為意思決定並加以實行之規定，是公司法第208條第3項應可認為董事長與董事會間為一體關係，及董事長權限之明文規定。

---

[4] 黃清溪，清晰論法：公司法基礎理論—董事篇，五南，2016年1月，初版1刷，頁56。

參、董事長專斷行為之效力，實務見解與評析

一、董事長對於具「經常性、反覆性」事務，未經董事會決議之效力

　　董事會為股份有限公司業務執行機關，惟董事會功能僅在業務執行之決定，其決議仍應由董事長代表行之。又董事長於公司營業範圍內事項之執行權限並非來自於董事會之委任授權，而係來自於法律上之固有權限，業務執行之要素為業務決定及業務實行，倘董事長對於公司營業範圍內具反覆性、經常性之事務，代表公司為業務之實行均應先經過董事會決議，則不切實際，是通說認為董事長代表行使之方式可自行為業務執行之決定及實行，故董事長對於具「經常性、反覆性」事務，未經董事會決議，其行為對公司仍發生效力，此為通說之結論，但其論據並不相同，有認為公司法第208條第5項準用第57條，係董事長在公司權利能力範圍內有全面、概括之代表權之規定，故當然包含具「經常性、反覆性」事務在內，是未經必要應董事會決議事項，其行為仍然有效，亦有學者認為上開準用之規定，係董事長營業上具備「經常性」、「反覆性」之事務有代表權之規定，但本文認為董事長營業上具備「經常性」、「反覆性」之事務，始有自我決定之代表權，此為公司法第202條及公司法第208條第3項目的解釋及體系解釋之當然結果，是前開事務縱未經董事會決議，其行為對公司仍發生效力。

二、對於董事長未經董事會決議片面執行不具「經常性、反覆性」事務之效力之見解

(一) 無效說——高等法院臺中分院100年上字第456號判決

　　「系爭專利權之讓與雖非讓與被上訴人公司全部或主要部分之營業或財產，而不須經股東會特別決議，然亦非一般業務執行之範圍，既未經公司董事會決議，其讓與行為即對公司不生效力，上訴人依系爭還款協議

書，請求被上訴人將系爭專利權移轉為上訴人所有，即屬無據。」

(二)善意有效、惡意無效說——最高法院102年台上字第2511號判決

「股份有限公司之董事會係定期舉行，其內部如何授權董事長執行公司之業務、董事長對外所為之特定交易行為有無經董事會決議及其決議有無瑕疵等，均非交易相對人從外觀即可得知；而公司內部就董事會與董事長職權範圍之劃分，對於交易對象而言，與公司對於董事長代表權之限制無異，為保障交易之安全，宜參酌公司法第五十七條、第五十八條之規定，認董事長代表公司所為之交易行為，於交易相對人為善意時，公司不得僅因未經董事會決議或其決議有瑕疵，即否認其效力。」

三、對於董事長片面執行「法定應經股東會決議」事務之效力之見解

(一)效力未定說——最高法院98年台上字第1981號判決

「董事長代表公司關於出售全部或主要部分之營業或財產，依公司法第一百八十五條第一項第二款之規定，應有代表已發行股份總數三分之二以上股東出席股東會，且以出席股東表決權過半數之同意行之。如董事長未經股東會上揭特別決議，而代表公司為關於出售全部或主要部分之營業或財產之行為，其效力如何，公司法雖無明文，惟參酌民法第一百七十條第一項所定：無代理權人以代理人之名義所為之法律行為，非經本人承認，對於本人，不生效力之規定，應認董事長代表公司所為上開行為，非經公司股東會之特別決議，對於公司不生效力。既係不生效力之行為，自得因事後承認而溯及於行為時發生效力（民法第一百十五條參照）。」

(二)善意有效、惡意無效說——最高法院97年台上字第2216判決

「公司未經股東會上開特別決議通過即為主要財產之處分，係屬無效之行為，惟受讓之相對人難以從外觀得知其所受讓者是否為公司營業之主要部分或全部，如相對人於受讓時係屬善意，公司尚不得以其無效對抗該

善意之相對人，用策交易安全。」

(三) 無效說──最高法院101年台上字第280號判決

「公司為讓與全部或主要部分營業或財產之行為，因涉及公司重要營業政策之變更，基於保護公司股東之立場，須先經董事會以特別決議（三分之二以上董事出席，出席董事過半數之決議）向股東會提出議案（公司法第一百八十五條第五項）；並於股東會召集通知及公告中載明其事由（公司法第一百八十五條第四項），不得以臨時動議提出（公司法第一百七十二條第五項），再經股東會以特別決議（應有代表已發行股份總數三分之二以上股東出席，出席股東表決權過半數之同意）通過後始得實行。是以公司未經股東會上開特別決議通過即為主要財產之處分，係屬無效之行為。」

四、實務見解之評析

實務之通說對於董事長專斷行為之效力均不同程度考量交易安全而賦予不同之法律效果，有認為董事長未經董事會決議片面執行不具「經常性、反覆性」事務之效力應「參酌」公司法第57條、第58條代表權之限制之規定，認為公司不得以其無效對抗善意第三人（最高法院102年台上字第2511號判決），有認為董事長片面執行「法定應經股東會決議」事務之效力，基於交易安全之保障，公司應不得以其無效對抗善意第三人（參照最高法院97年台上字第2216判決）或「參酌」民法第170條第1項、民法第115條之規定採效力未定之見解，並得事後以股東會決議加以追認（參照最高法院98年台上字第1981號判決），上開實務見解對於董事長專斷行為之效力均不同程度考量交易安全而賦予不同之法律效果，固非無見，但本文認為，董事長之對外代表權限係來自於法律規定之固有權限，並非來自於「授權」，代表人之行為即公司之行為，本質上無代表權限制問題，是最高法院102年台上字第2511號判決及最高法院97年台上字第2216判決其見解均認為應參酌公司法第57條及公司法第58條代表權限制之規定，公司不得以其無效對抗善意第三人之見解不但與學理不符，且有混淆代表權之

限制與代表權行使方式欠缺內部意思決定要素之嫌，再者董事長之代表權限係來自於職位，並非基於授權，其代表行為即為公司之行為與代理制度係行為主體與權利歸屬主體分離之概念不同，最高法院98年台上字第1981號判決認為基於交易安全之理由，對於董事長片面執行「法定應經股東會決議」事務之效力，應參酌民法第170條第1項、民法第115條之規定採效力未定之見解，應有誤會。

學者對於董事長專斷行為之效力亦與實務通說考量交易安全而認為應基於交易安全理由，採取善意有效、惡意無效之安排，雖然實務與學者通說對於董事長專斷行為之效力其結論一致，但細譯其推論過程及理論依據卻完全不同，姑將善意有效、惡意無效說區分為相對無效說與相對有效說，所謂相對無效說係指董事長片面執行必要應經董事會決議或股東會決議之事務，其效力為無效，但基於交易安全，於公司交易相對人為善意時，公司不得以其無效對抗善意第三人，交易相對人推定善意，由公司對相對人之惡意負舉證責任，實務及學者通說採此說；另有學者主張相對有效說，認為董事會對於必要決議事項欠缺決議乃公司法人組織內部機關權限分配必然發生之矛盾，因此公司法預先備好調整解決之方法，公司法第57條、第58條準用於董事長之代表權限即為明證，前開公司法第57條之規定係代表機關代表權限事先全面、概括授與之規定，是依公司法第208條第5項準用公司法第57條之規定，縱董事長片面執行依法應經董事會決議之事務，原則上仍為有效，以保障交易安全，並依公司法第208條準用第58條之規定，例外於交易相對人為惡意時，公司可主張無效，公司對於交易相對人之惡意負證責任[5]，是對於董事長片面執行「法定應經股東會決議」事務之效力，若以此說加以推論，其結果應無不同，茲不贅述。前開學說考量交易安全而對於董事長專斷行為之效果為善意有效、惡意無效之安排固非無據，然而交易安全係基於權利主體間之衡平而以法律將調整因素典型化並調整其法律效果，因此，思考上應先確認行為人即公司代表

---

[5] 黃清溪，清晰論法：公司法基礎理論—董事篇，五南，2016年1月，初版1刷，頁56。

人代表行為本質上之效力問題，才有基於交易安全，保障交易相對人，調整法律效果之討論，然而對於實務採取相對無效說僅略以：公司不得以其無效對抗第三人，然董事長片面執行必要經董事會決議或股東會決議，本質上為無效之理由之前提卻未說明，思考上逕跳躍至基於交易安全對於法律效果調整之部分，而其據以調整法律效果之依據僅為「參酌」公司法第57條、第58條董事長代表權限制及「參酌」民法第170條第1項、第115條無權代理之規定，而「參酌」並非法律適用之方式，因此實務上基於交易安全據以調整法律效果於法無據，而採相對無效說之學者對於基於交易安全據以調整法律效果亦未提出法律明文之依據，其情形與實務相同。另採取相對有效說之學者謂：「惟對該代表為應經董事會決議而決議欠缺之故意相對人知情者，公司可主張該行為無效，此說為相對有效說，也是當下多數說。導出這個結論之理論根據，一般均求之於誠信原則或權利濫用法理。然而深入探討，實際上是源自公司法人組織內部機關權分配必然發生之矛盾問題。公司法預先備好調整解決之方策，此觀之公司法第57條、第58條規定準用於董事長之代表權限即是。換言之，公司代表機關的代表權限是有關公司代表行為之全面授與，因為一事一務個別授權方式無從採行，以事先包括性的授權方式即必要且符實際。包括性代表權限行使中，一旦發生董事會必要決議事項欠缺時，原則仍屬有效，以保障交易安全，只例外對於惡意相對人，公司可主張無效[6]。」此說對於董事長片面執行必要應經董事會決議或股東會決議事項之效力，已從解釋論之角度，提出善意有效，惡意無效之法律依據，言之成理，但該說以公司法第208條第5項準用公司法第57條為依據，認為董事長有法定、概括、全面性之代表權，故其片面執行必要經董事會決議或股東會決議事項，當然有效，並認為前開法條乃公司法對於基於交易安全所預先準備之解決方法，依此學說之論述，可知該法條應係基於交易安全調整法律效果之依據，既然該法條基於交易安全將法律效果調整為有效，則反推董事長上開之行為其本質上

---

[6] 黃清溪，清晰論法：公司法基礎理論—董事篇，五南，2016年1月，初版1刷，頁56。

應為無效，此本質上何以為無效之前提問題，該說並未說明，且實難想像基於交易安全調整法律效果之法條未將調整之因素典型化而採全面、概括之一律調整，是該學說以公司法第57條為保障交易安全調整法律效果之法律依據，應有進一步說明之必要，又代表權係法定、固有之權利，並非來自於授權，故本質上無限制之問題，公司法第58條乃「代表權所加之限制」之規定，縱將上開「代表權所加之限制」之規定，解釋為「代表權行使方式之限制」，則董事長片面執行必要應經董事會決議或股東會決議事項之效力，應如何依公司法第208條第5項準用公司法第58條之部分，未進一步說明，公司法第58條係本質上無效之規定，而公司法第208條第5項準用公司法第57條之規定，依此說認為係基於交易安全調整法律效果使董事長有全面之代表權，縱片面執行必要經董事會決議或股東會決議事項仍為有效之規定，則反推上開行為本質上應為無效，否則自無調整之必要，是董事長片面執行必要應經董事會決議或股東會決議事項之效力，依該說論理過程，董事長上開行為本質上應為無效才是，似又與此說相對有效說即本質上有效，於公司舉證相對人對於欠缺必要應董事會決議或股東會決議之情事知情，董事長之行為始對公司無效之結論不符，恐有矛盾之情形。

　　本文認為董事長片面執行法定應經董事會決議或股東會決議事項，其效力如何，應以公司行為之整體歷程觀察，按法律行為以意思表示為要素，而意思表示係指將企圖發生一私法上效果，表示於外部，是公司行為之效力亦應以公司一個權利主體之意思決定與外部之表示行為等兩個要素是否健全一致加以觀察，又董事會為股份有限公司之業務執行機關，業務執行內涵區分為業務執行之決定及業務之實行，業務之實行端賴代表權始能落實，故業務執行雖與代表行為觀念上可分，但實為一體兩面，董事會為會議體，故執行業務之決定之主觀要件由董事會行之，但實際執行業務為代表行為非必由董事會實行之必要，由自然人為之應較簡便，故公司法208條第3項乃規定董事長由董事互選並推由其行使代表權為業務之執行，董事會與董事長實為一體，此可由代表之人必為董事會之成員可為明證，董事長非獨立之代表機關，代表機關仍為董事會，董事長為董事會之輔助者，此與法人之業務執行機關即為代表機關之設計相符，又倘董事長就公

司日常事務均應以公司法第202條之規定經董事會決議，不但無必要且不切實際，故依目的及體系解釋，公司法第208條第3項應解釋為董事長對於公司營業上具備「經常性、反覆性」事務，有自為決定之代表權限，縱未經董事會決議，其對公司仍為有效，若不具經常性、反覆性者，董事長仍應不得片面執行必要應經董事會、股東會決議事項，否則公司法第202條公司業務之執行，均應經董事會之決議行之之規定將成具文，公司法第57條：「代表公司之股東，關於公司營業上一切事務，有辦理之權。」係法人代表機關即為執行業務機關通例之重申而已，此與股份有限公司董事會為業務執行機關，但代表權之實行由董事長為之之設計不同，故股份有限公司董事長之代表權部分，理論上實無準用公司法第57條之餘地，縱公司具有經常性、反覆性之事務，公司法仍賦予公司以章程、董事會決議或股東會決議意定董事長不得片面執行，仍應回歸董事會決議，其執行業務代表公司之行為其主觀意思決定要件始無欠缺，董事長對外代表公司之行為其效力應以單一行為主體自其意思形成乃至於透過董事長表示於外部之一個整體行為加以觀察，董事會決議、股東會決議及章程規定均為法人一個權利主體內部機關間公司意思形成的問題，其公司意思形成有欠缺、瑕疵抑或公司內部意思與董事長外部行為不一致，論理上均應認為公司之行為不成立或不存在而不生法律效果，此為董事長專斷行為本質上效力之前提問題與交易安全係確認本質上效力之前提問題後，為調整權利主體間之衡平以法律將調整之因素典型化並調整法律效果之問題應分別以觀，茲因公司法未見董事長專斷行為其效力為公司不得以其無效對抗善意第三人之法律明文，是應回歸本質上效力之討論，即董事長專斷行為因欠缺公司意思形成之主觀要素而認為代表公司之行為不成立而無效，若欠缺本質上效力之前提問題之討論，實務或學者通說在無法律明文規定之情形下逕以保障交易安全為理由對於法律效果加以安排，則恐有將交易安全視為公司行為之構成要件要素之疑慮。

肆、善意相對人之保護與解釋論下之解決途徑

一、善意相對人保護之理論基礎

(一) 交易安全理論

　　法律上的安全可分為享有的安全與交易的安全，所謂享有的安全係指本來享有之利益，法律上加以保護，不使他人任意奪取，此種安全之保護，著眼於利益之享有，故稱為「享有的安全」或「所有的安全」；而所謂交易安全係指依自己之活動，取得新利益時，法律上對於該項取得行為加以保護，不使其歸於無效，此種安全之保護，著眼於利益之取得，故稱為「交易安全」。而交易安全的優先保護之根本理由在於平衡公司與相對人利益上，法律應首先維護相對人對於代表人制度之信賴，俾促進交易的迅速及安全，如此，方能使公司在代表人制度的運作下從事法律行為，否則，當公司代表人制度不足以令人信賴時，不僅相對人會因與公司交易的成本提高而遭受損害，而公司也將會遭受到更大的損害，但倘相對人為惡意時，則無保護之必要，法律則回歸保護公司之享有利益。

(二) 信賴保護原則

　　信賴保護原則目的在強調交易相對人的合理信賴，以確保交易的可期待性，其理論基礎來自於德國法之權利外觀原則及英美法之衡平禁反言原則，權利外觀理論為商事法的基本原則為要式、公示、嚴格責任及權利外觀原則之一，以達到迅速交易之目的[7]，而權利外觀原則，係指行為人對於成文法規、交易觀念上的一定權利、法律關係，其他法律上視為重要因素的外部要件事實予以信賴以致實施法律行為時，如該要件事實之成立源於另一方當事人的協助，其信賴應受法律保護[8]，換言之，係指在「真

---

[7] 范健、王建文，商法的价值—源流及本体，中國人民大學出版社，2007年12月，2版，頁58-59。

[8] 朱广新，信賴保護理論及其研究述評（上），法商研究，第6期，2007年。

實」與「外觀形式」的法律事實之間，依據外觀形式的法律事實決定之，票據法之無因性與文義性就是受權利外觀原則所支配下之原則，因此，交易行為之重要事項若有權利外觀之形式，縱使與事實不符，交易雙方仍須信賴此權利外觀，使第三人之利益得以維護，民法上表現代表之制度亦受權利外觀原則所支配[9]。所謂衡平禁反言原則係指當事人一旦作出交易之意思表示，使相對人產生一定利益的期待，則該意思表達自始即約束行為人之交易行為，行為人即不可因該意思違背其真意而撤銷或不履行交易行為，以此保證相對人的預期得以實現[10]。

二、解釋論下之解決途徑

公司法第58條之規定確為目前解決董事長之專斷行為即董事會或股東會必要決議欠缺時，基於交易安全，為善意有效、惡意無效安排之較可能之法律依據，本文擬以相對有效說之理論為基礎，以解釋論之角度對該說進一步加以詮釋，提出解決途徑，按法人之通例，業務執行機關即為代表機關，蓋業務執行之內涵包含主觀意思決定及客觀之實行兩要素，而實行端賴代表行為方能實現，故業務執行與代表行為雖觀念可分，實為一體兩面，是股份有限公司之董事會為業務執行機關，故依法人通例，董事會即為代表機關，縱董事會為代表機關但並非親自行使為必要，以自然人作為代表人較為簡便，為避免重複之授權，簡化法律關係，公司法第208條第3項乃規定：「董事長對內為股東會、董事會及常務董事會主席，對外代表公司。」董事長為獨立之代表機關，又依公司法第208條第5項準用公司法第57條：「代表公司之股東，關於公司營業上一切事務，有辦理之權。」之規定，係指董事長針對公司營業上具有「經常性、反覆性」之事務具有代表權限之規定，董事長得自行為意思決定及實行，其主觀要件即無欠缺，雖董事長之代表權得以股東會決議、章程及董事會決議加以限制，但此並非代表權限之限制，蓋董事長之代表權限係來自於法律規定，並非來

---

[9] 洪遜欣，中國民法總則，自版，1964年10月，3版，頁480。

[10] 徐海燕，英美代理法研究，法律出版社，2000年7月，頁122。

自於授權，則本質上應無所謂限制之問題，故公司法第208條第5項準用第58條所謂「代表權所加之限制」，應係指代表行為實行方式之限制，即不論法定或意定之限制，董事長對外執行業務代表公司為法律行為時，其意思決定之形成過程應經董事會決議或股東會決議之「特別授權」，否則其意思決定之形成過程即有瑕疵而構成「逾越權限之意思決定」，其與行為欠缺意思決定之主觀要素無異，其行為應不成立而無效，但此種意思決定欠缺之真實，與董事長行使代表權之外觀不符，而相對人信賴此權利外觀且不可歸責時，雖董事長之行為欠缺應經董事會決議或股東會決議之特別授權而發生代表行為主觀意思決定之欠缺時，其本質上為無效，但基於交易安全之保護，依公司法第208條第5項準用公司法第58條之規定，公司不得以其無效對抗善意第三人。

伍、結論

　　公司代表機關之行為即為公司之行為，董事長片面執行應經董事會決議或股東會決議事項之效力，應從公司內部意思形成至外部表示之整體歷程加以觀察，若公司內部意思決定有欠缺、瑕疵或與外部表示行為不一致，本質上該代表行為應為無效，又代表權乃法定、固有、全面、概括之權利，其權限來自於職位，並非來自於授權，故本質上無限制之問題，故公司法第58條乃錯誤之立法，又公司法第57條乃無限公司執行業務股東具有全面之代表權，此為法人業務執行機關即為代表機關通例之重申，與股份有限公司業務執行機關為董事會，其執行業務之意思決定採會議體，實際業務施行及代表者為董事長之情形不同，是董事長之權限應無準用公司法第57條之餘地，是公司法第58條及公司法第208條第5項應加以刪除為妥，董事長之權限依公司法第208條第3項之規定應指董事長對於營業上具有「經常性」、「反覆性」事項有自我決定之代表權，以切合實際，此為體系解釋及目的解釋之當然結果，否則公司法第202之規定將成為具文，對於董事長片面執行應經董事會決議或股東會決議事項之效力為善意有

效、惡意無效之安排，應以法律明文加以規定，否則只能為無效之認定，但如此又將有害於交易安全之保護，在目前無法律明文規定下，基於公司法第208條第3項及公司法第208條第5項準用第57條：「代表公司之股東，關於公司營業上一切事務，有辦理之權。」解釋為股份有限公司之董事長為獨立之代表機關，董事長對於營業上具有「經常性」、「反覆性」事項有自我決定之代表權，以切合實際，而公司法第208條第5項準用第58條所謂「代表權所加之限制」，解釋為代表權行使方式之限制，即不論法定或意定之限制，董事長對外執行業務代表公司為法律行為時，其意思決定之形成過程應經董事會決議或股東會決議之「特別授權」，否則其意思決定之形成過程即有瑕疵而構成「逾越權限之意思決定」，其與行為欠缺意思決定之主觀要素無異，其行為應不成立而無效，但若交易相對人信賴董事長有全面代表權之外觀而不可歸責時，其代表行為應認為有效，公司應對交易相對人對於董事長代表行為欠缺法定或意定應經董事會決議或股東會決議為惡意負舉證責任。

10

企業併購應如何決定股份之公平價格

張鴻曉[*]

壹、前言

我國公司法於1966年大幅修正時,即於第186條規定,股東於股東會為讓與全部或主要部分之營業或財產決議前,已以書面通知公司反對該項行為之意思表示,並於股東會已為反對者,得請求公司以「當時公平價格」,收買其所有之股份,此乃我國企業經營法制上首次提出公平價格之概念。另外第317條第1項亦規定,公司與他公司合併時,董事會應就合併有關事項,作成合併契約,提出於股東會,股東在集會前或集會中,以書面表示異議,或以口頭表示異議經紀錄者,得放棄表決權,而請求公司以「公正價格」收買其持有之股份,1970年又將前述「公正價格」修正為按「當時公平價格」收買其股份。此為我國為保護少數股東而制定股份收買請求權之立法首例。

何以須對少數股東建立保護機制,其法理基礎何在?學者從投資人保護觀點,認為少數股東相較於公司經營者或公司之經濟地位,乃處於相對弱勢,故國家在法律政策上,乃從投資人保護之角度,採行諸多社會管制措施,以防止弊端之發生[1],進而確保少數股東之投資意願。另有學者從防止權限濫用觀點,認為股份有限公司朝向「企業所有與經營分離」的發展趨勢已十分明顯,由於大多數股東屬於小額投資人,僅對公司分紅派息與賺取股票差價有興趣,對於參與公司經營並無興趣,因此公司經營權大多掌握在少數大股東手中,為防止經營者濫用權限,故須有保護少數股東

---

[*] 中鋼集團企業工會理事長;中鋼公司工程師。

[1] 王志誠,企業組織再造活動之自由與管制,政大法學評論,第73期,2003年3月,頁256。

之制度[2]。

　　股份收買請求權之公平價格該如何決定，攸關異議股東所能取回之投資價值，對於異議股東具有重要而直接之影響；另外，對於贊成股東而言，公平價格之高低關係著公司併購交易之總成本，亦間接影響贊成股東之權益。因此，公平價格可謂股份收買請求權之核心議題，因此學者認為，股份收買請求權具有何種積極功能，端視其公平價格如何確認。換言之，評價問題才是股份收買請求權具有何種功能之關鍵[3]。

　　公平價格（fair value）之意義為何？我國企業併購法及公司法均未有明文，參考1984年美國修正模範公司法之定義，所謂公平價格，係指不同意股東反對公司行為生效前，當時其所持有股份之價值，而排除任何預期公司行為所拉抬或減低之行情，除非此等排除是不衡平的[4]。另外德拉瓦州法亦規定，法院應排除任何與產生股份收買請求權事件有關之成果或期待的因素，以決定股份的公平價值。換言之，依該法規定，收買請求權僅給予投資人系爭交易事件之前的股份價值，不包括因該系爭交易所創造出來或所毀壞之價值[5]。

　　對於公平價格之決定程序，我國於2015年修正企業併購法前是要求反對股東與公司先行協議，若價格協議不成時，再由反對股東聲請法院為價格之裁定。法院為裁定前，應訊問公司負責人及為聲請之股東；必要時，得選任檢查人就公司財務實況，命為鑑定。前項股份，如為上櫃或上市股票，法院得斟酌聲請時當地證券交易實際成交價格核定之[6]。

　　以上制度，造成下列問題：(1)失權之風險，由個別股東承擔；(2)程

---

[2] 王育慧，少數股東之保護──論引進股東提案權，證券暨期貨月刊，22卷2期，2004年2月，頁61。

[3] 劉連煜，公司合併態樣與不同意股價股份收買請求權，月旦法學雜誌，第128期，2006年1月，頁32。

[4] 陳介山，董事之忠實義務──以企業併購法制為中心，國立中正大學法律研究所博士論文，2004年5月，頁338。

[5] 劉連煜，前揭註3文，頁33。

[6] 非訟事件法第182條第1項、第2項。

序冗長，股東必須等待價格裁定確定後，才能取得價金；(3)各股東分別就同一併購案請求法院裁定而非合併處理，使少數股東無法分享資訊；(4)法院就不同股東的聲請案件，可能因為分開審理而為不同之裁定；(5)在法院價格裁定確定前，公司無須支付價款，尚不生股份移轉效力[7]，因此公司如欲轉換為控股公司之子公司時，無法即時轉為控股公司的運作模式。

貳、2015年修正企業併購法

為了改善上述問題，我國於2015年7月8日修正公布企業併購法，於第12條增修了下列各項規定：「公司於進行併購而有下列情形之一，股東得請求公司按當時公平價格，收買其持有之股份（修正第1項）：一、公司股東對公司依前條規定修改章程記載股份轉讓或股票設質之限制，於股東會集會前或集會中，以書面表示異議，或以口頭表示異議經記錄，放棄表決權者。二、公司進行第十八條之合併時，存續公司或消滅公司之股東於決議合併之股東會集會前或集會中，以書面表示異議，或以口頭表示異議經記錄，放棄表決權者。但公司依第十八條第七項進行合併時，僅消滅公司股東得表示異議。三、公司進行第十九條之簡易合併時，其子公司股東於決議合併之董事會依第十九條第二項公告及通知所定期限內以書面向子公司表示異議者。四、公司進行第二十七條之收購時，公司股東於股東會集會前或集會中，以書面表示異議，或以口頭表示異議經記錄，放

---

[7] 最高法院69年台上字第2613號判例：「被上訴人所有股份之移轉，依公司法第一百八十七條第三項之規定，於上訴人支付價款時始生效力。上訴人係於六十八年十二月二十七日始行支付價款與被上訴人，在上訴人支付價款以前，前開股份既尚未移轉於上訴人，而仍為被上訴人所有，則被上訴人於該股份移轉前之六十八年一月十日及同年五月十日領取系爭股息增資股及股息，自難謂無法律上之原因，至於公司法第一百八十七條第三項規定公司對法院裁定之價格，自第二項之期間屆滿日起，應支付法定利息，純為保護小股東而設，意在促使公司早日為價款之支付，非謂一經法院裁定價格，即發生股份移轉之效力。」

棄表決權者。五、公司進行第二十九條之股份轉換時，進行轉換股份之公司股東及受讓股份之既存公司股東於決議股份轉換之股東會集會前或集會中，以書面表示異議，或以口頭表示異議經記錄，放棄表決權者。但公司依第二十九條第六項規定進行股份轉換時，僅轉換股份公司之股東得表示異議。六、公司進行第三十條股份轉換時，其子公司股東於決議股份轉換之董事會依第三十條第二項規定公告及通知所定期限內，以書面向子公司表示異議者。七、公司進行第三十五條之分割時，被分割公司之股東或受讓營業或財產之既存公司之股東於決議分割之股東會集會前或集會中，以書面表示異議，或以口頭表示異議經記錄，放棄表決權者。八、公司進行第三十七條之簡易分割時，其子公司股東，於決議分割之董事會依第三十七條第三項規定公告及通知所定期限內，以書面向子公司表示異議者。股東為前項之請求，應於股東會決議日起二十日內以書面提出，並列明請求收買價格及交存股票之憑證。依本法規定以董事會為併購決議者，應於第十九條第二項、第三十條第二項或第三十七條第三項所定期限內以書面提出，並列明請求收買價格及交存股票之憑證（修正第2項）。公司受理股東交存股票時，應委任依法得受託辦理股務業務之機構辦理。股東交存股票時，應向公司委任股務業務之機構辦理。受委任機構接受股票交存時，應開具該股票種類、數量之憑證予股東；股東以帳簿劃撥方式交存股票者，應依證券集中保管事業相關規定辦理（增訂第3項）。第一項股東之請求，於公司取銷同項所列之行為時，失其效力（增訂第4項）。股東與公司間就收買價格達成協議者，公司應自股東會決議日起九十日內支付價款。未達成協議者，公司應自決議日起九十日內，依其所認為之公平價格支付價款予未達成協議之股東；公司未支付者，視為同意股東依第二項請求收買之價格（增訂第5項）。股東與公司間就收買價格自股東會決議日起六十日內未達成協議者，公司應於此期間經過後三十日內，以全體未達成協議之股東為相對人，聲請法院為價格之裁定。未達成協議之股東未列為相對人者，視為公司同意該股東第二項請求收買價格。公司撤回聲請，或受駁回之裁定，亦同。但經相對人陳述意見或裁定送達相對人後，公司為聲請之撤回者，應得相對人之同意（第6項）。公司聲請法院為價

格之裁定時，應檢附會計師查核簽證公司財務報表及公平價格評估說明書，並按相對人之人數，提出繕本或影本，由法院送達之（第7項）。法院為價格之裁定前，應使聲請人與相對人有陳述意見之機會。相對人有二人以上時，準用民事訴訟法第四十一條至第四十四條及第四百零一條第二項規定（第8項）。對於前項裁定提起抗告，抗告法院於裁定前，應給予當事人陳述意見之機會（第9項）。價格之裁定確定時，公司應自裁定確定之日起三十日內，支付裁定價格扣除已支付價款之差額及自決議日起九十日翌日起算之法定利息（第10項）。非訟事件法第一百七十一條、第一百八十二條第一項、第二項及第四項規定，於本條裁定事件準用之（第11項）。聲請程序費用及檢查人之報酬，由公司負擔（第12項）。」

　　綜觀以上修正，第2項係為確保股份收買請求程序與聲請公平價格裁定程序之有效進行，乃參酌公司法第187條第1項及美國模範商業公司法第十三章中異議股東收買請求權規定，增訂股東為股份收買之請求，應於股東會決議日起20日內以書面提出[8]，並列明請求收買價格及交存股票之憑證[9]。其次按現行公司法第187條並無允許請求收買之股東於所定請求期間經過後仍得補正之規定，且本條各項規定與程序之進行，均與期日相關，因此，股東未依第2項規定之期間內，以書面提出請求、列明請求收買價格及交存股票之憑證者，係未完成請求之程式，其效果與未請求相同。另為保留股東行使股份收買請求權之彈性，股東先以書面提出收買請求後，於修正條文第2項規定之法定不變期間內補正列明請求收買價格及交存股票之憑證者，公司不得拒絕股東收買股份之請求。

---

[8] 未提出異議者，不得請求法院為股份收買價格之裁定。參閱臺灣高等法院106年度非抗42號裁定：「再抗告人等依公司法第316-2條第3項規定，向原審聲請裁定系爭元芯公司股份收買價格前，並未以書面向從屬公司即元芯公司提出異議，並請求元芯公司按當時公平價格收買其持有之股份等情，業為再抗告人所不爭執，準此，揆諸前開規定及說明，再抗告人等自不得請求法院為股份收買價格之裁定。」

[9] 要求異議股東交存股票之憑證，旨在防止兩面取巧，於股東會前先表示異議並要求行使股份收買請求權，隨後如果證實合併有利，則股價上漲，股東可在市場上以較高價格賣出持股；如果合併不如預期，則可繼續其收買請求，並期待有較高的公平價格。若此，將使全體股東皆要求收買以為避免，最終導致合併案破局。

　　第4項係公司取銷第1項各款之行為，例如公司股東會未能通過分割決議，致使分割交易無從進行而取銷時，即使股東於決議分割之股東會集會前或集會中，以書面表示異議，或以口頭表示異議經記錄，放棄表決權，由於分割交易不復存在，股份收買請求權無所附麗，自然無從行使之。因此規定第1項股東之請求，於公司取銷同項所列之行為時，失其效力。

　　第5項係為避免程序冗長，股東必須等待價格裁定確定後，才能取得價金問題，乃明定股東與公司間就收買價格達成協議者，公司應自股東會決議日起90日內支付價款。至於股東與公司間就收買價格無法達成協議者，固應循本條規定經司法途徑解決，惟為保障股東權益，就公司對價格無爭議之部分，應先為支付。因而明定公司應自決議日起90日內，應依其所認為之公平價格支付價款予未達成協議之股東；公司未支付者，視為同意股東依第2項請求收買之價格。

　　第6項係為改善現行股份收買請求權行使之過程冗長、股東成本過高、法院裁定價格歧異等缺失，避免各股東分別就同一併購案請求法院裁定，法院可能因為分開審理而造成裁定歧異之問題，乃參酌德拉瓦州公司法第262條、美國模範商業公司法第十三章及日本会社法中異議股東收買請求權規定，增訂股東與公司間就收買價格未達成協議者，公司應於法定期間以全體未達成協議之股東為相對人，聲請法院為價格之裁定。此舉亦可避免對個別股東及公司造成負擔，同時達到節省司法資源之目的。

　　第7項係為利股東評估公司所定公平價格之合理性，規定公司應檢附**會計師查核簽證公司財務報表及公平價格評估說明書**，並按相對人之人數，提出繕本或影本，由法院送達之，俾使股東得悉公司評估價格之依據。

　　第8項規定法院為價格之裁定前，應使公司與股東有**陳述意見**之機會，賦予相對應之**聽審請求權保障**。惟由公司與多數股東進行程序，可能產生程序延遲與審理龐雜，而減損效率，為使多數股東得由其中**選定一人或數人為代表而進行程序**，並使此等代表最終取得裁定之效力及於全體未達成協議股東，故準用民事訴訟法第41條至第44條及第401條第2項規定，以簡化程序，節省法院與股東之勞時費用。

第9項係抗告程序，案件於提起抗告後因爭訟性大，抗告法院於裁定前，應給予當事人陳述意見之機會，使各該關係人得充分就該爭議事項爲事實上及法律上陳述，並得聲明證據、提出攻擊或防禦方法，及爲適當完全之辯論，俾保障當事人之程序權。

第10項係爲保障股東迅速取得股款，明定公司應自裁定確定之日起30日內支付之，與應支付額度及其計算方式。

第11項及第12項規定此類裁定事件由公司所在地之法院管轄。法院爲裁定前，應訊問公司負責人及爲聲請之股東；必要時，得選任檢查人就公司財務實況，命爲鑑定。股份如爲上櫃或上市股票，法院得斟酌聲請時當地證券交易實際成交價格核定之。對於收買股份價格事件之裁定，應附理由，抗告中應停止執行。聲請程序費用及檢查人之報酬，由公司負擔。

參、財務金融界如何決定公平價格

在企業管理實務上，財務評價人員時常基於不同的原因與動機，而必須對企業價值進行評價。一般而言，企業價值可分爲二種：一是使用價值，即企業在永續經營前提下之價值；二是交換價值，即在清算企業資產前提下之價值。至於應以何種價值作爲企業價值，端視其持有目的而定。

財務金融界對於企業的評價方法，大致可分爲三類，第一類係以企業對資產成本爲依據，稱爲資產價值評價法；第二類是以企業在證券交易市場之價格爲依據，再利用一些乘數（如P/EPS、P/Book Value、P/Sales等比值）以求出公司價值，稱爲市場評價法；第三類是以企業之獲利能力爲依據，稱爲獲利價值折現法。

一、資產價值評價法

資產價值評價法是最基本的評價模式，將公司的總資產價值扣除總負債，即爲公司之淨資產價值，亦即股東之權益。對於以收購資產爲主要目的之併購活動而言，最常以資產價值評價法來評估目標公司，由於是依據

資產負債表等公開資訊作為評估準則，參與併購交易之雙方較容易接受，但此方法對於商譽、專利等無形資產無法估算，而所採用的會計制度不同，也會對評價結果產生影響[10]。

　　資產價值評價法又可分為帳面價值法、重置價值法及清算價值法，說明如下：

(一) 帳面價值法 (Book Value Method)

　　帳面價值法乃直接取用資產負債表上的帳面數字作為公司價值。對於公司價值具有請求權的資金來源包括付息負債、特別股股本及普通股股本，將此三種會計科目加總即為公司價值。帳面價值法具有簡易、直接之優點，但因與真實價值間存有相當大之差異，同時各公司間因會計處理方法不同，也難以獲得一致的比較基礎，因此僅適合粗略估計初成立公司或具有大量天然資源資產之公司[11]。此外，為修正帳面價值與真實價值間之差異，而發展出調整後帳面價值法，此法以帳面價值為基礎，調整應加速折舊、備抵呆帳、存貨跌價損失或計價方式等資產評價差異所造成的扭曲後，將更接近企業的真實價值。

(二) 重置價值法 (Replacement Value Method)

　　重置價值法使用目前物價水準來估計重置公司資產所需支付的成本，當作公司價值。相較於帳面價值法，重置價值法更能確實反映資產的真實成本，其缺點是重置成本的計算不易，特別是無形資產沒有重置成本，例如技術專利、商譽或管理能力等。另外，此法亦忽略公司永續經營及成長潛力的價值。重置價值法較適用於計算企業併購時的交換價值，或是評估即將結束營業，但不急於清算求現的企業價值。

---

[10] 范揚旋，企業併購中目標公司價格之預測——以臺灣積體電路股份有限公司吸收合併德碁半導體股份有限公司與世大積體電路股份有限公司為例，東吳大學企業管理學系碩士論文，2002年6月，頁10。

[11] 葉宜生，我國電子產業與非電子產業評價模式之比較，中原大學企業管理學系碩士論文，2000年6月，頁14-15。

(三)清算價值法（Liquidation Value Method）

　　清算價值法是以公司資產進行清算變賣時所能獲得的價金當作公司價值。清算公司資產獲得的價金，必須償還負債後才是股東權益所能分配的淨值。此法之優點是依當時物價水準與市場行情求算而得，較符合現有成本及變現價值之概念；缺點是清算價值不易衡量，也忽略了企業之獲利能力與繼續經營價值。因此，清算價值法僅適用於公司結束營業或即將結束營業，急於清算求現的情況。清算價值法與重置價值法相當類似，但因公司進行清算需額外付出成本，使得公司之清算價值低於重置成本。

二、市場評價法

(一)市場價值法（Market Value Method）

　　市場價值法的理論基礎，係建立在市場效率假說上。在一個有效率的公開交易市場上，**證券交易價格應能正確反映公司的實質價值，市場價值是最接近真實價值的評價指標**[12]，因此加總所有對公司價值具有請求權之資金來源的市場價值，包括付息負債、特別股及普通股的市場價值，即為公司的真實價值。其中負債與特別股由於支付方式業已約定，波動性不大，可用帳面價值代替市場價值，而普通股的市場價值為評估時點的股票價格與流通在外股數的乘積，惟為避免股價波動之影響，通常改用特定期間內的平均股價（例如30日或90日平均價）代替當期股價，以求得較為穩定可靠的估計值。市場價值法的優點是直接以證券市場價格計算，十分簡單且可排除評估者的主觀判斷；缺點是市場效率假說與真實情況未必相符，且未將控制權溢價計算在內。

---

[12] 國際財務報導準則IFRS第13號公允價值衡量，定義公允價值為「於衡量日，市場參與者間在有秩序之交易中出售資產所能收取或移轉負債所需支付之價格，不論該價格係可直接觀察或採用另一評價技術所估計。」為增加公允價值衡量及相關揭露之一致性及可比性，國際財務報導準則建立一項公允價值層級，將用以衡量公允價值之評價技術輸入值歸類為三級，公允價值層級對於相同資產或負債於活絡市場之報價（未經調整）（第一級輸入值）給予最高之優先順序，而給予不可觀察輸入值（第三級輸入值）最低之優先順序。此處之市場價值，歸類為第一級公允價值。

(二) 市場比較法（Market Comparison Method）

　　此種評價方式，須先挑選與評價目標企業相似之公司作為比較基準，計算出與企業價值相關的指標比率，再將目標企業的相關資料與指標比率進行比較，以求得目標企業之價值，最後再依照實際情形及目標企業特性，對評價結果做適當調整（例如對控制利益、良好政商關係等給予溢價，對流動性不足、單一產品、單一客戶等給予折價），使其更接近企業的實際價值。所謂相似，是指目標公司在營業項目、資本額、營業額及財務特性上，具有與樣本公司相似之特徵，惟在實際上，通常只能找到其中一方面類似，不易兼得。

　　在市場比較法中，常用到的比率包括股價與盈餘比（Price/Earnings Per Share）、股價與帳面價值比（Price/Book Value）、股價與營業額比（Price/Sales）等，評價的方式可採單一指標，亦可採用多種指標再給予一定之權數，經加權計算後，即可求得目標企業之價值。市場比較法的優點是計算方式十分簡單，缺點是要找尋與目標企業相似的比較企業並不容易，只有二者未來的經營狀況與風險相似程度越高，評價結果之可信度才會隨之提高。

1. 股價盈餘比法（Price/Earnings Per Share）

　　股價盈餘比又稱為本益比，是股價與每股稅後盈餘的比值，也是目前最廣為投資人使用的相對指標。在相同產業內選取與目標公司相似之數家公司，計算其平均本益比，再乘以目標公司之每股稅後盈餘，即可得到目標公司之預估股價。此法優點是不必估計股利發放率、成長率及風險等因素，計算十分簡單方便，且資料取得容易，便於作公司間之比較，亦可顯示公司之風險及成長狀況。缺點是盈餘之變動易使本益比劇烈變動，且本益比高低與景氣好壞密切關聯，當景氣反轉時容易錯估股價，尤其當每股盈餘為負數時，本益比便失去意義。

2. 股價帳面價值比法（Price/Book Value）

　　股價帳面價值比又稱為股價淨值比，是股價與每股權益帳面價值的比值，帳面價值反映出原始成本，相對於市場價值，是一個比較穩定且直覺

的衡量標準，因此當投資人不相信現金流量折現法計算出的市場價值時，市價與帳面價值比不失為一個適當的評價方法，而當公司間使用的會計處理方法一致且穩定時，可與相似公司互比，作為了解公司價值被高估或低估的指標，尤其當公司盈餘為負數，不能使用本益比時，可考慮使用此法。惟帳面價值對於沒有大量固定資產的服務業並無太大意義，且當公司盈餘長期維持負數時，權益帳面價值亦可能轉為負值，使市價與帳面價值比失去意義。

3. 股價營業額比法（Price/Sales）

股價營業額比又稱股價銷售比，是股價與每股營業額的比值，此法不像上述二種方法，當盈餘或權益帳面價值轉為負數時便失去意義，因此對於面臨經營困難的公司依然可以適用。由於公司營業額很難操縱，也不致因會計處理方法（如折舊方法、存貨價值計算）之不同而有差異，而且不會像本益比那樣劇烈波動，對於隨景氣波動的公司，在評價上比較值得信賴。惟當公司的問題在於成本控制時，如果使用本法去評價一家有問題的公司，經常會忽略其惡劣的成本控制或利潤邊際，而導致錯誤的評價。

三、獲利折現法

此種評價法認為，企業價值來自於未來收益之折現值，強調公司為永續經營的個體，公司的價值不只來自目前的收益，亦包含未來所能創造之收益，再以反映公司風險的資金成本率折算為現值。獲利折現法的優點，在於考慮到企業未來經營獲利所創造出來的價值，缺點是忽略了目標企業的資產價值，而且評價結果準確與否，往往會受到財務預測結果的影響。

獲利折現法又可分為股利折現法、會計盈餘折現法及現金流量折現法等三種，說明如下：

（一）股利折現法

此法認為證券的投資價值是未來各期股利的折現值。由於股利是股東權益投資人所能獲得的實質收入，因此股利折現法具有直接、明確且易於計算之優點，而因評價公式包含成長率及折現率兩項變數，相較於資產價

值評價法及市場評價法，本法對於企業成長性及風險有較多的考量。惟股利折現法僅適用於訂有穩定現金股利政策的公司，如公司傾向於發放股票股利，則容易發生低估企業價值的現象

(二) 會計盈餘折現法

公司的稅後淨利為可分配給股東之盈餘，惟通常稅後淨利僅部分轉為股利發放給股東，其他部分則以保留盈餘形式儲存於公司內部，然而，假設保留盈餘完全用於創造未來收益的投資專案上，則仍具有增加公司價值之功能。會計盈餘折現法是以稅後盈餘替代股利，作為公司獲利能力的指標。

會計盈餘為上市公司必須定期揭露之資訊，因此此法之優點係資料取得容易，且不受公司股利政策的影響，可以提供投資人直覺上的收益指標。缺點是容易受到折舊方法、存貨價值計算等會計處理方法的操弄，導致無法真實反映公司的獲利能力；由於公司的會計處理方法可能存有差異，使得在進行跨公司比較時，不易獲得一致的比較基礎；另因會計盈餘不具流動性，無法顯示公司所擁有的可支配資金，實務上可發現仍有會計盈餘的公司倒閉之案例，也說明了會計盈餘並非最可靠的收益指標。

(三) 現金流量折現法

現金流量折現法是近年來頗受重視的公司評價方法，現金流量是公司營運所創造的現金收入，扣除營運活動的現金支出後，公司可支配之實質現金。現金流量折現法主要係以公司可支配之自由現金流量（Free Cash Flow to The Firm, FCFF）衡量公司價值，再扣除負債價值，即得到股東權益價值。公式如下：

公司自由現金流量＝營運現金流量－投資現金流量

其中，營運現金流量＝營業收入－營業成本－營利事業所得稅＋遞延
　　　　　　　　　所得稅變動＋折舊（攤銷）費用

在現金流量評價模式中，共有三項重要變數，分別是代表獲利力的現金流量、代表投資效率的成長率及代表風險的折現率。由於同時考慮公司

的獲利能力、成長性、風險性及流動性，因此現金流量折現法被認為是最接近真實價值的評價方法。1994年學者Copeland經實證研究，認為利用現金流量折現法評估的理論價值與市場價值之間存有高度相關性，惟其缺點為計算過程複雜，且假設較多，使用的變數定義嚴格，必須審慎處理，一旦使用錯誤之變數值，將導致嚴重的評價誤差[13]。

肆、美國法如何決定公平價格

一、決定公平價格之基礎──繼續經營價值

　　股份收買請求權源自於美國法，因此美國法院如何決定公平價格，具有相當之參考價值。美國德拉瓦州公司法§262h僅規定：「法院在評價股份時，應決定該股份之公平價值，並**排除因預期或完成合併所導致的任何價值因素**；……法院在決定公平價值時，應考慮所有相關之因素。」至於進一步的評價標準，則未提供任何指示。此一規定，帶給德拉瓦州法院評價公司股價的挑戰，該州法院努力以事後的角度，藉由各種評價方法去評價公司在合併當時其繼續經營（a going concern）的價值。1950年Tri-Continental Corp. V. Battye乙案，即被認為早期美國法最具權威性之案例，該案闡釋了評價之標準：「**股東可要求的股份公平價值，應是其對於公司繼續經營的比例利益**。……法院和鑑定者在決定股東對於公司的比例利益時，應考慮合理影響其價值的所有因素與成分。因此公司的市價、資產價值、股利、盈餘展望、公司本質、在合併日已知或可得確定的事實，以及其他使得被合併公司之未來展望更為明朗之任何事實，在有關反對股東股份利益價值之範圍內，不僅應適當地進行調查，且代為決定價值的機關，亦必須將其列入考慮。」該案揭示評價的兩個基本原則：(1)應按照公司繼續經營的基準來評價，至於清算價值則僅能作為評價之參考；(2)評價的客體，並非反對股東所持有的股份本身，而係公司。因此法院必須先就

---

[13] 葉宜生，前揭註11文，頁23-26。

公司整體之經營作一評價,接著再按反對股東之持股比例,決定其應分配之股份價值[14]。

二、決定公平價格方法之演進

(一)德拉瓦塊狀法

　　雖然Tri-Continental Corp. V. Battye案對於股份價值提出了相當彈性的基準,但在1983年以前,美國實務上最常使用也最傳統之股價評價方法還是「德拉瓦塊狀法」(Delaware block method)。此法乃使用市場價值(market value)、盈餘價值(earning value)及淨資產價值(net asset value)作為基數,然後給予每一基數一定之權重,以加權方式計算股份之價值,例如市場價值10%、盈餘價值40%、淨資產價值50%。其中「市場價值」係指在系爭交易未宣布前,該股份在市場交易之價格,而權重之多寡,係視該股在市場之交易量而定;「盈餘價值」係指系爭交易發生前數年(通常為5年)之每年平均盈餘;「淨資產價值」通常係依公司資產清算之結果而定。

　　採用德拉瓦塊狀法,應先從該公司資產、盈餘及市價的角度,個別評估該公司之價值,接下來再依公司產業特性、發展潛力等,分別給予不同權數,經加權計算後所得之價值,即為公司股份之價值。例如某上市公司之市價、資產及盈餘,經評估分別為每股40、60及50元,又考慮公司股價因景氣蕭條致低迷不振,以及公司近年來盈餘成長可期等狀況後,決定分別對公司市價、資產及盈餘價格,給予20%、30%及50%之權重,則公司之公平價格可計算如下:

　　40×20% + 60×30% + 50×50%＝51元

　　如前所述,德拉瓦塊狀法的計算方式,係以市價、資產及盈餘等三項作為評價基準,惟是否妥當,仍屢受質疑。首先,就市價而言,由於德拉瓦州公司法§262h規定:「……法院在評價股份時,應決定該股份之公平

---

[14] 洪培睿,異議股東股份收買請求權制度之研究,國立臺北大學法律學系碩士論文,2009年1月,頁110-111。

價值，並排除因預期或完成合併所導致的任何價值因素。……」準此，所謂市價，應係指合併資訊公布前之市場價格，惟此時之市價，能否充分反映股份之公平價格，仍有諸多疑慮，當股票交易流動性不足，或者股票交易市場並非有效率之市場時，更難以形成公平價格。尤其是在母公司合併子公司的場合，由於母公司持有子公司大多數股權，僅有少數股票在交易市場流動，此種流動性欠缺之情形，導致公司合併前的股價，僅為少數股東交易的價格，並無法真正代表整個公司的市價。另外，由於母公司可以取得少數股東無法取得的內部資訊，在資訊不對稱的狀況下，子公司的股價無法反映公司的真實價值[15]。有些母公司還會利用其控制力操縱合併之時間點，往往趁子公司股價下跌時提出合併條件，藉此達成降低合併成本並驅逐少數股東之目的[16]。

其次，就資產評價而言，所謂「資產價格」係指公司之淨資產價值，也就是資產扣除負債後之淨值，相當於公司之清算價值。但如此將與Tri-Continental Corp. V. Battye案法院所揭示之「繼續經營的基準」有違。事實上，一般公司在合併之後，通常是要利用該消滅公司的資產繼續經營，而不是立即出售資產謀取利益。因此，在評價過程中，資產價值似乎僅有參考價值，而不應給予過多的權重[17]。

最後，就盈餘而言，將公司往年的每股盈餘乘以一定乘數，即代表公司之盈餘價值。其中每股盈餘資料，大多以公司合併前5年的盈餘加以平均計算；至於「乘數」，則挑選數家與該公司產業、產品組合、股利水準、財務結構、市場地位相當之公司的平均本益比，作為評價之乘數[18]。惟以過去5年每股盈餘之平均值作為基準，固然可以排除異常年度的盈虧狀況，但並不符合繼續經營的理念，甚且對於公司未來盈餘的預測，往往

---

[15] See Barry M. Wertheimer, The Shareholders' Appraisal Remedy and How Courts Determine Fair Value, 47 Duke L. J. 613, (1998), at 638-639.

[16] See Barry M. Wertheimer, supra note 172, at 635-637.

[17] See Robert C. Clark, supra note 161, (1986), at 453.

[18] 盧曉彥，美國母子公司合併子公司少數股東保護之研究——兼評臺灣實務案例與相關規範設計之缺憾，國立政治大學法律研究所碩士論文，2004年7月，頁398。

是越近年度的盈餘越有參考價值，如果不分公司狀況，一律以5年平均值計算，反而偏離了足以讓人相信的預測範圍。此外，欲挑選與該公司產業、產品組合、股利水準、財務結構、市場地位相當之公司，並非易事，且實務上至少要選出三家並計算其平均值，結果往往濫竽充數，讓人更難以信服計算結果之公平性。

綜上所述，德拉瓦塊狀法的計算方式，固然有其明確性，但市價、資產及盈餘等三種指標各有其問題，因此1983年Weinberger v. UOP, Inc.乙案，德拉瓦州最高法院廢棄了德拉瓦塊狀法的專擅地位，開放使用現代金融界慣用的各種評價方式，此後法院就評價方式的選擇，並無固定模式，而是依照具體個案之差異而為決定，其中以現金流量折現法（Discounted Cash Flow Method, DCF）最受法院青睞[19]。

(二) 現代財務法——以現金流量折現法為中心

1983年德拉瓦州最高法院在著名的Weinberger v. UOP, Inc.乙案採用現代財務法，法院認為公平價格的核定需考量所有影響公司價值的因素，包括通常金融業所得接受的所有方法及技術所得證明的因素在內[20]。換言之，**法院允許當事人舉證，以任何金融財務界所承認或可接受之技巧、方法所算出之股份價值**，當作收買請求權之價格。此一開放之估價方法，顯然更接近「公平價格」，其具體、最佳之計算方法，正由財務及法律學界爭論及苦思研擬之中[21]。

德拉瓦州最高法院自Weinberger v. UOP, Inc.乙案採用現金流量折現法後，迄2003年止，關於處理股份請求權評價之案件，約有半數採用現金流量折現法進行評價，其餘19%、14%則分別採用資產評價法和類似德拉瓦塊狀法的加權平均法，以估算股份公平價值。而在同一時期，美國其他州法院單純採用現金流量折現法的比例僅有10%，超過半數案例仍採以加權

---

[19] 洪培睿，前揭註14文，頁114。

[20] Weinberger v. UOP, Inc., 457A. 2nd 701, 713 (Del. 1983).

[21] 劉連煜，前揭註3文，頁34。

平均計算的德拉瓦塊狀法[22]。

採用現金流量折現法，係因財務報表上的盈餘，只能顯示公司過去經營結果，並無法反映公司未來的利潤。就投資評價觀點，未來的現金流量，似乎較能評估公司產生利潤的能力。此之「現金流量」，並非會計學中所謂現金流量表內的現金流量，而是自由現金流量（Free Cash Flow），意即「公司因營運產生之現金流量減去必要之投資支出及稅負支出」，與本期損益相較，自由現金流量較不受不同會計方法之影響，且其投資活動之現金流出列為減項，可以反映企業為維持正常營運及繼續成長所必須進行之投資負擔。自由現金流量可以用來償付融資之本金與利息，剩餘部分可作為股利發放給股東，又融資提供者與投資股東同為企業之出資者，自由現金流量可以反映企業所產生且可分配給企業出資者之經營利潤，這也是為何要以自由現金流量作為企業評價基礎之原因。現金流量折現法係考量貨幣的時間價值，將企業未來所能產生的預期自由現金流量，以適當折現率折合為現金，而將折現值加總，即等於企業之合理價值[23]。

現金流量折現法之評價方式，包括下列三步驟：(1)預估公司未來一定期間內不同時點所能創造的自由現金流量；(2)預估公司在前述期間結束後之終值或殘值；(3)決定折現率，並將(1)、(2)步驟算出之淨現金流量與殘值乘上各期折現率即為現值，將各項現值加總即可得到目前公司價值[24]。

現金流量折現法從公司繼續經營的觀點，將公司未來一定期限內所能產生的現金流量，透過一定折現率，折算為公司現值。此法改善了德拉瓦塊狀法僅就公司的歷史資訊加以估價的弊病，其出發點是正確的。但在實際作法上，仍然受到相當的批判。

當財務評價人員使用現金流量折現法進行企業評價時，經常面臨許多

---

[22] See Rutheford B. Campbell, Jr., The Impact of Modern Finance Theory in Acquisition Cases, 53 Syracuse L. Rev. 1, (2003), at 17-26, 38.

[23] 謝劍平，現代投資銀行，智勝書局，2001年，頁187。

[24] See Barry M. Wertheimer, supra note 221, at 627-628.

的相關變數必須加以估計，評價人員並無法確知其估計的變數是否準確，在此情形下所得到的評價結果，自然隱含了相當的不確定性。除了變數難以準確估計外，有些變數甚至會隨著時間改變，其中又以折現率的變動對企業價值的影響最為顯著；另外企業成長率常被假設為固定變數，但有些研究認為，這個假設並不合理，因為當企業成長到規模經濟時，成長率將不會維持在固定值，而會以較快的速度成長[25]。

由於計算的依據來自對於未來的預估，基本上均屬於主觀臆測的數據，而所謂的鑑價專家，為滿足其委任人之特定目的，往往採用過度樂觀或過度悲觀的數據，以致在實際訴訟案例中，兩造當事人所委任的鑑價專家評估出來的公司價值，往往相差達數倍之多，讓人無所適從。

綜上，現金流量折現法有其優點且已被廣泛採用，但也不是完美的方法。尤其當公司產品壽命短、價格波動劇烈，極度樂觀或極度悲觀的數據差距過大，缺乏可信賴的基礎去預測未來的現金流量時，按照現金流量折現法所估算的公司價值即充滿了不確定性。相反的，對於長期穩定經營的公司而言，因其未來的現金流量可以準確預估，即非常適合以現金流量折現法來評鑑公司價值。

伍、我國學者及實務見解

我國學者對於公平價格之認定，亦有不同意見。柯芳枝教授認為，應依非訟事件法第182條規定，法院為裁定前，應訊問公司負責人及為聲請之股東。必要時，得選任檢查人就公司財產實況，命為鑑定。如為上市或上櫃股票，法院得斟酌聲請時當地證券交易所實際成交價格核定之[26]。林國全教授認為，若該請求收買之股份，係上市或上櫃等有市價可循之股份，應逕以提出收買請求日之收盤價為此所謂公平價格，而不待公司與

---

[25] 范揚旋，前揭註10文，頁22。

[26] 柯芳枝，公司法論（上），三民書局，2004年3月，增訂5版，頁248。

股東協議決定[27]。劉連煜教授認為，雖上市櫃有公開市場成交價格可以參考，但應注意我國證券交易市場至今仍設有漲跌幅限制，如有控制權交易（如公司合併）發生，其對股價之影響，若無一段時日恐難以完全反應，法院似不可僅以股東會決議公司合併日或翌日之成交價格作為公平價格[28]。

財稅實務上，我國財政部對於遺產及贈與稅法有關股票價值之核定，向採上市櫃公司依事實發生日或行為日之收盤價，未上市櫃公司則依事實發生日或行為日之公司資產淨值[29]，作為核定價格之主要參考資料，雖然依財政部67年7月28日台財稅第35026號解釋函[30]，尚不排除其他客觀因素對其讓售價格有影響者，仍可作為核課之參考，但實際上究屬罕見，整體財稅實務仍不脫「上市櫃公司採收盤價，未上市櫃公司依公司資產淨值」之簡單法則。

司法實務上，最高法院71年台抗字第212號民事裁定認為，公司法第317條所謂「按當時公平價格，收買其股份」，如為上市股票，依非訟事件法第182條規定，法院得斟酌當地證券交易所實際成交價格核定之，所謂「當時公平價格」，係指股東會決議之日，該股份之市場價格而言[31]。

晚近以來，受到美國德拉瓦州最高法院1983年Weinberger v. UOP, Inc.乙案允許當事人舉證，以任何財務金融界所承認或可接受之技巧、方法算

---

[27] 林國全，反對合併股東之股份收買請求權，月旦法學雜誌，第52期，1999年9月，頁13。

[28] 劉連煜，現代公司法，新學林，2008年2月，增訂3版，頁120。

[29] 依遺產及贈與稅法施行細則第29條第1項規定：「未上市、未上櫃且非興櫃之股份有限公司股票，除前條第二項規定情形外，應以繼承開始日或贈與日該公司之資產淨值估定之。」

[30] 參閱財政部67年7月28日台財稅第35026號解釋函：「遺產及贈與稅法第5條第2款所規定：以顯著不相當之代價讓與財產者，其差額部分以贈與論之適用，須視個案情況而定，未公開上市公司股票以低於讓售日該公司資產淨值估定之價格出售者，其每股資產淨值與讓售股票價格間之差額，為稽徵機關認定是否以顯著不相當代價讓與財產之主要參考資料，惟如有其他客觀因素對其讓售價格有影響者，仍可作為核課之參考。」

[31] 最高法院71年台抗字第212號民事裁定。

出股份價值的影響，臺北地方法院在96年度抗字第166號裁定中，認為實務上有多種方法評估企業價值，一般常用「收入法」、「市場法」及「資產（成本）法」，抗告人公司採用專家出具之價值分析報告，係以「收益法」為主，佐以「市場法」為結論之補充說明，因「資產法」係著眼於資產之價值，而東森公司之股東價值應貴在未來之獲利價值，故應排除「資產法」之適用；又系爭股票在臺灣股權交易市場，並無合適可比價對象，故「市場法」亦無法作為主要評價方法。是評估抗告人公司股東權益之公平價值，鑑定人循抗告人採用專家出具之「價值分析報告」，及採用收益基礎之「折現現金流量法」，預估股東及債權人可獲得之現金流量，以加權平均資金成本折現後可得公司價值再扣除負債價值後，即為股東權益價值。

　　2015年修正企業併購法以後，我國科技業併購案件頻傳，新竹地方法院104年度司字第21號裁定認為，評定股票價格之報告，除考量公司目前經營之現況、資產與負債之情形外，並重視其未來獲利之能力，同時參考公開交易市場對該產業之重視，部分重要假設因涉及會計師（企業評價師）之主觀判斷，而不同企業評價師，運用不同評價方法所計算之價格，亦會有明顯差距，此觀台積電公司就出售股份，委請會計師評估處分價格之合理性，晶元光電公司與元芯公司亦委請會計師出具專家意見，份份報告均有不同之價格差距。本件法院採獨立專家以淨值法及市價淨值比法作為評價方式，並以同屬LED產業之股票上市公司隆達公司最近三年即101年至103年，每年均有獲利為比較對象，評估後每股合理價格為1.46元。另外，新竹地方法院106年度抗字第13號裁定，抗告人主張應以興櫃市場交易股票之股價為本件公平市場價值，惟法院認為興櫃市場之股票流通性偏低，市場活絡性不足，認定興櫃市場成交價未達第一級公允價值之要求，因而採會計師出具之專家意見書，以成本法下之每股淨值法、市場法下之股價淨值比法及EV/Sales比法[32]為評估基礎。

---

[32] 一種公司估值指標，公式為企業價值（EV）／主營業務收入。主要用作衡量一家利潤率暫時低於行業平均水平甚至是處於虧損狀態公司的價值，其前提條件是投資者預期這家公司的利潤率未來會達到行業平均水平。使用銷售收入的用意是銷售收入

陸、司法程序應採非訟或訴訟程序？

我國司法程序對於如何決定股份公平價格向採非訟制度，於非訟事件法第182條規定，公司法所定股東聲請法院為收買股份價格之裁定事件，法院為裁定前，應訊問公司負責人及為聲請之股東；必要時，得選任檢查人就公司財務實況，命為鑑定。前項股份，如為上櫃或上市股票，法院得斟酌聲請時當地證券交易實際成交價格核定之。

2015年修正企業併購法後，仍維持非訟事件，但在程序上增加法院為價格之裁定前，應使公司與股東有陳述意見之機會，賦予相對應之聽審請求權保障。為避免公司與多數股東進行程序，可能產生程序延遲與審理龐雜，而減損效率，乃規定多數股東得由其中選定一人或數人為代表而進行程序，並使此等代表最終取得裁定之效力及於全體未達成協議股東，以簡化程序，節省法院與股東之勞力、時間及費用。案件如提起抗告，因爭訟性大，抗告法院於裁定前，亦應給予當事人陳述意見之機會，使各該關係人得充分就該爭議事項為事實上及法律上陳述，並得聲明證據、提出攻擊或防禦方法，及為適當完全之辯論，俾保障當事人之程序權。對於收買股份價格事件之裁定，應附理由，抗告中應停止執行。

傳統上，非訟事件是指當事人間不具訟爭性質的事件，國家為了保障人民的私權與預防爭議之發生，因當事人或利害關係人之聲請，對於人民私權法律關係之發生、變更或消滅，由法院依法為必要之參與、處置或裁決。因非訟事件不具訟爭性，法律上的權益關係明確，故不須透過訴訟的進行及法官審理，只須以書面送審，其處分以獨任法官之裁定行之，屬立法之便宜措施。

非訟事件與訴訟事件固均涉私權，但非訟程序較重於法律關係之維護及預防，而訴訟事件之特色在於具訟爭性。但此傳統上的理解，因部分訟

代表市場份額和公司規模，如果公司能夠有效改善營運，將可實現行業平均或預期的盈餘水準。該指標只能用於同行業內公司的比較，經由比較並結合業績改善預期得出一個合理的倍數後，乘以每股銷售收入，即可得出符合公司價值的目標價。

爭性事件，基於合目的性考量而納入非訟事件法適用範圍後，其界限已漸趨模糊[33]。非訟事件從早期著重於預防、照護、公信力加持等考慮因素，迄近世對於部分具訟爭性事件，基於效率、彈性、裁量權擴大化及保留調整可能之需要，亦被納入非訟事件法適用範圍，以致非訟事件之類型亦有擴大化之傾向[34]。

　　傳統非訟程序採書面主義，法院依職權探知，不公開審理，與訴訟程序採言詞辯論、處分權主義、公開審理不同。非訟事件具有程序簡便迅速且程序費用低廉[35]的優點，我國於2015年修正企業併購法後，對於股份公平價格之決定，雖然仍歸為非訟事件，但增加了很多具訴訟性質的程序，諸如給予當事人陳述意見之機會，使關係人得充分為事實上及法律上陳述，並得聲明證據、提出攻擊或防禦方法，及為適當完全之辯論，對於當事人之程序權提供了更多保障。

　　但我們應思考的是，世界上是否真正存在絕對的公平價格？如果有，那麼不論用何種方法都可以算出相同的價格；如果沒有，那麼該用何種方法才可以得出令人信服的相對公平價格？本文認為，現實世界並沒有絕對公平價格，只有相對公平價格。因此，在法庭上，如何就不同案例，依其特性探討出最適當的方法，這個問題本身即非常具有訟爭性。因此將如何決定股份公平價格一事歸為訴訟事件，應該較為妥適。在訴訟程序上，允許當事人自行舉證，以任何財務金融界所承認或可接受之技巧、方法算出股份之公平價值，避免法院直接採用公司檢附之公平價格評估說明書或鑑定人的評價報告作為判決依據，以保障人民的訴訟權。

---

[33] 姜世明，非訟事件法新論，新學林，2018年2月，3版，頁4。

[34] 姜世明，前揭註33書，頁5-6。

[35] 按非訟事件法，因財產權關係為聲請者，按其標的之金額或價額，以新臺幣依下列標準徵收費用：未滿10萬元者，500元；10萬元以上未滿100萬元者，1,000元；100萬元以上未滿1,000萬元者，2,000元；1,000萬元以上未滿5,000萬元者，3,000元；5,000萬元以上未滿1億元者，4,000元；1億元以上者，5,000元。因非財產權關係為聲請者，徵收費用新臺幣1,000元對於非訟事件之裁定提起抗告者，徵收費用新臺幣1,000元；再抗告者亦同。

柒、結論

我國自2002年倉促制定企業併購法以來，初期由於法制上漏洞太多，加上法院對於公平價格的瞭解有限，採用市場價格時，不知查明市場是否有被操縱的情形；採用獲利價值時，不知現金流量折現法均係依據公司提供的臆測數據，一旦公司為維護自身利益，而刻意誤導數據，其計算出來的結果，當然偏離公平價格甚遠，在實務案例上飽受批判。2015年企業併購法修正後，原本立法缺漏已大幅改善。

在實務操作上，我國法院也逐漸採納美國法對於公平價格的觀念，允許當事人舉證，以任何金融財務界所承認或可接受之技巧、方法所算出之股份價值，當作收買請求權之價格。依財務金融界對於各種評價方法的比較，認為利用公司自由現金流量折現法，從公司繼續經營的觀點，將公司未來一定期限內所能產生的現金流量，透過一定折現率，折算為公司現值，是最接近真實價值的評價方法。此種評價模式中共有三項重要變數，分別是代表獲利力的自由現金流量、代表投資效率的成長率及代表風險的折現率。由於同時考慮公司未來的獲利能力、成長性、風險性及流動性，才能貼近公司的真實價值。自由現金流量折現法之缺點是計算過程複雜，且假設較多，使用的變數定義嚴格，必須審慎處理，否則將導致嚴重的評價誤差。採用現金流量折現法進行企業評價時，由於計算的依據來自對於未來的預估，基本上均屬主觀之臆測，因此無論評價者或提供基礎數據者，皆須具備獨立而公正客觀的立場。

自由現金流量折現法對於計算股份的公平價值，固然具有高度理想性，但在具體個案上，往往受限於公司特性與數據可靠度等問題，並無法完全採行。其實，每一種評價方法各有其優缺點，選用時應依據目標公司之特性及可行性，才能選出最適當的評價方法。必要時，亦可多種方法並用，每一種方法給予一定權數，再經加權計算而得出股份之公平價值。

除此之外，本文認為法院應就不同股票的交易價格與其公平價格之關聯性，作進一步之類型化，並建立其最適當之計算方法，例如傳統產業或

大型成熟產業之經營較為穩定，不論採用市場價值法、市場比較法、德拉瓦塊狀法或現金流量折現法，均能得到極為接近的公平價格；科技產業或單一利基型產品的產業，其經營狀況起伏甚大，如運用市場價值法、市場比較法或德拉瓦塊狀法，則因所選期間屬於其產品週期的初期或末期而會有相當之差異，如運用現金流量折現法，理論上雖可能較為切合公平價格之定義，但因所預測的數值不同，往往使得計算結果產生極大落差，在此情形下，欲求得客觀的公平價格，仍有相當之困難。

　　在司法程序上，現行非訟制度具有程序簡便迅速且程序費用低廉的優點，而且2015年企業併購法修正第12條第8項及第9項，引進了民事訴訟程序有關當事人陳述意見之規定，使各該關係人得充分就該爭議事項為事實上及法律上陳述，並得聲明證據、提出攻擊或防禦方法，及為適當完全之辯論，使得非訟事件的審理，隱含著濃厚的訴訟程序。但因非訟事件之特性，裁定股票價格仍由法院依職權定之，不受當事人聲請之拘束。就事件本質而言，並非妥適。因此本文認為，決定股份公平價值之案件，仍應採民事訴訟程序，讓兩造以金融財務界所承認或可接受之技巧、方法所算出之股份價值自行舉證，並陳述其採用此種方法之依據與考量，在訴訟程序上提出攻擊或防禦方法並為適當完全之言詞辯論，以保障雙方之程序權。

11

淺論臺灣高速鐵路股份有限公司發行特別股訴訟事件

羅玲郁[*]

壹、資本三原則

公司法第1條開宗明義，本法所稱公司，謂以營利為目的，依照本法組織、登記、成立之社團法人。在各國公司法制中，組織體系與財務結構向來為規範主軸。股份有限公司，股東個人對公司債務並不負任何責任，公司債務完全以公司財產清償，故公司的資本，相當程度表徵其對外責任的最低擔保程度。確保及維持公司財務結構，以免公司本身、員工、股東或債權人之權利受到損害，均為公司治理的重要環節。

我國現行的公司資本體系，源於日本商法，並間接沿襲德國商法，以資本確實原則（民國55年修正為折衷之授權資本制，民國94年再修正為授權資本制）、資本維持原則及資本不變原則，又稱資本三原則。探討此三個原則前，首應掌握形式資本與實質資本的概念，

形式資本：又可稱之為「法定資本」或「章定資本」。如於公司法中第41條第1項第4款，第101條第1項第4款、第115條準用第41條第1項第4款所規定之「資本總額」及於股份有限公司章規定之「股份總數與每股金額」（公司法第129條第1項第3款）、「股份總數」（公司法第156條第2項）等學理上稱之為「法定資本」、「章定資本」；實收資本：係指公司實際收到的投資人投入的資本，即股東出資義務概念的表彰，於公司設立

---

[*] 現任律師。

之初及發行新股時，依此匯集之資金，即形成實收資本。

一、資本確實原則

公司資本的形成，因大陸法系國家與英美法系國家對公司資本政策的差異，形成法定資本制和授權資本制兩大基本的公司資本制度。法定資本制也稱確定資本制，指公司設立時，須在公司章程中載明資本總額，並在公司成立時由發起人或股東一次全部認足或募足。授權資本制，公司設立時雖記載資本總額於公司章程，但並不要求發起人或股東在公司成立時全部認足或繳足，未認足或繳足的部分，授權公司依經營需要隨時發行新股進行募集。於法定資本制下公司信用基礎是公司靜態的資本；而授權資本制下，章程上的資本總額僅代表公司可能達到的最大規模，不要求股東全部認繳，公司信用基礎轉而著眼在公司動態的資產。

隨著經濟的發展，大陸法系國家所奉行的法定資本制暴露出缺乏效率與活力等諸多弊端，故多數國家開始把目光投向授權資本制，而有折衷授權資本制之萌生，雖然各國的折衷做法不同，但折衷授權資本制可簡單的定義為公司成立時必須要在章程中載明公司的資本，但並不一定要認購繳足，而是規定一定的認購比例或在規定的期間內全部認足。同時兼顧法定資本制保障交易安全的優點，也有授權資本制公司設立方便，運作靈活的優點。

我國公司法於民國（下同）18年12月7日公布時就股份有限公司資本認購、募集規定於第90條第1項：「發起人認足股份總數時，應即按股繳足第一次股款，並選任董事及監察人。」及第93條：「發起人不認足股份者，應募足股份總數。」嗣於55年7月19日修正公司法第156條第1項至第3項規定：「股份有限公司之資本，應分為股份，每股金額應歸一律，一部分得為特別股；其種類，由章程定之。前項股份總數，得分次發行。但第一次應發行之股份，不得少於股份總數四分之一。股份有限公司之最低資本總額，由中央主管機關以命令定之。」94年6月22日修正為公司法第156條第1項至第3項規定：「股份有限公司之資本，應分為股份，每股金額應歸一律，一部分得為特別股；其種類，由章程定之。前項股份總

數，得分次發行。股份有限公司之最低資本總額，由中央主管機關以命令定之[1]。」98年4月29日修正刪除第3項「股份有限公司之最低資本總額，由中央主管機關以命令定之[2]。」94年6月22日修正前，公司法由法定資本制過渡採折衷式授權資本制的設計再到現行授權資本制[3]，舊法時期的法定資本、實收資本對於債權人而言具有積極的擔保功能，惟此時實收資本已再不能由傳統擔保性的角度理解，所餘者多為在財務報表上之平衡功能。

二、資本維持原則

公司存續中，至少須維持相當於資本額之現實財產，而以該具體之現實財產充實其抽象之資本[4]，並制止公司股東不當之盈餘分派請求，保護公司債權人。資本維持之客體應以實質資本為維持之下限，公司法第211

---

[1] 94年6月22日公司法第156條第2項修正理由為：「一、授權資本制之最大優點，在使公司易於迅速成立，公司資金之籌措趨於方便，公司亦無須閒置超過其營運所需之巨額資金，爰自現行折衷式之授權資本制改採授權資本制。又實務上，為因應新金融商品之發行，避免企業計算股份總數四分之一之不便，爰刪除原條文第二項但書之規定。」

[2] 98年4月29日公司法第156條第3項修正理由為：「（一）按公司最低資本額之規定，係要求公司於設立登記時，最低資本須達一定數額，方得設立。惟資本僅為一計算上不變之數額，與公司之現實財產並無必然等同之關係；同時資本額為公示資訊，交易相對人可透過登記主管機關之資訊網站得知該項資訊，作為交易時之判斷；再者，公司申請設立登記時，其資本額仍應先經會計師查核簽證，如資本額不敷設立成本，造成資產不足抵償負債時，董事會應即聲請宣告破產，公司登記機關依本法第三百八十八條規定將不予登記。爰此，資本額如足敷公司設立時之開辦成本即准予設立，有助於公司迅速成立，亦無閒置資金之弊，該數額宜由個別公司因應其開辦成本而自行決定，尚不宜由主管機關統一訂定最低資本額。（二）又依據世界銀行西元2008年9月發布『2009全球經商環境報告』中有關『最低資本額』之調查指出，我國『最低資本額』占國人平均所得百分之一百以上，於世界排名為第一五七名。為改善我國經商環境，促進企業開辦，公司資本額應以經會計師查核簽證認定資本額足敷設立成本即可，爰刪除第三項。」

[3] 107年7月6日三讀通過公司法部分條文修正，針對第156條雖有條項的更動，然就授權資本制原則並未變更。

[4] 參閱王文宇，公司法論，元照，2016年7月，5版，頁308。

條第1項規定：「公司虧損達實收資本額二分之一時，董事會應於最近一次股東會報告[5]。」第2項規定：「公司資產顯有不足抵償其所負債務時，除得依第二百八十二條辦理者外，董事會應即聲請宣告破產。」亦即「公司虧損達實收資本額二分之一」與「公司虧損達實收資本額二分之一」乃立法者為資本維持原則設定的底限。於前二條件下，公司董事會應召集股東，決定是否進行公司重整、解散或破產，如董事會因故意或過失未踐行上開程式，除依同法第3項：「代表公司之董事，違反前二項規定者，處新臺幣二萬元以上十萬元以下罰鍰。」另可能涉及公司法第23條第2項及民法第35條第2項之損害賠償責任。

　　另我國法有關資本維持之方式，尚有如下等規範：出資種類之規範（公司法第131條第3項、第156條第5項、第272條）、折價發行之禁止（公司法第140條）、股利分派之限制（公司法第236條、第239條至第241條）、報告虧損（公司法第211條、證券交易法第28-2條）、禁止認購或取得自己股份（公司法第167條、第167-1條、證券交易法第28-2條）、禁止公司將自己股份收為質物（公司法第167條第4、5項）及贖回限制（公司法第158條）[6]，公司非彌補虧損及提出法定盈餘公積後，不得派股息及紅利，公司無盈餘時，不得分配股息及紅利（公司法第232條），公司如違反公司法第232條所為之紅利分派，應屬無效；股東已繳納股款而於登記後，不得任意將股款發還股東或任由股東收回（公司法第9條）。此外，公司法定有轉投資之對象及比例限制（第13條）、資金貸與股東或任何他人之限制（第15條）及公司保證之限制（第16條）。

---

[5] 實務上，對於公司虧損之認定，以公司財務報表上之累積虧損及當期損益作為判斷依據。以公開發行股票之公司為例，其財務報表通常係於每年3月始編造完成，若發現公司虧損達實收資本額二分之一時，則其召開股東會之時間將與每年六月底前召開股東常會之時間相當接近。準此，為減輕公司行政上之負擔，107年7月6日三讀通過修正公司法將第1項「董事會應即召集股東會報告」修正為「董事會應會應於最近一次股東會報告」。

[6] 曾宛如，公司之經營者、股東與債權人，元照，2008年12月，頁169。

三、資本不變原則

　　資本不變原則是指公司的資本額一經確定，非經法定程式不得隨意變更的原則。此原則所欲保護者乃以債權人的利益為主，股東為輔[7]。理論上公司不得任意減少實收資本，造成公司清償能力的降低從而危及債權人的利益，亦不應隨意增加股本稀釋股東權益，使股東承擔過多的風險。惟所謂不變，並非資本的絕對不可改變，資本是否改變乃附隨於資本確定原則下的相對概念，以形式資本做為評價基礎，本質上與授權資本制相牴觸，是在我國公司法採授權資本制後，理論實際效用降低，其主要價值在於資本變更的形式正義。

貳、特別股

一、概論

　　公司特別股之發行，係規定於公司法第156條「股份有限公司之資本，應分為股份，每股金額應歸一律，一部分得為特別股；其種類，由章程定之。」及公司法第157條「公司發行特別股時，應就左列各款於章程中定之：一、特別股份派股息及紅利之順序、定額或定率。二、特別股份派公司賸餘財產之順序、定額或定率。三、特別股之股東行使表決權之順序、限制或無表決權。四、特別股權利、義務之其他事項[8]。」特別股之

---

[7]　曾宛如，同註6，頁176。

[8]　公司法於107年7月6日三讀通過修正第157條第1項修訂為：「公司發行特別股時，應就下列各款於章程中定之：一、特別股分派股息及紅利之順序、定額或定率。二、特別股分派公司賸餘財產之順序、定額或定率。三、特別股之股東行使表決權之順序、限制或無表決權。四、複數表決權特別股或對於特定事項具否決權特別股。五、特別股股東被選舉為董事、監察人之禁止或限制，或當選一定名額董事之權利。六、特別股轉換成普通股之轉換股數、方法或轉換公式。七、特別股轉讓之限制。八、特別股權利、義務之其他事項。」第3項增訂：「下列特別股，於公開發行股票之公司，不適用之：一、第一項第四款、第五款及第七款之特別股。二、得轉換成複數普通股之特別股。」其立法意旨在於按現行第356-7條規定，閉鎖性股份

權利義務雖得為有別於普通股的約定，然學者認為股東之何種權利義務事項得以章程訂定？似應視其訂定有無違反股份有限公司之本質及法律之強制或禁止規定而定，未可一概而論[9]。特別股收回之法源依據，係規範於公司法第158條：「公司發行之特別股，得收回之。但不得損害特別股股東按照章程應有之權利。」以及公司法第159條第1項：「公司已發行特別股者，其章程之變更如有損害特別股股東之權利時，除應有代表已發行股份總數三分之二以上股東出席之股東會，以出席股東表決權過半數之決議為之外，並應經特別股股東會之決議。」

二、特別股與股東（份）平等原則

　　按股東（份）平等原則指公司對股東持有之每一股份均予平等待遇，公司發行特別股，會造成普通股股東及特別股股東權利不同之現象，形成股東平等原則之例外，學者有認為公司對股東之權利雖有不公平之處理存在，但該處理方式已為受平等原則保護之股東同意者，其瑕疵即因此

有限公司為追求符合其企業特質之權利義務規劃及安排，已可於章程中設計相關類型之特別股，以應需要，為提供非公開發行股票公司之特別股更多樣化及允許企業充足之自治空間。惟在公開發行股票之公司則排除公司法第157條第1項第4、5、7款及轉換複數普通股之適用，其立法理由乃：（一）考量放寬特別股限制，少數持有複數表決權或否決權之股東，可能凌駕或否決多數股東之意思，公開發行股票之公司股東眾多，為保障所有股東權益，並避免濫用特別股衍生萬年董事或監察人之情形，導致不良之公司治理及代理問題，且亞洲大多數國家對於發行複數表決權或否決權之特別股仍採較嚴謹之規範；（二）特別股股東被選舉為董事、監察人之禁止或限制，或當選一定名額董事之權利，有違股東平等原則；至一特別股轉換複數普通股者，其效果形同複數表決權；基此，考量公開發行股票之公司，股東人數眾多，為保障所有股東權益，不宜放寬限制；（三）特別股轉讓受到限制，即特別股股東無法自由轉讓其持有之特別股，此於公開發行股票之公司尤其上市、上櫃或興櫃公司，係透過集中市場、店頭市場交易之情形，將生扞格，實務執行上有其困難，不宜允許；（四）至已發行具複數表決權特別股、對於特定事項有否決權特別股或其他類型特別股之非公開發行股票之公司，嗣後欲申請辦理公開發行時，應回復依股份平等原則辦理。

[9] 柯芳枝，公司法論（上），三民，修訂9版，2015年10月，頁17。

而治癒[10]。依據平等原則審查模式[11]，公司法制准許發行特別股，係立於「企業於證券市場籌措資金之靈活性」與「股東平等原則」二者間之利益衡量，特別股制度所產生之差別待遇，係為追求一個特殊政策目的，即藉由發行特別股（手段）達到活化企業籌措資金之政策目的（目的），而犧牲股東之平等權利，手段與目的間具有合理關連，應無違憲疑義。

三、特別股與普通股權利義務之差異

(一) 發行與募集之限制

　　普通股依公司法第270條之規定，不得公開發行新股之情形有：1.最近連續2年有虧損者。但依其事業性質，須有較長準備期間或具有健全之營業計畫，確能改善營利能力者，不在此限。2.資產不足抵償債務者。另依公司法第269條之規定，具有以下情形不得發行具有優先權利之特別股：(1)最近3年或開業不及3年之開業年度課稅後之平均淨利，不足支付已發行及擬發行之特別股股息者。(2)對於已發行之特別股約定股息，未能按期支付者。

(二) 股利分配與剩餘財產分配請求權

　　公司股東獲得投資收益的主要途徑之一就是盈餘分配，為了符合資本維持原則（又稱為資本充實原則），使得公司在存續期間，至少須維持相當於資本之現實財產，以保護公司債權人，因此股東不得要求超額之盈餘分配。特別股，則依其發行條件為優先股、劣後股、混合股即盈餘分派或剩餘財產分派之權利全部優先或劣後於普通股權利之謂、或一部分優先於普通股，一部分則劣後於普通股。

---

[10] 劉渝生，論股東平等原則與股東會之決議，東海法學，第11期，1996年12月，頁193。

[11] 許宗力，從大法官解釋看平等原則與違憲審查，憲法解釋之理論與實務第二輯，中央研究院中山人文社會科學研究所出版，2000年8月，頁107。

(三) 表決權

表決權是股東表達對公司經營的介入工具，一股一權是公司法之基本規定（公司法第179條），特別股股東之表決權則視發行條件而定[12]。

(四) 收回

基於資本維持原則、避免操縱股價，影響證券市場交易秩序之疑慮及考量到若允許公司取得自己之股份，可能造成內部人可優先出賣股份予公司，大股東可先退場的現象，禁止公司取得自己股份可避免公司選擇性回收，圖利特定大股東及保護債權人，對於已發行之股票，依據公司法第167條規定，原則上不允許股份有限公司取回公司股份，僅有例外情形公司得取回股票[13]，惟公司法第158條則明定公司得收回特別股。

公司法第158條本文規定「公司發行之特別股，得收回之」，公司是否負有收回特別股之義務？學者有以為因法條係規定「得」，故一般認收回與否係公司之權利，而非特別股股東之權利，即公司並無收回之義務（除非發行時另有約定）[14]。然有學者認為公司對所發行之特別股是否有收回義務之認定，若發行時條件約定發行期間及期滿後因客觀因素或不可抗力情事以致無法收回特別股之全部或一部時公司需負擔若干條件之給付之情形，此時應解為若期滿後無客觀因素或不可抗力情事以致無法收回特

---

[12] 複數表決權已於107年7月6日三讀通過之公司法修訂中明文規定入公司法第157條，並排除公開發行股票公司之適用，詳見註8。

[13] 公司得取回股份之規定，主要有員工庫藏股（公司法第167-1條第1項）、員工認股權（公司法第167-2條）、股東股份收買請求權（公司法第186條、第317條、企業併購法第12條）、員工酬勞（公司法第235-1條第4項）、公司進行併購股東優先轉讓持股與公司（企業併購法第11條）。證券交易法第28-2條則規定上市櫃公司得於：（一）轉讓股份予員工；（二）配合附認股權公司債、附認股權特別股、可轉換公司債、可轉換特別股或認股權憑證之發行，作為股權轉換之用；（三）為維護公司信用及股東權益所必要而買回，並辦理銷除股份者之情形下，得以董事會三分之二以上董事之出席及出席董事超過二分之一同意，於有價證券集中交易市場或證券商營業處所或依第43-1條第2項規定買回其股份，不受公司法第167條第1項規定之限制。

[14] 劉連煜，現代公司法，新學林，2015年9月，增訂11版，頁302。

別股之全部或一部之情形,公司即負有收回義務。[15]

(五)可否請求轉換權利

普通股股東原則上僅可透過買賣方式變更權利,而特別股股東依發行條件而定,得為強制性轉換或選擇性轉換為普通股。轉換期間可由公司自行決定,明定於發行辦法中。惟如訂有轉換條件時,至少應於發行3年後始得轉換為普通股,且應一次全數轉換。

四、公司法第234條之建業股息

公司法第234條:「公司依其業務之性質,自設立登記後,如需二年以上之準備,始能開始營業者,經主管機關之許可,得依章程之規定,於開始營業前分派股息(第1項)。前項分派股息之金額,以預付股息列入資產負債表之股東權益項下,公司開始營業後,每屆分派股息及紅利超過百分之六時,應以其超過之金額扣抵沖銷之(第2項)。」此為我國現行有關建業股息之規定,約定分派建業股息之章程是否限於公司設立時之原始章程,學說上有正反意見[16],筆者以為建業股息與公司資本維持原則本有所扞格,且法條規定要件為「需2年以上之準備,始能開始營業者」,故應限以原始章程規定為宜。公司為資本的集合,股東獲取利潤的方式通常僅能透過公司的利潤分配,惟建業股息之規定卻准許公司在營業前,提前發放股息,如此一來變相的返還股東繳納的股本,則資本確實原則下的實收資本也流於表面,雖爭議不斷,然各國基於重大公共建設等資金龐大,集資困難考量,公司法制仍會肯認公司於其設立初始至其開始營業前,如須相當期間之準備者,得於公司章程中明定支付建業股息之數額及其期間範圍,少數如德國早期雖於股份法中亦有相類規定,只是合法性的爭議不斷,嗣德國為配合執行歐洲共同體公司法第二號指令之協調,乃於

---

[15] 林國全,特別股之收回,月旦法學教室,第52期,2007年2月,頁30-31。

[16] 支持以公司原始章程為限者,如何曜琛,有價證券私募與建業股息,臺灣法學,第193期,2012年2月,頁144;劉連煜,註14,頁572。認不以原始章程為限者,如林國全,建設股息,月旦法學教室,第22期,2004年8月,頁32-33。

1979年1月7日起將原股份法中關於建業股息之規定全數刪除。

　　公司為實現事業，需決策籌措資金來源，以支應公司營運支出。公司募集資金的管道選擇，分為內部資金及外部資金，內部資金如以過去營運產生利潤之再投入，外部資金來源如舉債或發行新股。公司於設立之初，其募集資金管道因公司尚未開始營運，故其資金來源管道僅有外部資金，對募集而來的資金，約定於開始營業前分派股息，形式上雖係以給付股息名義為之，實質上與給付借款利息有異曲同工之妙。

　　公司以分派建業股息方式募集資金，就公司整體財產及經營而言，較舉債有利，蓋以分派建業股息吸引投資人購買公司股票時，股份為公司財產之一部分，而以舉債方式募集公司資本，則在會計學上需任列債務，將會受公司法第211條第2項規定：「公司資產顯有不足抵償其所負債務時，除得依第二百八十二條辦理者外，董事會應即聲請宣告破產。」之限制。

　　建業股息之法律性質為何？有三說之對立：1.利息費用說：認為預付股息為民法第126條利息之範圍，屬於公司之費用。[17] 2.股本返還說：認為此屬減資之性質，係資本維持原則之例外[18]。3.股息預付說：認為股息之支付屬於股東權益之減少，應為股東權益之減項[19]。

　　臺灣高速鐵路股份有限公司（以下稱臺灣高鐵公司）的判決案例中，臺灣士林地方法院102年度重訴字第416號判決，異於其餘對臺灣高鐵公司請求給付股息案件之判決認定，以臺灣高鐵公司發行特別股所發布之重大訊息第九點「本次私募新股之權利義務」第2項[20]規定「未收回之特

---

[17] 武憶舟，公司法論，自版，1998年，頁421-422。

[18] 施智謀，公司法，自版，1991年7月，校訂版，頁175。

[19] 王文宇，公司法論，元照，2016年7月，5版，頁482；林仁光，會計，刊載於賴源河等十三人合著，新修正公司法解析，元照，2002年1月，初版，頁324；廖大穎，公司法原論，三民，2017年1月，增訂7版，頁333；梁宇賢，公司法論，三民，2015年9月，修訂7版，頁469；姚志明，公司法，新學林，2016年9月，初版，頁357。

[20] 第九點「本次私募新股之權利義務」第2項明文規定：「特別股之發行期間為四年。本公司於到期日將依發行價格一次全部收回。若屆期本公司因法令規定未能收回特別股全部或一部時，未收回之特別股本金應按年利率4.71%計算利息至收回為止，且未收回之特別股權利義務，仍依發行條件延續至收回為止。」

別股『本金』應按年利率4.71%計算『利息』至收回為止」，已明示「本金」與「利息」用語，認定特別股之孳息為利息性質，既屬利息約定，不受公司法第234條之拘束，臺灣高鐵公司有給付義務。臺灣高鐵公司不服提起上訴，經臺灣高等法院103年度重上字第400號判決就此部分改判，認臺灣高鐵公司於開始營業前支付之特別股股息，應以預付特別股股息列入資產負債表之股東權益項下，並非利息之約定，依公司法第234條規定之於開始營業後不得再予給付。

參、臺灣高鐵公司發行特別股事件之檢視

　　臺灣高鐵公司於2002年透過發行特別股籌資，並經主管機關同意，約定發放建業股息，當時，包括八大公股行庫及富邦銀行、國泰銀行、新光金控等民營金融業者均參與認購，且陸續發行甲、乙、丙（一）、丙（二）、丙（三）、丙（四）、丙（五）、丙（六）、丙（七）、丙（八）、丙（九）等11種特別股[21]，並承諾於正式營運前給付建業股息，

---

[21] 臺灣高鐵公司章程第36條第3款規定：「本公司經主管機關許可，於開始營業前分派特別股股息，不受上述盈餘分派之限制，但應以預付特別股股息列入資產負債表之股東權益項下，公司開始營業後，每屆分派股息及紅利超過實收資本額百分之六時，應以其超過之金額扣抵沖銷之。」資料來源：https://www.thsrc.com.tw/UploadFiles/Regulations/2062ec2d-ffa0-47cf-bae2-ca3cb54763cb.pdf（最後瀏覽日：06/02/2017）。另特別股權利及義務主要如下：1.甲種及乙種記名式可轉換特別股：(1)特別股以每股面額發行，股息訂為年利率5%，依面額計算，每年以現金一次發放。若某一年度無盈餘或盈餘不足分派特別股之股息時，上述特別股股息應累積於以後有盈餘年度優先補足。本特別股於發行期滿時，本公司應於當年度或以後之各年度優先全數將累積未分派之股息補足之。(2)特別股股東未於轉換期間辦理轉換，本公司將於到期日以面額贖回。若屆期本公司因法令規定未能收回特別股全部或一部時，未收回之特別股權利義務，仍依發行條件延續至收回為止。2.丙種記名式可轉換特別股：(1)特別股之每股發行價格為9.3元，股息訂為前二年年利率9.5%、後二年年利率0%，依發行價格計算，每年以現金一次發放。若某一年度無盈餘或盈餘不足分派特別股股息時，上述特別股股息應累積於以後有盈餘年度優先補足。本特別股於發行期滿時，本公司應於當年度或以後之各年度優先全數將累積未分派之股息補足之。(2)特別股之發行期間為四年，本公司於到期日將依發行價格一次全部收

臺灣高鐵公司於96年1月5日全線當中之部分車站即板橋、桃園、新竹、臺中、嘉義、臺南、高雄車站開始販售車票提供載客服務，同年3月5日臺北車站加入營運，98年7月接續完成新增苗栗、彰化及雲林等3站並開始所有車站全面營業。臺灣高鐵公司以96年1月5日已開始售票營運為由，不再給付建業股息，另因營運初期並未有盈餘，特別股股東自96年1月5日後即未收到股息，故各股東分向臺灣高鐵公司提起訴訟。

依據臺灣高鐵公司統計提告特別股訴訟案約有42件[22]，請求內容主要為請求給付股息或要求收回特別股。有關請求給付股息訴訟之主要爭點在於公司法第234條規定建業股息之分派時間點為「開始營業前」，一旦公司開始營業則應回歸公司法第232條之規定「非彌補虧損及依本法規定提出法定盈餘公積後，不得分派股息及紅利」，臺灣高鐵公司以96年1月5日（部分車站已開始售票通車）作為開始營業日，然該時間點尚未至臺灣高鐵公司承諾給予特別股股東建業股息期限，特別股股東認臺灣高鐵公司違反認股契約約定。關於請求收回特別股訴訟之主要爭點則在於收回特別股究屬臺灣高鐵公司之權利或義務？另公司法第158條原規定：「公司發行之特別股，得以盈餘或發行新股所得之股款收回。但不得損害特別股股東按照章程應有之權利。」惟於100年6月13日修訂為「公司發行之特別股，得收回之。但不得損害特別股股東按照章程應有之權利。」特別股股東自臺灣高鐵公司開始營運起既無從再請求分派建業股息，紛紛要求臺灣高鐵公司收回特別股，導致臺灣高鐵公司面臨收回150餘億元資本之資金缺口。

回，若屆期本公司因法令規定未能收回特別股全部或一部時，未收回之特別股之股息按年利率4.71%計算，其餘之特別股權利義務，仍依發行條件延續至收回為止。此外，所有特別股除領取特別股股息外，不得參加普通股關於盈餘及資本公積分派、分派賸餘財產之順序優先於普通股、無表決權，亦無選舉董事、監察人之權利；但得被選舉為董事或監察人、發行新股時有優先認股權、得於轉換期間內，轉換為普通股。臺灣高速鐵路股份有限公司103年度股東會年報，頁161。資料來源：同前及http://www2.thsrc.com.tw/UploadFiles/FinancialDocument/f3ec5cb2-f800-4c26-aa79-b6954bf680fb.pdf（最後瀏覽日：06/02/2017）。

[22] 參閱註21，臺灣高速鐵路股份有限公司103年度股東會年報，頁162-169。

　　短時間內臺灣高鐵公司面臨大量訴訟，除司法程序中的攻擊防禦，判決結果對社會經濟及國家交通建設有著重大影響，試就此加以探討。

　　首先針對請求臺灣高鐵公司給付股利的訴訟，臺灣高鐵公司多數勝訴，僅在針對財團法人中技社、財團法人中華航空事業發展基金會「94年第二次發行丙種記名式可轉換特別股」（以下稱丙（九）種特別股）的案件中敗訴，也因該二案件的判決造成司法實務論斷高鐵公司「何時開始營業」的事實狀態時，產生不同結論的歧異現象。

　　蓋丙（九）種特別股原預計發行時間為94年9-10月（實際發行日期94年9月30日），而除苗栗、彰化及雲林站外，其餘站別均預計於96年初完工，則丙（九）種特別股發行條件有關「股息訂為前二年年利率9.5%」，當時有意願承購之特別股股東恐於臺灣高鐵公司開始營業後依公司法第232條第1、2項及公司法第234條規定將無法全數領得約定分派之建業股息，故於認購前財團法人中技社、財團法人中華航空事業發展基金會，曾發函詢問「特別股股息⋯⋯開始營業後⋯⋯」等疑義。經臺灣高鐵公司於94年4月13日向經濟部徵詢[23]所謂「開始營業時點」，經濟部函

---

[23] 臺灣高鐵公司以105臺高法發字第01162號函向經濟部徵詢所謂「開始營業時點」，請求經濟部函釋其於高鐵主線興建完成並開始通車運轉後之5年內，不論盈虧，均得分派股息。其函文內容略以：「⋯⋯高鐵主線完成後，本公司仍須進行南港車站等之興建，以及汐止基地之開發等『籌備及興建』工作。是以，於此高鐵通車運轉之初期，即使有票價收入，理應不構成公司法第二百三十四條第一項所稱之『開始營業』之狀態。⋯⋯於高鐵開始通車運轉及售票之初期，其公司狀態與高鐵之『興建期』實屬無異，⋯⋯本公司於高鐵主線興建完成、開始通車運轉之初期，理應可依前述經許可之章程及貴部之前揭核准函釋，繼續分派特別股股息。⋯⋯如果貴部將本公司之『開始通車運轉』視為公司法第二百三十四條之『開始營業』，並固守公司法第二百三十二條『無盈餘不得分派股息』之規定，則將造成投資人因『營業開始』初期未能獲配股息，而不願意於『興建期』參與投資本公司發行之特別股，則顯然有違公司法第二百三十四條鼓勵投資之精神。⋯⋯本公司於高速鐵路主線興建完成並開始通車運轉之初期（尤其五年內），本公司事實上乃處於"準備"期間，而且雖有票價收入，亦難獲利。為此，懇請貴部衡諸公司法第二百三十四條將獎勵投資之立法意旨、高速鐵路之產業特性、以及本公司係適用『獎勵民間參與交通建設條例』而經交通部許可成立之『特許公司』等特殊情事，惠賜釋示如主旨所請⋯⋯。」

請交通部釋義[24]後，因交通部回覆未臻明確，經濟部復於94年4月19日以經商字第09400536510號函請交通部釐清回函主旨所敘「本部預估該公司將於98年7月全線通車並開始全面營業」是否即係指公司法第234條之「開始營業日」。交通部以94年4月19日交路（一）字第0940003842號函復：「關於函詢臺灣高速鐵路股份有限公司開始營業日乙案，本部預估該公司將於98年7月完成各車站工程後，全線通車開始營業。」經濟部於94年4月20日以經商字第09400537490號函檢附交通部94年4月19日交路（一）字第0940003842號回覆上訴人：「貴公司開始營業之時點，應以目的事業主管機關依事實認定」。臺灣高鐵公司於94年9月27日以05臺高法發字第03934號函回覆被上訴人：「……經本公司就『開始營業時點』徵詢經濟部函釋略以：本公司開始營業日，交通部預估將於98年7月完成各車站工程後，全線通車開始營業。……丙（九）種特別股之發行期間四年，股息前二年年利率9.5%，後二年年利率0%，預計於94年9-10月間發行。揆諸前揭經濟部函釋，本公司將於開始營業前依公司法第二百三十四條規定發放丙（九）種特別股股息，並無適法疑義。……本公司丙（九）種特別股有關『還本付息』之內容，既符合法令之規定，亦可保障股東之權益……。」

實務判決多以臺灣高鐵公司提出辦理丙（九）種特別股發行及轉換辦法、認股章程、風險預告書等資料，為證券交易法第43-6條所規定之對特定人認股之要約，前述文件並為認股契約之附從契約，臺灣高鐵公司基於誠信原則應予遵守，故於96年1月5日部分站別售票營業後，仍需給付財團法人中技社、財團法人中華航空事業發展基金會特別股股息，至於其他特

---

[24] 經濟部94年4月13日經商字第09402048410號函轉目的事業主管機關交通部，詢問「關於臺灣高速鐵路股份有限公司函詢該公司『開始營業前』之認定疑義，繫屬貴管，請惠告該公司之開始營業日」。交通部以94年4月15日交路（一）字第0940003694號函回覆：「關於函詢臺灣高速鐵路股份有限公司開始營業日乙案，本部預估該公司將於98年7月全線通車並開始營業。依本部與臺灣高鐵公司所簽訂之臺灣南北高速鐵路興建營運合約之規定，臺灣高鐵公司除預定以94年10月底全線通車外，並於全線通車後接續辦理新增苗栗、彰化及雲林等3站之規劃、設計與施工；依該公司於甄審階段所提投資計畫書所列，該3站完工時程預估為98年7月，並開始所有車站全面營業。」

別股認股股東於認股前並未如財團法人中技社及財團法人中華航空事業發展基金會向臺灣高鐵公司函詢確認，故未有特別約定，則於96年1月5日開始營業後，不得請求特別股股息。

一、公司法第232條及公司法第234條之規定效力如何

　　公司法第234條規定建業股息僅能在公司開始營業前分派，公司開始營業後依公司法第232條規定：「公司非彌補虧損及依本法規定提出法定盈餘公積後，不得分派股息及紅利（第1項）。公司無盈餘時，不得分派股息及紅利（第2項）。公司負責人違反第一項或前項規定分派股息及紅利時，各處一年以下有期徒刑、拘役或科或併科新臺幣六萬元以下罰金（第3項）。」另公司法第233條規定：「公司違反前條規定分派股息及紅利時，公司之債權人，得請求退還，得請求賠償因此所受之損害。」依該規定內容文義解釋，可知一旦公司違法分派股息或紅利，公司負責人應受有刑事處罰，債權人並得請求退還已分派之股息、紅利及向公司請求損害賠償。惟就違法發放行為本身之效力為何？

（一）無效說

　　公司法第232條乃為遵守資本維持原則，保護公司債權人而設，屬禁止規定，違反此一規定之紅利、股息分派行為為無效。公司之股東會如違反該規定而決議分派股息及紅利，則屬公司法第191條，其決議內容無效[25]。

（二）有效說

　　公司法關於強行規定，其中重要者係屬效力規定，若有違反之，其行為應歸於無效。其中次要者，係屬命令規定，若有違反，則僅公司負責人負擔責任，而行為本身仍屬有效。其區別標準應探究各該規定之立法意

---

[25] 最高法院70年度台上字第1862號、85年度台上字第1876號、90年度台上字第1934號判決意旨參照。

旨，以判定在其範圍內之利害關係人，使其接受制裁之不利益。公司法兼具團體法與交易法之性質，重視劃一性及動態之交易安全，除若干特殊之重要情形，屬強行法規外，應認儘量解為命令規定，基此立場，故主張取得行為應屬有效，公司之損害應由董事賠償[26]。

(三) 相對無效

此說乃修正絕對無效說而來，法律行為並非任何人均得主張無效，公司法第232條依其立法意旨，係為保護公司債權人，同法第233條規定「公司之債權人，得請求退還，得請求賠償因此所受之損害。」故債權人得主張無效。

又建業股息雖未有如公司法第232條第2項及第233條之規定，然特別股股東與臺灣高鐵公司間認購特別股之法律性質為契約，按法律行為，違反強制或禁止之規定者，無效（民法第71條），故當事人間之特約，當然不得違反法律之強制或禁止規定，公司法第234條雖為第232條之特別規定，然並非當事人逕行特約即得違反公司法第234條規定發放建業股息，且基於例外從嚴原則，在對建業股息發放之要件解釋上不可任意放寬，否則，公司只要與認股人間約定開始營業日，即得無視公司法規定而發放股息，如此豈非認同公司可藉由分派建業股息方式，無限制減少資本。

於財團法人中技社及財團法人中華航空事業發展基金會案件中，因該二當事人於認購特別股之前有特別函詢臺灣高鐵公司關於何時開始營業事項，實務判決認同該二當事人主張，認為在96年1月5日後，臺灣高鐵公司仍需給付股息，導致「開始營業」之事實，似乎因實務判斷而個別案件產生不同的結論，在財團法人中技社案件[27]中，臺灣高鐵公司亦以此提出質疑，對此二審法院於判決中表示「至於上訴人公司事實上開始營業日為何日？開始營業日究應依經濟部、交通部抑或財政部之認定？各該機關之認定是否與兩造間之認股契約內容相符？及尚未經董事會決議等，本院認均

---

[26] 梅仲協，商事法要義，自版，1963年1月，5版，頁65。

[27] 臺灣士林地方法院98年金字6號判決；臺灣高等法院98年金上字8號判決、臺灣高等法院99年金上字6號判決；最高法院100年台上字665號判決。

不影響被上訴人得依認股契約請求上訴人給付丙（九）種特別股96年度股息之判斷。」蓋該判決認為臺灣高鐵公司於私募丙（九）種特別股時，已具體向被上訴人陳明所指之「開始營業日」為「苗栗、彰化、雲林等高鐵各車站工程竣工完成前」，雖然是以迂迴的論理邏輯認臺灣高鐵公司於私募與認購人約定開始營業日為「苗栗、彰化、雲林等高鐵各車站工程竣工完成前」，基於契約誠信原則，臺灣高鐵公司應遵守認購約定，然臺灣高鐵公司何時開始營業不應有二種不同判斷，又臺灣高鐵公司所回覆之開始營業日為何已影響法院針對財團法人中技社可否請求建業股息之判斷？如此一來豈非肯認公司於可透過約定方式規避公司法上之禁止規定，任意擇定與事實狀態不同之始日為「開始營業日」作為建業股息給付期限？又針對開始營業後需有盈餘方得給付股息紅利之規定，實務判決一向認為違反公司法第232條為無效，然於高鐵案例中，法院認定臺灣高鐵公司基於誠信原則，應對其與特別股股東之約定負責，然該特約違反公司法第232條規定之效力為何？無一判決論及。如依實務一貫認定違反該規定無效，則財團法人中技社及財團法人中華航空事業發展基金會當不得請求臺灣高鐵公司給付96年1月5日以後之特別股股息？就此實務所採理由實有闕漏，且其所遺留之判決影響將使資本維持原則將趨於空洞化，變相返還股本於認股人，無法展現保障交易安全及公司債權人之規範目的。

二、公司法第158條修正，對臺灣高鐵公司之影響

公司法第158條於100年6月29日修正，修正前公司法第158條規定：「公司發行之特別股，得以盈餘或發行新股所得之股款收回之。但不得損害特別股股東按照章程應有之權利。」然於100年6月29日刪除「以盈餘或發行新股所得之股款」等文字，修正為：「公司發行之特別股，得收回之。但不得損害特別股股東按照章程應有之權利。」修正之立法理由：「按公司收回發行之特別股，依原規定，僅得以盈餘或發行新股所得股款收回，尚不得以法條所列舉者以外之其他款項收回。此種限制，對企業之財務運用，欠缺彈性；又公司以何種財源收回特別股，允屬公司內部自治事項，宜由公司自行決定，毋庸以法律限制之，以利公司彈性運用，爰刪

除『以盈餘或發行新股所得之股款』等文字。至於特別股應收回之條件、期限與公司應給付對價之種類及數額等事項，仍應依公司法第157條第4款規定於章程中訂定之，公司並應據以辦理，併此敘明。」

　　臺灣高鐵公司發行特別股，係在公司法修正前，而臺灣高鐵公司於章程中有關特別股收回之約定分別為「特別股股東未於轉換期間辦理轉換，本公司將於到期日以面額贖回。若屆期本公司因法令規定未能收回特別股全部或一部時，未收回之特別股權利義務，仍依發行條件延續至收回為止。」（甲種、乙種特別股）、「特別股之發行期間為四年，本公司於到期日將依發行價格一次全部收回，若屆期本公司因法令規定未能收回特別股全部或一部時，未收回之特別股之股息按年利率4.71%計算，其餘之特別股權利義務，仍依發行條件延續至收回為止。」（丙種特別股），依修正前之規定，若無盈餘或發行新股股款，屬依法令規定未能收回情形，臺灣高鐵公司不負收回義務，臺灣高鐵公司訂定章程時發行特別股時尚有「以盈餘或發行新股所得之股款收回」之法令限制，臺灣高鐵公司主張當時約定真義是以臺灣高鐵公司獲有盈餘時方收回特別股，然承審法院認依系爭章程第7-2條第2款及發行轉換辦法第18條[28]均載明「……若屆期本公司因法令規定未能收回……，其餘之特別股權利義務，仍依本條各款之發行條件延續至收回為止」等語，已明示以系爭特別股發行屆期後之有效法令規定，作為被告例外不收回特別股之依據，並預期發行屆期時雖受限於法令無法收回，然該限制於日後經排除後，被告仍應辦理收回，故公司法第158條修正而應辦理特別股收回之情形，均在兩造約定之認知範圍內，並未因此變更兩造之約定。如此一來，臺灣高鐵公司面臨收回價值佰億收回特別股之問題，故當時臺灣高鐵公司破產之說甚囂塵上。

　　臺灣高鐵公司一案最終解決方法是於104年3月26日公告董事會決議

---

[28] 發行轉換辦法第18條：「若本特別股股東未於轉換期間辦理轉換，本公司將於到期日依發行價格一次全部收回本特別股。若屆期本公司因法令規定未能收回特別股之股息按全部或一部時，未收回之特別股之股息按年利率4.71%計算，其餘之特別股權利義務，仍依本辦法規定一部時，未收回之特別股之股息權利義務，仍依本辦法規定之發行條件延續至收回為止。」

通過「全民認股方案」規劃案，經交通部酌予修改增資對象與額度規劃後，更名為「高鐵財務解決方案」，並同時提出建議方案A與方案B送立法院審議。經立法院交通委員會決議採建議方案B（含四項附帶決議），並經立法院院會備查，交通部函臺灣高鐵公司同意「高鐵財務解決方案」建議方案B[29]，改變臺灣高鐵公司之資本結構〔減資：普通股股東減資六成；增資：增資300億元，其中政府基金（高鐵相關建設基金）投資242億元、政府得以掌握董監事席次優勢之公司或法人（泛公股）投資58億元，增資後（泛）公股持股比例約63.9%。〕，亦即政府接手臺灣高鐵公司之財務困境，訴訟方面臺灣高鐵公司於104年8月7日收回全部特別股股本，提列特別股訴訟相關遲延利息及裁判費，與特別股股東達成訴訟上和解或其他協議，一次了結彼此間之所有權利義務。

　　由臺灣高鐵公司的判決觀之，法院考量特別股發行當時時空背景及法令依據，探求締約雙方當事人真意，認定高鐵有履行收回之義務。然由此一事件窺知，法令變動的社會影響，刪除以盈餘或發行新股股款回收的限制，雖可使企業靈活運用資金，然在臺灣高鐵案直接反映的效果時，公司過半資本回流，公司面臨破產就公司資本維持的立場，實有不妥，且對公司普通股股東及公司債權人之保障亦有不足。

肆、結論

　　股份有限公司，股東對於公司之責任，以繳清其股份之金額為限，故對公司債權人而言，其債權之擔保僅為公司財產。由於股東對於公司僅負

---

[29] 「高鐵財務解決方案」各項具體措施如下：1.辦理收回本公司已發行之全部特別股股本並辦理減資。2.變更特許期間為70年。3.辦理普通股減資彌補虧損特別股全數收回後。4.辦理增資300億元。5.與交通部合意終止站區開發合約。6.修訂聯合授信契約。7.撤回仲裁三案。8.調整費率及票價。9.建置平穩機制暨其專戶。資料來源：臺灣高速鐵路股份有限公司105年度股東會年報，頁198-200。資料來源：file:///C:/Users/ling/Desktop/ff91930f-fbd4-4217-9007-4aa828eef8e.pdf（最後瀏覽日：06/02/2017）。

有限之出資責任，為謀求公司債權人之保護，公司法承認資本三原則，亦即資本確定原則、資本維持原則及資本不變原則，與股東有限責任原則相互配套，以保護公司之債權人。然為使企業資金運用保有彈性，資本三原則於公司法制的作用日趨微薄，如何節制公司將會是重大課題。

　　公司法允許公司發行特別股或建業股息之分派，究其根本在於提供公司不同於舉債的籌資管道，然該二制度的規定與資本三原則有本質上的扞格，由資本原則的觀點出發，均是例外規定。以臺灣高鐵公司為例，其所發行之特別股結合分派建業股息，具有很強的債權特質，然因高速鐵路是重大公共建設，經過政治程式，公權力介入處理，最後由普通股減資承受所有投資損失，若非在臺灣高鐵公司如此特殊的案例中，政府出手挽救，否則寬鬆的資本立法政策，如何在自由經濟市場中達到一個基本秩序維持功能？而法院在評價臺灣高鐵公司特別股案件時，可以發現被刻意規避的問題，例如特別股約定內容違反強制規定等問題，然而並非所有案例都可以循臺灣高鐵公司模式處理，如何能兼顧股份有限公司之本質及法律之強制、禁止規定，臺灣高鐵公司之判決是否能成為其他案件之借鏡將是一大考驗，筆者以為法院在面臨特別股股東的特別契約權利有爭議，或者產生普通股與特別股間之利益衝突解決時，仍應在堅守法律規定的前提下，權衡考量公司發展、債權人保護及保護特別股股東權益之合理原則作為案件判斷基準。

12

論「一人董事會」決議效力

游聖佳[*]

壹、案例事實[1]

　　甲股份有限公司為公開發行公司（下簡稱甲公司），於民國（下同）89年4月間召開股東臨時會前，原有時任第五屆董事A、B、C三人，由A擔任董事長。嗣後，董事長A於88年11月死亡；董事B於88年10月間轉讓甲公司股份過其當選時所持有之甲公司股份二分之一，依公司法第197條第1項後段當然解任，故上開股東臨時會召開前，甲公司董事僅剩C一人，則董事C逕自以甲公司董事會名義，於89年4月間召集股東臨時會，並由該次股東臨時會選出新任董事。後該等新選任之董事會於91年6月召集股東會常會，選出第六屆任董事。復於95年6月第六屆任董事所為之董事會決議召集股東常會，選任第七屆任之新董事X、Y、Z。

　　起訴原告主張：甲公司既僅存非董事長之董事C一人，理當無法召開董事會，更無法以董事會決議召開股東臨時會。職是，由該董事會決議召開之89年4月股東臨時會，於該臨時會中所為之董事選舉決議，自屬無效。而於此89年4月之無效股東會決議所選任之董事所組成之董事會，於後91年6月召開之股東會，亦應為無召集權人所為之召集，召集程序不合法，致91年6月召開之股東會所為之董事選任第六屆任董事之決議亦屬無效。復95年6月第六屆任董事會決議所召集之股東會常會，亦仍屬無召集權人之召集，從而所為之第七屆任董事選任X、Y、Z之決議無效。於此起訴請求確認95年6月選任之第七屆任董事X、Y、Z，與甲公司間之委任

---

[*] 現任律師。
[1] 改編自最高法院101年度台上字第1745號民事判決事件。

關係不存在。

貳、本件爭點

一、未達三人董事會，是否可為有效召開董事會作成決議？公司法第206條第1項規定「董事會之決議，⋯⋯，應有過半數董事之出席，出席過半數董事之同意行之。」此董事會決議的「分母」，即「全體董事」之認定，是以「章定董事人數」為基準？或「實際現存董事人數」為基準？

二、我國有無肯認「一人董事會」決議之空間？

參、評析

一、董事會之召集權人

董事會，係由全體董事所組成之股份有限公司必備、常設、集體之執行業務機關，為一會議體組織。在公司法企業所有、經營分離原則之體現下，公司法第202條：「公司業務之執行，除本法或章程規定應由股東會決議之事項外，均應由董事會決議行之。」明示董事會原則上就公司業務執行有決定權限。其職權行使，即執行業務方法依公司法第202條所示，係以「會議表決」的型態為之，按公司法第206條第1項規定：「董事會之決議，除本法另有規定外，應有過半數董事之出席，出席董事過半數之同意行之。」形成董事會執行業務之「決定」（決議）。又因董事會係會議體，現實上無法自行執行其所做成之決定，也無法現實執行公司業務，故按公司法第208條規定，由全體董事或設有常務董事者，互選一人為董事長，為對內股東會、董事會及常務董事會主席，對外代表公司，並按公司法第208條第5項準用第57條規定，就關於公司營業上一切事務有辦理之權，而由法「授權」予董事長為代表董事會執行決定之人。

　　由此可知，公司業務決定係以召開董事會以會議方式為之，依其召開會議之時期，學理上區分為每屆第一次董事會與之後之例行董事會。二者之區別，在於每屆第一次董事會，由所得選票代表選舉權最多之董事召集之（現行公司第203條第1項後段）；選票代表選舉權最多之董事未於現行公司法第203條第2項或第4項限期內召集董事會時，得由五分之一以上當選之董事報經主管機關許可，自行召集（現行公司第203條第5項）[2]。而例行董事會，則由董事長召集之（現行公司第203條第1項前段）；於董事長不為召集時，依經濟部見解，按公司法第203條規範意旨，除另以法定程序代補以制衡者外（例如以公司法第173條、第220條規定召開股東臨時會解任該董事另行補選），尚不得由其他董事甚至是由監察人以為召集董事會[3]；亦不得按公司法第208條第3項規定，由副董事長代理，或由常務董事或董事互推一人為召集之[4]。惟有學者認為，此時應解為得類推適用公司法第208條第3項規定，由副董事長代理；如無副董事長者，由常務董事或董事互推一人代理之[5]。

---

[2] 王志誠，董事會之召集、出席及決議，臺灣法學雜誌，第204期，2012年7月15日，頁169。

[3] 經濟部93年11月5日經商字第09302182030號函釋：「一、按公司法第203條規定，董事會由董事長召集之。是以，董事長如不召開董事會，尚不得由其他董監事召集，亦不發生書面會議紀錄情事。……」

[4] 經濟部63年5月13日經商字第12051號函釋：「查公司法第203條規定，董事會之召集，依章程規定。本案○○漁業公司章程既規定『……董事會除每屆第一次董事會依公司法第203條規定召集外，其餘由董事長召集並任為主席……』，則該公司董事遇有公司法第197條當然解任情形，而發生董事缺額達三分之一時，應即由董事長負責召集董事會決議召開股東臨時會補選之，惟如董事長拒不召集時，除可依公司法第201條第2項規定以原選次多之被選人代行職務外（該58年9月11日版公司法第201條第2項規定現已刪除），公司股東得依同法第173條規定請求董事會召集股東臨時會補選。此外，尚不得由公司常務董事互推一人召集並由其擔任主席。」

[5] 王志誠，董事會之召集、出席及決議，臺灣法學雜誌，第204期，2012年7月15日，頁169-170。

上開見解，本文容有疑義。蓋公司法第208條第3項董事長代理規定，按民法代理法理，係董事長「本人」尚屬存在時，始得為本人之「代理」；倘本人不存在，即無「代理」本人之可能。核晚近實務見解認公司法第208條第3項是屬法律漏洞而得類推適用之情況，係為董事長發生缺位之董事長辭職、解任或死亡等類似情形時，始有適用[6]。董事長拒不召開董事會之情形，係為董事長「在位」，縱然得以公司法第208條第3條規定處理，也當是為直接適用，並非類推適用。再者，董事長拒不召開董事會，是否屬於「因故不能行使職權」情形？實有疑義。實務見解認為第208條第3項所謂之「因故不能行使職權」，係指「一時的不能行使職權而

---

[6] 經濟部79年9月7日經商字第216053號：「（有關股份有限公司依章程設置之副董事長，依經濟部函釋，為董事長不能行使職權時之當然代理人，並於董事長死亡而未及補選前，副董事長得類推適用公司法第308條第3項規定暫時執行董事長職務）：本案准司法院秘書長79年8月27日（79）秘臺廳（一）字第01978號函略以：「按股份有限公司有限公司依章程規定設有副董事長者，依公司法第208條第1項第2項規定，其副董事長之選任方法與董事長同；又依同法條第3項規定『董事長對內為股東會、董事會及常務董事會主席，對外代表公司。董事長請假或因故不能行使職權時，由副董事長代理之……』，副董事長為董事長不能行使職權時之當然代理人，從而股份有限公司設有副董事長時，於董事長死亡而未及補選前，副董事長似得行推適用公司法第208條第3項規定暫時執行董事長職務。」請依司法院秘書長意見辦理，唯仍應儘速依公司法第208條第1項或第2項規定補選董事長。最高法院100年度台上字第1720號民事判決：「董事長係股份有限公司必要之代表機關，對外代表公司。倘股份有限公司董事長請假或因故不能行使職權，或死亡、解任、辭職而未及補選前，均應由適當之人代理或暫時執行董事長職務，以維公司之正常運作。公司法第208條第3項既已就董事長請假或因故不能行使職權設有由副董事長代理之規定，則股份有限公司於董事長死亡、解任、辭職而未及補選前，自得類推適用由適當之人代理或暫時執行董事長職務。」

言」[7]，是否確實不能行使職權，應依事件之性質定之[8]。董事長拒不召開董事會，不當然代表就董事長其他職務行為亦不行使，且該「不行使」，係董事長因己身自由意志所為之「不為」，並非「因故不能」，故從法條文義解釋論之，公司法第208條第3項於董事長拒不召開董事會之情形時，無從直接適用，亦無類推適用空間。從而姑且不論公司據此追究其民、刑

---

[7] 臺灣高等法院99年度上字第18號民事判決：「公司法第208條第3項就董事長請假或因故不能行使職權時，董事長代理人之產生所設規定，須有本人存在，始有代理之可言，故所謂董事長因故不能行使職權，係指董事長因案被押或逃亡或涉訟兩造公司之董事長同屬一人等一時的不能行使其職權而言，並不包含董事長已死亡之情形。倘董事長已死亡，因其人格權業已消滅，僅能依公司法第208條第1、2項之規定，另行補選董事長。若未另行補選董事長，依同法第8條第1項規定，應由全體常務董事或全體董事代表公司。」臺灣高等法院80年度抗字第1182號民事裁定：「現行公司法，就有關股份有限公司執行業務機關之規定，係採董事集體執行制，公司業務之執行，原則上均由董事會決定之，對外則由董事長代表公司，董事並無單獨執行業務或代表公司之職權。公司法第208條第3項雖規定：『董事長請假或因故不能行使職權時，由副董事長代理之；無副董事長或副董事長亦請假或因故不能行使職權時，由董事長指定常務董事一人代理之；其未設常務董事者，指定董事一人代理之；董事長未指定代理人者，由常務董事或董事互推一人代理之。』惟此係就『董事長請假或因故不能行使職權時』，董事長『代理人』之產生所設規定，有此代理人，斯能代理董事長代表公司，而依代理之法理，須有本人存在，始有代理之可言，故該條所謂『董事長因故不能行使職權』，係指董事長因案被押或逃亡或涉訟兩造公司之董事長同屬一人等『一時的不能行使職權』而言。若董事長已死亡，其人格權業已消滅，僅能依同條第一、二項之規定，另行補選董事長，殊無依同條第三項後段規定互推代理人之餘地。」

[8] 臺灣高等法院暨所屬法院94年11月25日法律座談會民事類提案第11號：

法律問題：某公司董事長於93年6月26日因案羈押看守所，法院囑託看守所首長代為送達訴訟文書，並經該董事長簽收，其送達是否合法？

研討結果：採甲說（肯定說），認送達合法。

理　　由：按董事長請假或因故不能行使職權時，由副董事長代理之；無副董事長或副董事長亦請假或因故不能行使職權時，由董事長指定常務董事一人代理之；其未設常務董事者，指定董事一人代理之；董事長未指定代理人者，由常務董事或董事互推一人代理之。為公司法第208條第3項所明定。羈押雖屬董事長因故不能行使職權之一種，惟是否確實不能行使職權，應依事件之性質定之，題示之董事長，並未被解任或遭停權，故仍為該公司之法定代理人，其既已於看守所內收受訴訟文書，自已發生合法送達之效力，至其雖不能行使公司之其他職務，如召開股東會、董事會、批閱公文等則屬另一問題，此時由其代理人處理即可。

事及公司法上法律責任，就「拒不召開董事會」之問題上，實仍屬法律漏洞，除另以法定程序代補以制衡者外，實應屬無解。

　　此次民國107年7月6月經立法院三讀修正通過、107年7月8日總統令修正公布、施行日期由行政院另定之公司法修法就董事會召集規定予以細緻化。每屆第一次董事會召開之規定，留於原公司法第203條規定中[9]，而將例行董事會規定移至新增公司法第203-1條[10]，增訂董事會得以過半數董事以書面敘明事由，請求董事長召集董事會，於請求提出後15日內不為召開時，由過半數董事自行召集，即是考量現行第203條第1項本文賦予專屬董事長召集董事會權限不足之補充。而實務上多發生董事長不作為之情事，不僅導致公司之運作僵局，更嚴重損及公司治理。為根本性解決董事長不召開董事會，影響公司之正常經營，並避免放寬董事會召集權人後之濫行召集或減少董事會議發生雙胞或多胞之情況，爰明定允許過半數之董事，得請求董事長召集董事會；於董事長法定期限內不為召開時，過半數之董事，毋庸經主管機關許可，即得自行召集董事會[11]。如此，一併解決董事長拒不召開董事會以及董事長缺位二個問題，更彰顯董事會為公司權力劃分三權分立之業務執行機關地位。

　　惟修正條文之理論立基點，仍是建立在現行公司法第203條第1項前

9　民國107年7月6日三讀通過之公司法第203條：「每屆第一次董事會，由所得選票代表選舉權。最多之董事於改選後十五日內召開之。但董事係於上屆董事任滿前改選，並決議自任期屆滿時解任者，應於上屆董事任滿後十五日內召開之（第1項）。董事係於上屆董事任期屆滿前改選，並經決議自任期屆滿時解任者，其董事長、副董事長、常務董事之改選得於任期屆滿前為之，不受前項之限制（第2項）。第一次董事會之召開，出席之董事未達選舉常務董事或董事長之最低出席人數時，原召集人應於十五日內繼續召開，並得適用第二百零六條之決議方法選舉之（第3項）。得選票代表選舉權最多之董事，未在第一項或前項期限內召開董事會時，得由過半數當選之董事，自行召集之（第4項）。」

10　民國107年7月6日三讀通過之公司法第203-1條：「董事會由董事長召集之（第1項）。過半數之董事得以書面記明提議事項及理由，請求董事長召集董事會（第2項）。前項請求提出後十五日內，董事長不為召開時，過半數之董事得自行召集（第3項）。」

11　民國107年7月6日三讀通過之公司法第203-1條第2項、第3項修法理由。

段「召集權專屬董事長」之原則上，例外新增賦予「全體董事」於一定條件情況下有「補充」之召集權發動。然而事實上就現行法而言，董事長拒不召集董事會之議題並非無解。按特別法優先於普通法適用，於特別法未有規定時回歸普通法適用之原則，公司法第1條已明示公司係營利為目的之社團法人，董事會召集權於現行公司法第203條第1項本文於董事長拒不召開時，回歸民法第51條第1項至第3項規定：「總會由董事召集之，每年至少召集一次。董事不為召集時，監察人得召集之（第1項）。如有全體社員十分一以上之請求，表明會議目的及召集理由，請求召集時，董事應召集之（第2項）。董事受前項之請求後，一個月內不為召集者，得由請求之社員，經法院之許可召集之（第3項）。」則尚不論監察人與社員地位之股東發動召集等情，按普通法地位之民法第51條可知，董事有數人時，董事會即是由全體董事成員構成，原則上會議體各構成員就會議之召集均有召集權限，即各董事應皆具有「董事會召集權」為「積極」召集董事會；且此召集權與董事之代表權應分而視之，該董事是否具有公司代表權，與全體之各董事均有董事會召集權無涉。而現行第203條第1項前段甚至是修法後第203-1條第1項董事會由董事長召集之規定，應僅解釋謂召集「程序手續」應由董事長負責辦理；無論是董事長召開亦或是董事主動召開時，董事長即應執行召集手續以進行董事會召集程序，予以召開董事會；而於董事長拒不召開，或者由董事召開董事長拒不為召集程序時，一定條件下，召集之董事應可自行進行召集程序[12]。故現行法之缺漏，實僅需補強何種條件下董事得自行進行召集程序予以明文化即可，實毋須增設當達「過半數董事同意」、「書面請求董事長」、「於提出後15日內董事長不為召開董事會時」之條件始得自行召開之「消極」召集權發動。如此，透過董事「積極召集權」之行使，方能確保董事會召集之正常化。故本文雖認為此次修法結果係可茲贊同，然仍忽略民法第51條社團法人原存之董事召集董事會之「積極召集權」規定而另擇他途，對新增公司法第

---

[12] 黃清溪，清晰論法：公司法基礎理論—董事篇，五南，2016年1月，頁37。

203-1條之修法，仍認有立法技術上疊床架屋之憾[13]。

二、董事會缺額之董事會決議效力

　　董事會議案依公司法第206條第1項普通決議為之，例外於法另有規定時以特別決議為之。舉凡董事會議案，均須照前開決議方式辦理，始為合法。董事會決議有效與否，以「董事會組織合法與否」為其成立要件。然公司法第206條第1項並未說明作為計算出席董事是否過半數之「分母」基礎，即「全體董事」之計算，究竟是以章定董事人數計算？或以實際現存董事人數計算？此與股東會係以「已發行股份總數」作為定足數之分母基礎，二者不同。董事人數按公司法第129條第5款規定為章程絕對必要記載事項，但章定人數會因解任、辭職、死亡等種種原因而有現實缺少之可能。倘以實際人數為定足數，章定董事人數規定恐流於一天花板門檻限制董事會人數上限之功能而無實質上意義；但若以章定董事人數為定足數，則董事會開會之出席，將因現實董事之缺額，發生出席董事人數完全無法達到章定董事人數之過半數基本開會門檻，致使董事會完全無召開可能。故董事會決議究竟應以何為定足數之基準，作為董事會決議之成立基礎？即有疑義。蓋因現行法董事會由董事長召集之，股東會原則由董事會召集之，此為現行公司法第203條第1項前段、第171條定有明文。股東會之召集係由董事長代表公司秉承董事會所作召集股東會之決議，通知股東召開股東會。則當董事會發生董事缺額而不足章定董事人數之過半數，甚至是更低於公司法第192條第1項所要求之三人時，是否還能合法召集董事會作成召開股東會之決議？有鑑我國實務上，形式上之「一人董事會」存在過

---

[13] 又，董事召集權之問題，實則尚有新增訂之公司法第192條第2項章定不設董事會之「一人董事」或「二人董事」之情形，惟於二人董事情形時，同條項後段又稱準用本法有關董事會之規定，則董事長按公司法第129條第5項、第208條第1項規定應選任董事長，而二人董事要無過半數之可能以及問題，即無疑係另一董事即具有準用董事會之召集權自屬當然。惟本文認為，章定二人董事之規定，要非第2項後段「準用董事會之規定」係屬謬文誤增，要非「二人董事」之系統規定實屬立法錯誤，否則章定二人董事之情形，當無準用董事會規定之可能可言。惟此部分並非本文所探討，於此略述，待日後學生擇時探討，敬請各界斧正指教。

於常見，此種一人公司董事會決議效力究竟如何？是否肯定？將牽連其後股東會之召開暨其決議效果。衡諸董事會決議瑕疵目前實務僅認無效之單一效果的前提下[14]，訴請確認無效訴訟並無如同訴請股東會決議撤銷訴訟有權利行使除斥期間30日之限制，致使無效效果可能於決議後數年始被主張，而發生連鎖效力，影響可謂重大驚人。是此，本文嘗試續就此「一人董事會」情形進行探討。

（一）董事會之定足數判斷標準[15]

　　股份有限公司必須設置由董事以上三人所組成董事會；若為公開發行公司，董事會必須由五人以上董事所組成。此為公司法第192條第1項、證券交易法第26-3條第1項是有規定。又按我國公司法第206條第1項規定，原則為出席數過半、同意數過半之普通決議，例外有法特別明文時為特別決議，最常見者為三分之二以上出席、出席董事過半數之董事會特別決議類型。既是董事會為股份有限公司業務執行機關，則不論普通決議亦或特別決議，決議效力涉及董事出席人數與表決人數之計算，併按晚近實務見

---

[14] 民國65年12月10日臺灣高等法院暨所屬法院65年度法律座談會民事類第28號：
　　法律問題：依公司法第204條之規定，股份有限公司董事會之召集，應通知各董事，設召集董事會時，漏未通知部份董事，致未參加董事會之決議，其漏未通知，並有影響決議結果之虞時，該董事會之決議，係得撤銷抑當然無效？
　　研討結果：照審查意見通過，採乙說。
　　　　　　董事會之召集程序違反法令時，公司法並未設特別規定，亦無準用公司法第189條之規定，查董事會係全體董事於會議時經互換意見，詳加討論後，決定公司業務執行之方針，依設定董事會制度之趣旨以觀，應認該決議係當然無效。
　　　　　　故因公司法無董事會決議得訴請撤銷之規定。董事會與股東會性質不同，不能準用公司法第一百八十九條之規定。採乙說。

[15] 黃銘傑，一人董事召集股東會之效力及監察人需具備股東資格之章程規定效力—評最高法院九十九年度台上字第一○九一號判決，月旦法學雜誌，第196期，2011年9月。
　　公司法全盤修正修法委員會之第三部分修法建議，頁3-7至3-8、3-28至3-30。
　　網頁資料：http://scocar.org.tw/pdf/section3.pdf

解認會議決議之出席是否達法定定足數門檻，係屬決議不成立之問題[16]。即，欲形成有效董事會決議，首先須其出席之董事人數達法定定足數門檻，並以此出席數為基礎，計算得參與表決之董事人數，以此人數作為普通決議及特別決議之法定門檻標準。

　　然而，出席人數之要求，依公司法第206條第1項規定原則為「應有過半數董事之出席」，例外於特別決議甚至需「三分之二以上出席」。則作為計算是否超過二分之一亦或三分之二之分母的「全體董事」應如何認定？經濟部下列函釋謂以：

1. 民國61年7月22日經商字第20114號函釋

　　「查公司董事名額總數之計算，應以依法選任並以實際在任而能應召出席者以為認定董事會應出席之人數，如有法定當然解任而發生缺額情形，應予扣除。貴公司董事缺額已達三分之一，應即召集股東臨時會補選之。」

2. 民國68年6月15日經商字第17754號函釋

　　「公司因董監事股份轉讓而當然解任之結果，僅剩董事長一人及董事一人，在此情形下，應依法選任並以實際在任而能應召出席者以為認定董事會應出席之人數（本部61年7月22日商20114號函參照），可由該董事長及僅剩之董事以董事會名義召集股東臨時會，並由原董事長任主席，改選或補選董監事；如無股東在改選決議後一個月內依公司法第189條規定訴

---

[16] 最高法院民國103年8月5日103年度第11次民事庭會議（二）：「決議要旨：股東會之決議，乃多數股東基於平行與協同之意思表示相互合致而成立之法律行為，如法律規定其決議必須有一定數額以上股份之股東出席，此一定數額以上股份之股東出席，為該法律行為成立之要件。欠缺此項要件，股東會決議即屬不成立，尚非單純之決議方法違法問題。」最高法院104年度台上字第817號民事判決：「參照公司法第174條規定可知股東會之決議，乃多數股東基於平行與協同之意思表示相互合致而成立之法律行為，如法律規定其決議必須有一定數額以上股份之股東出席，此一定數額以上股份之股東出席，為該法律行為成立之要件。欠缺此項要件，股東會決議即屬不成立，尚非單純之決議方法違法問題。申言之，公司以普通決議選任董事、監察人，依前揭所述，自應有代表已發行股份總數過半數之股東出席股東會。倘股東會出席之股東既不足代表公司已發行股份總數過半數，其選任董事、監察人之決議，自屬不成立。」

請法院撤銷其決議者，可准其登記。」

3. 民國93年12月2日經商字第09302202470號函釋

「（要旨：董事僅剩二人以上仍可召開董事會）按公司法第201條規定：『董事缺額達三分之一時，董事會應於三十日內召開股東臨時會補選之。但公開發行股票之公司，董事會應於六十日內召開股東臨時會補選之』；又同法第171條規定：『股東會除本法另有規定外，由董事會召集之』。為此，公司如因其他因素，僅剩二人以上之董事可參與董事會時（二人以上方達會議之基本形式要件），可依實際在任而能應召出席董事，以為認定董事會應出席之人數，由該出席董事以董事會名義召開臨時股東會改（補）選董（監）事，以維持公司運作。……」

由前揭經濟部函釋可知，計算出席董事是否達到定足數分母之「全體董事」基礎，係以「應以依法選任並以實際在任而能應召出席者」。換言之，即以實際上現存合法之董事人數，作為「全體董事」定足數分母之基礎。但以現存合法之董事人數為董事會決議定足數基礎而言，是否一定要達到法定「全體董事」最低標準，也就是公司法第192條第1項前段「最少三人」之要求？若否，則公司法第192條第1項前段「董事會最少三人」規定即恐流於具文。對此，經濟部見解認為：

(1) 民國70年7月24日經商字第29930號函釋

「（要旨：有關公司董事會議所為決議，係屬法律行為中之共同行為，如僅有一董事在會場，無從成立多數意思表示平行的一致，似難有效成立決議）……洽准法務部70年7月14日法70律8791號函復：『查公司董事會議所為決議，係屬法律行為中之共同行為，即指多數意思表示平行的一致而成立之法律行為，如股份有限公司設董事三人，開董事會時僅二人出席，且出席之二人，係其中一人代理另一人出席，僅有一董事在會場，無從成立多數意思表示平行的一致，似難有效成立決議』，應依法務部意見辦理。」

(2) 民國93年5月7日經商字第09302073130號函釋

「（要旨：董事會僅由董事一人親自出席，不具會議之基本形式要件）按股份有限公司董事會係採合議制，且依最高法院65年台上字第1374

號判例之意旨，會議決議應有二人以上當事人基於平行與協商之意思表示相互合致成立之法律行為之基本形式要件。是以董事會如僅由董事一人親自出席，即使有其他董事委託代理出席，因實質上無從進行討論，未具會議之基本形式要件，與上開判例之要旨有違，係屬無效。」

　　經濟部函釋謂「全體董事」之最低標準人數，似仍有保留其底限，必須由現存董事達二人以上時，始符合會議體基本型態，滿足董事會會議體形式，而非以法定的三人為底限[17]。因此若全體董事之實際現存合法董事人數為二人時，由該二名董事所作成之董事會決議效力，按前揭經濟部肯認態度，即因至少滿足會議體型態而為董事會決議有效，惟前提必須是二人董事會之二人董事均有出席。若僅有一名董事出席時，經濟部見解認為因一個人實質無從進行討論，不具會議體基本型態，縱使該一人董事有合法代理，然仍無法認該有合法代理他名董事之一人董事出席所為之董事會決議可謂有效。惟倘按此論，如若「全體董事」基礎數僅剩一名董事為實際合法現存，而發生「一人董事會」情形時，該一人董事會所作成之決議，似乎就不見可認有效之空間。然而，商業實務上，一人董事會情形實屬常見，如果一人董事會決議無從可認有效，則當發生董事會發生僅剩下一名董事實際合法存在時，董事會即無疑形同荒廢機關，但事實上公司裡就是還有一位董事合法存在，此時實無必要直接無視該名董事的存在，當應使該一名董事之職務功能，發揮其最大效益效用。

(二)一人董事會之實務見解

　　實務對於「一人董事會」之決議效力，現有肯、否兩種見解。

　　肯定說者，有經濟部民國99年4月26日經商字第09902408450號函釋以及臺灣高等法院高雄分院97年度上字第71號民事判決。

1. 民國99年4月26日經商字第09902408450號函釋

　　「（要旨：董事會之決議，對依公司法第178條規定不得行使表決

權之董事，仍應算入已出席之董事人數內，故董事出席符合法定開會門檻，雖僅餘一人可就決議事項進行表決且其同意決議事項，仍符合決議門檻）……倘公司有8位董事，召開董事會時，8位董事全部出席（符合法定開會門檻），如其中7席於決議事項有利害關係致有害於公司利益之虞，依本部91年5月16日經商字第09102088350號函釋，僅餘一人可就決議事項進行表決，該一人就決議事項如同意者，則以1比0之同意數通過（符合決議門檻）。」

2. 臺灣高等法院高雄分院97年度上字第71號民事判決

「89年4月14日股東臨時會召開前，美德公司並未就缺額之董事進行補選，為兩造所不爭執，則曾昌能自屬89年4月14日股東臨時會召集時，美德公司唯一合法之董事。而依公司法第208條規定之旨，董事得互選1人為董事長，董事長對內為董事會之主席，董事長因故不能行使職務而無代理人時，由董事互推1人代理之，則董事非無代理董事長之權限。又股份有限公司於董事缺額達3分之1時，董事會應召開股東臨時會補選之，亦為公司法第201條所明定，此時既不須經董事會決議，即得以董事會名義依法召集股東臨時會，且係為補選董事之目的而召集，自不得以董事人數未達可為決議人數而認無從組成董事會及股東臨時會之召集不合法。從而，曾昌能於89年4月14日以董事會之名義召集股東臨時會，自屬合法，且合於公司法第171條之規定，該股東臨時會即非無召集權人所召集。王○○等9人以董事會僅餘1人，無從組成董事會，及鍾昌能未具董事長身份，認該次股東臨時會係由無召集權人所召集而不合法，核屬無據。」

肯定說見解肯認一人董事表決時之決議效力。既如此，解釋上董事會就沒有非「二人以上」之必要。又由臺灣高等法院高雄分院民事判決可看出幾個重點：第一，公司法第201條董事缺額達三分之一之董事會召開股東臨時會補選規定，其股東會之召開，無庸以「董事會決議」為之；換言之，似僅需由現存董事以董事會名義召開股東臨時會即可。第二，承前點情況，是因應公司法第201條補選規定而來；易言之，僅有因公司法第201條規定為補選董事而召開股東臨時會時，始得無須以董事會作成決議為召開，而僅限於補選董事召開股東臨時會適用。第三，即此承認一人董事會

得按公司法第201條規定以董事會名義召開股東臨時會進行補選董事,而肯認一人董事會之存在及其決議效力。

惟前揭臺灣高等法院高雄分院民事判決遭嗣後上訴審最高法院推翻撤銷發回更審,受同案最終之最高法院101年度台上字第1745號民事判決否定其見解而定讞,確立最高法院最後傾向否定一人董事會之看法,併同發生其後連鎖之無效效果,即與經濟部向來認應有二人以上之董事始具會議體型式而召開之董事會所作決議始為合法董事會決議之見解,相互吻合。

最高法院101年度台上字第1745號民事判決:「董事之一人,未經董事會之決議,擅以董事會名義召集股東會,即屬無權召集,所為之決議,當然無效。……則上訴人公司於系爭股東臨時會召集前,僅有董事曾昌能一人,曾昌能當無法召集董事會及由董事會決議召集上開股東臨時會,惟未經董事會之決議,擅以董事會名義召集系爭股東臨時會,即屬無權召集,該股東臨時會所為之決議,當然為無效,……。」

(三) 本文拙見

「一人董事會」畢竟違反公司法第192條第1項股份有限公司董事會之最低三人要求,故由一人董事召集董事會執行董事職務,並為董事會決議之情形,應屬例外而非常態。且公司法第201條本身規範,實已開宗明義表達「董事缺額達三分之一時」之計算分母基礎的「全體董事」,實應非指「現存董事人數」,而是指「章定董事人數」而言,否則若以現存董事人數為公司法第201條「全體董事」之計算基礎,董事會當無發生「缺額達三分之一」的可能。既是公司法第192條第1項要求公司至少應設董事三人,「全體董事」最低人數即需三人,則當董事人數缺額達三分之一時,即應按公司法第201條進行補選;若董事人數已低於法定三人門檻時,按公司法經營之目的自然更應當儘速按公司法第201條規定補選之。縱如經濟部函釋認為只要有董事二人即可形成會議體基本型態,而肯認二人董事會決議所為之公司法第206條公司業務決議有效,但基於公司法第192條要求董事會基本人數三人的立場,實是無任何空間可肯認二人董事會之「業務執行行為」之決議是屬合法。則從現行公司法法條解釋上,實無肯認

「一人董事會」或「二人董事會」存在之空間，難以得出僅有「一人董事會」或「二人董事會」可有效召開董事會做成公司業務決議的立論基礎。

　　然若以現今實務見解採決議行為屬法律行為說來論[18]，法律行為按民法第106條於代理人經本人許諾情況下，似乎並無禁止自己代理。在經濟部99年4月26日經商字第09902408450號函釋對於有關公司業務執行事項上，都尚可承認董事會迴避至僅剩一名董事時得由該董事一人決議之，僅存二名董事而由一董事代理另一董事為董事會決議，彷彿沒有不可允許之道理。況且，經濟部70年經商字第29930號、93年經商字第09302073130號等函釋認為董事出席之定足數要二人以上出席始得成論會議形態；但從股份有限公司「股東會」之結構思考，縱然股份有限公司股東會決議之表決形態屬「權利型」，即由有代表已發行股份總數達定足數以上之股東出席、以出席股東表決權達多數決門檻時，作成決議有效成立，若係由持股比例絕對多數之大股東一人到場，股東會仍可合法召開、進行決議，此時之股東會即無「二人以上」，會議體仍然構成，惟表決型態之「權利」本質上是不可能跟「權利」進行討論的。故而要求董事會一定要「二人以上」始得論會議體形態之論點，實似牽強。

　　再者，既是經濟部在有關公司業務執行事項上可認由董事一人決定的前提下，基於公司法第201條之董事缺額達三分之一的特殊情形時，限縮一人董事會業務執行範圍，僅限召開臨時股東會補選董事，以維持公司正常運作，本文認為要無不可。在一人董事情形時，董事類推適用公司法第208條第3項代行董事長職務，以代理董事長身分按公司法第203條第1項前段召集董事會，一人董事出席即為全體出席，則省去中間之程序不利益，該一人董事自行逕以董事會名義召集股東會補選缺額董事，實無不當，亦無不利益於公司。如此，僅存之一人董事即有存在價值，亦可發揮最大效用，董事會機關也不會因為僅剩一名董事而為荒廢，要無不妥。

　　當然，按現行法可由監察人、少數股東或選任臨時管理人依公司法

---

[18] 決議行為是否屬於法律行為，實務與學者見解上有所爭執。而縱使認屬法律行為者，亦有是否屬於「合同行為」說之爭議。於此僅略為說明。

第220條、第173條第4項、第208-1條等規定，來為召集股東臨時會補選缺額董事。然而，雖說監察人此時係依法為一人行使監察人職權進行召集，然實質而言與董事僅存一人而為召集者無異。少數股東召集須先報請主管機關許可，選任臨時管理人更需向法院聲請選任，後二者方法實是緩不濟急，更何況實務操作上臨時管理人大多僅選任一人擔任，依舊與一人董事召集無異。如此，直接承認一人董事得僅限於公司法第201條補選缺額董事之目的為逕行召開董事會，不僅與上開替代方案目的結果一致，更使得董事會業務執行機關之功能不因僅剩一人而自我荒廢，如此實無否定之必要。

準此，是否真有當然一定要否認「一人董事會」之必要？於公司法實務操作上，實有再斟酌空間。本文認為，基於公司法第201條召開股東臨時會為補選董事之情況時，無論是從董事會本身之最大效用面以觀，或是從替代方案之公司法第220條監察人、第208-1條選任臨時管理人等方式召集股東會補選董事，皆可推導出「一人董事會」可認存在之價值。即就公司法第201條、第192條第1項規定之論釋，實有放寬必要，限縮目的於補選董事時，該一人董事得按第208條第3項規定類推適用以代行董事長職務而逕自以董事會名義召開股東臨時會，實無須再畫蛇添足的進行形式框架的董事會為決議召開後再為召集之。故本文肯認臺灣高等法院高雄分院民事判決見解，認僅能限於公司法第201條董事補選情況下，才有「一人董事會」存在之緩和空間而肯認其功能，並非所有董事會業務執行決議事項均得比附援引。

肆、以107年8月1日公布之公司法修法之評論以代小結

實務認為若現存董事人數尚有二人，於該二名董事皆為出席董事會時，其決議有效。但僅有一名董事出席決議，或其中一名董事代理另一董

事為出席並為決議時,則董事會因欠缺會議形態而為決議無效。則「一人董事會」經濟部見解似肯認一人董事可於董事會為一人決議,但最高法院101年度台上字第1745號民事判決否定一人董事會存在的空間。本文認為,於出現「一人董事會」或「二人董事會」此等非常態之董事會形態時,應限縮董事會業務執行範圍僅限於召開股東會補選董事,不得為其他業務決議,否則除將影響嗣後股東會決議效力,引發連鎖無效之可能後果以外,亦不能認同於一人董事會或二人董事會可常態進行公司業務執行行為。

然在公司法經立法院107年7月6日三讀通過、總統令同年8月1日公布後,現行公司法第192條修正,上揭「一人董事會」或「二人董事會」即是屬公司法第192條第1項法定董事會人數至發生之「事實上」一人或二人董事會情形,要與修法後增訂之公司法第192條第2項「章定」之一人或二人董事不同。核修法當時,公司法修法委員會討論公司法第192條第1項要求三名董事之形式意義,是否還有所必要存在?考量董事人數的要求,一般家族企業權力高度集中,董事三人形式意義遠逾實質,徒增遵法成本,特別是一人公司仍要求設三名董事,更突顯要求不合理。而且實務上為滿足人數要求,往往使用人頭,法院對人頭董事亦常網開一面,倘不再強求人數,應不再對人頭董事給予任何特別考量,以強化名實相符。並考量此次修法就實質受益人規定之增訂,故為就公司法第192條增定第2項規定:「公司得依章程規定不設董事會,置董事一人或二人。置董事一人者,以其為董事長,董事會之職權並由該董事行使,不適用本法有關董事會之規定;置董事二人者,準用本法有關董事會之規定。」開放非公開發行股票之公司得不設董事會,而僅置董事一人或二人,以回歸企業自治,惟應於章程中明定。至於公開發行股票之公司,則按證券交易法第26-3條第1項「已依本法發行股票之公司董事會,設置董事不得少於五人。」之規定辦理。另因適用本條規定者為非公開發行股票之公司,而其股東結構有一人者,亦有二人以上者,為保障股東權益,爰本條未開放股東有二人以上之公司得以章程排除設置監察人之義務,而仍應設置監察人。至股東僅有一

人之公司,則依第128-1條辦理當然[19]。

　　惟此增訂僅是開放公司得自始章定一人或二人董事,仍舊無解於公司依公司法第192條第1項法定董事會發生嗣後事實上一人董事會或二人董事會究竟應該如何召開董事會、應該如何補選之問題。核新增訂之公司法第203-1條第2項、第3項:「過半數之董事得以書面記明提議事項及理由,請求董事長召集董事會(第2項)。前項請求提出後十五日內,董事長不為召開時,過半數之董事得自行召集(第3項)。」係規定過半數之董事請求召開之對象係為「董事長」,而非公司,則於董事長發生事實上缺位之情形時(如死亡、失蹤等),無修正之公司法第208條第3項之董事長代理規定仍就此無解,依舊只靠實務見解肯認類推適用說處理董事長缺位類推適用代理規定處理之,再由剩餘董事請求董事長召開董事會之;為若不走此途,就僅剩下一人董事會實務見解肯定說論點處理,則增訂之公司法第192條第2項規定之功能即立馬有所缺陷;諸此妾身不明,實為不宜,當就其為立法明文之予以根本性解決以為完善。又增訂之公司法第192條第2項請求對象「董事長」是否有解釋為「公司」之空間?本文認為甚有疑義。則於原修法討論期間,實有就董事發生缺額時,修正補選之規定,草案有見解認為可不要求立刻召開股東臨時會補選,而是於董事缺額達三分之一時,即應於最近一次股東會補選,其三分之一計算以該屆應選舉之董事人數為準[20]。且尚不論此草案見解論點是否適恰,為董事缺額問題於修法過程之後就不見提出而消聲匿跡,未考量前揭事實上董事會缺額之情況,此次修法之結果,宜有再行斟酌之空間。

---

[19] 民國107年7月6日三讀通過增訂之公司法第192條第2項立法理由。

[20] 公司法全盤修正修法委員會之第三部分修法建議,頁3-7至3-8、3-28至3-30。
　網頁資料:http://scocar.org.tw/pdf/section3.pdf

13

淺論董事的責任追究機制

楊有德[*]

壹、前言

　　董事會乃公司法定、必備、常設業務執行機關。經營權強化的董事會有相當的責任也是應當。雖董事會依公司法第202條才是真正的業務執行機關，但基於會議體的本質，真正的落實和運作還是得透過構成員即董事為之，所以公司法對於業務執行所生責任，都是以董事會成員董事為訴追對象。

　　以董事須負責任之對象（或謂實體法權利義務關係歸屬主體）分界，可分為對「公司」責任以及對「第三人」責任。前者異於後者之處在於董事與公司間存有委任關係及忠實義務，但董事與第三人間並不存有此等關係，故多落在侵權行為或公司法的特別責任為討論範疇。訴訟上亦多是由實體法的權利義務關係歸屬主體進行權利上的主張，故在對第三人責任的形態中，當屬由主張權利受害之第三人逕對董事提起訴訟這部分並沒有太大的爭議。但在對公司責任形態中，固然原則是由公司對董事提起訴訟，但當由公司中何機關決定進行責任訴追，訴訟又應該如何進行，以及代表機關為何均是難題；此外更具爭議者在於，公司法擴張了少數股東在符合法定條件下得以對董事提起訴訟的型態，其又將如何適用，均有加以探究之必要。本文將集中於董事責任中以公司為權利主的責任追究機制提出粗淺的討論。

---

[*] 現任律師。

貳、董事責任與非董事責任

　　延續著董事對公司的責任討論，可將之區分為基於董事身分而產生的董事責任和非基於董事身分而產生的非董事責任，而在非董事責任上再區分為基於任何人均可能產生的第三人責任（如無權占有公司土地），和受託為公司業務執行的輔助人責任（如董事長）。而這三種責任追究究屬公司何機關之權限，本文先以表格大略表示接下來討論的結論。

董事的責任訴追機關			
	地位	訴追機關	法理
董事責任	董事	股東會	特殊利害關係
		董事會	業務執行範圍
非董事責任	第三人	董事會	業務執行範圍
	輔助人	董事會	業務執行範圍

參、責任訴追機關及其法理之探討

一、董事會

(一) 非董事責任的輔助人責任

　　董事會依公司法第202條為業務執行機關，然其本質屬會議體，難以實質進行實際的業務執行，且公司業務繁雜，亦難事事均透過董事會開會決議，故大多情況下，董事會都必須另行建構業務執行單位，並加以選任適當人選。作為公司唯一的業務執行機關，無論公司建構出多大的業務執行體系，上至董事長、總經理，下至辦事員諸等之所以得以從事業務執行，無一不來自董事會直接或間接授權，而諸等受託執行者即是董事會的

業務執行輔助人，在幫助董事會順利進行業務執行。而輔助業務執行者因懈怠職務所生的責任，即謂輔助人責任。

承上，業務執行輔助人既係由業務執行機關所選任，基於選任與監督機關同一的法理，自應由董事會對該等輔助人進行責任監督，而其**監督權輕到報酬**，重到解任。如公司法第29條即是這種法理的宣示。**如此一來，董事會當得從其監督權推導出對業務執行輔助人之責任訴追權**。值得一提的是若董事會怠於追究輔助人之責，董事則可能因業務執行怠惰而須負董事責任。

(二) 非董事責任的第三人責任

第三人責任係指無論是誰均有可能因其不法行為而須對公司負相關責任之謂，以無權占有公司土地為例，無論占有土地者是否為董事，此事之追究權限原則上本應屬公司**業務執行的範疇**，故第三人責任之責任訴追機關為董事會無誤。

(三) 董事責任

舉凡是以公司對外之訴訟原則上均屬業務執行範圍，無論訴訟對造是否為董事，而公司法第212條僅是避免董事會因為同儕情誼而無法做出最有利於公司的決定，而讓股東會亦得做出追究董事責任的決定，至於訴訟代表機關則為監察人或股東會另行選任之人，只是如此基於利害關係的立法設計的是否就剝奪了原權限機關即董事會對於董事的責任訴追權限，本文以為公司法第212條並未獨尊股東會成為董事的責任訴追機關，蓋因董事會如果已經做出訴追董事責任的決定，則當初立法者所顧慮的同事情誼就顯然沒有發揮影響，基此並沒有特別再去適用公司法第212條及第213條的必要。

二、股東會

「董事會依法具有處理公司事務的法定權限，公司對個別董事權利理應由董事會行使之（公司法第202條）。但為免董事會可能基於同事情誼

不願或消極行使公司權利，公司法特別規定公司與董事訴訟應由股東會決議並由監察人代表公司起訴。」[1]此種解釋乃在於董事之間有同僚情誼，很難期待董事會去追究自己同僚的責任，故公司法在第212條做了特殊規定，舉凡責任主體為董事一律由股東會決議是否加以追究，並不因其責任原因而有所不同。

承上，股東會之所以有責任訴追權，只是為了彌補董事會先天組織上的缺陷，避免董事會顧忌同僚情誼。基此，只要是現任董事，無論其責任型態為何，均有此顧忌自應受公司法第212條所規範。惟有所爭議在於董事如果已卸任，究竟還適不適用公司法第212條。倘按法條文義解釋，該名董事既已卸任，自非董事，理當無公司法第212條之適用，然為避免卸任董事跟後續的董事會成員仍存在某些特殊關係而仍無法希冀董事會主動訴追卸任董事責任，但又在無法適用公司法第212條的情況下，公司股東會根本對於卸任董事無能為力，故本文認為為了貫徹立法目的應得以擴張適用，但為了避免爭議，還是立法卸任董事責任準用公司法第212條為上策。

在實務見解[2]上亦認為「公司法第213條所謂公司與董事間訴訟**無論由何人提起，均有其適用，且亦不限於訴之原因事實係基於董事資格而發**生，即其是由基於個人資格所生之場合，亦包括在內，……以董事為公司之代表起訴或應訴，則難免利害衝突，故應改由監察人或股東會另行選定之人代表公司之必要……。」

---

[1]　周振鋒，論股東代表訴訟的變革方向—以美國法為研析基礎，法學新論，第115期，2010年6月，頁7-8。

[2]　最高法院69年台上字846號判決：「公司法第二百十三條所謂公司與董事間訴訟，無論由何人提起，均有其適用，且亦不限於其訴之原因事實係基於董事資格而發生，即其事由基於個人資格所生之場合，亦包括在內，蓋股份有限公司之董事，係以合議方式決定公司業務之執行，如董事與公司間之訴訟，仍以董事為公司之代表起訴或應訴，則難免利害衝突，故應改由監察人或股東會另行選定之人代表公司之必要，此就同法第二百廿三條及第五十九條參互以觀，極為明瞭。」

三、監察人

監察人是股份有限公司法定、常設、必備機關。其功能在於補充股東會無法長期運作下，對於業務執行監督的空窗[3]。身為一個監督機關，能不能主動訴追董事的責任，有加以探討的必要。

（一）董事責任

業務監察乃是其法定職權更是其法定義務。對於發現董事違法行為所造成的損害後，監察人有無主動訴追董事責任的權限，學說並無定論。否定說論者[4]認為監察人只是公司內部監察機關並沒有代表權限；肯定說論者[5]則認為此乃源自監督權的設計，否則將有緩不濟急的情況。

（二）非董事責任

在輔助人責任方面，既然監察人非選任之機關，自無法對於輔助人的部分為責任訴追。在第三人責任方面，因為此部分屬於業務執行層面，專屬董事會。故監察人不可以訴追非董事責任。

（三）先行程序裡監察人地位

按公司法214條第1項監察人應少數股東書面請求為公司對董事提起訴訟，其範圍有無包括非董事責任，又是不是逕由監察人決定訴追責任即可，都有討論的空間。

本文認為股東代表訴訟是建立在股東的經濟利益上，所以包括非董事責任，而因為股東代表訴訟僅是單純思考讓股東立於利害關係人的地位，去代表公司行使對董事的權利，並沒有變動公司內部的責任訴追體系，而

---

[3] 王文宇，公司法論，元照，2016年7月，頁458。

[4] 林國全，監察人對董事提起訴訟及常務董事之解任，月旦法學教室，第6期，2003年4月，頁29；劉連煜，現代公司法，新學林，2012年9月，頁520；洪秀芬，監察人為公司訴追董事責任之權限判斷，月旦法學教室，第69期，2008年7月，頁25。

[5] 朱德芳，監察人對董事提起訴訟權限與監察人行使職權方式之探討，臺灣法學雜誌，第188期，2011年11月15日，頁27。

先行程序又是保留給公司自我審查的機會，既然監察人在一般情況下沒辦法替公司決定訴追董事的責任，在先行程序裡也很難認為具有單獨決定訴追董事的責任的權限，而應該先告知董事會決定，至於公司法第214條第1項表明要監察人為公司提起訴訟，是參考公司法第223條的利益迴避設計，所以此時訴訟代表權就會是在監察人身上。

肆、少數股東為公司提起訴訟法理及其訴訟性質之探討

一、訴訟結構之討論

(一) 代表訴訟

首先必須說明者在於實體法上所謂的代表往往是代表者的人格被被代表者的人格吸收，所以不管代表者的行為如何都當然是被代表者行為，效力也當然發生在被代表者與相對人之間，代表者不過是形同被代表者的手腳罷了。也正因為如此，一般常態公司對外的訴訟或應訴來說，都是由董事長代表公司，原告或被告即是被代表的公司，董事長只是法定代表人而已，從頭到尾其實都是公司在跟對造進行訴訟，這種解釋完全符合實體上代表制度的設計。

但在本文所預擬提出來討論的股東代表訴訟制度是訴訟法上的概念，股東之所以可以提起這種訴訟，並不是因為該股東取得與董事長相同的代表權限所致，而是因為股東基於法律授權得代替公司在訴訟上行使這樣的權利，又基於這種實體法權利義務關係主體與訴訟法權利義務關係主體不同，形成公司法特別明文法定訴訟擔當狀態，判決效力當然及於公司。而此時的股東和公司仍然分屬兩個不同的人格主體，和前揭討論的董事長以公司代表人的身份起訴或應訴不同，形式上的原告故屬股東，但實質的原告仍然是公司。

（二）代位訴訟

　　股東代位訴訟則是類似民法第242條債權人代位行使債務人權利的制度去建構，蓋因股東出資予公司，其所求所盼無非就是盈餘分派，所以肯認股東對於公司具有某種關係上的經濟利益並不為過，也憑藉著這種經濟利益關係去解釋股東得以代位公司去行使公司對董監事之債權。只是股東之於公司的經濟利益很難與民法第242條之代位行使權利之債權人的債權比擬，前者過於抽象且不具體，在股東會做出盈餘分配決議前，股東對於公司頂多只是某種程度上的期待，尚難稱之為權利，所以如果回頭檢驗民法代位制度會發現，股東對於公司之經濟利益是不足以滿足民法對於債權人發動代位行使權利之要件，如此一來就很難去解釋股東是以「代位」的方式去行使公司對董事之債權。

（三）小結

　　誠如前述，如果以代位訴訟制度去解釋公司法第214條，首先必須面對的問題就是股東的經濟利益無法滿足民法第242條的要求，基此，難以認為公司法第214條是以股東代位的方式去行使權利；而採代表訴訟制度去解釋公司法第214條者，首先必須需擺脫實體法上代表制度的認知，股東代表訴訟中原告即是股東，股東並非以代表人的地位去行使公司權利，如此一來形成的法定訴訟擔當判決效力就會及於公司。

二、股東代表訴訟的立論基礎

（一）避免董事會先天組織上的缺陷，本文暫稱之「董事會補充說」

　　因為難以期待董事會自行訴追具有同僚關係的董事，是以公司法於第214條特創了股東得以為公司對董事提起訴訟，由少數股東在踐行一定先行程序後得為之。這種解釋下的股東代表訴訟就是與公司法第212條及第213條呈現兩條平行的補充制度，都是因為無法信賴董事會會在同事情誼下做出最有利於公司的判斷力進而產生的目的性產物。

(二)董事責任免除要件之積極面，本文為行文方便，簡稱之「監督權說」

股東之所以可以提起這種代表訴訟的權源則來自董事責任之免除須獲得全體股東之同意這種說法而來，這在日本公司法裡已有明文，但在沒有明文規定的臺灣公司法，也能夠從臺灣對於股東代表訴訟的持股要求中推導，這是因為對於股東持股比例的要求，目的在於避免濫訴，而不是代表訴訟的本質，這從臺灣公司法對於持股要求從百分之十一路下滑到現行法的百分之三，可作為憑證[6]。既然持股比例其實不是股東代位訴訟的本質，就代表只要是股東就能夠為公司提起訴訟，只是如何避免濫訴的問題而已。也就是說個別股東的意見就足以成為董事責任的關鍵，消極面得以免除董事責任，積極面則能訴追董事責任。這是同樣一種權限的兩面態樣。

既然股東之所以得以提起這種訴訟是源自董事責任免除要件而來，而倘非董事因位處公司唯一業務執行機關的高權地位所致的責任，實在沒有必要定下如此近乎不可能的責任免除條件，為此這種解釋下的責任訴追範圍，客觀面以董事責任為限，主觀面則及於卸任董事。

(三)實質所有人的經濟利益，本文為行文方便，簡稱之「經濟利益說」

這種解釋方法，是建立在股東是公司的實質所有人的立場。股東對於公司有盈餘分派請求權和剩餘財產分派權，所以公司的財產與股東息息相關。所以萬一公司的財產受到侵害，則形同股東的財產間接受到損害。這樣的理解下，則股東代表訴訟就是因為公司的損害沒有被賠償所滿足，股東為了保衛自己的間接利益而去訴追董監事的責任。但是因為損害賠償權終究是公司所有，股東是沒有辦法主張自己是權利主來進行這場訴訟，而是透過代表訴訟的方式為之。

如此一來，只要是用來填補公司損害的債權都具有彌平股東損失的功

---

6 更甚者在我國證券交易法第155條第2項裡股東代位訴訟制度採單獨股東權設計。

能，所以客觀訴追範圍董事責任或非董事責任均可，且訴追卸任董事也有同樣的功能，所以董事卸任與否則非所問。

(四) 區別實益

1. 訴追的主體與客體範圍

若依董事會補充說，則少數股東得為公司主張權利的對象僅限於現任董事；而採監督權說，亦僅得對董事責任為訴追，卸任與否均非所論；若基於實質所有人的經濟利益，則不僅得對卸任董事訴追，更包含其董事責任與非董事責任部分。惟現行法文義並無法及於卸任董事，尚須待立法加以言明。

2. 代位訴訟之對象擴張

而解釋的方向不同也會產生少數股東為公司主張權利對象擴張的可能。依臺灣現行公司法第214條及第227條準用之下，股東代表訴訟目前僅得對「董事」和「監察人」為之，而是否能夠擴張及於其他公司職員（如經理人）則有值得討論的餘地。

本文以為若採董事會補充說，則因為經理人為公司董事會業務執行的輔助人，具有左右手的地位，比較有特殊情誼，確實難以期待公司董事會主動追究自己左右手。再就董事責任之免除，同樣的，因為經理人責任追究權不在股東身上，亦難以認為經理人得成為擴張後的訴追主體。而在經濟利益說下，因為行使公司對經理人的債權也能弭平公司的損害，所以擴張訴追主體在法理上是可行的。

公司法第214條的訴追範圍整理表（自立法目的出發）					
	董事責任	非董事責任	卸任董事	經理人	法理
董事會補充說	V	V	X	V	避免董事會先天組織上的缺陷
監督權說	V	X	V	X	董事責任免除要件積極面
經濟利益說	V	V	V	V	實質所有人的經濟利益

(五) 小結

　　本文最後結論傾向採取經濟利益說，蓋因既然公司法第212條已經考量過董事會基於同事情誼可能無法作出有效訴追的決定，進而透過公司法第212條授權由股東會亦得以訴究董事責任，如此之下，實在沒有必要再多行創設一套少數股東的救濟管道，尤其在少數股東得以透過提案權或者召集股東會的方式進行責任訴追的情況下，倘若又基於考量股東會可能遭到公司經營階層把持，則最好的方式就是直接創設少數股東代表訴訟制度即已足，更何況在本文見解中，少數股東欲提起股東代表訴訟必有先行程序，由監察人促請公司董事會做出是否訴究董事責任的決定下，就沒有必要再創設公司法第212條之必要，形成疊床架屋的規定；又監督權說，最大的問題就在於所有與經營分離之下，哪怕是股東會都必須尊重業務執行機關董事會的決定，那任由少數股東去透過訴訟去指正公司業務經營，逾權的嫌疑更形嚴重，當然本文也不是認為股東代表訴訟就達不到指正業務經營的效果，而是透過少數股東為了捍衛自己經濟利益的地位，由法院進行董事業務經營適法性的審查亦能收指正業務經營之效果，只是股東代表訴訟本位設定為何而已。

三、先行程序中監察人的地位之討論 ── 兼論先行程序中責任訴追機關

　　先行程序是保留給公司自我訴追的機會，理論上是透過公司內部機關去處理董事的責任訴追問題，本文先前已經確認了監察人在責任訴追上僅具有輔助地位，並無法主動的訴追責任，這在先行程序也是一樣，並沒有辦法單以監察人的意思就可以訴追董事責任，監察人還是必須促請其他機關訴追董事責任。但這種法理上解釋，卻很難適用在我國現行規定上。因為無論是要透過股東會或者董事會決定董事責任訴追，都會發生和公司法第214條第1項規定相牴觸的結果。

(一) 決定機關股東會

如果認為先行程序裡監察人是要促請股東會決定董事的責任訴追者，監察人股東會召集權並沒有問題，因為從公司法第220條「為公司利益之必要」的要件裡，可以解釋出受先行程序的監察人召開股東會權限的來源。在股東會通過公司法第212條的議案後，再透過公司法第213條解釋出公司法第214條第1項要監察人為公司對董事提起訴訟的規定。但問題就出在公司法第172條對於股東會召集期間的要求，如果要求監察人需透過股東會授權始能進行訴訟，曠日費時不說，要求監察人必須在30日內搜集相關事證，並作成足供股東會使用的參考資料，實際運作上顯不可能。

(二) 決定機關董事會

如果是要監察人促請董事會為董事責任的訴追，雖因為董事會不同股東會有漫長的召集期間，可以解決等待期間與召集期間不相當的問題，但公司法第214條第1項要求監察人為公司對董事提起訴訟，如果要由董事會當作先行程序的決定機關的話，那也是應該由董事長代表公司訴追董事責任，而不是像條文所說的要求監察人為公司對董事提起訴訟。而且如果是要監察人去促請董事會訴追董事責任，當初直接要求先行程序對象機關是董事會即可，設定監察人是先行程序對象機關根本是多餘。

(三) 監察人逕行起訴

按「監察人得斟酌是否起訴，公司監察人均不為起訴，該請求監察人起訴之股東，因而取得代表公司起訴之資格，惟若敗訴確定，該提起訴訟之股東，對被訴之董事可能須負損害賠償責任（公司法第215條第1項參照）。又公司法就監察人對少數股東以書面請求對董事起訴，既未明文規定應經監察人以多數決通過或由全體始得提起，監察人自應各自本於忠實執行職務義務之考量，裁量斟酌是否起訴，並由同意起訴之監察人為公司法定代理人提起訴訟（司法院院解字第2936號解釋參照）。」最高法院104年度台抗字第581號裁定意旨，足顯監察人得自行裁量斟酌是否起訴，

無需促請其他機關做成意見。

(四) 本文見解以公司法第223條法理解釋先行程序

　　綜上所述，無論認為先行程序下決定董事的責任訴追機關為誰，都會和公司原有的責任訴追體系不合。如果決定機關是股東會，先行程序等待期間根本不足以供監察人召集股東會及蒐集董事違法經營所需證據之時間，而如果責任追究決定機關是董事會，不同於公司法第213條是搭配公司法第212條使用，那董事會決定後是按公司法第208條則應由董事長代表公司訴追，而是不是由監察人代表公司。當然按實務見解[7]，監察人能直接訴追董事責任，上述問題都不會存在。只是本文以為，先行程序是保留給公司自我訴追的機會，股東代位訴訟並沒有變動公司原本有的責任訴追機關，所以要公司去訴追董事的責任，就必須回到原本的體系去處理。

　　惟本文最後以為先行程序下的決定機關仍應該會是董事會。這是因為以董事會為決定機關的說法，分析到目前為止最大的問題就是訴訟代表權歸屬，而我國公司法中為避免董事長有同僚壓力而移轉代表權給監察人已經有過先例（公司法第223條[8]），或許可以基於相同法理解釋公司法第214條第1項的代表機關。

　　然而這種決定機關是董事會的說法，最大的問題就在監察人根本沒有董事會召開權，監察人只能請求董事長召開，再按公司法第218-1條第1項規定列席董事會並陳述意見（違法情事通知）。這種透過董事會作為決定機關的作法，看似為權限的賦予實質上卻是責任追究的明朗化，因為這等於強迫董事們必須表示立場，已經不能夠再去躲避這樣的問題了。尤其可以透過公司法第193條第2項的規定追究參與決議董事的責任，除了當初有表示異議的董事可以免責外，其他董事都有違反善管義務的可能。

7　最高法院104年度台抗字第581號裁定。

8　關於公司法第223條究竟只是董事長代表權的限制規定，還是包含了董事會原有業務執行權的變動，學說上仍舊有所爭議。只是本文基於監察人專長不一定為業務執行，與董事會職司業務執行有所不同，所以在業務執行決定上還是保留給董事會，而代表權則由監察人取得。

伍、結論

　　股東會作為選任董事會成員的選任機關，本得對於董事會成員的業務執行表現進行評價，是以在股東會做出訴追董事責任的決議後，公司即受該決議結果拘束，必須在30天內對該名董事提起訴訟，而公司法雖然於第213條明文股東會得全權決定訴訟代表人，但是是否即謂接下來訴訟進行的方式，諸如律師選任、訴訟資料提出等事均由股東會一手掌握，本文以為既然訴訟性質本身仍屬業務執行的概念，哪怕是得以決定提起訴訟的股東會也必須對董事會加以尊重，所以再由股東會決定提起訴訟後，接下來訴訟進行事宜就落入董事會的權限範圍，同時也因為股東會性質上不可能常常召開，固得由股東會做出訴究的決定，但隨著訴訟進行必要不可能曠日費時地召開股東會做出決定，其本質就不宜做出過於細節和瑣碎的決定。

　　至於董事會基於其為業務型機關的地位，本來所有公司對外的訴訟不管是應訴或者是起訴均屬其權限，只是因為特殊關係而創設了公司法第212條讓股東會也可以進行責任訴究，但並不當然排斥董事會得以追究董事責任此一權限，而對於董事基於第三人地位或者輔助人地位所生之責任，也因為屬於業務執行的範圍而有訴追權限，只是舉凡為董事會決定者，其訴訟代表就是很單純的由公司法第208條決定，也就是董事長。

　　而監察人在我國公司法裡僅是促請其他機關發動董事責任追究權限的輔助機關，所以無法逕自代表公司提起訴訟追究董事責任。這反應在公司法第214條第1項的規定也是如此，很難直接認為監察人在受先行程序後就可以逕自起訴了，還是必須要促請董事會做出決定要不要訴追，只是最後參考公司法第223條的立法設計仍由監察人代表而已。

　　而身為一個股東除了可以透過公司法第172-1條的股東提案權或者第173條召開股東會，進行公司法第212條的議案；也能夠選擇向監察人進行公司法第214條第1項的程序後，給公司自己訴追，如果30日後監察人未為起訴，那股東就能夠提起股東代位訴訟了。

14

論法人董事之制度

謝孟良*

壹、前言

　　法人董事制度是我國公司法長年以來亟具爭議之規定，學者一直立於批判之立場，極力反對法人董事制度之存在，立法上應予廢除。近期因我國公司法有意再作修正，法人董事制度又再次提出討論，正反論辯再度展開。

　　法人究竟能否擔任董事一職，其實在外國立法上有採肯定法人能擔任董事之立場，亦有以立法明文禁止法人擔任董事之規定，在法理上究竟法人能否擔任董事，似有探討之餘地。目前我國公司法依公司法第27條第1項肯定法人得以擔任董事一職，並於同條第2項明文，法人之代表人得當選董事，僅就第1、2項文義觀之，似乎沒有不妥之處，但特別的是，依同條第3項規定「第一項及第二項之代表人，得依其職務關係，隨時改派補足原任期。」法人得依其與該代表人之職務關係，隨時改派，無須召開股東會重新選任。倘以公司法第27條第1項及第3項來看，既然法人為該公司之董事，僅須指派一自然人代表行使職務即可，要選任改派何人來執行職務，並無不可，然從公司法第27條第2項及第3項文義，既係由法人之代表人當選董事，卻可由法人任意指派，明顯不合理。再者，在公司法第27條第1、2、3項複雜交錯關係下，實務見解與學說見解對於董事責任認定究竟是法人負責或是須由法人代表負責，抑或二者須連帶負責，即有不同看法。又因董事責任追究攸關該公司及該公司以外第三人之權利，自有釐清之必要。

貳、我國公司法第27條之立法沿革

　　追溯我國公司法於民國35年明文規定「公司得為他公司之董事監察人，但須指定自然人充其代表。對於前項代表權所加之限制，不得對抗善意第三人。」[1]肯認法人得以擔任董事，並依當時公司法第185條規定「政府或法人為公司股東時，其所得指定為董事之人數，應按所認股額比例分配，以公司章程訂定之。前項董事，得依其本身職務關係，隨時改派。」在立法目的上有論者認為係在避免再召集股東會之繁複程序，該董事係因政府或法人投票所產生，如再召集股東會解任後再選任新董事，其結果亦屬所指定之自然人當選，係一種便宜性的法制政策[2]。

　　直至民國55年公司法修正時，將上開內容合併至公司法第27條：「政府或法人為股東時，得被推為執行業務股東或當選為董事或監察人。但須指定自然人代表行使職務。政府或法人為股東時，亦得由其代表人被推為執行業務股東或當選為董事或監察人；代表人有數人時，得分別被推或當選。前兩項之代表，得依其職務關係，隨時改派補足原任期。對於第一項、第二項代表權所加之限制，不得對抗善意第三人。」在選任程序上須經股東會之選任程序，與民國35年無須經股東會選任係由政府或法人之投資額比例決之不同[3]。公司法第27條第3項「隨時改派」相較於民國35年公司法第185條有「所得指定為董事之人數，應按所認股額比例分配」、「公司章程訂定之」之限制有所不同，從文義觀之，只要身為股東之法人無論股權數為何，均得依職務關係隨時改派，在法人董事亦或法人股東代表董事情形並無不同，在公司法第27條第1項法人董事，因係法人擔任董

---

[1] 民國35年公司法第21條第1項。

[2] 廖大穎，評公司法第27條法人董事制度──從臺灣高等法院91年度上字第870號與板橋地方法院91年度訴字第218號判決的啟發，月旦法學雜誌，2004年9月，第112期，頁201。

[3] 林仁光，公司法第27條法人董監事制度存廢之研究，臺大法學論叢，40卷1期，頁265。

事，其得隨時改派其代表人，並無問題，但在法人股東代表董事情形，因董事係由該法人之代表人當選，而非法人當選，且在法人所持有股權數尚不足得依法人意思決定董事席位時，卻得透過隨時改派之方式，更換該公司董事，自不合理[4]。惟主管機關對此並未嚴格區別在法人董事與法人股東代表董事情形，似將二者混淆[5]。另一問題在於董事選任須具有股東身分之資格，當時擔任董事須具股東身分，惟主管機關認為因公司法第27條第2項規定，該代表人當選董事者，不以具備股東身分為要件[6]，此亦為學者所詬病之處，認為該代表人無須具有股東身分明顯違反該資格限制，因而有獨厚政府或法人股東[7]。

在民國90年修法時僅就文字稍作調整[8]。

---

[4] 同此見解之學者，參照林仁光，公司法第27條法人董監事制度存廢之研究，臺大法學論叢，40卷1期，頁265。

[5] 司法行政部63年7月20日臺（63）函參6303號函：「代表人當選為公司董監事者，其董監酬勞金應作為法人股東之收益，至車馬費則作為代表人個人之收入政府或法人為公司股東時，得被推為執行業務股東或當選為董事或監察人，但須指定自然人代表行使職務，亦得由其代表被推為執行業務股東或當選為董事或監察人，公司法第二十七條定有明文，是政府或法人為公司股東時，無論係政府或法人本身被推定為執行業務股東或當選為董事或監察人而由其指定之自然人代表行使職務，抑其代表被推定為執行業務股東或當選為董事或監察人，該代表人與政府或法人間實屬民法上之委任關係，依民法第五百四十一條第一項規定受任人因處理委任事務所收取之金錢物品及孳息，應交付於委任人，因此公司支付於董監事之酬勞金，應歸為股東之政府或法人所有，至於車馬費係供實際需要之費用，由其代表人支領，尚無不當。」；參照廖大穎，評公司法第27條法人董事制度—從臺灣高等法院91年度上字第870號與板橋地方法院91年度訴字第218號判決的啟發，月旦法學雜誌，第112期，2004年9月，頁203。

[6] 經濟部56年9月8日商23486號：「政府或法人股東之代表人不以具有股東身份為要件查董事長對內為股東會及常務董事會主席，對外代表公司，公司法第二百零八條第三項前段定有明文，如公司章程訂定『董事長及常務董事各自代表』於法不合，應依照上開條文規定修正。又政府或法人股東所指派之代表人當選為董事或監察人者，依公司法第二十七條第二項規定其代表人不以具有股東身份為要件。」

[7] 林仁光，公司法第27條法人董監事制度存廢之研究，臺大法學論叢，40卷1期，頁266。

[8] 民國90年公司法第27條：「政府或法人為股東時，得當選為董事或監察人。但須指定自然人代表行使職務。政府或法人為股東時，亦得由其代表人當選為董事或監察

在民國100年12月14日修正新增同法第2項後段「……代表人有數人時，得分別當選，但不得同時當選或擔任董事及監察人。」此係立法者為強化監察人之獨立性[9]，防止球員兼裁判之自我監察，回復公司內部治理之機制，此修法目的應予肯定。

參、法人本質及外國立法例

一、法人本質

公司為社團法人為法人之一種，法人為法律所創設，在使法人得與社團的社員或財團的財產分離，為獨立的單一體，經由其機關從事法律交易，法人是享有各項能力之權利主體（如權利能力、行為能力等）。關於法人之本質，向有爭論，在法人擬制說下，認為權利義務的主體，只限於自然人才得充之，法人之取得人格，乃依法律的規定擬制為自然人而來，法人在性質上為一種擬制之人；法人實在說下強調法人係社會生活獨立的實體，法人乃社會有機體，相對於個人的自然有機體，故法人亦得為權利義務的主體[10]。

於我國民法立法理由之說明：「謹按自來關於法人本質之學說雖多，然不外實在之團體。其與自然人異者，以法人非自然之生物，乃社會之組織體也。故本案以法人為實在之團體。」明確肯定法人是實在存於社會的組織體。公司亦為法人之本質，公司法立法理由雖未有相類似的說明，但在立法原理上應與民法相同[11]。不過法人實在說之理論，在我國

人，代表人有數人時，得分別當選。第一項及第二項之代表人，得依其職務關係，隨時改派補足原任期。對於第一項、第二項代表權所加之限制，不得對抗善意第三人。」

9　王文宇，公司法論，元照，2016年7月，5版，頁401。

10　王澤鑑，民法總則，自版，2014年9月，頁177-179。

11　林大洋，公司侵權責任之法律適用民法第28條與公司法第23條第2項之交錯與適用，臺灣法學雜誌，第175期，2011年5月，頁70-71；司法行政部，中華民國民法制定史

民法與公司法之規範上，雖未完全貫徹[12]，但至少，從民法第28條以及公司法第23條第2項觀察，可以肯定係法人實在說之體現[13]。從法人本質觀之，只要法人指派自然人執行職務，似無限制法人擔任董事之理。

二、外國立法例

對於法人得否成為董事，外國立法例上有肯否不同立場。

以法規明文肯認法人得為公司董事，如法國商法、英國公司法、比利時法、澳門商法典等，其中法國商法第L225-20條明文允許法人得當選董事，必須指派自然人為經常性代表人履行董事職務，而該代表人及法人同時被視為公司之董事，該代表人須與該法人同負董事義務及法律責任，二者須負連帶賠償責任[14]；英國2006公司法第155條第1項規定公司之董事必須至少有一席為自然人所擔任，應是肯認法人係可擔任公司董事[15]；比利時公司法規定，當法人擔任公司董事時，必須指派代表人代為行使董事職務，在責任上，除法人董事本身必須負責外，該代表人執行董事職務也必須負刑事及民事責任，即法人董事及法人代表均須負責[16]；澳門商法典第234條規定，法人擔任董事時，必須指派自然人擔任，並且由該自然人以本人名義擔任並執行職務，該自然人因執行董事職務而須負責時，該法人

科彙編（上冊），1976年，頁267。

[12] 賴英照，公司法論文集，財團法人中華民國證券市場發展基金會，1986年9月，頁57- 59。

[13] 賴英照，公司法論文集，財團法人中華民國證券市場發展基金會，1986年9月，頁57。

[14] 林仁光，公司法第27條法人董監事制度存廢之研究，臺大法學論叢，40卷1期，頁284-285。

[15] 林仁光，公司法第27條法人董監事制度存廢之研究，臺大法學論叢，40卷1期，頁286-289；黃師升、陳肇鴻律師，公司治理及各國董事制度新趨勢，萬國法律，第174期，2010年12月，頁159。

[16] 林仁光，公司法第27條法人董監事制度存廢之研究，臺大法學論叢，40卷1期，頁289-290。

應與所指定之自然人董事負連帶責任[17]。

相對地，立法採行明文禁止法人擔任公司董事，如日本法、德國法等，其中日本法於日本現行公司法第331條制定時已明文禁止法人不得擔任董事[18]。不過日本舊商法對於法人擔任董事在學說上係有正反不同見解，持否定見解認為就董事職務的本質言之，法人不宜擔任公司董事，因董事職務的本質在於接受全體股東所託付之職責，本於公司即股東對於董事信賴關係，論公司董事之資格，非自然人莫屬，而法人自非適任之對象，且承認法人得以充任董事時所衍生之法律關係複雜，並將對於董事責任體制有嚴重衝擊[19]；採肯定見解主張法人董事並無必然減損公司即股東信賴董事之原有期待，且法人董事之社會信用、專業經營能力更勝自然人董事，且法人董事並非完全排除董事責任制度之設計，在法理上並無必要限制解釋法人不得擔任董事[20]。在德國法上依德國有限公司法第6條第2項及股份有限公司法第76條第3項明文董事只能是自然人，且必須有完全行為能力，理由則以董事及監察人之職務，本質上僅自然人可從事，且應由執行職務者為其所做之事負責[21]。

---

[17] 林仁光，公司法第27條法人董監事制度存廢之研究，臺大法學論叢，40卷1期，頁292-293。

[18] 中村直人編著，取締役・執行役ハンドブック，商事法務，2015年7月10日，2版，頁41；会社法「第三百三十一条次に掲げる者は、取締役となることができない。一法人……。」

[19] 廖大穎，評公司法第27條法人董事制度—從臺灣高等法院91年度上字第870號與板橋地方法院91年度訴字第218號判決的啟發，月旦法學雜誌，第112期，2004年9月，頁210-211。

[20] 廖大穎，評公司法第27條法人董事制度—從臺灣高等法院91年度上字第870號與板橋地方法院91年度訴字第218號判決的啟發，月旦法學雜誌，第112期，2004年9月，頁211。

[21] 林仁光，公司法第27條法人董監事制度存廢之研究，臺大法學論叢，40卷1期，頁295-296。

肆、目前公司法第27條之利弊

目前公司法第27條法人董事制度規範上，究竟有何利弊得失，試分析如次：

一、制度正面意義

身為股東之法人得依公司法第27條第1項選任自己為法人董事，在目前立法明文肯定下，在資格上並無限制，並得透過同法第3項隨時改派代表人，在法理推論下，亦無問題。主管機關認為在此情形下可避免公司不致因此而須召集股東會之繁複程序[22]。

在於同法第2項法人股東代表董事情形，本條除可避免公司不致因此而須召集股東會之繁複程序外，只要身為股東之法人，無須經由股東會之選任程序，且無論法人所持有股數得否直接決定該代表人當選董事或是即使在選任時依其所持有股數係足以決定該代表人當選董事，縱使事後其所持有股數有轉讓並減少之情形，均可依法人單方之意思任意改派代表，別有意義。有學者認為透過法人董監事制度設計係提供政府或法人對於公司有效管理其轉投資事業之方法[23]，此立法意旨係有使政府或法人股東管理上之便利性，只要法人董事之代表人或法人股東代表董事未貫徹法人意思時，即可任意更換。在立法時空背景上，雖曾有法人股東代表董事不須具備股東身分為要件之意義，但現行採行公司經營與所有分離原則下，董事無須具備股東身分，此項意義實益已不大，現行解釋下反而係限於法人須

---

[22] 經濟部82年3月12日商205706號函：「政府或法人股東之代表得依其職務隨時改派查政府或法人股東之代表人當選為董事或監察人時，公司法第二十七條第三項規定：『前兩項之代表，得依其職務關係，隨時改派補足原任期。』此係在避免公司不致因此而須召集股東會之繁複程序。是以，就上開說明，依同法條第一項及第二項分別產生之董事、監察人，得依其職務關係，隨時改派補足原任期，其改派人員到職生效日期，自應依政府或法人意思到達公司時即生效力。」

[23] 林仁光，公司法第27條法人董監事制度存廢之研究，臺大法學論叢，40卷1期，頁300。

為股東身分為前提始有公司法第27條之適用。

二、制度負面缺失

在法人董事制度下，學說多採批判之立場。首先從公司法第27條第1項觀之，依董事職務性質，為公司業務執行及決策者，應以自然人擔任為實體行為，較為合適，在立法政策上一方面肯認法人得擔任董事，卻一方面又要求法人應指派自然人擔任，有學者認為此為疊床架屋[24]，亦有學者依公司法第192條第1項及205條第1項等規定之設計上來看，公司董事須由能親力親為之自然人擔任[25]。

其次，在公司法第27條第2項法人股東代表董事當選情形，因先前董事資格限於須具有股東身分，有認為此違反股東平等原則，但因現行公司法不以具備股東身分為必要，此無批判之餘地。惟因同法條第2項係由該代表人當選董事，並非法人當選，法人卻可依同法條第3項隨時改派，實以法人單一意思取代多數或全體股東之意思[26]。

在民國100年12月14日修正同法第2項後段，代表人有數人時，得分別當選，但不得同時當選或擔任董事及監察人，係回復公司內部治理之機制，但在肯認法人董事之前提下，仍有潛在之漏洞，法人或自然人得以創設二不同法人，同時持有同一公司之股權，由二法人同時當選法人董監事或法人股東代表董監事，即可避免違反同法之規定，實質上仍為同一法人或自然人所擔任。

在同法第2項法人股東代表董事情形，只要身為股東之法人，無須經由股東會之選任程序，在政府或法人選任時持有股數因事後轉讓並而變動減少之情形，仍允許政府或法人隨時改派代表人，有違股東平等原則[27]。

---

24 林國全，法人代表人董監事，月旦法學雜誌，第49期，1999年6月，頁16。

25 邵慶平，再論公司法第27條──公司治理強化下的另一種思考，財產法暨經濟法，第2期，2005年6月，頁103。

26 林國全，法人代表人董監事，月旦法學雜誌，第49期，1999年6月，頁17。

27 林仁光，公司法第27條法人董監事制度存廢之研究，臺大法學論叢，40卷1期，頁305。

　　學者進一步認為，在同法第1、2項所指派之代表人對於法人股東與該公司會有潛在利益衝突，在二法人對於同一事務有不同利益時，該代表人如何善盡其忠實義務，因法人股東在職務關係上得依同法第3項隨時改派，通常仍係選擇法人股東利益為主要考量[28]。

三、小結——本文見解

　　在我國公司法肯認法人得以擔任董事之下，指定由何自然人執行該董事職務，法理上自得由該法人選任，惟依董事職務性質，在公司業務執行與決策上貴在即時，該法人董事代表依目前實務現況殊難想像該代表人在每次業務執行與決策均得在該法人意思下執行，也就是該代表人得在每次業務執行與決策下充分代表法人意思，相當於該代表人得在每次業務執行與決策時，同時該法人均在召開董事會並決議之，但以目前實務現況仍是不可能達到，該代表人在執行董事職務上，仍不免存在自己個人意思，從董事職務本質上是須由自然人擔任較為合適，在法人實在說下，並非所有職務均適合法人勝任。又公司股東對自己所選任之董事，信賴關係是建立在該自然人身上，而該自然人所擁有之人格、價值觀及經營理念等個人特質，此亦為法人所欠缺。故在立法論上應予禁止法人擔任董事職務為妥，是公司法第27條第1項應予廢除。

　　在同法第2項最大問題在於搭配第3項之解釋，即使在立法政策上是避免公司須召集股東會之繁複程序，但在此成立之前提必須建立在該法人股東所持有之股權必然得選出自己所支持之董事，須在法人股東持股數設限制，否則如學者所批判之弊端，即無異由一法人股東變更多數甚至全體股東之意思決定，在立法上係非妥適，在自然人身為大股東者，亦無相類似立法，為何在法人股東時卻須特別立法，實無差別對待之理由。在立法論上並非妥適，是同法第3項應予刪除，伴隨之，同法第2項即無存在之實益。

---

[28] 林仁光，公司法第27條法人董監事制度存廢之研究，臺大法學論叢，40卷1期，頁306。

伍、法人董事或法人股東代表董事之責任歸屬

　　我國公司法既採行法人董事制度，在法人董事或法人股東代表董事在董事責任認定究竟是法人負責或是須由法人代表負責，抑或二者須連帶負責，立法上卻無如外國立法例將法人董事與該代表人同時視為公司之董事，並須負連帶責任，在現行公司法在責任歸屬上即有探究之必要。

一、公司法第27條第1項法人董事及該代表人之責任

　　公司法第27條第1項公司與董事之委任關係，因法人擔任董事，係由公司與法人董事成立委任契約，若法人董事在執行董事職務時對於公司或公司以外之第三人須負董事責任時，自應由法人董事負公司法第23條第1項或第2項之賠償責任，較無疑義。

　　有疑義者，身為該法人董事之代表人在執行該董事職務時對於公司或公司以外之第三人是否須負董事責任，公司法第27條第1項並無直接明文規定，須借助法理及相關條文茲以解決。

　　有論者認為在法人董事之代表人對公司即內部關係違反忠實義務或善良管理人注意義務者，在行政實務上係採行所謂「兩位一體」概念處理，即該法人董事與代表人均受到董事義務規範，由於這樣目的性解釋有明確的合理性基礎，因此雖然其不免有逸脫文義的缺陷[29]，特別是在法人董事及該代表人之董事競業禁止解釋[30]，在法人董事與代表人均受到董事義務

---

[29] 參照邵慶平，再論公司法第27條─公司治理強化下的另一種思考，財產法暨經濟法，第2期，2005年6月，頁104-106、頁113-114。

[30] 經濟部89年4月24日商89206938號函：「依公司法第二十七條第一項規定選任之董事受有第二百零九條規定之限制。按公司法第二百零九條有關董事競業禁止規定之規範目的係為保障公司之營業機密，而法人股東依同法第二十七條第二項規定，指派代表人當選為董事時，該代表人即有知悉公司營業秘密之機會，又其與法人股東有委任關係，依民法第五百四十條之規定，受任人（代表人）應將委任事務進行之狀況報告委任人（法人股東），該法人股東自亦有知悉公司營業秘密之機會，故二者均應受董事競業禁止之限制，始符合公司法第二百零九條規定之意旨。準此，公司法第二十七條第一項規定，自應亦為相同之解釋。又具體個案有無違反公司法第

規範之結論上應予肯定。或有論者認為在民國100年12月14日新增第8條第3項事實上董事，該代表人並非董事，因法人始為董事，但在實質上執行董事職務者係該代表人，因此該代表人須同負董事責任，此乃因著重在代表人行為是自然人行為，從行為責任觀之，該代表人應負董事責任。但是，該代表人執行董事職務之行為係為公司法人本身行為，該代表人人格既已由法人所吸收，為何須再承擔董事責任，在此會有無法貫徹代表理論之缺陷。

在法人董事之代表人對第三人侵權行為時，因公司與法人董事為法人與董事之關係，依民法第28條規定，二者應負連帶賠償責任，但法人董事與該代表人間，該代表人雖係履行該法人董事受任義務，但並非當然為該法人董事執行董事職務之行為，是否有民法第28條之適用，是有疑義。而該代表人與法人董事屬委任關係，解釋上應無民法第188條。在法人董事之代表人對於公司業務之執行，如有違反法令致他人受有損害因而違反公司法第23條第2項，採法定特別責任說見解下[31]，公司與法人董事應負連帶賠償責任。同樣地，法人董事與該代表人間，該代表人雖係履行該法人董事受任義務，但並非當然為該法人董事對於公司業務之執行，是否有公司法第23條第2項之適用，亦有疑義。

法人董事之代表人須與法人董事同負董事責任，在理論上有所缺陷，建議應立法將該法人董事與代表人視同公司董事，同負董事責任，並負連帶賠償責任，以杜爭議。在未立法明定法人董事與代表人視同公司董事，應連帶負賠償責任之情形下，第三人對於法人董事之代表人責任追究，解釋上雖須雙重適用民法第28條或公司法第23條第2項之規定，即公

二百零九條之規定，係屬司法機關認事用法範疇，仍由法官本其確信之法律見解依法審判併為敘明。」

[31] 在本條項性質上向有特殊侵權行為與法定特別責任之爭論，採法定特別責任之理由因本質上係董事對於公司之債務不履行責任，而侵權行為責任之成立應為公司本身行為與第三人之間，董事在執行業務而有違反法令者，對於第三人而言是間接損害，而非直接損害。在這樣的理解下，成立侵權行為在行為與損害結果發生之因果關係上，當然就不會是直接因果關係，而是間接因果關係，即董事對於第三人之侵權行為責任就無法成立。

司與法人董事間依民法第28條或公司法第23條第2項連帶賠償,法人董事與法人董事之代表人間再依民法第28條或公司法第23條第2項連帶賠償,但成立要件解釋上似乎比較牽強,理由如前述。

二、公司法第27條第2項法人股東及該代表董事之責任

應確立公司法第27條第2項公司與董事之委任關係,依法條文義因係由法人股東代表人當選董事,係由公司與該代表人成立委任契約,若該代表人在執行董事職務時對於公司或公司以外之第三人須負董事責任時,自應由該代表人負公司法第23條第1項或第2項之賠償責任,自無疑義。惟在實務上有不同見解認為依公司法第27條第2項由法人股東代表當選董事者,將自然人所為之行為直接視為本人即法人股東之行為,而受學者批判[32]。

然而,因公司法第27條第3項賦予法人股東有隨時改派代表之權利,倘若該代表人因此受困於該法人董事職務關係上,因而對於公司具有實質影響力時,該法人股東應為影子董事,依公司法第8條第3項應負董事責任。例如法人股東之代表人藉公司法第27條第2項當選董事若超過半數時,學者有認為此時因有指揮及控制的高度可能性,或可先推定該法人股東為影子董事,轉換舉證責任而由法人股東及其代表人舉反證推翻之[33]。

陸、結論

法人董事制度,因從董事職務性質須由自然人擔任較為合適,縱使在法人實在說下,並非所有職務均適合法人勝任,又自然人所擁有之人格、

---

[32] 王文宇,法人股東、法人代表與公司間三方法律關係之定位,臺灣本土法學,第14期,2000年9月,頁102-105。

[33] 朱德芳,實質董事與公司法第223條——兼評最高法院103年度台再字第31號民事判決,月旦民商法雜誌,第49期,2015年9月,頁142,轉引自王文宇,公司法論,元照,2016年7月,5版,頁215。

價值觀及經營理念等個人特質，此亦為法人所欠缺，故在立法論上應予禁止法人擔任董事職務為妥。在同法第2項最大問題在於搭配第3項之解釋，即使在立法政策上是避免公司須召集股東會之繁複程序，但在此成立之前提必須建立在該法人股東所持有之股權必然得選出自己所支持之董事，須在法人股東持股數設限制，否則無異由一法人股東變更多數甚至全體股東之意思決定，在立法上並非妥適，是同法第3項應予刪除，伴隨之，同法第2項即無存在之實益。

在法人董事或法人股東代表董事之董事責任歸屬認定，在法人董事之代表人責任追究上，有理論上之缺陷，建議應立法將該法人董事與代表人視同公司董事，同負董事責任，並負連帶賠償責任，以杜爭議。而在法人股東代表董事情形，如法人股東符合影子董事，依公司法第8條第3項應負董事責任，但追溯問題根源，仍是在於公司法第27條第3項欠缺合理性之立法。

15

公司法第223條之適用 —— 最高法院100年第3次民事庭會議決議評析

壹、前言

　　公司法第223條規定：「董事為自己或他人與公司為買賣、借貸或其他法律行為時，由監察人為公司之代表」。在此規定下，有幾個問題值得思考，即公司對於董事自我交易行為的決定，是由何機關做成？對於董事自我交易行為的決定，董事會的地位為何？董事自我交易行為是否須先經董事會決議？監察人的地位又是如何？是否僅係單純代表公司而無決策權？最高法院100年第3次民事庭會議就公司對於董事自我交易行為的決定機關作成決議，本文擬藉由最高法院100年第3次民事庭會議決議，討論公司法第223條之適用問題。

貳、最高法院100年6月21日第3次民事庭會議決議

　　未依證券交易法規定發行股票之股份有限公司，其董事一人或數人為自己或他人與公司為法律行為時，倘該法律行為屬公司業務之執行，且非依公司法或章程規定應由股東會決議之事項者，於監察人代表公司為該法律行為前，是否應先經董事會之決議？

　　甲說（否定說）：不須先經董事會決議。

　　理由：參酌公司法第223條立法規範意旨，在於董事為自己或他人與本公司為買賣、借貸或其他法律行為時，不得同時作為公司之代表，以避免利害衝突，並防範董事長礙於同事情誼，而損及公司利益，故監察人代表公司與董事為法律行為時，無須經公司董事會之決議核准。

　　乙說（肯定說）：須先經董事會決議。

　　理由：一、依公司法第202條：「公司業務之執行，除本法或章程另有規定應由股東會決議之事項外，均應由董事會決議行之。」規定之文義，凡屬公司業務之執行事項，均須經股東會或董事會決議，並無例外；同法第218條第1項前段規定：「監察人應監督公司業務之執行」，第222條並規定：「監察人不得兼任公司董事、經理人或其他職員。」亦無例外，已見董事會屬「業務執行機關」，監察人屬「業務執行監督機關」，二者各有權限，本不得跨越。又同法第223條規定之「由監察人為公司之代表」與第208條第3項前段規定之「董事長……對外代表公司」，並無語意上之不同，均係公司對外代表權人之規定，僅後者屬原則，前者屬例外。故依現行公司法相關條文之文義解釋，就公司業務之執行事項，於董事長依公司法第208條第3項規定代表公司時，應經董事會之決議，於監察人依公司法第223條規定為公司之代表時，似無為相異解釋之空間，而得謂不須經董事會決議。二、況與公司為法律行為之董事如有利害衝突，公司法已有董事利益迴避機制可予防免（公司法第206條第2項準用第178條規定）。又倘其他董事參與之董事會基於同事情誼所為之決議確有損害公司利益情事，除參與之董事均應負賠償責任外，代表公司之監察人不僅得行使其固有之監察權，於列席董事會時陳述不同意見，並於董事會決議通過後通知董事會或董事停止其行為（公司法第218-2條），更得拒絕對外代表公司，即可達到保障公司利益之目的。三、如認監察人得就未經董事會決議之關於公司業務執行事項，有權逕行代表公司對外為之，不須先經董事會決議，將使公司經營之全部權限集中於監察人一身，不符以內部控制為目標之公司治理原則，亦有違權力分立與制衡原則。且與其僅由監察人就公司業務之執行事項獨自決定，並就其違反法令、章程或怠忽職務之所為對公司負賠償責任（公司法第224條），毋寧事前增加董事會之決議

及監察人之實質審查，事後由參與決議且未表示異議之董事就其法令章程及股東會決議之所為對公司負賠償責任（公司法第193條），甚或與監察人成為連帶債務人（公司法第226條），對公司及股東利益之保障更加充分。四、參酌證券交易法於95年1月11日修正時，於增設獨立董事或審計委員會之同時，就涉及董事自身利害關係之事項，均明文規定應提董事會決議通過（參見證券交易法第14-2條至第14-5條），更見董事會之業務執行權限，不因監督機關之代表或介入而受影響，此實為立法之趨勢。

丙說：董事欲為自己或他人與公司為買賣、借貸或其他法律行為，應經股東會同意；如未召集股東會為同意與否表示，因股東會選任監察人，係授權監察人監督董事及董事會業務之執行及於董事與公司間交易行為時，為公司之代表，則監察人依公司法第223條規定代表公司與董事為本條所定交易行為，係源自股東會應向監察人報告利弊得失，監察人認無損公司利益時，始代表公司與董事為交易行為。

理由：一、按股份有限公司董事受公司委任組成董事會，執行公司業務（公司法第193條第1項）。通常公司業務之執行，除公司法或章程規定應由股東會決議之事項外，固均由董事提案，經董事會討論後決議行之（公司法第202條），如有對外與第三人為法律行為必要時，則由有代表權之董事（如董事長）對外代表公司或授權他人與該第三人為法律行為，於此情形，監察人如認董事會或董事執行業務有違背法令、章程或股東會決議之行為者，應行使其監察權，即通知董事會或董事停止其行為（公司法第218-2條）。二、至董事欲為自己或他人與公司為買賣、借貸或其他法律行為，事涉內部人交易，非公司通常業務之執行，依民法第106條規定，應經股東會同意，股東會同意者，即得由董事長或有代表權之董事代表公司與該董事為交易行為。如未召集股東會，因股東會選任監察人，係委任並授權監察人監督董事或董事會執行業務，並於董事欲為內部人交易時代表公司，故監察人依公司法第223條規定代表公司與董事為交易行為，係源自股東會授與之監督權及代表權，自無須經董事會決議。三、董事欲為內部人交易，基於利益迴避原則，董事會向股東會報告，由股東會決議是否同意。如未召集股東會，應由欲為交易行為之董事依公司法第

218-1條向監察人報告，監察人為盡其善良管理人注意義務，應依同法第218條第1項規定，請求（通知）董事會就該交易行為之利弊得失提出報告，經審查後如認該交易行為無損公司利益，監察人始依公司法第223條規定代表公司與該董事為交易行為。四、監察人之監察權、代表權既源自股東會之授權，授權人即股東會自得以決議限制監察人代表權之行使（如限制於一定金額範圍之內之交易始得由監察人本諸監察權代表公司）。又股東會之召集，除由董事會召集外，監察人亦得以該交易行為影響公司利益重大，依公司法第220條規定召集股東會。

　　決議：採甲說（否定說）：不須先經董事會決議。

參、公司法第223條規定之意涵

一、監察人應實質審查公司與董事間之法律行為，該法律行為不須經董事會決議

　　公司法第223條立法規範意旨，在於董事為自己或他人與本公司為買賣、借貸或其他法律行為時，不得同時作為公司之代表，以避免利害衝突，並防範董事長礙於同事情誼，而損及公司利益。經濟部函釋[1]：「按公司法第二百二十三條規定：『董事為自己或他人與公司為買賣、借貸或其他法律行為時，由監察人為公司之代表。』旨在防患董事礙於同事之情誼，致有犧牲公司利益之虞，故監察人為公司之代表時，應本諸該立法意旨實質審查該法律行為。」

　　法院判決亦有認為：「按董事為自己或他人與公司為買賣、借貸或其他法律行為時，由監察人為公司之代表，公司法第223條定有明文。是任何董事為自己或他人與公司為法律行為時，即應由監察人為公司之代表，至於該董事有無代表公司之權限，則非所問，此觀之該條文用『董事』字樣，而不用『董事長』或『代表公司之董事』等字樣自明，準此，董事長

---

[1]　經濟部91年7月4日商字第09102132160號。

以外之董事,除充任董事長之職務代理人外,雖無代表公司之權,但當其為自己或他人與公司為法律行為時,亦不得由董事長代表公司,仍須由監察人代表公司。蓋公司法第223條規定之立法意旨,旨在董事為自己或他人與公司為買賣、借貸或其他法律行為時,不得同時作為公司之代表,以避免利益衝突而損害公司利益,並防範董事長礙於同事情誼,致有犧牲公司利益之虞,解釋上公司任一董事有上開法定情事之一者,監察人即當然取得公司代表權;公司法第223條規定之立法意旨並非單純禁止雙方代表,尚考慮董事間因有同事情誼,恐會犧牲公司利益之問題,若仍交由董事會同意,即無法貫徹該條立法意旨,故應由監察人取代董事會及董事長之地位,依此監察人依公司法第223條規定代表公司為法律行為時,自無須先經董事會議決議通過,監察人即有權代表公司為該法律行為。又公司法第202條固規定『公司業務之執行,除本法或章程規定應由股東會決議之事項外,均應由董事會決議行之』,惟該條係規定於公司法第五章第四節『董事及董事會』章節中,依公司法第227條規定,公司法第202條於監察人並未準用。是則監察人依公司法第223條規定代表公司時,並無須先經董事會議決議通過為該項法律行為之必要[2]。」

上開經濟部函釋及法院判決,認為監察人依公司法第223條規定代表公司為法律行為時,應由監察人實質審查該法律行為,並代表公司為之,該法律行為無須經董事會決議。

二、公司與董事間之法律行為須先經董事會決議,亦須得到監察人同意,監察人不受董事會決議拘束

法院判決另有認為:「……(二)再按董事長對外代表公司;董事為自己或他人與公司為買賣、借貸或其他法律行為時,由監察人為公司之代表;公司法第208條第3項、第223條亦定有明文。是以股份有限公司原則上以董事長為代表人,惟於董事為自己或他人與公司有交涉時,為防止公司內部人利益輸送,使公司與董事間『自己交易』行為產生弊端,公司

---

[2] 臺灣高等法院101年度重上字第273號、100年度重上更(二)字第86號民事判決。

法第223條特別規定此時應由監察人為公司之代表。此際，監察人具有代替董事長執行職務對外代表公司之性質，本諸前開公司治理精神，上開交易仍須先經董事會決議通過，並經監察人為實質審查同意後，始得謂監察人有合法代表之權限。換言之，就公司法第223條之條文結構及字義來分析，須公司已決定要與董事自己或他人為買賣、借貸或其他法律行為，業經董事會決議通過，方由監察人代表公司為此意思表示。否則，若認任何未經董事會決議之事項，監察人亦有權逕行代表公司處理之，則監察人權利將無限上綱取代董事會職權，顯有逸脫公司控制之嫌。再者，公司法設置監察人之目的，在於制衡董事權限，監督董事業務之執行，例外情形始由其依第223條代表公司，立法目的並非由監察人取代董事會地位，否則將與董事會權責相衝突；若謂監察人不待董事會決議，即可自行代表公司與董事間從事交易行為，實有違公司法規範意旨，且將監督機關（監察人）與業務執行機關（董事）相混淆。從而，監察人代表公司與董事為法律行為時，依上開公司治理原則，仍應先經董事會決議通過以形成公司意志，監察人始有代表公司之權利，對外表示意思方為合法。（三）除公司法或該公司章程另有規定應由股東會決議之事項外，依公司法第202條規定，其餘均屬董事會專屬職權，已如前述；故股份有限公司常設之集體業務執行機關係董事會，而並非董事長或監察人。由於合議制機關不便對外代表公司，故由董事長對外表示公司意志，例外方由監察人代表。是以董事長或監察人固依該第208條第3項及第223條代表公司，而所謂代表人僅係取得代表公司之權限或身分，並不因代表身分而取得意思決定之權限，或因此得違反公司之意思。因此，監察人代表公司時，仍須先經董事會決議通過相關決策，公司法第223條並未賦予監察人『意思機關』權限，執行業務意思仍須由董事會決定。若監察人認為董事會決議之事項不利公司時，其『監察』之身分即顯現，一方面可要求董事會另行決議，另一方面可拒絕對外代表公司，使該法律行為無法成立，如此方符合公司法第223條及設置監察人之目的。（四）公司法第227條固未將第202條董事會決議程序準用於監察人，此係因公司以股東會為意思決定機關，由董事會為業務執行機關，另設監察人為監督機關，以制衡、監督董事業務之執行，

俾保障股東權益，是以公司法第227條純係規範監察人行使固有監察權所設。而依公司法第221條之規定，監察人各得單獨行使監察權，無須徵得其他監察人之同意，故公司法並無監察人會組織，此與董事會以集體執行業務方式有別，故第227條自無準用第202條董事會程序之必要。上訴人未區分監察人係行使固有監察權或代替董事行使職權，就公司法第227條採狹義文字解釋，認為監察人依同法第223條代替董事行使職權時，無須先經董事會決議通過即可實施法律行為，殊無可採[3]。」

　　學者[4]有認為，若依公司法第223條之文義，監察人似僅限於形式上擔任該董事自我交易之進行，對該交易內容並未能實質審查，如此則功能不彰，反而易隱藏有非常規交易之嫌，且從公司法第223條之規範目的及監察人應忠實執行業務並盡善良管理人之注意義務，則監察人代表公司與董事為法律行為時，應具有實質審查權限，得對交易條件及契約等交易內容進行合法性及妥當性之審查，若雙方對於交易條件或重要內容無法達成共識，監察人應有權拒絕繼續該交易，不受董事會決議內容之絕對拘束。

　　有學者[5]認為在公司法第223條規定的基礎下，董事會與監察人之權限分配比較類似「提出權」與「決定權」的決策模式，董事自我交易行為必須先經董事會決議，再經監察人同意，始得為之，蓋董事會本屬公司之業務決定機關（公司法第202條[6]）。對於涉及董事自身利害關係之事項，公司法要求該董事必須迴避董事會的討論與決議，而在自身利害關係事項屬於董事自我交易行為時，更進一步要求監察人的決策參與，因此有「監察人代表」的設計。就監察人的監督職責及單獨行使權限的本質而言，此處之「個別、單獨之監察人代表」並不適宜完全取代董事會的地位，比較適合解釋為該董事自我交易行為，不能僅由董事會決議行之，也必須得到監察人的同意。公司法第223條之監察人代表權，係鑑於利益衝突之防免而

---

[3] 臺灣高等法院97年度重上字第338號民事判決。

[4] 王志誠，監察人之法律行為代表權，月旦法學教室，第81期，2009年7月，頁31。

[5] 邵慶平，監察人的代表權，月旦法學教室，第110期，2011年12月，頁34-35。

[6] 公司法第202條：「公司業務之執行，除本法或章程規定應由股東會決議之事項外，均應由董事會決議行之。」

特別設計的機制，監察人當可自行決定是否進行此一代表行為，不受董事會決議拘束。

有從法律解釋與利益衡量之角度認為[7]，公司法第202條於90年修正時，確立「董事會中心主義」，董事會為公司之樞紐，企業經營成敗之關鍵，如只因與公司為法律行為之相對人係董事，即認為可不需經董事會決議，實有違修正公司法所欲實踐之目的。且監察人與公司董事間同樣有情義因素存在，如全由監察人代表為之，事實上亦無法避免有利害衝突之現象。董事執行職務倘違反忠實及注意義務，董事會之決議如違反法令章程及股東會之決議，致公司受有損害，除曾經表示異議之董事，有紀錄或書面可證明者外，公司法規定董事應負賠償責任（公司法第8條第1項、第23條第1項及第193條），另有刑事責任（如刑法第342條背信罪），當不致使董事會恣意妄為。監察人依公司法第223條規定為公司之代表時，其固有之監察權並不喪失，仍得行使其監察權，則董事與公司所為之法律行為，雖先經董事會決議，監察人仍可透過監察權之行使而做實質審查，如認該法律行為有損及公司利益，非不得拒絕代表公司，以防止因董事間之同事情誼而犧牲公司利益之情事發生。況且，公司與董事為法律行為時，倘內部決策及對外代表全由監察人為之，無異將公司經營管理及監督集中於監察人身上，不僅破壞公司機關權限分配之體制，且與公司法第222條規定「監察人不得兼任公司董事」之精神背道而馳。且倘該代表公司之監察人有損及公司利益之情形，將無其他機關制衡。又監察人平時不參與公司業務之執行，對於公司業務並非熟稔，且監察人多不具企業經營之專業能力，恐難做出正確之判斷。

上開實務及學者之見解，多認為監察人依公司法第223條規定代表公司為法律行為時，該法律行為仍須先經董事會決議，再由監察人基於監察權做實質審查，不受董事會決議之拘束，如認為有損及公司之利益，可拒絕代表公司為該交易。

---

[7]　林大洋，從權力分立與公司治理談公司法第223條之適用—最高法院100年6月21日100年第3次民事庭會議決議評析，法令月刊，62卷11期，2011年11月，法源資訊重新校編，頁13。

三、公司與董事間之法律行為須經董事會決議，監察人僅有建議權及代表權，受董事會決議拘束

　　有認為[8]由於監察人不了解公司業務經營狀況，倘自己交易事項之權限移轉由監察人行使，實已遠超過監察人能力之範圍。再者，由於對內決策權限移轉由監察人行使，監察人即須負起決策成敗之責任，監察人是否會為了避免承擔責任而全部否決董事自我交易事項？此外，監察人若具有對內之同意（決策）權與對外之代表權，則此時應由誰監督監察人決策之執行？且在我國公司法體系下，監察人僅具有監察權限，則在董事自我交易事項情形下，認為監察人具有對內決策及對外代表權，監察人豈非有涉入公司業務經營之權限？此實已破壞我國公司法現有體制。另依公司法第223條之文義解釋，係寫由監察人為公司之「代表」而非寫「同意」，又監察人之監察權限於我國公司法體系下，僅具有消極功能之建議作用，不具有積極為同意與否之權限，是以，在我國公司法體系下，監察人係取代董事長對外代表公司之權限，且僅有提醒董事會該交易事項是否有利於公司之權限，不論董事會最後決定為何，監察人均不得拒絕對外代表。

肆、評析（代結論）

　　最高法院100年6月21日第3次民事庭會議，就未依證券交易法規定發行股票之股份有限公司，其董事一人或數人為自己或他人與公司為法律行為時，倘該法律行為屬公司業務之執行，且非依公司法或章程規定應由股東會決議之事項者，於監察人代表公司為該法律行為前，是否應先經董事會之決議？決議採甲說（否定說），不須先經董事會決議，所持理由為參酌公司法第223條立法規範意旨，在於董事為自己或他人與本公司為買賣、借貸或其他法律行為時，不得同時作為公司之代表，以避免利害衝

8　黃清溪教授主編，黃清溪、黃國川、游聖佳等17人合著，公司法爭議問題研析—董事篇，五南，2015年9月，初版，頁149-151。

突，並防範董事長礙於同事情誼，而損及公司利益，故監察人代表公司與董事為法律行為時，無須經公司董事會之決議核准。

上開決議所持之理由，忽略我國公司法體制為董事會為公司之業務決定機關（公司法第202條），監察人則為公司之監察機關，倘依公司法第223條規定，將經營決策權與公司代表權全由監察人為之，恐與我國公司法體制不符。況監察人平時不會參與公司業務之執行，且多不具企業經營之專業能力，則將公司之經營決策交由監察人，是否適宜？恐係支持最高法院民事庭會議決議者應深思之處。

另多數學者雖認為公司與董事間之法律行為須先經董事會決議，但渠等認為董事會決議後仍須得到監察人之同意，如監察人不同意則可拒絕代表公司，監察人不受董事會決議拘束。上開見解，同樣忽略董事會為公司之業務決定機關，監察人為公司之監察機關。再者，於董事會決議後仍須得到監察人之同意，如監察人不同意則可拒絕代表公司，此與我國公司法現行體制仍不相符。

本文認為，公司法於制定之初，在尚未引進董事會制度下，第162條即規定「董事為自己、或他人與本公司有交涉時，由監察人為公司之代表」，而當時董事係業務執行機關及代表機關，則董事與公司交易必然形成雙方代表，該條規定顯係為防止雙方代表。是以，公司法第223條應僅係於董事為自己或他人與公司為買賣、借貸或其他法律行為時，由監察人對外代表公司，取代董事長依公司法第208條第3項對外代表公司之權限。而董事長對外代表公司，須依董事會之決議，受董事會決議之拘束；同理，監察人依公司法第223條對外代表公司，亦應依董事會之決議對外代表公司，無不受董事會決議拘束之理，而得拒絕。

末者，為避免因礙於同事情誼，而損及公司利益，公司法已設有各種不同機制加以防範，包括：（一）第206條第3項準用第178條，董事於董事會議題涉有自身利害關係時，應自行迴避不得行使表決權，且不得代理他人出席行使表決權；（二）第218-2條第1項賦予監察人列席董事會、陳述意見之權利，並於第204條規定，董事會開會應通知監察人，未為通

知者,該次董事會決議無效[9];(三)新增第206條第2項「董事對於會議之事項,有自身利害關係時,應於當次董事會說明其自身利害關係之重要內容」,令其他董事、監察人得以藉此充分、正確了解該次之交易內容;(四)監察人得視情況對董事(會)行使第218-2條第2項的制止請求權,必要時並得依第220條規定召集股東會,令股東會得對於該交易行為進行判斷;(五)董事會決議若有不法,則董事依第23條第1項及第193條第2項,對公司負損害賠償責任;監察人若未善盡監察之責,依第23條第1項、第224條及第226條,與相關董事負連帶賠償責任[10],則「防範礙於同事情誼,而損及公司利益」似應無需再作為公司法第223條之規範目的。

9　最高法院100年度台上字第2104號民事判決。

10　黃銘傑,監察人代表權之意涵、目的、功能及行使方式—最高法院100年度台上字第964號、第1026號判決評析,月旦法學雜誌,第208期,2012年9月,頁223。

16

論「揭穿公司面紗原則」於我國司法實務之適用

莊曜隸[*]

壹、前言

　　公司法人格獨立原則與股東有限責任原則係公司法的兩大基本原則：依據公司法人格獨立原則，公司與股東為個別獨立之權利義務主體，其財產各自分離，不相牽連；又依股東有限責任原則，股東僅就其出資負有限責任。此兩大原則之利在於降低股東投資風險，鼓勵投資與事業之開展，其弊在於股東得藉由此兩大原則，規避法律規定，將責任推由公司負責，自己則隱身於公司背後，逍遙法外。惟當股東濫用公司法人格作為其責任之保護傘，顯然違背誠信原則且情節重大時，英美法可藉由「揭穿公司面紗原則」，日本法則依「法人格否認理論」，德國法則有「直索理論」於個案中否定公司法人格，將股東與公司視為同一主體，令股東對公司債務負責。我國公司法原本僅有公司法第369-4條、第369-7條得以處理關係企業間濫用控制地位之情形，惟2008年雷曼兄弟集團破產所生之金融風暴，實務見解皆以法未明文而否定「揭穿公司面紗原則」或「法人格否認理論」之適用，可知現行法已有不足，立法遂於民國101年1月4日修正公司法第8條第3項引進實質董事之概念，又於102年1月30日增訂公司法第154條第2項規定，在股東濫用法人格顯違誠信且情節重大時得令股東負責，可謂我國立法已確實引進「揭穿公司面紗原則」或「法人格否認理論」。惟在公司法快速修正之下，司法實務應如何適用法律即屬關鍵，故

[*] 現任律師。

本文以102年1月30日公司法增訂第154條第2項規定後，司法實務如何適用該條規定，試著歸納並建構出「揭穿公司面紗原則」於我國司法實務上適用之要件。

貳、「揭穿公司面紗原則」之提出及引進

公司法人格獨立原則（或稱分離原則）與股東有限責任原則[1]係我國公司法之兩大基石，自工業革命以來，推動著產業之發展、經濟社會之進步，甚至有論者認為其重要性不亞於蒸汽機與電力之發明[2]，惟當該制度被濫用時，將造成詐欺等不公平情事之發生，對經濟社會的戕害亦難以估計。為解決此一問題，遂有「法人格否認」理論之提出，其含義是指**為避免公司法人格獨立與股東有限責任原則遭受濫用，以保護公司債權人與社會公共利益，在例外情況下就具體法律關係中之特定事實，責令公司股東對公司債權人直接負責**[3]。

其起源於英美法最早發展出的「揭穿公司面紗」原則（Piercing the Corporate Veil或Lifting the Veil）[4]，德國法繼之亦發展出「直索理論」（Durchgriffslehren）[5]，日本最高法院也在1969年（昭和44年）2月27日「山世志商會股份有限公司案」承認「法人格否定」之理論[6]，中國大陸

---

[1] 關於公司法人格獨立原則與股東有限責任制度，請參閱本文第二章。

[2] 有關法人格獨立與股東有限責任制度在關係企業中運作所可能發生之弊端，參閱本文第二章。

[3] 范劍虹、李海敏、李翀，中、美、德「公司法人格否認」比較研究，澳門大學，2013年2月，頁1。

[4] 王文宇，公司法論，元照，2006年8月，附錄三、揭穿公司面紗原則及相關問題之探討。

[5] 劉渝生，公司法制之再造——與德國公司法之比較研究，2005年6月，頁219-248。

[6] 簡祥紋，論企業結合與債權人及少數股東之保護——以金融控股公司型態為中心，國立高雄大學法律系研究所碩士論文，2005年7月，頁48。

在2005年，修訂其公司法第20條，引進「公司法人格否認」之規定[7]，我國法院實務上對公司法人格否認理論曾多以法未明文之理由而拒絕適用[8]，因此於2013年1月30日增訂公司法第154條第2項：「股東濫用公司之法人地位，致公司負擔特定債務且清償顯有困難，其情節重大而有必要者，該股東應負清償之責。」，正式引進「公司法人格否認」或「揭穿公司面紗」之規定。

「公司法人格否認理論」與「揭穿公司面紗原則」，二者在法院實務上經常混用[9]，意義似乎相同，惟學者認為二者在美國法之概念稍有不同，蓋美國法上，公司法人格否認（disregard of corporate entity）適用之情形，一般有三：（一）公司債權人對公司股東提起訴訟，要求股東對公司之債務負起責任，揭穿公司面紗（piercing the corporate veil）；（二）在關係企業之情形，揭穿公司圍牆（piercing corporate wall），使關係企業之兄弟姊妹公司，對分子公司之債務負責；（三）濫用公司型態以逃避「法令或契約上的債務」（statutory or contract obligations）者，法院否認其公司法人格，使其不法目的不達。前兩種情形判決使用「揭穿公司面紗」或「揭穿公司圍牆」似較常見，第三種情形因所重者非股東個人應否對公司債務負責之問題，以「否認公司人格」之字眼較貼切[10]。惟本文認

---

[7] 中華人民共和國公司法第20條：「公司股東應當遵守法律、行政法規和公司章程，依法行使股東權利，不得濫用股東權利損害公司或者其他股東的利益；不得濫用公司法人獨立地位和股東有限責任損害公司債權人的利益。
　　公司股東濫用股東權利給公司或者其他股東造成損失的，應當依法承擔賠償責任。
　　公司股東濫用公司法人獨立地位和股東有限責任，逃避債務，嚴重損害公司債權人利益的，應當對公司債務承擔連帶責任。」摘自中華人民共和國國家工商行政管理總局網站http://www.saic.gov.cn/zcfg/fl/xxb/201402/t20140227_142232.html。

[8] 例如雷曼兄弟案，臺灣高等法院100年度重上字第9號民事判決、臺灣高等法院100年度重上字第91號民事判決皆以法未明文拒卻法人格否認或揭穿公司面紗原則之適用。

[9] 例如臺灣高等法院89年度上字第47號判決以及後述之Walkovsky v. Carlton（N.Y. Ct. App. 1966）乙案。學者文獻上亦有將二名稱混用者，王泰銓，比較關係企業法之研究，翰蘆，2004年8月，頁12。

[10] 劉連煜，揭穿公司面紗原則及否認公司人格理論在我國實務之運用，公司法理論與判決研究（四），元照，2006年4月，頁147-148。

為，無論此一原則引進我國後之名稱為何，在比較法上「揭穿公司面紗原則」或「公司法人格否認」，均是指當公司因資力不足，無法清償其債務時，公司之債權人於特定情況下可以要求公司股東或其他成員對於公司之債務負責之制度[11]，其目的皆係在保護公司債權人之權益。

參、「揭穿公司面紗原則」於我國實務之發展

一、第一商銀起訴雷曼兄弟國際（歐洲）公司損害賠償案（最高法院102年度台上字第1528號民事裁定）

（一）案例事實

被告英商雷曼兄弟國際（歐洲）公司（Lehman Brothers International《Europe》，下稱雷曼國際公司），與被告荷蘭商雷曼兄弟財務公司（Lehman Brothers Tresury Co.B.V.，下稱雷曼財務公司）均為訴外人美商雷曼兄弟控股公司（Lehman Brothers Holdings Inc.，下稱雷曼控股公司）所設之子公司，訴外人雷曼控股公司及被告雷曼財務公司明知其等財務困窘，已無繼續清償債務之能力，仍於97年6月18日由被告雷曼財務公司發行「4年期『希望之星』港幣計價結構型債券」，並以訴外人雷曼控股公司為連帶保證人，原告第一商業銀行股份有限公司（下稱第一商銀）因而陷於錯誤，為原告之客戶購入系爭債券。發行系爭債券後，訴外人雷曼控股公司及被告雷曼財務公司旋即進行破產程序，致原告無法回贖所購入之系爭債券，依契約兩公司應負債務不履行之責。

又原告亦主張被告雷曼國際公司與雷曼財務公司均為訴外人雷曼控股公司之子公司，其業務執行及資金動用均係由訴外人雷曼控股公司審核、決定，均為訴外人雷曼控股公司之執行平台，堪認三者實質上應屬同一主體，依「反向揭穿公司面紗原則」，一併對雷曼國際公司主張損害賠償。

---

[11] 劉公偉，揭穿公司面紗原則之經濟分析，臺大法學論叢，2001年9月，頁176。

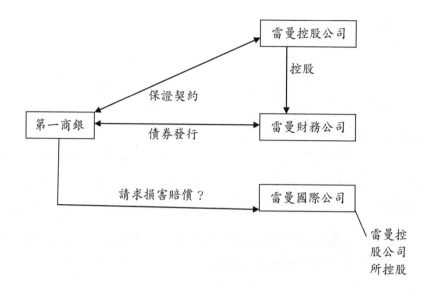

(二) 法院見解

　　最高法院102年度台上字第1528號民事裁定雖做成於公司法第154條第2項規定增訂後，惟仍駁回第一商銀之上訴，其理由整理如下：

　　1. 被上訴人、雷曼控股公司、雷曼財務公司係**各自擁有獨**立法人人格之三家公司。

　　2. 觀之上訴人所提出雷曼兄弟集團組織圖示，雷曼控股公司係間接控股被上訴人，被上訴人與雷曼財務公司則屬各自獨立、平行之子公司，**無交叉控股情形或直接間接持股關係**。

　　3. 且上訴人經由雷曼亞洲公司下單購買系爭債券，**被上訴人於該債券銷售過程與上訴人迄無接觸。上訴人亦未舉證證明被上訴人公司任何董事、經理人或受僱人有何故意或過失之不法侵害行為**。故上訴人主張依我國民法第一條規定，適用英國法下之揭穿公司面紗原則或反向揭穿公司面紗原則之法理，被上訴人應就雷曼控股公司、雷曼財務公司對伊所負契約責任、侵權責任，負同一賠償責任，即屬無據。

(三) 評析

最高法院在此判決對「揭穿公司面紗原則」及「反向揭穿公司面紗原則」做出之闡釋，認為「法院審查個案是否揭穿公司面紗所應參酌之因素至夥，例如母公司之『過度控制』屬之，此項決定性因素非指母公司百分之百持有子公司即可揭穿，尚應考量母公司對子公司有密切且直接之控制層面。」並認為我國公司法第154條第2項及第369-4條實係源自揭穿公司面紗原則，顯示最高法院已經在公司法第154條第2項增訂之後肯認「揭穿公司面紗原則」或「公司法人格否認理論」之適用。

二、中石化安順廠污染案之與中油公司訴訟案（最高法院102年度台上字第723號民事判決）

(一) 案例事實

本件上訴人中國石油化學工業開發股份有限公司（下稱中石化公司）主張：其坐落於臺南市安南區鹽田段之多筆地號土地（下稱系爭土地），本為被上訴人臺灣中油股份有限公司（下稱臺灣中油公司）持股控制之子公司即前「臺灣鹼業股份有限公司（下稱臺鹼公司）」所有，至民國72年4月1日因臺鹼公司與伊合併消滅，始移轉歸伊所有。然自59年開始，臺鹼公司安順廠之粉塵已為造成環境惡劣之原因，當時由臺灣中油公司派任之訴外人即總經理戈本捷及協理丁哲生知之甚詳。直至66年間，仍隱瞞事實拒絕改善並繼續擴大生產，致受戴奧辛及汞嚴重污染，經行政院環境保護署（下稱環保署）於93年3月19日公告為土壤污染整治場址，復遭臺南市政府於94年4月18日公告為土壤污染管制區而無法使用。伊因此項污染，支付臺南市政府新臺幣（下同）195萬6,660元、100萬元、8,878萬6,006元，連同另支付之污染整治調查（含補充調查）、監測、處理等費用，合計1億9,352萬2,633元，均屬回復原狀之必要費用。……另被上訴人臺灣中油公司應依侵權行為及土壤及地下水污染整治法（下稱土污法）第43條第7項規定，負損害賠償責任。伊並得行使所有權之排除侵害請求權等情，求為命被上訴人朱同慶與臺灣中油公司共同將系爭土地內含之戴

奧辛（Dio xins）降低至1,000奈克－毒性當量／公斤以下及汞（Hg）降低至20毫克／公斤以下，並連帶給付上訴人1億9,352萬2,633元及自函請被上訴人給付遭拒翌日即98年6月16日起加計法定遲延利息。

　　被上訴人臺灣中油公司則抗辯：臺鹼公司與伊均為獨立之法人，各自對其業務負責，伊對臺鹼公司之業務不須負任何責任，至臺鹼公司併入上訴人後，有關該公司之業務與法律責任由上訴人承受，其法人人格並未變更，其原有財產安順廠之污染自應由上訴人自行負責處理。又經濟部已於71年3月16日即函知臺鹼公司安順廠及二氧化鈦廠自71年應予關閉，縱然在此之前伊對臺鹼公司有任何侵權行為，亦早逾民法第197條之2年或10年侵權行為請求權除斥期間，從而不論伊是否有可歸責之事由，伊得主張時效抗辯，拒絕賠償。

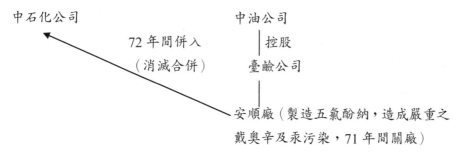

※93年起，因土壤污染嚴重，導致中石化遭開罰，並遭累計求償1億3,000萬元，中石化遂以中油公司及當時管理或派駐於臺鹼公司之人員為被告，請求損賠？

（二）法院見解

　　本件爭點在於子公司為汙染行為人，母公司應否同負其責？

　　最高法院102年度台上字723號民事判決雖維持二審判決，駁回上訴人中石化公司對中油公司之請求，惟在判決理由中仍指摘原審判決認定我國法無「揭穿公司面紗原則」之適用有欠妥適，其理由略以：「按場所使用人、管理人或所有人依土污法第七條第五項規定支出之應變必要措施費用，得向污染行為人或潛在污染責任人連帶求償，該法第四十三條第七項

固定有明文,上訴人亦係依該規定為本件請求之依據。⋯⋯依上說明,污染行為人或潛在污染責任人,均為臺鹼公司,原審認定被上訴人皆非污染行為人,並認上訴人不得依土污法第四十三條第七項規定請求,而為其不利之判斷,經核於法洵無違誤。至因目前土壤及地下水污染之污染行為人通常為公司,為避免該公司之負責人、控制公司或股東通常利用污染行為獲取利益,卻得以不同之法人格『阻擋』其自身之污染整治責任,立法者基於防免法人地位之濫用,依揭穿公司面紗或法人人格否定原則,就污染行為人為公司組織時,於土污法第四十三條第三項、第四項規定除其負責人外,持有超過該行為人已發行有表決權之股份總數或資本總額半數或直接或間接控制其人事、財務或業務經營之公司或股東,就污染行為實際決策者,污染行為人得就其支出之相關費用,向該污染公司負責人、控制公司或股東求償。原審認上開原則為我國法所不採,固欠妥適,然因上訴人並未據此請求,基於民事訴訟所採處分權主義即不得為訴外裁判原則,自不影響裁判之結果。且上訴人所主張被上訴人係污染行為人之原因事實,與臺鹼公司始為污染行為人者,並不同一,則原審未就上訴人未陳述之事實,依民事訴訟法第一百九十九條之一第一項規定為法律關係之闡明,並無可議。⋯⋯」

(三) 評析

最高法院認為土污法第43條第3項、第4項之立法目的在於避免該公司之負責人、控制公司或股東利用污染行為獲取利益,卻得以不同之法人格「阻擋」其自身之污染整治責任,為防免法人地位之濫用,應依揭穿公司面紗或法人人格否定原則,污染行為人得就其支出之相關費用,向污染行為實際決策者,亦即持有超過該行為人已發行有表決權之股份總數或資本總額半數或直接或間接控制其人事、財務或業務經營之公司或股東求償。

最高法院雖然以處分權主義駁回上訴人之上訴,惟判決中指摘原審認定我國法不採「揭穿公司面紗」或「公司法人格否認理論」並非妥適,顯示我國最高法院在環境法之領域已經承認「揭穿公司面紗」或「公司法人格否認理論」,並以土污法第43條第3項、第4項為法源依據。

三、東星大樓倒塌案之住戶與宏國建設公司訴訟案（臺灣高等法院101年度建上字第199號民事判決）

（一）案例事實

上訴人主張：宏國公司為逃避法律責任，由謝隆盛、謝金朝、謝進旺、謝村田、徐超材、林鴻明、林鴻道、陳增祥、林謝罕見、李政常另成立宏程公司起造系爭建物，於興建完成時即解散宏程公司，及成立鴻固公司承造系爭建物，且宏國、宏程、鴻固等公司之董事半數以上相同，以同一企業整體經營，宏國公司對於鴻固公司晉用員工有同意權，依86年增訂之公司法第369-3條第1款「公司與他公司之執行業務股東或董事有半數以上相同者，推定為有控制與從屬關係」法理，及採用法人格否認理論，宏國公司及其負責人均應對宏程、鴻固公司之侵權行為負同一責任，爰依建築法第26條第2項、民法第184條第1項前段、第2項、第189條但書、消費者保護法第7條第3項等規定，請求宏國公司賠償損害。

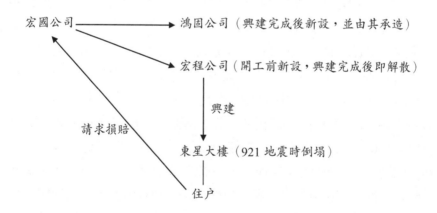

（二）法院見解

臺灣高等法院101年度建上字第199號民事判決之理由略以：

1. 宏國公司與鴻固公司二公司之執行業務股東或董事有半數以上相同。惟查，公司法增訂第六章之一「關係企業」（同法第369-1條至第

369-12條），於86年6月27日施行，並無溯及適用效力，上訴人主張援引同法第369-3條第1款法理，「推定」宏國公司與宏程、鴻固公司間有控制從屬關係云云，難謂有據。

2. 綜合美國、英國、德國、日本關於法人格否認之理論，其類型大致區分為法人格濫用（構成要件：股東為逐行規避法律或契約義務之目的，利用公司法人格獨立及股東有限責任制度，設立其他資本額過少的公司對外為法律行為），及法人格形骸化（構成要件：實質為同一企業、控制從屬關係、資本額不足、經營實權與經營主體混同、公司財產與股東個人財產不分、不遵守公司法相關程序、榨取公司利益等）。查依上訴人提出宏國公司及鴻固公司之變更登記表（原審卷1第309、310頁；卷3第116頁），此二公司所營事業不同，鴻固公司之實收資本總額尚高於宏國公司之實收資本總額，鴻固公司於65年間設立，迄今仍存續。又證人陳世昌於88年9月26日證稱：鴻固公司原設址在臺北市林森北路，於80年間改組，成為宏國集團之關係企業，遷至臺北市○○○路000號17樓辦公等語（見北檢88年度他字第2047號卷第134、135頁）。是客觀上無從認定謝隆盛、謝金朝、謝進旺、謝村田、徐超材、林鴻明、林鴻道、陳增祥、林謝罕見、李政常出資設立鴻固公司，有上述濫用法人格，或使鴻固公司之法人格形骸化之情狀存在。再查，上訴人主張：宏國公司之董事林鴻明、林鴻道，對鴻固公司晉用員工有同意權云云，提出簽呈3紙為證（本院卷3第96至97頁，內容為李政常於76年間簽呈「為敦煌工地安全衛生管理員黃重輝將於3月10日離職而遺缺……謹請核示」，經林鴻明或林鴻道批核，及於74年間簽呈「甲桂林網球場修補……案是否有當，謹請核示」，經林鴻道批核），惟上開各簽呈並未明示究係宏國公司或鴻固公司之內部文件，且林鴻明、林鴻道均為鴻固公司之股東及經營成員，無證據顯示其二人於74、76年間擔任宏國公司之董事，李政常復在北檢88年度他字第2047號案件證稱：伊自71年起在鴻固公司負責文書工作，迄80年間止等語（見同上卷7第56、57頁），自無從憑上開簽呈，認定林鴻明、林鴻道係以宏國公司之董事身分，對於鴻固公司晉用員工行使同意權之事實。上訴人復未提出其他積極證據，證明謝隆盛、謝金朝、謝進旺、謝村田、徐超材、林

鴻明、林鴻道、陳增祥、林謝罕見、李政常出資設立鴻固公司，係濫用法人格，及有使鴻固公司之法人格形骸化之事實，上訴人主張援用法人格否認理論，使宏國公司及謝金朝、謝進旺、謝村田、徐超材、林鴻明、林鴻道、陳增祥、李周緞、李德裕、李德隆、李慧芬、林謝罕見就鴻固公司之損害賠償責任，負同一責任云云，為不可採。

（三）評析

公司法154條第2項於102年1月30日增訂，而本則判決作成於103年1月28日，非但不再以法未明文為理由否定「揭穿公司面紗」或「公司法人格否認理論」之適用，而且還就「揭穿公司面紗」或「公司法人格否認理論」作出涵攝，亦即說明此一理論之類型（法人格濫用或法人格形骸化）及其構成要件（股東為逐行規避法律或契約義務之目的，利用公司法人格獨立及股東有限責任制度，設立其他資本額過少的公司對外為法律行為；實質為同一企業、控制從屬關係、資本額不足、經營實權與經營主體混同、公司財產與股東個人財產不分、不遵守公司法相關程序、榨取公司利益等），並認為本案並無法人格濫用或形骸化之情事，不符合此一構成要件。本則判決可謂係公司法第154條第2項增訂後，少數就「揭穿公司面紗」或「公司法人格否認理論」予以操作之判決，仍值得吾人關注。惟或許是基於處分權主義、辯論主義，判決對諸多「揭穿公司面紗」之重要因素未為細緻的處理，例如鴻固公司資本是否充足，足以因應建設事業所可能產生之風險？

四、社團法人桃園縣原臺灣美國無線公司員工關懷協會起訴 RCA等公司案（臺灣高等法院104年度重上字第505號民事判決）

（一）案例事實

社團法人桃園縣原臺灣美國無線公司員工關懷協會（下稱關懷協會）起訴主張略以：

1. 美商美國無線電公司（下稱RCA公司）透過其子公司於56年8月21日在臺灣申請設立RCA公司，59年間起在桃園、竹北、宜蘭等地設廠生產電子及電器產品，並以電視機之電子選台器為主要產品；嗣美商RCA公司於76年12月31日被GE公司所併購，GE公司再於77年12月31日間將包含RCA公司在內之消費電子事業轉讓予法商湯姆遜集團（Thomson S.A.），RCA公司仍持續生產上開產品直至81年間關廠為止，期間長達22年。

2. 惟RCA公司從事之焊錫爐作業及手焊作業，對於員工未盡其防護說明及教導之義務，一再違反「有機溶劑中毒預防規則」、「勞工安全衛生設施規則」、「鉛中毒預防規則」、「勞工健康管理規則」、「廢棄物清理法及其子法」、「毒性化學物質管理法及施行細則」、「自來水法」等保護他人法律，並任由欠缺專業環保與化學知識之員工，將三氯乙烯與四氯乙烯等31種有機溶劑隨意傾倒地面及地下，導致廠區之土壤與地下水遭受污染；復未提供合法防護措施、未於廠房內設置合法之局部排氣裝置、整體換氣裝置，未符合當時鉛中毒預防規則第28條關於排氣口應設置於室外之規定，使上開有機溶劑之氣體在空氣中揮發，致RCA公司員工經皮膚、呼吸，重複暴露於高濃度之有害有機溶劑及其氣體中；又因RCA公司以遭三氯乙烯與四氯乙烯等有機溶劑污染之地下水作為生產線員工飲用水、員工餐廳飲用水、員工宿舍洗澡水之水源，致使RCA公司員工經飲食、皮膚、呼吸暴露於高濃度之有害有機溶劑中，桃園廠員工及當地居民罹患癌症之風險高達0.3%（在醫學上可接受值為0.01%到0.0001%）、非致癌機率（亦即導致其他疾病風險之機率）也高達16.9%（醫學尚可接受值小於1），自關廠至起訴時，RCA公司員工發現罹患癌症者高達1,300多人，已至少有221人死亡，且死亡人數仍陸續增加當中。受害員工因而於87年間組成關懷協會，章程以請求RCA公司賠償因侵權行為所生之損害為宗旨，附表一所示會員（下簡稱會員或選定人）乃依民事訴訟法第44-1條第1項規定，選定關懷協會為當事人，依民法第28條、第184條、第194條、第195條侵權行為損害賠償規定、民法第227條、第227-1條債務不履行損害賠償規定，職業災害勞工保護法第7條及民法第

487-1條第1項規定，對RCA公司提起本件訴訟。

3. 又RCA公司之前後任母公司即控制公司GE公司、Thomson（Bermuda）公司、Technicolor USA公司、Technicolor公司早於76年之前即知悉廠區污染之可能性，對於RCA公司之前開行為不聞不問，致使關懷協會會員身體受RCA公司之毒物及污染之傷害不斷累積、擴大，應依民法第185條規定，或類推適用民法第185條規定，或依「揭穿公司面紗」原則，就RCA公司之侵權行為責任、民法第227條、第227-1條、職業災害勞工保護法第7條、民法第487-1條第1項等債務不履行責任，連帶負賠償責任。

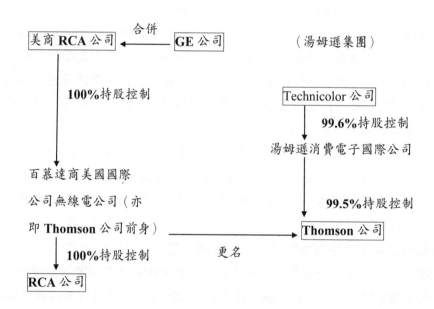

(二) 法院見解

有關於本件有無「揭穿公司面紗原則」之適用，臺灣高等法院104年度重上字第505號民事判決認為GE公司、Thomson（Bermuda）公司、Technicolor公司有「揭穿公司面紗原則」之適用，其理由略以：

1. 本件關懷協會會員為非自願性之被害人。

2. Thomson（Bermuda）公司係美商RCA公司為海外投資而設立之公司，持有RCA公司99%以上之股份，GE公司於77年12月31日以前則間接透過其子公司美商RCA公司或經由合併美商RCA公司而持有RCA公司99%以上之股權，Technicolor公司於78年1月1日以後亦透過法商湯姆遜國際公司、Thomson（Bermuda）公司間接持有RCA公司99%以上之股權；且RCA公司歷年來之董事長、董事、監察人均為外國人，RCA公司決議公司重大事項（如通過公司章程、修改公司章程、推選董事長、聘請公司總經理、經理、選任董事、監察人、聘僱經理人、增資、擴展生產產品）之股東會、董事會幾乎均在美國（如美商RCA公司所在地：美國紐約市洛克菲勒廣場30號美國無線電大廈等地）、法國（如Technicolor公司所在地：46,quai A.Le Gallo, 92100 Boulogne-Billancourt, France及1-5 Rue Jeanne D'Arc 00000 Issy LesMoulineaux, France），鮮少在臺灣召開，更未曾在百慕達召開，應可認GE公司、Technicolor公司確係透過Thomson（Bermuda）公司對RCA公司有完全之控制關係，RCA公司僅係其等為海外設廠及投資所成立之分身公司。

3. 而GE公司將消費電子部門轉讓與訴外人Thomson S.A.公司之前，GE公司、訴外人Thomson S.A.公司即分別委託Dames and Moore公司、A. D. L公司調查桃園廠、竹北廠之環境，調查小組於76年10月30日即進行調查（見原審卷36第26頁背面），至78年2月10日完成報告；鑑定人丁力行於原審證稱：「環保署勘查污染廠址後，要求GE公司、湯姆生公司出席相關會議，負起污染整治的相關責任……Rip Dyer（即湯姆生公司經理）說他們跟GE公司有一個協議，所有污染責任由GE公司負責付費清除改善」等語（見原審卷36第6頁），足見GE公司及訴外人Thomson S.A.公司締約時應已知悉或可得知悉污染情事，方會有此約定，惟其等均未對外透露污染情事，任由RCA公司員工繼續暴露於受污染之環境。

4. 且RCA公司於77年3月23日在美國召開股東臨時會並做出減資25億794萬元之決議，於同年5月28日正式向投審會申請減資，自77年7月21日起至78年11月20日共將美金1億5,062萬1,055.89元匯出國外，有會議紀錄及RCA公司中央銀行外匯局外匯支出明細查詢紀錄明細表足稽（見原審

卷10第98頁至第114頁、卷14第181頁）。嗣RCA公司於81年3月24日將受污染之桃園廠區土地、建物以19億350萬7,567元之價金出售予不知情之訴外人楊天生，有土地建物買賣契約書、宏億開發股份有限公司法國起訴狀等件在卷可佐，經立法委員趙少康於83年6月2日公開RCA公司污染桃園廠區之情，楊天生即向有關單位陳情暫緩准許RCA公司辦理結匯，惟RCA公司仍於87年7月間、88年1月間將共計美金1億餘元匯至母公司所在之法國銀行，有陳情書、中央銀行外匯局外匯支出明細查詢紀錄電子檔及明細表可稽，致91年間關懷協會會員聲請假扣押時，RCA公司於臺北郵局僅餘164.143元存款，於中國農民銀行桃園分行僅餘748元，於法國巴黎銀行臺北分行僅餘美金2萬3,129元（以91年8月15日美金牌告匯率33.825折合新臺幣78萬2,368元）及支票存款35萬9,497元、活期存款429萬8,735元，顯有惡意脫產、逃避債務之情事，本院認本件應依前揭「揭穿公司面紗原則」之法理，由RCA公司之股東即其控制公司GE公司、Thomson（Bermuda）公司、Technicolor公司分別與RCA公司同負清償之責。

5. 至於Technicolor USA公司既非RCA公司之控制公司，自無「揭穿公司面紗原則」之適用。

（三）評析

臺灣高等法院104年度重上字第505號民事判決可謂係繼臺灣高等法院臺南分院89年度上字第47號民事判決後，也是公司法第154條第2項規定增訂後唯一在具體個案中肯定「揭穿公司面紗原則」之適用者，頗具指標性意義。而該判決適用「揭穿公司面紗原則」似以「被害人係非自願性債權人」、「被告必須為RCA公司直接或間接之控制公司」、「被告過度控制RCA公司使之猶如被告之分身」、「被告對RCA公司之行為明知且放任之」、「被告有惡意脫產之情事」等情為判斷要件。此一判斷為最高法院107年度台上字第267號判決所維持，且最高法院明確表示：「我國公司法雖於102年1月30日始增訂公司法第154條第2項『股東濫用公司之法人地位，致公司負擔特定債務且清償顯有困難，其情節重大而有必要者，該股東應負清償之責。』規定，將揭穿公司面紗理論予明文化。惟學者早於

6、70年代即將前開理論介紹引進，公司法在86年6月26日增訂第六章之一關係企業乙章，已蘊含揭穿公司面紗原則等相關理論之思維，司法實務亦有多件判決循此思維，運用權利濫用或誠信原則為論據，用以保護公司債權人。是在公司法第154條第2項增訂前，揭穿公司面紗原則等相關理論已屬法理，依民法第1條規定，自得適用之。」可知即便案件發生於公司法引進揭穿公司面紗原則之前，法院仍可透過民法第1條之「法理」適用揭穿公司面紗原則。

肆、「揭穿公司面紗原則」判斷要件之建構

我國於102年1月30日增訂公司法第154條第2項規定，並於107年7月6日增訂公司法第99條第2項規定，將「揭穿公司面紗原則」或「法人格否認理論」之適用自股份有限公司擴及有限公司，而依其法條之文義，均係以「股東濫用公司之法人地位，致公司負擔特定債務而清償有顯著困難，且其情節重大而有必要」為要件，惟何謂「濫用公司之法人地位」？何謂「情節重大而有必要」？參酌立法理由：「法院適用揭穿公司面紗之原則時，其審酌之因素，例如審酌該公司之股東人數與股權集中程度；系爭債務是否係源於該股東之詐欺行偽；公司資本是否顯著不足承擔其所營事業可能生成之債務等情形。」[12]，應可將「股東人數與股權集中程度」、「股東詐欺行為」、「公司資本不足以承擔所營事業可能生成之債務」之因素納入「濫用法人地位」與「情節重大而有必要」之判斷。

而由我國近年之司法實務判決觀之，「揭穿公司面紗原則」或「法人格否認理論」之適用，其考量之因素大抵有「過度控制」[13]、「被害人

---

[12] 立法院法律系統，http://lis.ly.gov.tw/lgcgi/lglaw?@152:1804289383:f:NO%3DE04517*%20OR%20NO%3DB04517$$11$$$PD%2BNO

[13] 最高法院102年度台上字第1528號民事判決：「法院審查個案是否揭穿公司面紗所應參酌之因素至夥，例如母公司之『過度控制』屬之，此項決定性因素非指母公司百分之百持有子公司即可揭穿，尚應考量母公司對子公司有密切且直接之控制層

係非自願性債權人」、「被告必須為直接或間接之控制公司」、「被告過度控制使公司猶如被告之分身」、「被告對公司之行為明知且放任之」、「被告有惡意脫產之情事」[14]、「法人格濫用（構成要件：股東為遂行規避法律或契約義務之目的，利用公司法人格獨立及股東有限責任制度，設立其他資本額過少的公司對外為法律行為）」、「法人格形骸化（構成要件：實質為同一企業、控制從屬關係、資本額不足、經營實權與經營主體混同、公司財產與股東個人財產不分、不遵守公司法相關程序、榨取公司利益等）」[15]。

　　若參酌美國、英國、德國、中國大陸等各國適用揭穿公司面紗原則之要件則往往給人的感覺是雜亂的、不確定的、無法聚焦的，而且不同要件之間常相互重疊，亦無一個因素或特定情形是可以作為絕對因素判斷應否揭穿公司面紗的，**惟仍可歸納整理出以下六個基本考量因素，並融入立法理由及司法實務判決所考量之因素，以供我國適用公司法第154條第2項或新增訂之公司法第99條第2項規定時參酌。**分述如下：

一、過度控制

　　指對公司重要經營事項為經常性之支配，使公司失去自己的意志而言。立法理由所謂之「股東人數與股權集中程度」應屬此一範疇。

二、資本不足

　　指公司設立時未投入充足資本與所營事業預期之風險相對應。立法理由所謂之「公司資本不足以承擔所營事業可能生成之債務」亦屬之。

三、詐欺或不公平行為

　　泛指一般違反公序良俗或脫法之行為，包含公司設立時資本充足，事

面。」

[14] 臺灣高等法院104年度重上字第505號民事判決。

[15] 臺灣高等法院101年度建上字第199號民事判決。

後皆由各種名目抽逃出資之行為（或謂詐欺性財產移轉）。立法理由所謂之「股東詐欺行為」即屬之，而臺灣高等法院104年度重上字第505號民事判決所採之「惡意脫產」之要件，亦應歸類為此一範疇。

四、財產或業務上之混同

所謂財產混同可歸納如下四種情形：「(1)公司與股東的資金混同，使用同一帳戶或相互調撥，佔用資金頻繁，數額巨大；(2)公司與股東的收益不加區分，致使雙方債務帳目不清；(3)公司與股東的營業場所、主要設備、辦公設施同一；(4)其他股東與公司財產大量持續混同的情形。」[16]所謂業務混同則主要包括以下情形：「(1)股東與公司之間或者公司與公司之間在業務性質、範圍上重合或絕大部分交叉；(2)股東與公司之間或者公司與公司之間因在業務上存在上下游關係而大量交叉或混同；(3)其他股東與公司業務持續混同的情形。」[17]

五、自願性債權人或非自願性債權人

蓋自願性債權人，如契約當事人之間，在交易當下通常對公司之資力、債信有所認識與評估，才決定與公司進行交易，除非公司有故意隱匿、詐欺等行為，否則債權人對損害之發生應有預見可能性，由其承擔風險亦屬合理，法院應傾向不予揭穿公司面紗；至於非自願性債權人，如侵權行為之被害人，對於風險或損害多無從事前預見，法院為保障這些非自願性債權人，多傾向揭穿公司面紗，責令股東負責。我國法院實務在臺灣高等法院100年度重上字第9號民事判決亦有相同之闡述[18]，亦為臺灣高等

---

[16] 朱慈蘊，公司法人格否認制度——理論與實踐，人民法院出版社，2009年，頁199。引自范劍虹、李海敏、李翀，中、美、德「公司法人格否認」比較研究，澳門大學，2013年2月，頁71-72。

[17] 朱慈蘊，公司法人格否認制度——理論與實踐，人民法院出版社，2009年，頁200。引自范劍虹、李海敏、李翀，中、美、德「公司法人格否認」比較研究，澳門大學，2013年2月，頁72。

[18] 判決原文摘錄如下：「美國法院於決定是否適用此原則時，通常將被害人（債權人）區分為自願性或非自願性兩種。所謂自願性之債權人，以契約關係之相對人為

法院104年度重上字第505號民事判決引為揭穿公司面紗之理由。

六、公開公司或非公開公司

　　蓋學者認為有限責任於公開公司中的功能（如降低監控成本、維持效率資本市場）於閉鎖性公司中並不存在，故能容許在閉鎖性公司揭穿公司面紗。惟若在公開公司揭穿公司面紗則可能會使得股東有限責任於公開公司中所扮演的功能喪失殆盡。[19]再者，公開發行公司由於股東人數較多，公司股權較為分散，其股東不像閉鎖性公司之股東有機會參與公司經營。[20]因而在美國實務上與公開公司揭穿公司面紗之成功比例是零[21]。我國引進揭穿公司面紗原則，就公開公司之部分，仍應限縮揭穿公司面紗原則之適用。立法理由以「股東人數與股權集中程度」做為考量因素，用意亦應在此。

　　以上六個基本考量因素並非必須併存，而係由法院根據這些考量因素判斷股東濫用法人格之情節是否重大，以及有無必要揭穿公司面紗。有學者在揭穿公司面紗之判斷引進美國法院之「雙叉測試法」，分成要件一，是否為「分身」或「單一經濟體」；要件二，有無「詐欺或不公平」行為。必須二要件併存始得揭穿公司面紗，亦值參酌[22]。本文認為司法實務或許可套用「雙叉測試法」，要件一是否為「分身」或「單一經濟體」

代表，此等人於債權發生前多半已與公司有所接觸，對於公司之資力、債信有所認識及評估，才決定與公司進行交易，自願性之債權人對於損害之發生具有預見可能性，因此一旦於嗣後發生損害，基於其對風險已有所預期，使其承擔風險尚屬合理，故不得轉嫁至對方公司及其股東，是在契約案件中，法院並未輕易適用此原則。至於侵權行為之案例，由於被害人多屬非自願性之債權人，對於可能發生在自己身上之風險及損害，多無法事先預見，此時，法院為保障這些非自願性之債權人，較傾向適用此原則，令股東負擔損害賠償責任。」

[19] 劉公偉，揭穿公司面紗原則之經濟分析，臺大法學論叢，2001年9月，頁201。

[20] 郭大維，股東有限責任與否認公司法人格理論之調和—「揭穿公司面紗原則」之探討，中正財經法學，2013年7月，頁86。

[21] 劉公偉，揭穿公司面紗原則之經濟分析，臺大法學論叢，2001年9月，頁201。

[22] 洪秀芬、朱德芳，關係企業債權人保護之發展趨勢：以揭穿公司面紗為核心，臺大法學論叢，2014年9月，頁677-686。

之判斷，考量因素為「過度控制」、「財產或業務之混同」、「公開公司或非公開公司」[23]，要件二有無「詐欺或不公平」行為之判斷，考量因素則為「資本不足」、「詐欺或不公平行為」、「自願性或非自願性債權人」[24]。

　　※雙叉測試法之運用：

　　　要件一：是否為「分身」或「單一經濟體」？
　　　　　　→考量因素：1.過度控制
　　　　　　　　　　　　2.財產或業務上之混同
　　　　　　　　　　　　3.公開公司或非公開公司
　　　要件二：是否有「詐欺或不公平」行為？
　　　　　　→考量因素：1.詐欺或不公平行為
　　　　　　　　　　　　2.資本不足
　　　　　　　　　　　　3.自願性債權人或非自願性債權人

伍、結論

　　本文自外國法、立法理由、司法實務判決歸納並建構出「揭穿公司面紗原則」或「公司法人格否認理論」之要件，並以「雙叉測試法」為判斷，此似可為司法實務上判斷「揭穿公司面紗原則」或「公司法人格否認理論」可行之操作方法。

　　倘以前開社團法人桃園縣原臺灣美國無線公司員工關懷協會起訴RCA等公司案（臺灣高等法院104年度重上字第505號民事判決）為例，操作雙叉測試法則：Thomson（Bermuda）公司、GE公司、Technicolor公

---

[23] 蓋判斷是否為「分身」或「單一經濟體」，須考量股東對公司之控制程度、股東人數與股權集中程度、股東與公司間有無財務或業務上之混同等。

[24] 蓋判斷有無「詐欺或不公平」之行為，須考量有無詐欺或違反公序良俗或脫法行為等不公平情事，或公司設立時之資本是否充足、公司設立後有無抽逃出資等行為、損害是否為債權人事前所得預見等。

司曾先後、直接或間接持有RCA公司99%之股份，且RCA公司決議公司之重大事項，其董事會或股東會均係在美國（美商RCA公司所在地）、法國（Technicolor公司所在地），鮮少在臺灣召開，甚至未曾於百慕達召開，應可認GE公司、Technicolor公司確係透過Thomson（Bermuda）公司對RCA公司有完全之控制關係，RCA公司僅係其等為海外設廠及投資所成立之分身公司，符合雙叉測試法之要件一是否為「分身」或「單一經濟體」；又被害人係非「自願性債權人」，被告有「惡意脫產」此一不公平之行為，應認為符合雙叉測試法之要件二是否有「詐欺或不公平」行為，據此揭穿公司面紗，似屬可行。

17

由2018年新修正公司法第172-1條回顧我國股東提案權之問題

魯忠軒[*]

壹、前言

2005年時，呼應學界增訂的聲浪，立法院通過公司法第172-1條股東提案權之立法。立法理由明確指出，賦予股東提案權之目的，旨在使股東積極參與公司之經營。我國股東提案制度的出現，體現保障少數股東的目的，使股東會發揮效用改善公司經營，並促使企業經營者善盡經營責任。公司法第172-1條增訂後，股東在符合一定條件下，享有將議案提入股東會表決的權利。股東在股東會上，享有出席、提案、表決的權利，然而此次修法後並沒有建立完整的股東提案秩序。

我國在股東提案權尚未立法之前，股東在股東會上提出議案，可以藉由臨時動議的方式為之。2005年股東提案權立法後，在公司法條文中一直沒有解決兩者重疊的問題，學說也爭論不斷。除了臨時動議的定性外，股東提案權實施至今十多年，許多行使要件仍有待檢討。這些問題的討論上，也必須藉由美國或日本在股東提案權上的經驗，做為參考。

2018年7月6日，立法院三讀通過公司法修正草案，公司法第172-1條股東提案權亦在修正之列，惟前述問題似乎在本次修法當中並未真正觸及。故本文之討論主要評析本次修法，並對股東提案權其他重要問題提出建議，包含議題與議案之區別、提案股東之出席義務、提案股東之資格分別論述。

---

[*] 現任律師。

貳、公司法第172-1條修正內容分析

一、新增股東得以電子方式向公司提案

(一)新舊條文對照

　　新修正公司法第172-1條第1項本文：「持有已發行股份總數百分之一以上股份之股東，得向公司提出股東常會議案。」自舊條文內容中「持有已發行股份總數百分之一以上股份之股東，得以書面向公司提出股東常會議案。」刪除以書面之文字。並於新修正同條第2項：「公司應於股東常會召開前之停止股票過戶日前，公告受理股東之提案、書面或電子受理方式……。」新增公司應公告受理股東提案係以書面或電子方式受理。

(二)修正理由與本文看法

　　立法理由指出：「修正第一項，將現行股東得以書面提出議案之規定，移至第二項規定，爰刪除第一項『以書面』之文字。修正第二項，增列電子方式亦為公司受理股東提案之方式之一，可由公司斟酌其設備之是否備妥而決定是否採行，採何種受理方式，應於公告中載明，以利股東使用。」

　　所謂股東行動主義[1]係指公司股東，無論機構投資人與相當之大型投資人或一般小股東，都應該積極參與公司的監控和治理，非追求短期資本利得而輕易拋售股東地位。除了消極拒絕投資之外，更應積極參與公司經營，監督公司經營者，重視公司治理的評比，主動保護自己的權益[2]。故新修正之公司法第172-1條第1項及第2項，公司股東得以電子方式提案，不限於傳統書面，使股東更便利於參與公司提案，值得肯定。

---

[1] 劉連煜，股東表決權之行使與公司治理，集保結算月刊，第141期，2005年8月，頁20。

[2] 葉銀華，透過實踐股東行動主義健全公司治理機制，會計研究月刊，第205期，2002年12月，頁14。

此外按公司法第177-1條，公司股東得於股東會召開時，以電子方式行使投票權。股東不願意出席股東會往往受限於時間及距離之考量，而電子化能夠突破前開限制，使股東更具參與公司治理之機會。同理，股東提案權電子化後，股東提案方式將不受限於書信往來之時間與成本，降低股東提案之門檻，其條文修正自值得肯定。

二、股東提案字數維持300字之限制

(一) 新舊條文對照

新修正公司法第172-1條第3項前段：「股東所提議案以三百字為限」，刪除舊條文：「股東所提議案以三百字為限，超過三百字者，該提案不予列入議案」後段不列入議案之規定；而將不列入議案之規定新增於公司法第172-1條第4項第4款：「除有下列情事之一者外，股東所提議案，董事會應列為議案：四、該議案超過三百字或有第一項但書提案超過一項之情事。」故本次修法對於股東提案字數之限制仍於以維持。

(二) 本文對股東提案字數限制之看法

對於公司法股東提案字數之限制，實務[3]認為法條文義的300字包含標點符號與理由，且之所以規定300字的限制，係認為300字已足以表達議案的內容。違反提案字數之法律效果，有學者[4]認為本條為強行規定，係為避免增加董事會審查的負擔，超過字數之提案董事會並無裁量權限，應予以排除。然而相較於美國法或日本法，我國法有兩點不同。首先，我國股東提案權的字數規定從未修正過，沒有放寬的趨勢。其次，對於超過字數的股東提案，並沒有給予提案股東任何的補正機會。

---

[3]　經濟部95年經商字第09502402930號函釋：「股東所提議案以三百字為限，超過三百字者，該提案不予列入議案。」其立法意旨係鑒於我國文字300字已足表達一項議案之內容，300字包括理由及標點符號。超過300字者，該提案不予列入議案。

[4]　林國全，2005年公司法修正條文解析（下），月旦法學雜誌，第125期，2005年10月，頁276-277。

1. 股東提案字數以「適切」作為標準

　　股東提案字數的限制，是為了減輕董事會審查的負擔，並減少召集通知印製的成本。股東會召集通知的目的，只在於讓股東可以預見那些內容在股東會中將被討論，至於這些內容的準備工作，必須仰賴股東自行完成，所以股東提案的字數並不需要太多，不需要鉅細靡遺的將所有訊息全部寫入提案說明。股東提案的字數僅需概略的說明提案內容與理由，不需要過多的描述，但仍然可以檢討300字的限制是否合理。字數限制的意義，只是立法上對於能夠合理說明議案的標準，只要不過度造成董事會審查與股東會召集成本的負擔，400字或500字亦無不可，提案字數限制所要防範的只是造成公司負擔龐大的極端提案。所以本文認為提案字數的合理性可以參考日本法相同，修正成「適當」[5]即可，並不需要硬性規定字數，反而徒增公司計算字數的困擾。對於提案字數不適切的情形，公司並不具有排除議案之權利，而必須從整個股東提案中擷取認為適當的「概要」，代替原股東的提案資料。若公司章程有提案字數的限制，違反該限制的提案，公司仍不得逕予以排除，而必須自行作成概要代替原提案說明。

2. 對字數不適切之提案，應賦予提案股東補正機會

　　我國目前對於股東提案有明確的字數限制，違反限制時，公司應排出該提案。應否給予提案股東補正的機會，有學者[6]認為對董事會負擔過重。然而觀察我國與美國法或日本法提案股東資格限制的規定，我國在提案股東持股數額上，採取比例制的單一標準，而沒有股份價值或股份數量的其他標準，提案門檻高出許多。在這樣的情況下美國法與日本法仍設有

5　会社法施行規則第93条：「議案が株主の提出に係るものである場合には、株主総会参考書類には、次に掲げる事項（第三号から第五号までに掲げる事項が株主総会参考書類にその全部を記載することが適切でない程度の多数の文字、記号その他のものをもって構成されている場合（株式会社がその全部を記載することが適切であるものとして定めた分量を超える場合を含む。）にあっては、当該事項の概要）を記載しなければならない。」

6　王育慧，股東董事候選人提名權與股東提案權之交錯，臺灣法學雜誌，第113期，2008年，頁25。

提案股東補正的機制，可見補正機制對董事會的負擔應該是可以克服的問題。也藉由使股東補正提案之機會，讓股東與公司間持續的溝通意見，達成股東參與公司治理之目的。

三、董事會排除股東提案之原則

新修正公司法第172-1條第4項：「除有下列情事之一者外，股東所提議案，董事會應列為議案。」舊條文為：「有左列情事之一，股東所提議案，董事會得不列為議案。」修正理由認為：「現行第四項立法原意係認為若不存在該項各款所列事由時，董事會即『應』將股東提案列為議案，僅存在該項各款所列事由時，董事會始『得』將股東提案不列為議案，惟現行文字無法彰顯立法原意，爰修正第四項序文之文字。」本文認為在舊條文之解釋下，若非公司法第172-1條第4項各款排除股東提案之情況，董事會即不得排除股東提案，此與新修正之立法相同；然而股東提案若有公司法第172-1條第4項各款情況，舊條文之解釋下，董事會尚有裁量空間，惟條文修正後，董事會已無裁量之餘地。是以本次公司法第172-1條第4項之修正，更加限縮股東提案之機會。

四、建議性事項之立法

（一）新增公司法第172-1條第5項

新增公司法第172-1條第5項：「第一項股東提案係為敦促公司增進公共利益或善盡社會責任之建議，董事會仍得列入議案。」

（二）我國學說對於建議性事項採肯定見解

我國學說對於不具股東會決議效力的建議性事項，大多採取肯定的看法。有從舊法法條文義出發者[7]，認為基於股東與董事意見交換的需要，公司法第172-1條規定「有左列情事之一，股東所提議案，董事會得不列為議案」，可知董事會對於股東不符合公司法所定範圍外之提案，應該有

---

[7] 王志誠，股東提案權，月旦法學教室，第48期，2006年10月，頁27。

裁量空間。縱然該提案通過仍對董事會不具拘束力，董事仍得准許股東提出，尊重雙方意見的溝通。

亦有認為[8]股東提案權的立法目的，在於透過經營者與所有者間的溝通，達成理想的公司治理。而股東與董事間的溝通，並不限於公司一般營業的方向，亦包含雙方對於公司社會責任的看法。且縱然建議性事項不具股東會決議之效力，但仍能傳達出股東的意志，能夠發揮在法律效力之外，對於董事的監控能力。

更有從提案成本的角度[9]，認為目前股東提案的數量仍少，故如美國法上股東會提案數量龐大的考量並不存在，在資源許可的條件下，應該將股東會溝通的效用盡量擴大。

(三) 本文見解

1. 建議性事項與股東提案權之關係

如果承認建議性事項的合法性，公司法第172-1條第4項第1款「該議案非股東會所得決議者」之要件，即為判斷股東會能不能有效作成決議的標準，不符合標準者，即為不具效力的建議性事項。站在溝通意見的立場，自應於公司能負擔之前提下限縮董事會的裁量權，董事會不能拒絕建議性事項的提出。然而違反公司法第172-1條第4項第3款的提出期間要求，站在相同的立場，是不是也能成為建議性事項？如果答案是肯定的，其他欠缺股東提案權形式要件的提案，是否也能成為建議性事項？

如果承認建議性事項的存在，會因為破壞了原本股東提案權所設定進入股東會討論事項的門檻，必須重新設定新的標準，即建議性事項的界線。否則可能發生建議性事項被濫用，或董事會操控建議性事項的範圍。

---

[8] 洪秀芳，論股東提案得排除事由「非股東會所得決議」之判斷，月旦法學雜誌，第203期，2012年4月，頁73-74。

[9] 邵慶平，公司法第172-1條、第177-2條、第277條與證券交易法第20條、第20-1條修法方向與建議，公司法與證券交易法立法政策暨修法方向學術研討會會議手冊，2012年12月28日，頁88-89。轉引自，許容慈，股東提案制度之檢討——以公開發行公司為討論對象，臺灣大學法律研究所，2013年，頁135。

2. 股東提案權的本質是形成機關意思的一環

股東會的作用，係形成機關意思，以發揮在公司法上機關的功能。從而整個股東會運作的程序，從股東會的通知、召集程序，提案與表決的進行，都是為了股東會能夠形成機關意思。從而不能形成股東會決議的提案，並不具備進入股東會參與討論的門檻

會議體形成共識的過程中，當然有議而不決的情形，多數成員藉由開會溝通意見，就算無法形成共識，也都是會議制度可以預見的範圍。雖然意見交換後，不一定能做成多數決議，但這些被討論的意見，都是日後作成決議所不可或缺的步驟。也因為如此，公司法要求董事會對股東提案權的落實，課以法定特定義務，公司也必須為股東提案權付出成本，然而無法形成股東會意思之建議性事項為何得與一般提案受相同待遇？

3. 本文對建議性事項採否定見解

我國目前因股東提案權之門檻極高（詳後述），故股東提案權並不常被行使而認為應該開放建議性事項之大門。然而未來若降低股東提案門檻，使真正少數股東得行使股東提案權，股東提案數量自然大幅增加，屆時勢必面臨重新建立建議性事項門檻之問題。

我國對建議性事項採取開放的態度，另因股東凝聚共識的成本過高，只好將建議性事項的討論，寄託在股東會中。惟凝聚少數股東共識之方式眾多，並不必然要於股東會中討論，應該尋求法定股東會以外的討論方式供股東交換意見，使我國股東提案權體系一貫。對於我國公司法第172-1條第5項之立法，本文以為並無增訂之必要。

參、本次修法未觸及之其他問題

一、議題與議案之區別

(一) 議題與議案概述

會議是召集眾多成員，開啟討論並形成共識的程序。成員對於會議

討論的內容，應該先有概括性的了解。理由在於：一、提高會議討論的效率，蓋會議聚集眾多成員，勢必付出一定成本，例如會場的費用、人員的支出、成員聚集成本……等。尤其公開發行公司股東會的召集，因股東人數眾多，召集成本相當龐大，更應該重視會議討論的效率。二、防止討論事項的突襲性：若成員無法事前了解討論事項，到會議現場才知悉，無法期待能夠在充分思考下做成決定。按公司法第168條之規定，公司減少資本撤除股份，應該經過股東會普通決議。無特別規定下，公司減資得在股東會中以臨時動議提起。民國102年6月12日，曾以600股價成為臺股股王的威盛公司，在當天股東會中以臨時動議通過減資五成股本的議案[10]，對公司影響重大的減資案卻以臨時動議方式提出，引發市場譁然。就減資案是否能以臨時動議提起，經濟部[11]認為公司法無規定減少資本應於召集事由中列舉，採肯定見解。威盛公司當時的股東，在股東會中才知道減資案的討論事項，無法事前做足準備而受到突襲，值得警惕。

　　為了讓會議成員對會議討論的事項有一定程度的了解，必須先將會議召開的目的通知成員，也就是會議討論的各個議題。議題代表開會的目的，必須記載於召集通知中，僅需要達到讓會議成員知悉討論事項，能夠自行蒐集相關資料的程度即可。並不需要鉅細靡遺的把所有可能的討論內容都列入召集通知當中。

　　議案則是會議當中實際討論的事項，是在議題的範圍內，所有可能被決議的結果。以公司召集股東會解任董事為例子[12]，開會的目的就是解任董事，只要將「解任董事」列在召集事由中作為議題，股東就能從議題當中得知開會的目的，並自行蒐集相關可能被解任董事的資料。至於實際上解任哪一位董事則為議案，是解任董事的開會目的中，具體可能被決議的結果。

---

[10] 陳永吉，大股東臨動突襲減資坑殺小股民，自由時報，2012年6月18日。

[11] 經濟部92年2月6日上字第0920205640號函。

[12] 近藤光男，最新株式会社法，東京中央經濟社，2007年，4版，頁166。

（二）日本法中相關立法例

在日本公司法中（下稱会社法），議題的提案權與議案的提案權，分別規定於会社法第303條與第305條。將股東提案權的行使，分成議題提案與議案提案兩種。議題代表股東會之討論事項，議案則代表討論事項之具體提案。

依会社法第303條，持有公開發行公司總計有表決權數超過1%或300股以上，並繼續持有達6個月期間；在股東會召集前8週，以符合公司股份處理規則之書面方式[13]，提出股東會依法律或章程得為表決之事項[14]。

又依会社法第309條第5項，股東會之討論事項，限於股東會召集通知所列事項，故股東會討論事項之範圍，不得超越議題之範圍。股東參加股東會前，只需要在議題的範圍內做準備，議題外的事項並不會在股東會中出現，造成突襲的現象。

議案提案權規定於会社法第305條與第304條，可分為兩種情形。一種是股東會召集前，例如召集通知書中的議案提案權，另一種是股東會當場提出之議案提案權。

1. 事前的議案提案權

形式要件上，提案股東必須繼續持有以發行有表決權股份總數1%或300股以上達6個月期間，並於股東會召集前8週提出於公司。實質要件上，提出之議案必須為股東會依法律或章程所得表決之事項，且符合實質同一案件之規定。

事前的議案提案權與議題提案權之關係，議題提案股東提出議題後，必須同時對議題討論範圍內，提出具體的決議事項，否則議題提出不合法[15]。亦有單純就其他股東已提出議題範圍內，提出議案之情形。股

---

[13] 前田雅弘，株主提案權の課題，大証金融商品取引法研究会，2010年1月22日。轉引自許容慈，股東提案制度之檢討—以公開發行公司為討論對象，臺灣大學法律研究所，2013年，頁88。

[14] 会社法第295條第2項。

[15] 江頭憲治郎、中村直人，論点体系—会社法2，第一法規，2012年1月，頁439。

東期望自己之議案，能夠被記載於召集通知中，讓其他股東於股東會前知悉，增加議案被贊成的機會。日本法上稱該提案權為「議案通知請求權」。

2. 股東會中的議案提案權

依会社法第304條，股東對就股東會之目的事項，得提起議案。也就是在議題的範圍內，股東得在股東會現場提出具體可表決的議案。與事前的議案提案權不同的是，因為並未被記載於召集通知當中而未增公司成本，且提出可供討論之議案為股東均有之權利，故在形式要件上只要求為股東會之成員即可。

(三) 我國法中議題與議案區別的影響

1. 我國公司法對議題的概念薄弱

首先從我國股東提案權的條文觀察，公司法第172-1條第1項規定持有已發行股份總數百分之一以上股份之股東，得以書面向公司提出股東常會「議案」。這裡所稱之議案，究竟是開會的目的亦或是開會的具體決議事項？還是兩者都具備？本文認為解釋為具體決議事項即可，因為從具體決議事項的通知當中，自然能夠得知開會的目的，縱然未明文開會的目的，亦不影響股東對開會範圍的預測與準備。

日本法中就議案的事前提案權有兩種情況，一種是在股東自己提出的議題下，再提出能夠具體表決的議案；另一種情況則是在其他股東的議題下，提出議案。我國法並沒有第二種情況的發生，因為股東提案權是建立在從議案中推測議題的方式，議題並沒有在股東會召開前被確定的概念。當然在股東會召開前未能確定議案不是嚴重的問題，因為每個股東仍然能夠提出想要被通過的議案，只是這些議案可能被包含在同一個議題範圍，學理上有差異，實效上卻無影響。

真正不足的，是議題並未在股東會開會中被確定。依公司法第172條第5項，只有選解任董事、合併、分割……等重要事項應在「召集事由中列舉」，不得以臨時動議提出。召集事由應該等同於股東會的目的，也就是議題的範圍並沒有被確定，召集事由以外，踰越議題範圍外的討論事

項，仍然能夠以臨時動議提出。

　　議題的目的是為了劃定股東會討論事項的範圍，所以在日本法下股東可以憑著召集通知的範圍知道那些議案「需要準備」，而我國法下的股東憑著召集通知，只能知道哪些重要的議案是「不需要準備」的，其他議案則都在可能被討論的範圍。公司法第172條雖未明文臨時動議提出者是議題或是議案，但從議題的高度不確定性而言，臨時動議提出的應該是實際被決議的具體議案。議題的概念，只在最低限度裡被使用。

2. 開會原則與開會效率的權衡

　　議題與議案區別的概念是否被採用，並非必然的結果，當然仍存在著利弊權衡。就以日本股東會中的議案提案權與我國臨時動議相比較，前者被限定在議題的範圍內，股東能夠事前預測所有可能出現的議案，進而準備並在股東會中完整討論。

　　後者的限制只有股東會召集通知中，未列出的重要事項不能提起臨時動議。在股東會中股東可以提出被具體表決的議案可說是包山包海。缺點就如同日本法下會議中議案提案權的反面，股東無法事前知悉議案，未能準備而有無法完全討論並被突襲的疑慮。但優點是單次股東會可以討論的事項非常寬廣，縱然事前所有股東都沒有提出議案，因為現場股東臨時提起，該議案仍能被表決。如同董事會開會一般，開會前不需要給予限制，能夠在會議中就任何突發事件，立刻做出決策。我國公司法應該要維持現狀或是走向日本法的概念，取決於所期望的股東會具備兩項特點中的比例。

3. 我國應朝向議題與議案區分的方向修正

　　我國的股東會與董事會在討論事項的範圍上，除了重要事項之外，其他都不受到議題的限制。董事出席董事會，是因為董事對公司經營負有善良管理人之注意義務，相對受有擔任董事之報酬。出席董事會是善良管理人注意義務所衍生之義務，所以必須對公司經營概況瞭若指掌，在董事會中根本無需議題的限制，因為任何公司經營事項都在打擊範圍之內。反觀股東會並無出席股東會之義務，更沒有決議股東會事項的義務，對公司的概況也沒有瞭解的義務，在此情況下要股東就股東會前無法預知的議案做

討論與決議，應該無法期待。

至於股東會效率的考量，有鑑於股東會召集成本高，若因為遵守議題的原則，使股東會召集通知上漏未詳列的事項無法討論，而必須再行召集股東會，耗費第二次成本，應該如何解決？本文以為如果討論事項如此重要，未記載於召集通知的可能性非常低；縱然發生，也可以提醒有提案權人重視公司的經營，否則將付出股東會召集成本的龐大代價，自然能夠提高股東會開會的效率。

根據前述，遵守議題與議案區別的原則，將股東會決議事項限於議題之內，較現行法更保障股東的討論權利，且同時可以兼顧股東會之效率，應該是我國股東提案權制度應該修正的方向。

二、提案股東出席義務

(一) 出席義務之相關規定與目的

1. 美國法之相關規定

美國法中要求提案股東必須親自出席股東會[16]，若在州法允許的情況下，委託代理人出席或以電子方式出席股東會。若提案股東違反出席義務之規定，則在未來兩年內之股東會，公司得拒絕該股東任何提案[17]。

2. 我國法之相關規定與爭議

我國公司法的172-1條第3項規定：「提案股東應親自或委託他人出席股東常會，並參與該項議案討論。」我國公司法對提案股東雖然課以出席的義務，然而卻對違反出席義務的效果漏未規定。對於違反出席義務的股

---

[16] 17 CFR §240. 14a-8 (h)(1) "Either you, or your representative who is qualified under state law to present the proposal on your behalf, must attend the meeting to present the proposal. Whether you attend the meeting yourself or send a qualified representative to the meeting in your place, you should make sure that you, or your representative, follow the proper state law procedures for attending the meeting and/or presenting your proposal."

[17] 17 CFR §240. 14a-8 (h)(3): "If you or your qualified representative fail to appear and present the proposal, without good cause, the company will be permitted to exclude all of your proposals from its proxy materials for any meetings held in the following two calendar years."

東，我國公司法並沒有課以任何不利益，也引發了股東出席義務定性上的爭議。

提案股東的出席義務，在現行法未設有法律效果的情況下，只能解釋為訓示規定。然而問題的核心在於，提案股東出席股東會的意義是什麼？對於股東提案制度有甚麼影響？如果認為股東應該出席股東會，則立法上應該增訂違反出席義務的法律效果。換句話說，法律效果是對於誡命規定衡量後的結果，而不是誡命規定成立的原因。

我國法與美國法皆要求提案股東必須出席股東會，究其原因係為了讓提案股東能對自己所提之議案進行說明。董事會對於股東行使提案權後，僅負有將議案列入召集通知，並在股東會中依照議案討論順序，將議案分別提出使股東能加以討論並決議之義務，而對於議案並不具有說明義務。股東對於自己之提案，最了解提案動機與原因，且動用公司成本將議案提出於股東會中，自然應當出席股東會，並對議案加以說明。

(二)提案股東出席義務與說明義務之區別

我國公司法的172-1條第3項規定：「提案股東應親自或委託他人出席股東常會，並參與該項議案討論。」提案股東除出席股東會之義務外，尚具有參與該議案討論之義務，故對於該議案其他股東所提出之疑問，提案股東應有說明之義務。而公司法第172-1條第3項將提案股東之出席義務與說明義務並列，係為使提案股東能實質參與議案之討論，避免出現提案股東不出席股東會或出席卻不為說明之狀況。是以兩種義務之目的相同，僅因提案流程產生時序前後之差異，違反義務之法律效果應無區別之必要。

(三)提案股東說明義務是否為提案程序之一部

討論股東之出席義務與提案程序的關係，是為了找尋不修法的情況下，能否使違反出席義務的股東受到相對應的不利益。如果提案股東出席義務是股東提案程序的一部分，提案股東未出席股東會，則為提案程序的欠缺，而有無法完成提案的可能性。

股東提案程序，包含提案股東將議案通知公司與股東會主席在股東會

中提出議案兩個部分。議案的決定係由股東於特定時間將議案通知公司，而議案的提出則由股東會開會時，會議主席依照議程的進行，將議案提出於股東會中。而當提案被置於股東會成員可以討論並決議的狀態時，股東會的提案程序是否完全結束，而進入股東會的決議程序？提案股東對於議案的說明義務，究竟屬於提案程序或是決議程序？提案程序應否包含提案股東的說明義務，取決於對提案程序的要求到什麼程度，是不是只滿足於議案可以被討論的狀態？還是應該包含提案股東對議案的基本說明。

本文認為若將提案股東的說明義務作為提案程序的一部份，未出席股東會之提案股東可能遭受提案無法決議的不利益，有利於議案的釐清，加速股東會的進行。然而這樣的立場也有三點值得商榷的地方：一、提案股東藉由不出席股東會，達成控制議案的風險；二、股東會提案程序的整個過程，皆耗費公司資源，如果提案股東因故未盡說明義務而在最後階段無法完成提案，不符合成本效應；三、全體股東對於股東會召集通知的信賴，應該予以保護。提案股東個人義務的違反，應該由提案股東自行承擔。

根據前述，提案股東的說明義務，應該排除於股東會提案程序的範圍，股東會的提案程序僅需達到議案可供股東會討論的程度即可。對於提案股東出席義務的違反，應該單獨立法加以規範。

(四) 提案股東違反出席義務並非股東會決議之重大瑕疵

我國公司法第172-1條第3項雖明訂提案股東有參與議案討論之義務；然而提案股東參與討論是否為議案有效成立之必要條件，應有值得商榷之處。若提案股東之討論為議案成立之要件，其優點為股東提案之決議，必經提案股東實質參與討論，有助於股東會成員了解議案。惟缺點在於無論股東會成員就議案如何討論，一旦提案股東不參與議案討論過程，則該議案將有重大瑕疵而無效，將有提案股東控制議案或浪費公司資源之疑慮。本文以為，基於股東自主之目的，議案的討論並不仰賴提案股東之說明，提案股東充其量僅為議案之提出者，其是否參與議案討論並不影響其他股東會成員，亦非議案有效成立之必要條件。是以提案股東違反出席義務並

非股東會決議之重大瑕疵。

(五) 我國法之修正建議

　　股東行使提案權後，董事會必須對提案內容加以審查，若審查通過則必須將提案相關資料印製於股東會召集通知中，股東會當天也必須排入股東會議程。股東提案權行使的每個環節，都仰賴公司資源的支持，等同於賦予股東使用公司資源的權利，當然股東也必須承擔相對應的責任，以確保權利不受到濫用，這個責任即為提案股東出席並說明的義務，本文贊同公司法應該增定提案股東違反出席義務之法律效果規定。

　　提案股東出席義務違反的法律效果，可以參考美國法的方式，制訂失權效果的相關規定，讓無正當理由而未出席股東會之提案股東，失去未來一定期間之提案機會。另外提案股東未出席股東會說明議案，可能造成股東會討論程序延長增加股東會開會的成本，故法律效果的增訂上，也可以考慮對於未出席股東會之提案股東，公司得請求適當之費用，作為不當使用公司資源的對價。

三、提案股東資格限制

(一) 我國法與美國、日本法對於提案股東資格之限制

1. 美國法之相關規定

　　美國法上股東必須符合三項要件始具備股東提案權的資格:(1)持有「市值達2,000美元」以上之有表決權股份，或持有超過公司以發行「有表決權股份總數超過1%」以上之股份；(2)前述股份之持有期間計算至提案日，達1年以上；(3)前述股份必須繼續持有至股東會開會結束時[18]。

---

[18] 17 CFR §240. 14a-8 (b)(1) "Who is eligible to submit a proposal, and how do I demonstrate to the company that I am eligible? (1) In order to be eligible to submit a proposal, you must have continuously held at least $2,000 in market value, or 1%, of the company's securities entitled to be voted on the proposal at the meeting for at least one year by the date you submit the proposal. You must continue to hold those securities through the date of the meeting."

2. 日本法之相關規定與爭議

日本法[19]之提案股東資格：(1)在持股比例上，必須達到百分之一或300股以上；(2)設有持股期間的規定，股東必須繼續持有一定數額之股份達6個月以上；(3)至於持股期間的最終時點上則有爭議。

提案股東持股期間的最終時點，有採「股東名簿基準日說」者[20]，基於股東身分安定性的要求，認為以股東名簿基準日最為最終時點，能夠避免提案股東資格認定上的困難。然而此說受到批評點[21]在於，若股東提案權的行使日後於基準日，股東持股期間僅至基準日，則必然不符合行使日前6個月的繼續持有期間要求。

為解決前述的批評，亦有採「行使日或基準日較後者」之立場。認為在股東提案權行使日符合提案權的客觀要求，係公司法所設定的行使門檻，縱然行使日較基準日為後，該行使門檻仍不因此鬆動。本文認為對於「股東名簿基準日說」的相關批評，並沒有特別強調的必要，因為討論提案股東持股期間終點的目的，在於解決行使日以後，到基準日或是股東會當天，提案股份與表決股份或股份實際持有人無法對應的問題。在行使日後於基準日的情況，已經逸脫了討論持股期間終點的目的，且公司法對於持股期間的要求，當然不因為行使日或基準日前後不同而有異，為至明之理而無特別說明的必要。

除前述兩說之外尚有採「股東會終結時」之立場[22]，認為提案股東持

---

[19] 会社法第303条第2項：「前項の規定にかかわらず、取締役会設置会社においては、総株主の議決権の百分の一（これを下回る割合を定款で定めた場合にあっては、その割合）以上の議決権又は三百個（これを下回る数を定款で定めた場合にあっては、その個数）以上の議決権を六箇月（これを下回る期間を定款で定めた場合にあっては、その期間）前から引き続き有する株主に限り、取締役に対し、一定の事項を株主総会の目的とすることを請求することができる。」

[20] 前田雅弘，株主提案権の課題，大証金融商品取引法研究会，2010年1月22日，頁5。轉引自許容慈，股東提案制度之檢討—以公開發行公司爲討論對象，臺灣大學法律研究所，2013年，頁97。

[21] 江頭憲治郎，株式会社法，有斐閣，2011年，4版，頁310。

[22] 前田雅弘，株主提案権の課題，大証金融商品取引法研究会，2010年1月22日，頁6。轉引自許容慈，股東提案制度之檢討—以公開發行公司爲討論對象，臺灣大學法律研究所，2013年，頁98。

股期間必須持續至股東會會議結束，理由為：(1)為股東提案權係股東請求公司將議案提出於股東會受股東會表決之權利，故權利行使之客觀要件，自應該持續至提案表決完成時；(2)從正當性而言，若提案股東自基準日後轉讓所有股份，與公司間再無任何利害關係，公司仍須就該股東所提之議案，提出於股東會加以表決，甚為不妥。

3. 我國法之相關規定

按公司法第172-1條第1項之規定，股東提案權股東之持股，必須達到公司已發行有表決權股份總數之百分之一。這是我國法對於提案股東資格的唯一限制，相較於美國法或日本法，有兩點不同之處。

一、提案股東的資格限制方面。資格的限制可分為持股數額與持股期間兩種，我國法僅有持股比例的規定，相較於美國法1年、日本法6個月的持股期間要求，我國對於提案股東持股期間並無限制。且在持股數額上，我國法也僅有比例上的規定，相較於美國法同時採取持股價值2,000美金或日本法採取300股份數額的替代方式，我國較為嚴格。

二、我國法與日本法對於提案股東持股之最終時點都沒有明文規定，僅美國法明文規定最終時點為股東會結束時。然而美國法並無明文違反持股期間最終時點的法律效果，與前一項討論的提案股東出席義務不同。這也是判斷我國法是否引進相關規定時應該釐清的問題點。

(二) 我國提案股東資格限制應否採取美國或日本法之模式

股東提案權設有提案股東資格的限制，是為了篩選出與公司事務相關性較高的股東，所謂的相關性除了對於公司盈虧受到的財務上利害關係外，也應該包含股東對公司事務關注的程度。然而我國法目前規範僅以持股比例作為判斷標準，似乎只能篩選出與公司財務利害關係較高之股東，卻無法擴及至持股比例少卻關注公司事務之股東。

股東提案權制度的目的，就是希望少數股東能參與公司事務，而我國法目前百分之一持股比例的限制，似乎難以達成該目的。舉例而言，我國公開發行公司資本額動輒數十億新臺幣，百分之一的持股比例價值約為新臺幣1,000萬以上。這種篩選股東的標準，恐怕大多數股東都被排除在

外。

所以本文贊同美國法或日本法對於股東持股數額，除了比例限制外，再輔以股份價值或股份數量的標準，使大多數股東能夠符合股東提案權的提案門檻。降低提案股東持股數額的標準後，應該與美國法或日本法相同，增加持股期間的限制，以時間作為是否關注公司事務的標準，排除僅為賺取資本利得的少數股東。

(三) 股東持股期間的最終時點

若我國未來採取提案股東持股期間的立法，股東行使股東提案權，將議案通知公司時，在這個時點上必須符合持股期間的要求，並無疑問。然而這期間是否延續至基準日，或從基準日之後在延伸至股東會結束，應該討論這兩個期間內，要求提案股東繼續持有股份的意義為何。

1. 行使日到基準日的持股意義

基準日的設定，是為了公司能夠確定股東名冊，確定能夠行使股東權之主體。能夠行使股東權，自然也包含出席股東會與表決議案的權利。所以如果要求提案股東的持股期間達到基準日，則可以確保提案股東有出席股東會與說明自己議案與表決該議案的權利。

2. 基準日到股東會結束的持股意義

從基準日到股東會結束對提案股東持股期間的要求，能夠確保股東對自己所提出並表決的議案，具備利害關係。蓋基準日之後將股份轉讓的提案股東，仍有出席股東會並表決議案之權利。持股期間延續至股東會結束的立場能夠排除與公司毫無關連之權利主體，參與公司股東會的決議過程。

3. 本文認為行使日為持股期間的終點

首先必須說明的是，違反持股期間規定的方式有兩種，一種是持股不足，另一種是持股完全轉讓。從期間最長的基準日到股東會結束的期間開始討論，如同日本「股東會終結時」學說的看法，讓一個與公司無利害關係之權利主體參與公司表決過程，與權利義務相對應的基本法理相左，似乎甚為不妥。然而股東會決議對股東的影響是有時間性的，基於權利義務

相對應的法理，是不是應該將持股期間的最終時點延長至股東會決議影響力消失為止？且股東提案權是建立在股東具有表決權的基礎上，連表決權的有無都以基準日最為判斷，事前已經能預見且容忍實際上無利害關係之股東參與表決，為何提案權卻要求提案股東必須既有持有股份制股東會結束？故本文認為基準日到股東會結束的期間，提案股東得自由轉讓股份而不影響其提案權。

再者討論行使日到基準日的期間，這個期間的延長，可以確保提案股東能夠在股東會中行使股東權。反面來看，如果提案股東在行使日後即轉讓持股，則無法出席股東會與表決議案，又無法出席股東會的法律效果已在前面章節討論，由此可知提案股東為了符合出席股東會的義務，必須在基準日前持有公司股份，而不能完全轉讓公司股份。至於應否達到行使日的持股數額要求，則涉及提案股份與表決股份對應上的問題，這仍然是一個股東與公司間利害關係是否足夠的價值判斷。本文認為股東提案權規範的目的在促進股東參與公司事務，對提案股東所課以的任何義務，都必須有助於目的的達成，強制要求提案股東在基準日前必須維持一定股份數額，並無助於促使任何股東參與公司事務，故沒有規範的必要。

對於提案股東持股期間終點的看法，本文認為以行使日作為期間的終點，不須要另行規範。行使日前的持股期間，是對於股東與公司利害關係的唯一一次篩選，是為了控制提案品質與數量而必要的規範。在行使日過後持股期間的要求，完全轉讓持股的情況仍有股東出席義務的控制；轉讓部分持股的情況，則與提案品質無關純粹是利害關係的價值選擇，並無助於股東提案制度目的的達成，所以都沒有特別規定的必要。

(四) 我國法的修正建議

提案股東資格的修正建議上，本文認為應該放寬提案股東持股數額的限制，從目前唯一採取的比例制，增加股份數量或是股份價值的規定，讓真正少數股東有機會參與公司事務。放寬提案股東持股數額的要求，則必須配合持股期間的規範，讓股東以持股時間證明自己具備對公司具有足夠的關注程度與利害關係，使股東提案的數量不致於過度膨脹。最後對於持

股期間的最終時點，則沒有特別規定的必要，以持股期間規範的行使日作為最終時點即可。

肆、結論

本次公司法第172-1條修正，分別為（一）公司受理股東提案之方式；（二）股東提案字數；（三）董事會排除股東提案之原則；（四）建議性事項之修正。但除了股東提案方式新增電子方式有實質助益外，提案字數限制僅涉及條項次序之更動，董事會排除股東提案亦僅以文字語氣「彰顯」立法原意，至於建議性事項之增訂則未思考日後提案數量增加之問題，應另尋股東相互討論公司事務之管道而不應修法。我國自2005年首次引進股東提案制度至今已13年，本次修法仍未見實質性之進展，實感遺憾。

股東提案制度源於股東行動主義，希望藉由股東主動參與公司經營，減少董事會權限過大而產生的弊端，股東行動主義為董事會優位主義所不可或缺的監督機制。如何讓股東自發性的參與公司經營，並主動發現董事會經營上的問題，就是股東提案制度所追求者。而目前我國股東提案制度最迫切需要變革的問題，首先為議題與議案區別之問題，在此原則之建立下，股東會提案權與臨時動議才能夠區別，杜絕長期以來少數股東受到突襲之亂象，使股東對於議事事項更能夠掌握。並配合降低提案股東資格以及提案字數之限制，讓股東之提案更容易進入股東會，再課以提案股東出席義務，使股東提案能夠有效說明與充分討論，使真正少數股東得以認知自己即為股東會之主體，為公司之所有人，進而積極參與公司各項事務之討論，最終達成股東參與公司治理之目的。

18

我國法上獨立董事及審計委員會制度之諸問題

吳軒宇[*]

壹、前言

公司，謂以營利為目的，依照公司法組織、登記、成立之社團法人。長久以來，人們熱衷於討論公司制度「興利」的層面，隨著國內外接連發生驚心動魄，甚至造成全球經濟動盪的重大弊案後，公司制度「防弊」的功能逐漸受到重視，公司法制度存在之目的，在於使公司追求之利益得以最大化，除了在制度設計上，優化經營的效率、創造更多獲利等等「興利」的功能以外，如何將維持經營繼續獲利、將利益持續分配給應分配之人等「防弊」的功能，即為公司法制度另一個重要的議題，時至今日我們可以斬釘截鐵地說，興利與防弊同等重要。

隨著安隆案的發生，美國開始大刀闊斧地改革獨立董事制度，我國也在民國95年修正證券交易法開始，搭上獨立董事、審計委員會的順風車，雖然該次修法在成效上多有疑義，但是斯時至今十餘年，獨立董事法制皆未變動，直到民國107年4月25日，證券交易法修法新增第14-2條第3項規定，強化獨立董事之職權，使公司治理、獨立董事再次成為熱門議題。

惟該次修法並非劇烈改變獨立董事制度，也沒有針對已知的問題修正，使的我國法獨立董事以及由獨立董事組成之審計委員會，其職權與制度目的，仍處在五里霧中，本文擬先概述本次修法內容，再由獨立董事之制度目的推導出獨立董事及審計委員會之職權，並且以此為前提，評析本

---

[*] 現任律師。

次新修法規。

貳、修法內容概述

　　民國107年4月25日，證券交易法修法新增第14-2條第3項：「公司不得妨礙、拒絕或規避獨立董事執行業務。獨立董事執行業務認有必要時，得要求董事會指派相關人員或自行聘請專家協助辦理，相關必要費用，由公司負擔之。」

　　其立法理由謂：一、（同法第14-2條第2項）雖明定獨立董事應具備專業知識，然獨立董事之知識畢竟有其侷限，難期全面兼具會計、法律及公司治理專業。而過去法院判決對獨立董事之要求，援引公司法及獨立董事之職權法條，獨立董事往往必須個人同時超越簽證會計師及律師之專業，在事實狀況下並不權責相符。是故，獨立董事若要善盡公司治理之責，對公司事務做出獨立、客觀之判斷，宜另有其他專業評估意見供其審酌，俾厚實其見解，有效監督公司的運作和保護股東權益。然而，獨立董事蒐集相關治理專業意見，必須支付相當金額之費用，雖然獨立董事支領一定薪酬，惟其薪酬乃依據公司經營規模而有所不同，尤其小型上市櫃公司之獨立董事薪資所得，並非全部皆為年薪數百萬數千萬，往往僅領取月薪5萬或是3萬，不可能自行另聘請律師、會計師。鑑此，為強化獨立董事之專業監督能力，並避免獨立董事執行職務受到不當干擾，爰參考現行「○○股份有限公司獨立董事之職責範疇規則參考範例」第7條規定[1]，增訂本條第3項，……以健全公司治理，落實獨立董事對公司事務為獨立判斷與提供客觀意見之職責與功能（立法理由第二、三、四點略）。

---

[1] 「○○股份有限公司獨立董事之職責範疇規則」參考範例第7條：「本公司或董事會其他成員，不得妨礙、拒絕或規避獨立董事執行職務。獨立董事執行職務認有必要時，得請求董事會指派相關人員或聘請專家協助辦理（第1項）。前項聘請專家及其他獨立董事行使職權必要之費用，由本公司負擔之（第2項）。」

參、新法適用之解釋

一、現行法規之規定

　　本次修法增訂公司不得妨礙、拒絕或規避獨立董事執行業務，以及獨立董事得要求董事會指派相關人員或自行聘請專家協助其執行業務之規定。然而上開條文所稱「執行業務」之範圍為何？現行公司法對獨立董事之規範付之闕如；證券交易法僅有第14-2條至第14-4條係規範獨立董事，其中第14-2條係規定獨立董事之資格，第14-3條係規定，董事會就特定事項為決議時，獨立董事如有反對意見或保留意見，應於董事會議事錄載明，而第14-4條係規定審計委員會之組成及其職權，似並未嚴格區分一般董事與獨立董事執行業務之範圍。

　　觀諸主管機關於民國92年4月25日發布之「○○股份有限公司獨立董事之職責範疇規則參考範例」（下稱參考範例）第7條之規定（修正前為第8條，僅更動條次，內容未更動），此次修法即為上開參考範例之明文化，尚且不論參考範例之拘束力，綜觀參考範例全文，亦未明文規定獨立董事執行業務之範圍，第14-3條係規定：「董事會就特定事項為決議時，獨立董事如有反對意見或保留意見，應於董事會議事錄載明」是否為獨立董事之職權？本文認為，該條文並未強制獨立董事「應」表示意見，又一般董事本來就具有出席董事會及就議案表示意見之權責，且一般董事依公司法第193條規定之意旨，本得將異議之意見記明於議事錄，故該條文並不能解釋為獨立董事權責之特別規定，毋寧是董事會議事錄應載明事項之特別規定。

二、獨立董事職權及執行業務範圍可能的解釋

(一) 獨立董事之法理

　　由於現行公司法及證券交易法就獨立董事職權範圍均未設規定，本文擬自獨立董事設立之法理以及比較法上之解釋，推導出獨立董事之職權。

股份有限公司之機關有股東會、董事會，其中股東會為意思決定機關，董事會為業務執行機關，與採行雙軌制的公司法制不同，採行單軌制的公司法制並未於董事會之外設立獨立的監督、監察機關，美國法上將董事會中兼任行政職務CEO、officers等行政職務之董事歸類為內部董事；而外部董事即指不兼任行政職之董事，與公司不具利害關係之外部董事則為獨立董事，惟外部董事若長期與董事會參與決議，有相當大的機會被經營方同化，導致監督功能不彰，接連弊案發生後，美國法就董事會進行改革，要求一定比例之外部董事須具備「獨立性」，為了更能達到獨立董事與公司間不應具有利害關係進而具有獨立性之目的，紐約證交所及那斯達克更特別制定了關於獨立性之標準，如3年內曾為該公司職員或其近親、一定期間內自該公司受有一定收入等[2]，同時也將整個董事會的權利（經營權）區分為業務決策權及業務執行權，由整個董事會作成決策，交由內部董事執行，並由外部董事監督內部董事及其業務輔助之經理人執行的成效，並且在董事會管轄下之功能委員會如審計委員會、薪酬委員會等，均要求其成員須有一定比例之獨立董事。

由比較法上的法理可以推知，獨立董事之職權為於董事會作成決策時，秉持其專業，於開會時表示意見並參與表決，並且就執行業務董事及經理人之業務執行加以監督，其本身不得為了經營而被董事會授權執行業務。由此可知，新法第14-2條第3項所謂「執行業務」應有兩項，即參與董事會決議並表示意見，以及監督所必須之調查、查閱簿冊文件，則新法所謂「相關必要費用」係就上開為參與決議作的準備以及調查、查閱所需之必要費用。

(二) 獨立董事之制度目的

1. 監督公司之經營[3]

採行單軌制的公司法制並未於董事會之外設立獨立的監察機關，而

---

[2] 賴英照，股市遊戲規則—最新證券交易法解析，元照，2009年10月，再版，頁177-183。

[3] 賴英照，股市遊戲規則—最新證券交易法解析，元照，2009年10月，再版，頁177。

係將董事會區分為執行業務董事之內部董事，與不執行業務之外部董事，同時也將整個董事會的權利（經營權）區分為業務決策權及業務執行權，由整個董事會對經營事項作成決策，授權給內部董事或經理人執行業務，並由外部董事監督執行的成效。惟若外部董事未具備獨立性，其長期與內部董事共事之結果，有相當大的機會被經營方同化，漸漸傾向經營者的立場，導致監督功能不彰，在接連的弊案發生後，美國法就董事會進行改革，要求一定比例之外部董事須具備「獨立性」，也就是跟經營方或公司無利害關係之人擔任外部董事，希望藉以避免外部董事傾向經營者的現象，維持其超然獨立的地位，提高外部董事監督之成效，同時要求外部董事亦具備與監督相關之專業，例如法律或會計專長，而此種具有專業性、獨立性之外部董事即為獨立董事。往後在董事會轄下之功能委員會如審計委員會、薪酬委員會等，均要求其成員須有一定比例之獨立董事，其用意在於諸多功能委員會係經營權的分工，藉獨立董事之專業性、獨立性，安插在各功能委員會，以監督公司之經營。

2. 代理一般股東之利益[4]

　　所謂一般股東係指大股東、控制股東或法人股東有表決權優勢以外之股東而言，大股東、控制股東或法人股東藉由其表決權上的優勢，決定公司人事及影響經營方向。反之，一般股東對公司出資後僅能消極等待股息股利之分配，並無其他積極要求公司或經營者之請求權，若公司經營不善將影響股息股利之分配，且其又不如大股東、控制股東或法人股東可直接或間接影響公司經營階層之決策，故為保障其投資，一般股東得藉由選任獨立董事，使獨立董事於董事會藉行使表決權之方式，將一般股東之利益、意見及想法反應於經營活動中，以維護其利益，公司維持良好的投資環境吸引潛在的投資者，對公司長遠發展有正向的效果。

3. 獨立董事之獨立性與專業性

(1) 獨立性

　　獨立性之概念源自於美國法，美國法例如沙賓法案、德拉瓦州公司

---

[4] 黃清溪，公司法基礎理論—董事篇，五南，2016年1月，初版，頁141。

法均要求部分專司監督之董事應具備獨立性，獨立性之特徵有三：1.非公司管理階層；2.不直接或間接地與公司有重要生意往來或和股東有重大不同之利益存在；3.沒有家人屬於前兩項之情形。上述三項係在避免董事因利益而決策偏袒[5]。我國法關於獨立性規定於公開發行公司獨立董事設置及應遵循事項辦法第3條：「公開發行公司之獨立董事應於選任前二年及任職期間無下列情事之一：一、公司或其關係企業之受僱人。二、公司或其關係企業之董事、監察人。但如為公司或其母公司、子公司依本法或當地國令設置之獨立董事者，不在此限。三、本人及其配偶、未成年子女或以他人名義持有公司已發行股份總額百分之一以上或持股前十名之自然人股東。四、前三款所列人員之配偶、二親等以內親屬或三親等以內直系血親親屬。五、直接持有公司已發行股份總額百分之五以上法人股東之董事、監察人或受僱人，或持股前五名法人股東之董事、監察人或受僱人。六、與公司有財務或業務往來之特定公司或機構之董事（理事）、監察人（監事）、經理人或持股百分之五以上股東。七、為公司或關係企業提供商務、法務、財務、會計等服務或諮詢之專業人士、獨資、合夥、公司或機構之企業主、合夥人、董事（理事）、監察人（監事）、經理人及其配偶。」學說認為，我國關於獨立性之規定係以金錢上、經濟上的關係為前提加以規範，實際上，決策偏袒可能來自於對團體的認同、私人情誼以及其他非可以利益衡量之因素[6]。

(2) 專業性

　　依公開發行公司獨立董事設置及應遵循事項辦法第2條第1項之規定：「公開發行公司之獨立董事，應取得下列專業資格條件之一，並具備五年以上工作經驗：一、商務、法務、財務、會計或公司業務所需相關科系之公私立大專院校講師以上。二、法官、檢察官、律師、會計師或其他與公司業務所需之國家考試及格領有證書之專門職業及技術人員。三、具

---

[5] 劉連煜，獨立董事是少數股東之守護神？—臺灣上市上櫃公司獨立董事制度之檢討與建議，月旦民商法雜誌，第26期，2009年，頁28-29。

[6] 劉連煜，獨立董事是少數股東之守護神？—臺灣上市上櫃公司獨立董事制度之檢討與建議，月旦民商法雜誌，第26期，2009年，頁28-29。

有商務、法務、財務、會計或公司業務所需之工作經驗。」要求獨立董事須具備與監督公司經營最為相關的財會或法律專業,本文認為,具備該權限之機關其成員應要求一定比例成員具備執行該項任務之專業,否則又會流於產生權責不符的隱憂。

　　學說認為如同董事會為業務執行機關,因為容許董事代理,或是未限制董事之專業性之故,使董事會將經營事項授權予更具經營專業的執行長(CEO)及其團隊,董事會漸漸成為監督執行長之機關,業務執行機關之色彩漸淡[7],但仍負擔沉重的經營責任。同理,若不要求監督經營者的機關,例如監察人,具備監督經營所需的相關專業,則監察人勢必沒有能力親自監督經營者,為達監督經營者之目的,公司勢必又要委任輔助監察人之專才監督經營者,則此時監察人又會漸漸成為「監督該專才之機關」,而非監督經營者之機關,使機關未能發揮原有功能的現象陷入一種無限的迴圈。本文認為,除應要求監察人應具備監督專業以外,此一現象對獨立董事亦可作相同解釋,獨立董事既然作為專司監督之董事,要求其具備監督所需之專業,為正確的做法。

4. 董事與獨立董事之查閱權

　　董事為執行業務之需要,得查閱文件,經濟部向來肯認董事得查閱公司法第210條第1項之章程、簿冊,其理由為董事乃董事會之成員,且董事會就其權限言,對公司有內部監察權,為使內部監察權奏效,身為董事會成員之董事,如為執行業務上需要,依其權責自有查閱、抄錄公司法第210條第1項章程、簿冊之權[8],董事對公司行使該項權利時,公司不得拒絕[9],亦無須經過董事會決議[10]。雖有論者認為,基於公司分權模式,公司監察人負責公司業務執行之監督及公司會計之審計,如賦予董事亦有查閱權,且擴張至得以複製公司文件,將喪失監察人設置之意義,而不宜賦

---

[7] 黃銘傑,公司治理與董監民事責任之現狀及課題—以外部董事制度及忠實、注意義務為中心,律師雜誌,第305期,2005年,頁19。

[8] 經濟部76年4月18日商字第17612號函。

[9] 經濟部94年7月5日經商字第09409012260號函。

[10] 經濟部102年6月13日經商字第10200063220號函。

予普通董事查閱權，宜參考公開發行公司董事會議事辦法之規定，請求公司提供相關資訊即足[11]。

　　本文認為，不論是否應賦予普通董事查閱權，獨立董事既然專司監督執行業務之任務，於設立獨立董事之公司，獨立董事應有查閱權，才能順利進行監督。經濟部認為董事查閱簿冊文件之範圍，限於公司法第210條之歷屆股東會議事錄、資產負債表、股東名簿及公司債存根簿。就獨立董事得查閱文件之範圍而言，本文認為上開限制實有未妥，蓋公司法第210條係股東及債權人為確保其投資或者債權獲償能力而查閱之文件，與獨立董事就業務執行行使監督之目的不同，就業務執行行使監督所需之文件範圍以及保密重要性，自然高於股東及債權人所需之資訊，是故規範所得查閱簿冊文件之範圍，應以獨立董事行使監督之必要性為準，不應一律準用公司法第210條之規定。

肆、我國法上獨立董事職權解釋上的疑義

一、我國公司法上獨立董事設置情形

　　我國法上獨立董事選舉時係由獨立董事名單中選出，與一般董事之名單不同，一般董事即使剛好符合「獨立性」、「專業性」之要件，被股東選任擔任該公司之董事，亦非獨立董事，仍為一般董事。依現行證券交易法，我國公司關於獨立董事及審計委員會之內部組織有三種組織模式以及兩種獨立董事型態，即僅設置監察人未設獨立董事之公司、設置監察人且設置獨立董事之公司以及設置審計委員會之公司[12]，其中獨立董事在組織上，其最低董事、獨立董事人數之要求即有所不同，在獨立董事之職權

---

[11] 江如蓉，論普通董事查閱權之妥適性，中國時報，2018年，http://www.chinatimes.com/newspapers/20180725000581-260110（最後瀏覽日：08/04/2018）。

[12] 賴英照，股市遊戲規則—最新證券交易法解析，元照，2009年10月，再版，頁186-187。

上，亦視該公司選擇設置監察人或審計委員會而有所不同，以下僅就有設置獨立董事之情形探討。

(一) 設置監察人且設置獨立董事之公司

依證券交易法第14-2條之規定，公開發行股票之公司，得依章程規定設置獨立董事。但主管機關應視公司規模、股東結構、業務性質及其他必要情況，要求其設置獨立董事，人數不得少於2人，且不得少於董事席次五分之一。若設置獨立董事之公司，其董事會至少需有兩名獨立董事，又因為獨立董事人數不得少於全體董事人數五分之一，故包含獨立董事在內需有10名董事。至於審計委員會，依證券交易法第14-4條之規定，公開發行公司應擇一設置監察人或審計委員會。選擇設置監察人，並依章程規定設置獨立董事之公司，獨立董事為董事會成員，行使董事之職權，依前所述，本文認為此時獨立董事之職權有有兩項，即參與董事會決議並表示意見，以及監督所必須之調查、查閱簿冊文件，獨立董事本身不得為了經營而執行業務。依證券交易法第14-3條之規定，選任獨立董事之公司，就規定之事項應經董事會決議通過；獨立董事如有反對意見或保留意見，應於董事會議事錄載明。

(二) 設置審計委員會之公司

選擇設置審計委員會之公司，其審計委員會應由全體獨立董事組成，其人數不得少於3人，其中1人為召集人，且至少1人應具備會計或財務專長。可知審計委員會之成員均係獨立董事，且至少須有3人，又因為第14-2條之規定，包含獨立董事在內需有15名董事。此種公司之獨立董事一方面仍為董事，仍具前述之權責。又證券交易法第14-4條第3項規定：「公司設置審計委員會者，本法、公司法及其他法律對於監察人之規定，於審計委員會準用之。」證券交易法、公司法及其他法律有關監察人之職權，審計委員會幾乎全面準用，故另一方面，獨立董事於組成審計委員會時，得行使法律所規定監察人之職權。

美國法上，審計委員會係功能委員會之一，僅屬於董事會轄下組

織，我國法上審計委員會依法律規定須由全體獨立董事組成，又獨立董事選舉時係由獨立董事名單中選出，並準用監察人之規定，惟監察人為獨立機關，審計委員會是否適合準用監察人之規定則有疑義。學說認為，我國法上審計委員會因準用監察人之規定，其性質仍為雙軌制下負責監察之獨立機關，並非僅係董事會轄下組織，股東會於選任獨立董事時，一併授予「雙重權限」，即董事會之業務執行權及監察權，於作為董事會成員時，隨董事會行使業務執行權，作為審計委員會成員時，由審計委員會行使監察權[13]，依前所述，設置審計委員會之公司，實則仍採行並立雙軌制，即由意思決定機關分別選任業務執行機關以及監察機關之構成員，且業務執行機關與監察機關彼此不相隸屬之型態，我國法之審計委員會，亦可以描述成「多了獨立董事職權的監察人」。

　　審計委員會行使職權之方式，依證券交易法第14-4條第6項規定：「審計委員會之決議，應有審計委員會全體成員二分之一以上之同意。」且證券交易法第14-4條未準用公司法第221條監察人各得單獨行使監察權之規定，可得知審計委員會係以會議體之方式行使職權。證券交易法第14-5條第1項至第3項規定，設置審計委員會之公司，就規定之事項，應經審計委員會全體成員二分之一以上同意，並提董事會決議，其中第1款至第7款及第9款均係業務執行權，應認係董事會固有之權限，本得由董事會決議，惟有疑義者，審計委員會須以決議之方式對上開事項事先作決議，其制度目的即有所不明。

　　首先，此種審計委員會先行決議之性質，既非依準用之規定行使固有之監察權，且係就業務執行事項為決策性質之決議，應認屬業務執行權（決策權）之行使，但自行使業務執行權之面項觀之，董事會依第14-5條第2項之規定，就上開事項有最後決策之權利，故審計委員會在上開事項之業務執行權係被架空；若認為此種審計委員會決議之性質，屬於令董事會知道審計委員會立場或是意見，而是一種事前監督權限之行使，第14-5條亦未課予不遵守審計委員會決議之法律效果，董事會仍僅依公司法第

---

[13] 黃清溪，公司法基礎理論——董事篇，五南，2016年1月，初版，頁125-126。

23條、第193條負責，故此種監督權之設計，並無額外之法律效果以資配套。

再者，獨立董事以董事會成員之身分在董事會行使表決權時，得否就同一議案前後為不同意見之表決，學理上有認為，基於「禁反言」原則，該獨立董事不得為相反之意思表示，若採此種見解，則實無先就該事項表決之必要，蓋獨立董事本得以董事之身分，在董事會中以行使表決權之方式，就業務執行事項為監督，故此一規定有疊床架屋之虞。

本文認為，縱使證券交易法第14-5條，應經審計委員會會議同意之效力不明，但此階段應認為審計委員會係就業務之決策作成準備，形成意見，用以監督、建議董事會，此時仍為業務執行權之行使，並非行使監察權。依現行法之解釋，審計委員會僅於準用監察人之規定時，方為行使監察權。

二、監察人行使業務監察及會計監察之方式

證券交易法規定，審計委員會準用監察人規定，為探討審計委員會之權責範圍，應先釐清監察人之權責範圍，惟監察人權責範圍十分廣泛，茲就與本次修法密切相關之調查公司業務及財務狀況之權、查核公司會計表冊之權加以討論：

(一)調查公司業務及財務狀況之權

依公司法第218條第1項之規定，監察人應監督公司業務之執行，並得隨時調查公司業務及財務狀況，查核簿冊文件，並得請求董事會或經理人提出報告。學理上有認為此係監察人調查公司業務及財務狀況之權，其得調查及請求報告之範圍為業務機關業務之執行情形，以及公司之財務狀況[14]。

就其行使的對象，最高法院認為公司法第218條第1項係監察人對公

---

[14] 王志誠，公司法：第六講監察人之地位及權責，月旦法學教室，第31期，2005年，頁85。

司行使查閱財產文件、帳簿、表冊之「檢查業務權」，其行使之對象為公司[15]，但經濟部函釋認為，監察人亦得要求股務代理機構提供股東名簿[16]，股務代理機構不得拒絕提供，證券公司更應嚴守股務中立原則[17]。

監察人依公司法第218條所得查核簿冊文件之範圍，依經濟部早期函釋之見解，公司法第218條規定之「簿冊」，與同法第210條所稱之簿冊定義、範圍相同，即指歷屆股東會議事錄、資產負債表、股東名簿及公司債存根簿[18]，但不包括財務業務契約在內[19]。近期經濟部見解則擴大上開簿冊之範圍，認為亦包括公司收入明細、請款單據、付款憑證及支出明細等文件[20]。更有認為而第218條係為因應公司監察人行使監察權之職權而設，且文義解釋上，第218條的範圍大於第210條，原則上監察人可查閱或抄錄之範圍不宜有過多的限制[21]。

上開函釋雖謂第218條範圍應採寬鬆的解釋，惟並未進一步說明簿冊之範圍為何。本文認為，第218條既然係為監察人行使業務監察權而設，其範圍自應解為對公司業務有關之簿冊文件，於有行使業務監察權必要的前提下，監察人皆得請求，如此解釋，相較於公司法第210條僅係為特定查閱目的而設，第218條簿冊文件之範圍自然大於第210條。

就其行使之時間，監察人得「隨時」行使上開權利，故自得於業務執行中行使，此種職權具事前及事中監督之性質。行使之方法，第218條明文規定監察人得代表公司委託律師、會計師審核上開簿冊文件，經濟部函釋認為，法已明文規定監察人僅得代表公司委託律師、會計師審核，則

[15] 最高法院104年度台上第1116號判決。
[16] 經濟部100年5月30日經商字第10002068170號函。
[17] 經濟部102年5月23日經商字第10202057450號函。
[18] 經濟部100年5月30日經商字第10002068170號函、經濟部102年5月20日經商字第10202054200號函、經濟部102年5月23日經商字第10202057450號函。
[19] 經濟部81年12月8日商232851號函。
[20] 經濟部102年11月29日經商字第10200127950號函。
[21] 經濟部104年3月10日經商字第10402404610號函。

委託律師、會計師以外不具上開資格之人員審核時，公司得加以拒絕[22]。
會計師受監察人委託進行審核時，應親自為之，惟會計師事務所助理人員
於受查核公司同意時，可在會計師指導下進行查核[23]。經濟部函釋見解似
認為就查核之人選具律師、會計師資格，則由監察人決定，若非律師、
會計師，公司仍保有決定權。又委託律師、會計師審核之費用應由公司負
擔[24]。監察人須影印公司簿冊文件時，公司應配合辦理[25]。

　　監察人行使業務監察權時，應認係在執行職務，在執行職務範圍
內，監察人亦為公司負責人，應忠實執行業務並盡善良管理人之注意義
務，如有違反致公司受損害者，負損害賠償責任。又監察人對於行使職權
所知悉之資料，自仍應負保密義務。若遇有涉及個人資料保護法問題，按
個案情形適用個人資料保護法處理[26]。

(二) 查核公司會計表冊之權

　　依公司法第219條規定，監察人對於董事會編造提出股東會之各種表
冊，應予查核，並報告意見於股東會。監察人辦理前項事務，得委託會計
師審核之。經濟部亦認為，會計師受委託至受查核公司進行審核時，應親
自為之，惟會計師事務所助理人員於受查核公司同意時，可在會計師指導
下進行查核[27]。

三、新法於設置審計委員會公司之適用

　　設置審計委員會之公司，本文贊同學說之見解，其獨立董事受有股東
會之「雙重授權」即董事會之業務執行權及監察權，於作為董事會成員
時，隨董事會行使業務執行權，作為審計委員會成員時，由審計委員會行

---

[22] 經濟部63年10月22日商27259號函。

[23] 經濟部102年10月31日經商字第10202121040號函。

[24] 經濟部71年3月16日商08736號函。

[25] 經濟部97年5月26日經商字第09702064760號函。

[26] 經濟部102年5月20日經商字第10202054200號函。

[27] 經濟部102年10月31日經商字第10202121040號函。

使監察權。又新法認為，個別獨立董事即得行使第14-2條第3項之權利，向公司請求，第14-4條第6項規定，審計委員會係以會議體之方式行使職權，且依經濟部之函釋，董事所得請求簿冊文件之範圍與監察人不同，故獨立董事就新法之適用範圍、得請求簿冊之範圍，均有釐清的必要，本文擬自文義解釋、目的解釋的角度加以討論。

（一）文義解釋

　　新法第14-2條第3項既然明定「獨立董事執行業務」，可知係行使獨立董事之職權時，方有本條之適用，即獨立董事之業務決策權以及業務監督權。審計委員會行使職權之方式，依證券交易法第14-4條第6項規定：「審計委員會之決議，應有審計委員會全體成員二分之一以上之同意。」且證券交易法第14-4條未準用公司法第221條監察人各得單獨行使監察權之規定，可得知審計委員會係以會議體之方式行使職權，並非由個別之獨立董事行使職權，獨立董事組成審計委員會行使職權時，此時行使權利之主體為審計委員會。於審計委員會依第14-4條第3項規定審計委員會準用監察人之規定行使職權時，應認在行使監察權，並不適用新法第14-2條第3項之規定。證券交易法上明文規定審計委員會行使非準用監察人之職權僅有第14-5條第2項應經審計委員會同意之事項，本文認為，依第14-2條第3項之文義既然係指「獨立董事執行業務」，於第14-5條第2項之情形，行使權利之主體為審計委員會，應係審計委員會行使職權，而非獨立董事行使職權，故純就文義解釋應不得適用第14-2條第3項之規定。

（二）目的解釋

　　第14-2條第3項之立法目的係為避免公司妨礙獨立董事行使獨立董事職權；以及其行使職權、業務決策及業務監督權所需之資訊不足；或需要專業人士輔助時，均得向公司請求，避免因行使上的困難，造成獨立董事無法確實、順暢的行使職權，獨立董事作為董事會成員時適用新法之規定，並無問題。審計委員會準用公司法第218條調查公司業務及財務狀況時，此時已經在行使監察權，與新法第14-2條第3項係強化獨立董事行使

業務決策及監督權等部分經營權之立法目的不同，此時審計委員會應準用公司法第218條第2項之規定，以代表公司委託律師、會計師之方式獲得專業人士輔助，而不應適用新法第14-2條第3項。

審計委員會行使證券交易法第14-5條第1項至第3項規定，設置審計委員會之公司，就規定之事項，應經審計委員會全體成員二分之一以上同意，並提董事會決議，就作成該項決議時，是否適用上開規定，本文認為，縱使證券交易法第14-5條，應經審計委員會會議同意之目的、功能及法效果均有所不明，但此階段應認為審計委員會係就業務之決策作成準備，形成意見，用以監督、建議董事會，此時仍為業務決策及業務監督權之行使，並非行使監察權，應無從準用公司法第218條第2項之規定，但此時審計委員會仍有要求董事會指派相關人員或自行聘請專家協助辦理之需求，故此時應該仍有新法之適用，得由獨立董事個別行使新法第14-2條第3項之規定。

依公開發行公司審計委員會行使職權辦法第11條之規定：「審計委員會或其獨立董事成員得代表公司委任律師、會計師或其他專業人員，就行使職權有關之事項為必要之查核或提供諮詢，其費用由公司負擔之。」由上開規定，可以解釋為獨立董事不論係作為董事會成員隨董事會行使決策權、監督權；或是作為審計委員會成員由審計委員會行使監察權，均有委任專家輔助執行職權之權利。

雖有上開職權辦法之規定，但其並非法律明文，我國法上審計委員會定位不明，有時行使經營權，有時行使監察權。若行使監察權，現行公司法第218條第3項但書規定，規避、妨礙或拒絕監察人檢查行為者，公開發行股票之公司，由證券主管機關處代表公司之董事新臺幣24萬元以上240萬元以下罰鍰。第4項規定，前項情形，主管機關或證券主管機關並應令其限期改正；屆期未改正者，繼續令其限期改正，並按次處罰至改正為止。

相較於證券交易法第178條第2項規定，違反證券交易法第14-2條第3項規定情事，主管機關除處新臺幣24萬元以上240萬元以下罰鍰外，並應令其限期辦理；屆期仍不辦理者，得繼續限期令其辦理，並按次各處新臺

幣48萬元以上480萬元以下罰鍰,至辦理為止。證券交易法按次處罰之規定,罰鍰金額限定在48萬元以上480萬元以下。

由上述可知,審計委員會應適用公司法或者證券交易法之規定,按次處罰罰鍰之額度也有所不同。似宜將該職權辦法明文化,或於新法第14-2條第3項明文規定「獨立董事及審計委員會執行業務」,以杜爭議。

四、結論

(一) 新法第14-2條第3項係正確之立法

新法賦予獨立董事於行使監督權時,得由聘請專業人士輔助,以及必要相關費用由公司負擔之權限,避免獨立董事因執行上的困難,導致監督成效不彰,或是根本無法監督。新法係由現行「○○股份有限公司獨立董事之職責範疇規則參考範例」第7條明文化而來,與新法不同之處,在於參考範例第7條第2項除聘請專家之費用得向公司請求外,尚包括「其他獨立董事行使職權必要之費用」,得請求費用之範圍大於新法。依照前述,整部公司法及證券交易法對於「獨立董事執行業務及職權之範圍」均未為明確規定,新法未將獨立董事得請求「其他獨立董事行使職權必要之費用」明文化,應屬正確的做法,但最根本的問題仍在於公司法及證券交易法對獨立董事職權的立法怠惰。

(二) 查閱簿冊文件之範圍應視其行使之權限

公司法第218條、第219條均未明文規定得查閱簿冊文件之範圍,依賴經濟部解釋加以確認,經濟部早期皆以公司法第210條為準,認為簿冊文件之範圍即指歷屆股東會議事錄、資產負債表、股東名簿及公司債存根簿,實則第210條係股東及債權人為確保其投資或者債權獲償能力而查閱之文件,與獨立董事或監察人(審計委員會)就業務執行行使監督或監察之目的不同,就業務執行行使監督或監察所需之文件範圍以及保密重要性,自然高於股東及債權人所需之資訊,是故應以行使任務之必要性,規範所得查閱簿冊文件之範圍,不應一律準用公司法第210條之規定。

近期經濟部放寬監察人所得查閱之範圍，誠值贊同，就董事以及獨立董事得查閱之部分，仍未有放寬之跡象，本文認為配合新法第14-2條第3項之增訂，應解釋為獨立董事向公司請求查閱簿冊文件時，公司不得妨礙、拒絕或規避，其所得請求之範圍，應以獨立董事行使監督權所必要者為限，不應限於公司法第210條之範圍。

(三) 我國法審計委員會定位錯誤

我國公司法制原係採行並立雙軌制，立法者為了和國際接軌以及推動公司治理，民國95年證券交易法之增訂單軌制底下的獨立董事及審計委員會制度，惟並未考慮比較法上獨立董事、審計委員會之設計目的與監察人並不相同，貿然將審計委員會準用監察人之規定，導致實質上仍採用並立雙軌制，且因為監察人與審計委員會須擇一設置，換言之，我國之公司不能既未設置監察人、亦未設置審計委員會，故我國的公司並無單軌制之適用，該次修法完全沒有達成引進單軌制之目的。更有甚者，證券交易法第14-4條第3項未準用公司法第219條，其結果將導致選擇設置審計委員會之公司無會計監察制度可用，可以說是修法造成的監察法制之漏洞。

立法者誤認為審計委員會與監察人功能相同，故立法規定審計委員會得準用監察人規範之結果，將使其組成之獨立董事負有雙重責任，即部份業務執行權限[28]以及監察權，不但造成機關分工紊亂、獨立董事責任過重，最嚴重的問題，乃是我國法規定審計委員會由全體獨立董事組成，獨立董事於董事會做成決議以後，審計委員會因準用監察人業務監察之規定，得就自己決議之成果為業務監察，造成「自我監察」之不當立法。審計委員會成員身兼部分業務執行權以及監察權之結果，並造成往後法制修訂之困難，若此一問題沒有根本解決，往後每修訂一次關於獨立董事之法制，我們就必須釐清新法究竟是在行使業務執行權，抑或是行使監察權時才能適用，可以預見往後造成的問題將會比解決的問題多。

---

[28] 依獨立董事之設計目的，係指業務決策權、業務監督權，不包括實際執行業務之權限。惟我國法並未明文禁止獨立董事實際執行業務。

(四) 建構健全的公司治理法制

雖然採行單軌制國家非常強勢，若不引進單軌制之公司制度，難以向國際接軌，於民國95年證券交易法之增訂時，行政院函請立法院審議證券交易法修正草案的公文即指出：「為加速我國資本市場與國際接軌，提高國際競爭力，以及推動公司治理，健全企業經營體質，引進獨立董事及審計委員會制度，落實專業人員及經營者之責任。」，嗣後，證券交易法授權主管機關更以行政命立強制金融業及部分規模達一定程度之公開發行公司採行獨立董事及審計委員會制度，惟強制規定須有一定程度公益性，為何採行審計委員會制度能達成公益性，不無疑義，立法者預設審計委員會制度更能與美國制接軌，已如前所述，惟監察人制度仍可以達成公司治理之目標，且OECD亦未否認獨立於董事會之外的監察機關存在之可能，故為了達成與國際制度接軌以及健全公司治理，皆非強制公開發行公司改採獨立董事及審計委員會制度之堅實理由。雙軌制仍有其優點及發展之可能性，並非係僅能在博物館展覽的骨董，將單軌制完整引進，同時間優化既有之雙軌制，提供多樣化制度供公司選用，才是正確的方向，而非獨尊單軌制，更非錯誤理解制度目的，僅係為了趕上流行而青黃不接的修法。

19

上市上櫃公司之會計監察

黃鋒榮[*]

壹、前言

公司係以營利為目的之社團法人，其資源之支配與營運管理應依據出資人（以下稱為股東）集體的意見來進行，惟上市上櫃公司通常擁有為數眾多的股東，由股東組成的股東會，雖是公司最高的意思決定機關，實質支配公司，但卻無法直接有效地經營公司，因此在制度上，經由股東會選任經營專家組成董事會，委任其經營公司。股東會交出經營權，保留支配權，成為所有與經營分離的現代企業模式，也是目前上市上櫃公司普遍的組織型態。在所有與經營分離的企業制度下，就公司內部而言，經營權（也稱為業務執行權）歸由董事會專屬，股東對於其公司經營活動，鮮有置喙的餘地，除依賴所選任之監察人，進行業務監督與會計監察外，只能在每年之股東常會聽取董事會報告，了解公司經營的成果，如對於董事之經營績效不滿意時，股東亦只有以解任、改選董事作為事後補救之道。

財務報表[1]係企業財務狀況及財務績效之結構性表述。財務報表之目的，在提供對於廣大使用者作成經濟決策有用之企業財務狀況、財務績效及現金流量之資訊，財務報表亦顯示管理階層對受託資源託管責任之結果。董事會所編製之財務報表，是公司內部股東衡量董事會經營績效、潛

---

[*] 現任會計師。

[1] 有關公司之財務狀況報告，公司法及營利事業所得稅查核準則（依所得稅法第80條第5項規定頒定）均以財務報表稱之，惟經濟部依公司法第20條第2項規定制定之公司決算書表申報暨查核辦法，又將營業報告書、財務報表及盈餘分配或虧損撥補表等合稱為決算書表。而證券交易法及其相關子法則將財務報表、重要會計項目明細表及其他有助於使用人決策之揭露事項及說明，以財務報告稱之，本文則依公司法財務報表之用語。

在投資者選擇購入股票、貸款人及其他債權人決定是否繼續提供融資，最主要的參考依據，均期待高品質的財務報表。然而，由於財務報告是經營之決策與結果資訊之呈現，均由董事會控制，其編製亦為董事會之職責，股東難以了解實際情形，更遑論公司外部之其他關係人士，此種資訊不對稱所造成代理成本[2]問題，即為公司治理的癥結所在。

自美國安隆（Enron）、全錄（Xerox）、世界通訊（WorldCom）與國內博達、皇統、訊碟、力霸等公司弊端發生後，主管機關對於上市上櫃公司的財務報表審計品質之要求更為嚴謹。同時，也加強許多公司治理措施，諸如內部控制與稽核、獨立董事與審計委員會之設置，以及法人不得同時兼任董事及監察人，甚至加重簽證會計師之責任等規定，均在促使董事會所編製之財務報告能真實報導公司經營之結果，以降低或避免董事會之道德風險[3]。不過，對於其成效如何，多存有疑慮，值得觀察與探討。

本文擬以財務報表充分揭露之資訊觀點，探討上市上櫃公司會計監察之必要性，再檢視現行上市上櫃公司會計監察制度設計，提出其不足之處與某求周延之道。

2　當所有權和經營權分離且在資訊不對稱的情況下，即產生代理成本。委託人即擁有所有權之股東希望受託之經營管理階層即董事會，能按股東財富最大化的目標盡力經營企業。但由於經營管理階層本身不是股東，或僅持有比例較小的股份，其辛勤工作所取得的業績，產生的企業利潤完全歸股東所有，而董事只能得到約定的報酬，這種付出和得到的不平衡，容易導致經營管理階層放棄積極經營企業努力，或基於自身的利益考量去從事企業的經營管理。又董事會處於相對的信息優勢，而股東則處於信息劣勢，董事利用信息優勢完全有可能為自己謀取額外利益—「在職消費」為自己謀取福利，而所需的高額成本則完全由企業股東承擔，這種得到和付出的不平衡極易導致經營管理階層侵蝕企業的利益。

3　道德風險指契約簽訂後，某一方當事人的不當行為，對另一方所可能引發的風險，它是二十世紀80年代西方經濟學家提出的一個經濟哲學範疇的概念，即「從事經濟活動的人在最大限度地增進自身效用的同時做出不利於他人的行動。」或者說是「當簽約一方不完全承擔風險後果時，所採取的自身效用最大化的自私行為。」

貳、從資訊不對稱觀點看上市上櫃公司會計監察

一、財務報表資訊不對稱

財務報表是以文字及數字報導企業經濟活動情形，依我國商業會計法之規定，從會計事項發生[4]開始，至編製財務報表[5]的完成（即一個會計年度），係經由下列的會計處理程序：

會計事項發生→會計憑證[6]→辨認、衡量[7]、記載→分類→會計帳簿[8]
→彙總→編製財務報表

財務報表報導企業在一定時點之財務狀況及一定期間之經營結果，由圖19-1所示公司財務報表產生之流程來看，就公司內部而言，公司業務之營運活動與其紀錄營運結果有關之會計憑證及簿冊，均為企業經營權範圍，屬於董事會之權責，財務報表之編製亦由董事會負責，乃順理成章之事。這些會計憑證、簿冊及財務報表等資訊均由董事會所完全掌握，導致下列資訊不對稱之情況：

---

[4] 依商業會計法第11條規定，凡商業之資產、負債、權益、收益及費損發生增減變化之事項，稱為會計事項。

[5] 依商業會計法第11條規定，財務報表包括下列各種：一、資產負債表。二、綜合損益表。三、現金流量表。四、權益變動表。前項各款報表應予必要之附註，並視為財務報表之一部分。

[6] 會計憑證可分原始憑證與記帳憑證二類，前者包括外來憑證、對外憑證與內部憑證；後者包括收入傳票、支出傳票與轉帳傳票（又可分現金轉帳傳票與分錄轉帳傳票）。詳細規定請參考商業會計法第15條至第19條規定。

[7] 依商業會計法第41-2條規定，商業在決定財務報表之會計項目金額時，應視實際情形，選擇適當之衡量基礎，包括歷史成本、公允價值、淨變現價值或其他衡量基礎。

[8] 會計帳簿分序時帳簿及分類帳簿二類，前者包括普通序時帳簿（如日記簿或分錄簿等）與特種序時帳簿（如現金簿、銷貨簿、進貨簿等）；後者包括總分類帳簿及明細分類帳簿。相關會計帳簿設置規定請參考商業會計法第20條至第23條規定。

圖19-1　財務報表產生流程圖

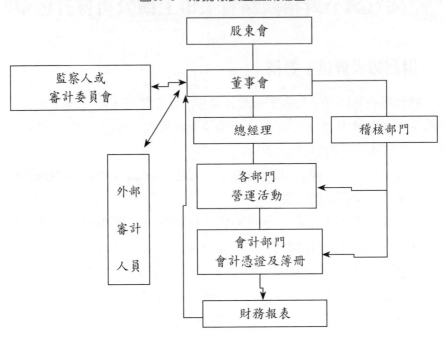

資料來源：本研究整理。

(一) 公司內部各機關之資訊不對稱

　　相對而言，公司股東所組成之股東會，既不經常聚集開會，又是為數眾多而缺乏經營與財務專業能力，雖依法得查調公司相關資料[9]，或聲請選派檢查人檢查公司業務帳目及財產情形[10]，但是在資訊方面居於欠缺的一方。而在採二元制之公司，所設之監察人或監事會等機關，雖職司公司業務監督與會計監察，但由於本身非公司經營決策與財務報表編製之機關，其資訊取得來源仍仰賴董事會提供，因此監察人或監事會所能掌控之

---

[9]　公司股東依公司法第210條第2項規定及之債權人得檢具利害關係證明文件，指定範圍，隨時請求查閱或抄錄公司之章程及歷屆股東會議事錄、財務報表、股東名簿及公司債存根簿。

[10]　依公司法第245條第1項規定，繼續1年以上，持有已發行股份總數百分之三以上之股東，得聲請法院選派檢查人，檢查公司業務帳目及財產情形。

資訊亦屬不完整之一方。進一步而論，董事居於公司經營核心地位也是董事會的成員之一，董事理應具有查閱權[11]，惟如非執行該項業務，董事會內部成員間資訊也存在某一程度之不對等。

(二) 公司與外部各關係人間之資訊不對稱

上市上櫃公司之股票於證券交易市場中流通，潛在之投資人可隨時選擇買入股票而成為公司之股東，但針對這群投資大眾，其所用於做投資決策之資訊，必須由公司所公布之財務報表中取得，相對而言，是資訊極為缺乏之一群。另與公司業務往來之供應商或提供資金貸與之債權人，亟需對於公司之財務狀況評估，以作為訂約或授權條件決策主要參考，惟其財務資訊主要來源仍是公司董事會，這些外部關係人亦處於資訊不對稱之狀態。

二、上市上櫃公司會計監察之必要性

從資訊觀點而言，由於資訊不對稱可能產生「逆向選擇」[12]的經濟不效率，為求調和此失衡的狀態，經濟市場中擁有資訊較多的一方，特別是擁有優質產品者，可以利用產品保證（warranty）及廣告方式主動傳訊（signaling），讓資訊欠缺的一方可以透過有用的訊息進行篩選

---

[11] 邵慶平，公司併購與查閱權，ETtoday論壇，ETtoday新聞雲https://www.ettoday.net/news/20170523/930505.htm#ixzz5OxdeQy6r Follow us: @ETtodaynet on Twitter | ETtoday on Facebook（最後瀏覽日：08/23/2018）。

[12] 阿克洛夫通過對美國舊車市場的分析於1970年發表了文章《「檸檬」市場：品質不確定性與市場機制》，得出了「檸檬」原理（「檸檬」來源於美國口語對「缺陷車」「二手車」的經驗稱呼），並且開創了逆向選擇（adverse selection）理論。在舊車市場上，既定的賣者和關心舊車質量的買者之間存在著信息的非對稱性，賣者知道車的真實質量，買者不知道，在他不能確知所購車輛的內在質量的前提下，他願意接受的價格只能是所有舊車價值按概率加權計算的一個平均值，因而只願意根據平均值來支付價格，但這樣一來，質量高於平均值水平的賣者就會退出交易，只有質量低的進入市場。也就是說只有低質量舊汽車出售，而沒有高質量的舊汽車交易，結果是低質量舊汽車將高質量舊汽車擠出交易市場。

（screening）[13]，而發揮市場的經濟效率。

(一) 財務報表充分揭露之自發性

　　由於英、美國家之公司制度發展甚早，專業經營人才濟濟，人力市場競爭性甚高，在公司體制上多採一元制之設計，股東會以信託方式將經營權與監察權同時交由董事會負責，在體制設計上即有自我監察之矛盾現象。面對上述公司內部資訊不對稱現象，股東會所憑藉的是擁有對董事之任免權與董事違反忠實義務之損害賠償請求權，以發揮事後之監察功能。由於股東會隨時可從人力市場中尋覓適合之專業人才接續經營公司，董事會雖然掌控各項資訊的優勢，經由這種經濟市場機的機能，促使董事會發揮其本身之公司治理。因此，為填補此種公司內部資訊不對稱缺欠，且為避免市場「逆向選擇」發生，董事會將有主動且儘可能充分揭露各項有用訊息的誘因，供股東會或外部關係人做為決策之參考，以期能獲得股東之認同而繼續委託經營公司，並期獲得較高之報酬。

　　此外，依上述資訊觀點，優質之公司如不加強資訊之提供，投資大眾無法分辨其價值，不願意以對等或更優價格購買公司股票，即無法順利從資本市場取得發展所需資金。同理，對於提供融資之金融機構，在評量核貸或續貸與否時，依賴公司所提供財務報表作決策，公司為爭取較優之融資條件，亦會自發性提供有用之訊息，而這些金融機構雖處資訊缺乏之地位，尚可利用其資金供應優勢與專業之篩選能力，主動要求公司提供財務報表以外之資訊，以改善或調整資訊不對稱之情事。

(二) 財務報表經外部會計師查核簽證之必然性

　　或許有人認為，上市上櫃公司之年度財務報表依公司法及證券交易法

---

[13] 篩選理論認為，在勞動力市場上雇主總是希望從眾多的求職者中選拔有適當能力的人去填補空缺，儘管他並不能直接了解這些人的生產能力如何，卻可以了解到求職者的一些看得見摸得著的個人屬性和特點。一類是天生而不能改變的，如性別、種族、家庭背景等，另一類是後天獲得、可以改變的，如教育程度、婚姻狀況、個人經歷等。前一類被稱作「標識」，後一類被稱作「信號」，雇主可以憑藉標識和信號，特別是教育信號了解求職者的能力。

等規定必須由外部獨立超然之執業會計師簽證，且其季報及半年暫結報表亦須由會計師核閱，係屬法定強制行為，乃為政府公部門權力介入使然，否則公司經營階層將不願意耗費金錢與時間投入會計審計工作。

　　然而，誠如前述，在資訊不對稱下，資訊較豐富者除自發性揭露資訊以主動傳訊外，另一有效之手段是透過產品的保證，讓資訊接受者確信其有用性，願意以此作為相關投資或授信決策之參考。上市上櫃公司董事會除會以嚴謹內部控制與內部稽核制度展現自律功能，以確保財務報表之品質外，亦會委任外部獨立超然之會計師針對財務報表進行查核簽證，其目的是經由外部獨立之專業審計，針對自己編製之財務報表加以查核簽證，以強化公司財務報表之公信力，向股東會或外部關係人提供保證作用，對董事會而言，乃是自利而必然採取之行為。

(三)上市上櫃公司會計監察之必要性

　　由於財務報表為定期提供使用者有用之資訊，故必須將企業永續經營活動，依人為方式劃分年度（或按季、月），在權責發生制的基礎上，對企業的財務狀況和經營成果進行定期確認和衡量。在確認和衡量過程中，當發生的交易或事項涉及的未來事項具有不確定性時，必須對其予以估計入帳，例如壞帳是否會發生以及壞帳的數額、存貨的毀損和過時損失、不動產廠房與設備等資產使用年限和淨殘值大小、無形資產的減損與攤銷期間、遞延費用的攤銷期數、收入能否實現以及可能實現金額、或有損失和或有收益的發生以及發生的數額等事項，需要公司依一般公認會計原則所建議之數種方法或模式中選擇適當之一種，作為公司之會計政策，並進行會計估計。因此，在很大程度上，財務報表係基於估計、判斷及模式，而非基於精確之描述。

　　又因財務報表非基於精確性，沒有一個確切肯定的結果，只有依靠會計人員以最近可利用的資訊為基礎，運用職業的經驗、知識進行判斷與估計。同時，如果取得新的財務資訊、積累更多經驗或者後續發展非如預期等，使得原先賴以進行估計的基礎發生變化，即需要對原先的會計估計進行修訂變更。

雖然在該估計事項的終期（例如機器使用年限屆滿時），不同的會計估計衡量標準，其對企業價值之影響總結果（各期所攤提機器折舊費用總和）相同，但對於不同的人、在不同時期的公司資產減值判斷是有差別的。又因為上市上櫃公司是由眾多的利益相關者通過契約締約而組成的，董事會作為受託的經營管理者，需要對委託人股東、債權人及社會公眾報告公司真實的會計資訊，如實反映公司的財務狀況，使能據此做出決策，促使提升資本市場的經濟效率。

現實經濟活動中存在的資訊不對稱性、人的投資決策行為也非完全理性等因素，從以往實證研究文獻顯示，上市上櫃公司不論是基於新上市、現金增資、避免下市或迎合預期盈餘等市場動機，抑或獎酬、融資等契約動機，會計估計容易成公司盈餘管理的操縱工具。依現行的對會計估計的相關研究，針對會計估計濫用情況提出的防範措施不外乎：健全內部控制（特別是會計制度）機制，加強會計估計的資訊揭示與審計等。這些措施則須落實在公司之會計監察，而且須由具備專業能力且獨立於董事會以外之會計人員來執行，始能降低董事會之人為操縱而影響財務報表的品質。因此，對於上市上櫃公司會計之監察是必要的，也是目前公司治理之重要課題。

綜合上述，上市上櫃公司由股東會精選優質之經營團隊組成董事會，並透過建立董事會內部稽核制度、選任監察人等公司內部監督與查核，再配合外部會計師簽證之保證作為，以確保財務報表品質，提升公司之形象，也改善外部投資人與資金貸予人之不對稱現象。近年來，為改善董事會經營之弊端，世界各國立法要求上市上櫃公司設置獨立董事或審計委員會，致力提升並落實公司治理之能力，其中會計監察之加強為主要重點之一。

參、我國上市上櫃公司現行會計監察之概況

我國公司法乃採二元制，股東會一方面將經營權委託予董事會，並採

多數決之會議體方式運作，以期發揮群策群力，謀公司業務之蓬勃發展；另一方面則選任監察人職司業務監督與會計監察，並以個別獨立行使職權方式，求能即時且有效發揮監督與監察功能。

惟國內長期以來，因家族企業或大股東（或法人股東）控制股東會，選任之監察人又不具會計專業，致使監察人設置功能不彰，不但無法對董事會經營之業務監督，亦難以發揮會計監察之功能。近年來，國內外陸續發生重大之公司財務弊案，美國政府不斷改進其一元化董事會之治理機制，從獨立董事及審計委員會引入董事會，無非藉加入較為獨立且專業之董事會成員，以強化董事會之自我監督功能。同時，挾其經貿大國與資本市場之優勢，強制將獨立董事及審計委員會等置入其貿易往來國家之公司體系中。

我國在此背景下，已將獨立董事及審計委員會導入上市上櫃公司之董事會中，依證券交易法與公司法（含相關子法）之規定，目前上市上櫃公司所建立之會計監察機制整理如下。

一、董事會

（一）董事會成員

上市上櫃公司治理實務守則[14]建議，上市上櫃公司董事會成員宜包括但不限於會計專業背景，而董事會整體應具備會計及財務分析能力。

（二）審計委員會

1. 上市上櫃公司依證券交易法第14-4條規定，應擇一設置審計委員會或監察人[15]，審計委員會應由全體獨立董事組成，其人數不得少於3

---

[14] 係臺灣證券交易所股份有限公司及財團法人中華民國證券櫃檯買賣中心共同制定之守則，以資上市上櫃公司遵循，並非現行法規。

[15] 依金融監督管理委員會102年12月31日金管證發字第10200531121號令規定，證券交易法發行股票之金融控股公司、銀行、票券公司、保險公司、證券投資信託事業、綜合證券商及上市（櫃）期貨商，及實收資本額達新臺幣100億元以上非屬金融業之上市（櫃）公司，應自本令發布日起設置審計委員會替代監察人；實收資本額新臺

人，且至少1人應具備會計或財務專長。

2. 關於內部控制制度訂定或修正及考核、重大財務業務行為處理程序與交易事項、簽證會計師之委（解）任或報酬、財務或會計或內部稽核主管之任免年度財務報告及半年度財務報告等事項應經審計委員會全體成員二分之一以上同意，並提董事會決議（證券交易法第14-5條規定）。

3. 審計委員會或其獨立董事成員得代表公司委任律師、會計師或其他專業人員，就行使職權有關之事項為必要之查核或提供諮詢，其費用由公司負擔之（公開發行公司審計委員會行使職權辦法第11條規定）。

(三) 會計人員（上市上櫃公司治理實務守則）

1. 上市上櫃公司應設置會計主管之職務代理人。

2. 會計主管及其代理人應每年持續進修。

3. 編製財務報告相關會計人員每年亦應進修專業相關課程六小時以上，其進修方式得參加公司內部教育訓練或會計主管進修機構所舉辦專業課程。

(四) 內部稽核與內部控制

1. 上市上櫃公司依證券交易法第14-1條規定，應建立財務、業務之內部控制制度，並應於每會計年度終了後3個月內，向主管機關申報內部控制聲明書。

2. 上市上櫃公司應以書面訂定內部控制制度，含內部稽核實施細則，並經董事會（設有審計委員會者應先送其同意）通過，如有董事表示異議且有紀錄或書面聲明者，公司應將異議意見連同經董事會通過之內部控制制度送各監察人；修正時，亦同（公開發行公司建立內部控制制度處理準則第4條）。

3. 將銷售及收款循環、採購及付款循環除訂定控制作業外，並應列

幣20億元以上未滿新臺幣100億元之非屬金融業之上市（櫃）公司，應自106年1月1日起設置審計委員會替代監察人。但前開金融業如為金融控股公司持有發行全部股份者，得擇一設置審計委員會或監察人。

入年度稽核計畫，而生產循環、薪工循環、融資循環、固定資產循環、投資循環及研發循環等應訂定控制作業，並自行衡量是否列入年度稽核計畫（公開發行公司建立內部控制制度處理準則第7條）。

4. 應設置隸屬於董事會之內部稽核單位，並依公司規模、業務情況、管理需要及其他有關法令之規定，配置適任及適當人數之專任內部稽核人員（公開發行公司建立內部控制制度處理準則第7條）。

(五) 委託外部會計師查核

1. 上市上櫃公司應經會計師查核簽證或核閱、複核
   (1) 年度財務報表之查核簽證。
   (2) 財務季報表之核閱。
   (3) 財務預測之核閱。
   (4) 募集與發行有價證券申報（請）案件之複核。
   (5) 公開發行公司相關財務資料之複核。
   (6) 會計政策變動、會計估計事項洽請簽證會計師就合理性逐項分析並出具複核意見（證券發行人財務報告編製準則第6條）。
   (7) 內部控制制度專案審查（公開發行公司建立內部控制制度處理準則第三章第三節）。
   (8) 公司之財務狀況及內部控制實施查核（上市上櫃公司治理實務守則第29條）。
2. 上市上櫃公司應定期（至少一年一次）評估聘任會計師之獨立性及適任性。公司連續7年未更換會計師或其受有處分或有損及獨立性之情事者，應評估有無更換會計師之必要，並就評估結果提報董事會（上市上櫃公司治理實務守則第27條）。
3. 上市上櫃公司宜建立獨立董事、監察人或審計委員會與簽證會計師之溝通管道或機制，並訂定內部作業程序及納入內部控制制度控管（上市上櫃公司治理實務守則第29條）。

二、監察人

公司法規定部分：1.得隨時調查公司財務狀況，查核簿冊文件，並得請求董事會或經理人提出報告，並得代表公司委託律師、會計師審核之（第218條）。2.對於董事會編造提出股東會之各種表冊（包括營業報告書、財務報表、盈餘分派或虧損撥補之議案），應予查核，並報告意見於股東會，並得委託會計師審核之（第219條、第228條）。

上市上櫃公司會計政策變動、會計估計事項洽請簽證會計師就合理性逐項分析並出具複核意見，經董事會決議通過後，應經監察人承認（證券發行人財務報告編製準則第6條）。

上市上櫃公司內部控制制度監督作業之個別評估，對於所發現之內部控制制度缺失，應向適當層級之管理階層與董事會溝通，並及時改善（公開發行公司建立內部控制制度處理準則第6條）。

監察人就內部控制制度缺失檢討應定期與內部稽核人員座談，並作成紀錄（股份有限公司監察人之職權範疇規則參考範例）。

綜合上揭有關上市上櫃公司之內部會計監察機制規範，在負責編製財務報表之董事會部分，著重在董事成員以及內部控制（尤其是有關財務會計稽核）等相關人員之會計專業能力，與本文前述分析相符，特別是我國引入審計委員會之設置，對於董事會在會計制度與會計政策之擬定、會計相關內部控制與內部稽核訂定，以及編製財務報表方面，因其具獨立與會計專業之條件，確實可發揮其內部自我監督或監察之功能，提升財務報表之品質（資訊充分揭露）。

肆、我國上市上櫃公司現有會計監察之省思

一、獨立董事與審計委員會設置是增進董事會內部監督功能

已如上述，公司選擇編製財務報表所依據之會計原則，其本身係依據會計項目在不同環境或使用條件下，為符合忠實報導之一般目的而擬定

之各種妥適方法,並不為特定目的而做選擇。因此,會計政策之制定,雖屬經營權範圍,董事會仍須以會計專業(如交由審計委員會審議)為基礎作為判斷,以形成公司經營之會計政策,再交由會計部門執行,董事及內部控制之稽核部門則負責監督會計政策能被遵循,此為董事會對財務報表之內控制度,也是董事會對其品質之基本保證行為。如果公司針對董事會所制訂之會計政策,能再經由董事會以外之公司內部機關(如監察人或監事會)之會計監察過程,以確保該會計政策並非基於管理者之私利而被操控,並將查核意見提報股東會,作為股東會承認年度財務報表之依據,這也是公司對其財務報表品質之保證行為。

獨立董事與審計委員會是美國採一元制公司體制下,強化董事會本身自我監督或監察功能所設計。對公司治理而言,具獨立性的獨立董事參與公司營運,可確保董事會經營公司時提供更多中肯的意見,適時反映少數股東的聲音;而審計委員會的工作重點,不只在監督,更重要的是事前審查的功能,可以扮演從旁協助的角色,提供董事會更專業、更完整的意見。然而,我國上市上櫃公司引入獨立董事與審計委員會之設計,無論如何均是董事會的內部成員或輔佐單位,其運作仍是在董事會架構下運作,其決策仍須經由董事會決議始能生效[16]。因此,其對財務報表所能發揮之功能,仍是董事會內部控制制度之強化,所提供者也是董事會對其品質之基本保證行為。

二、外聘會計師審計查核公司年度財務報表僅負善良管理人之注意責任

誠如前述,董事會所編製之公司年度財務報表委由外聘會計師查核簽證,具有提高財務報表可信度之保證效果。然而會計師審計及相關服務所提供之確信程度,在使會計師對受查者之財務報表有無重大不實表達,提供高度但非絕對之確信。此項確信於查核報告中以積極之文字表達。會計

---

[16] 依證券交易法第14-5條第2項規定,如未經審計委員會全體成員二分之一以上同意者,得由全體董事三分之二以上同意行之,並應於董事會議事錄載明審計委員會之決議。

師所表示之意見，在對財務報表有無重大不實表達提供合理之確信，此項確信可提高財務報表之可信度，惟無法保證受查者未來能永續經營或管理階層之經營具效率或效果[17]。

　　會計師於簽證財務報告時所可能產生之民事責任，起始於其與公司（契約相對人）間所簽訂之審計委任契約而產生特定義務[18]，包含對於契約相對人之債務不履行責任，以及對於契約以外第三人（財務報表使用者）之侵權行為責任。對於契約相對人之債務不履行責任，係由於會計師查核財務報告的責任來自於：（一）「盡善良管理人之注意義務」規劃、執行及評估查核程序。（二）「保持適度的專業懷疑」，以合理保證能夠偵查出重大的錯誤與弊端[19]。而所謂之注意義務，係指會計師同業所共同具有專業知識、經驗與技能之注意標準而言[20]。因此，若會計師未依一般公認會計原則或審計習慣與程序進行查核簽證時，容易認定其有過失，而應對契約相對人即委託客戶負賠償責任；反之，若會計師能證明其查核過程有保持合理的專業懷疑與符合各種審計準則及慣例，則可視為已盡善良管理人之注意義務。縱使事後發覺公司財務報表有錯誤或舞弊情事，簽證會計師亦無過失，無須負擔任何賠償責任[21]。至於對於契約以外之第三人（包括公司股東、債權人與一般投資大眾等財務報告使用者），由於會計師與渠等並無契約關係，其所負為侵權行為之民事賠償責任。

三、審計委員會替代監察人將喪失對董事會監察功能

　　我國證券交易法第14-4條第1項規定，發行股票之公司應擇一設置審

---

[17] 參考一般公認審計準則第1號審計準則公報制定之目的與架構第4項。

[18] 黃銘傑，公開發行公司法制與公司監控，元照，2001年11月，頁254。

[19] 陳秋芳，公司管理舞弊，會計師豈應連坐同罪？，會計研究月刊，第147期，1998年2月，頁8。

[20] 陳錦隆，會計師查核簽證財務報表之民事責任（上），會計研究月刊，第171期，2000年2月，頁104。

[21] 黃銘傑，從安隆（Enron）案看我國會計師民事責任之現狀，月旦法學雜誌，第85期，頁106。

計委員會或監察人，且主管機關得視公司規模、業務性質及其他必要情況[22]，命令設置審計委員會替代監察人。由審計委員會替代監察人，不但有職權行使上適用問題[23]，亦存在許多本質上矛盾[24]，本文不再贅述。

　　惟本文認為，此項措施並未考慮到我國原有之監察人制度，其具有獨立於董事會之先天條件，這正是美國所企求引入獨立力量以監督董事會最主要的方針。由於美國之公司法無監察機關之概念與設計，當股東會將公司交給董事會全權處理後，公司治理全賴董事會一方負責，而財務報表委託執業會計師簽證，則是運用公司外部獨立之會計專業人士做事後之查核，一旦董事會功能失靈，僅能從改變成員組成方式加以改善。

　　在我國採二元制設計，董事會負責經營公司業務，同樣也會面臨董事會失靈之狀態，但股東會另一方面也選任監察人，委託他們執行業務監督與會計監察工作，這是獨立於董事會之外的公司內部機關，就公司治理而言，這是公司對於董事會最直接的監督與監察力量，也是公司的第二道內控機制。監察人與董事會內部之獨立董事或審計委員會二者性質迥然不同，因此，我國循美國途徑引入獨立董事與審計委員會強化董事會功能之同時，理應思考如何搭配我國現有之監察人制度，以及如何改進監察人功能不彰的問題，絕非全盤否認監察人之存在，並單以「由審計委員會替代監察人」一語帶過，則有草率之嫌，也喪失監察人對於董事會之監察功能。

四、監察人不具獨立性及會計專業是監察功能不彰的主因

　　由於現行監察人之選任方式，需依賴大股東或董事支持，基於利益

---

[22] 請參考金融監督管理委員會102年12月31日金管證發字第10200531121號令擴大強制設置審計委員會之適用範圍。

[23] 劉連煜，公開發行公司董事會、監察人之重大變革—證券交易法新修規範引進獨立董事與審計委員會之介紹與評論，公司法理論與判決研究（四），元照，2006年4月，頁79-80。

[24] 諸如監察人係公司之監察機關，而審計委員會非公司之機關且本質上是董事會的一員是業務執行機關；監察人多數時仍採個別獨立行使職權，而審計委員會則係以會議體採合議制行使職權。

共存關係，監察人之獨立性不高。且我國相關法律對於監察人之積極資格
（如學歷、經歷及專業能力）亦未作規範，造成國內監察人之監察功能不
彰[25]。因此，許多研究指出，應參照獨立董事方式設置外部監察人，並要
求須具備會計或財務之專業能力，以強化監察人之監察功能[26]。

伍、改進我國上市上櫃公司會計監察之看法—代結論

　　本文嘗試以資訊觀點來探討上市上櫃公司會計監察，由於公司之財務
報表資訊由董事會所掌握，在公司內部本身即發生資訊不對稱之情況，依
理性之決策行為模式，董事會為避免逆選擇發生，而自發性增加相關資訊
之揭露，讓公司內部之監察人及股東會（或股東）更能了解其經營績效。
同理，對於外部之潛在投資人與資金貸予人而言，關於公司之投資價值或
財務狀況，通常是依賴公司定期公布之財務報告進行分析了解，其資訊之
來源極為有限，須由負責公司經營之董事會自發性揭露資訊，以及公司監
察人與股東會發會內部監督與監察之功能，以避免因逆選擇之檸檬原理，
讓公司之股價低於其真實價值。當然，上市上櫃公司財務報表無論是公司
出於自利之考量或依法強制之規定，必須委由會計師查核簽證，係透過外
部獨立之會計師簽證，以增強財務報表之公信力，它是一項資訊保證之行

---

[25] 徐翠梅，公司董監在公司監控問題中職務角色之研究，中山大學碩士論文，2002
年，頁37。陳耀國，我國股份有限公司內部治理機制之探究—以公司法基礎理論
與法制架構爲中心，高雄大學碩士論文，2012年，頁37。黃昱之，國內公司監理研
究，證券暨期貨金椽獎研究發展論文，2002年1月，頁43-50。

[26] 陳春山，公司治理法制及實務前瞻，新學林，2013年，2版，頁20。劉連煜，現行上
市上櫃公司獨立董事制度之檢討暨改進方案—從實證面出發，政大法學評論，第114
期，2011年4月，頁80。梁雅菁，公司治理與內部監督機制之研究—以監察人、獨
立董事及審計委員會爲中心，高雄大學碩士論文，2014年，頁99-100。許琇涵，論
我國引進及強制設置獨立董事之必要性—兼論監察人制度之改造，東吳大學碩士論
文，頁58。

為。

　　由於財務報表涉及會計專業，且會計政策之擬定具有選擇性，為確保財務報表的中立性，公司內部之董事會與監察人如未具會計專業能力，拙於會計估計等會計政策之擬定與一般會計準則之遵循，易使財務報表品質下降，甚至被利慾薰心者作為操控盈餘之手段，影響資本市場之效率。當發生少數掏空或財務報表造假之事件，政府部門介入，除追溯相關詐欺或違法之刑責外，不論是國內或國外政府所能採取立法或修法之手段，仍是回歸如何建立公司治理制度，亦即財務報表編製是公司內部事務，非外人所能代勞，因此上市上櫃公司之會計監察至為重要。

　　董事會職司公司財務報表之編製，業務執行與會計監察兩種職能之間不可避免地存在著矛盾與衝突，英美公司法創立獨立董事與審計委員會制度，強調加強董事的獨立性與專業性才能履行其監督職責，但仍無法根本解決自我監察之矛盾。

　　我國監察人制度原本就具有對董事會業務監督與會計監察之功能，國內研究顯示，以差異性檢定審計委員會及監察人對資訊揭露程度，實證結果監察人相對於審計委員會監督特性對於資訊揭露程度較佳；依據國際經濟合作暨發展組織（OECD）六項新公司治理原則以及我國「上市櫃公司治理實務守則」均將監督機制與揭露視為重要的公司治理，實證結果審計委員會與監察人對資訊揭露程度均有影響力，在「雙軌制」制度併行下，監察人相對於審計委員會對於提升資訊揭露程度有明顯之成效[27]。

　　本文認為，可運用獨立董事及審計委員會以增強董事會功能之方式，除要求現有之監察人需具獨立性外，為增強其會計監察之專業能力，宜仿日本之會計監察人制度，由符合獨立性且具有執業資格之會計師或法人會計師事務所擔任上市上櫃公司會計監察人，職司：(1)董事會所編造提出股東會之各種表冊（包括營業報告書、財務報表、盈餘分派或虧損撥補之議案）之查核，並報告意見於股東會；(2)經董事會決議通過會計政

---

27 張雅琇，審計委員會與監察人特性對資訊揭露程度之關聯性研究，輔仁大學碩士論文，2015年，頁99-100。

策變動、會計估計事項洽請簽證會計師就合理性逐項分析並出具複核意見之承認。

會計監察人係由董事會提名經半數以上監察人同意或監察人個別或聯合提名，經股東會決議選任，配合公司年度財務報表編製及股東常會之召開，任期則為一年，得連任。會計監察人既為監察人之一，依法須盡忠實義務與善良管理人之注意義務，同時依法賦予其：(1)可以隨時調閱公司會計帳簿及相關憑證文件，或要求董事、經理等高級管理人員提供會計報告；(2)必要時可以調查公司的業務及財產狀況；(3)必要時可以要求子公司提供會計報告，或調查子公司的業務及財產狀況等職權。如此可彌補一般監察人對於會計專業能力之不足，亦可藉由遴聘外部簽證會計師之建議或同意權之行使，與其審計專業團隊相互配合，進行查核與溝通，發揮會計監察人之會計監察功能，不但可提升公司財務報表允當表達之可信度，對於公司未來能永續經營或管理階層之經營具效率或效果，亦可由會計監察人之忠實義務提供更確信之保證。

由於會計監察人須具有執業會計師之資格，並遵循會計師之倫理道德規範將之導入上市上櫃公司之公司治理架構後，就會計監察而言，由獨立董事與審計委員會為董事會業務經營決策與會計政策之監督，提供董事會對財務報表品質之自我（最內層）保證；具會計專業能力之會計監察人則代表股東會對財務報表品質之自我（中間層）保證；最後，則由公司（董事會）委託外部具有公信力之執業會計師查核簽證，對於財務報表品質做外部第三方（最外層）之保證，如此應可大幅改善上市上櫃公司之公司治理能力。

20

論日本中小規模非公開公司之監察制度

吳姁[*]

壹、前言

我國公司法於2015年新增訂閉鎖性股份有限公司，自此開啟我國股份有限公司中不一樣的公司類型——閉鎖性股份有限公司。此種公司型態之設計，主要係針對新設公司及家族企業作為公司型態之選擇對象，在公司人數上限50人之規定下（公司法第356-1條），此種公司型態之股東人數規模較為小型，較適合新創公司或家族企業所選。因閉鎖性股份有限公司仍為股份有限公司之一種，故其機關設計與機關權限與股份有限公司[1]無異。

2018年公布修正公司法，為達企業經營彈性化，故公司得以簡化董事會機關，不設立董事會（新修正公司法第192條），然對於監察機關之設置及其權限範圍，並未進一步改善。

日本公司法於2005年進行現代化之大幅度變革，尤其針對監察制度之改革亦為改革之重點，在針對公司規模大小區分之主軸下，對於大公司之監察制度給予強化，另就針對中小公司之監察制度進行簡化，並同時以監察機能中之「會計監察」為主，導入新制度——「會計參與制度」。

本文主要針對監察制度進行探討，以監察之目的、內容及機能為出發，針對日本非公開公司之監察機關、監察機能進行探討，另介紹在監察機能簡化下所導入之新制度——會計參與。

---

[*] 台灣綜合研究院高級助理研究員。

[1] 依公司法第356-1條規定，閉鎖性股份有限公司為非公開公司，故其機關設計係與非公開股份有限公司相同。

貳、監察制度之淺論

一、監察制度之起源

監察制度被認為係源自於十六世紀東印度公司中參與企業支配的「大股東會」，而另一方監察機制則係在以經營者組成董事會（Board of Directors）之內部自我監督制度，此為英美法系之型態。而在大陸法系上，尤以德國法制中，則係監察機能與經營人之任免人事權結合之「監察人會」（Aufsichtsrat）。

二、監察之意義與機能

所謂「監察」一詞原來多義，總觀公司法制度上「監察人」此一公司機關之權限變遷，可將「監察」解釋為兩種意義：一是作為事前、事中監察之「監督」，另一者則係作為事後監察之「檢查」[2]。

為使公司業務執行機關忠實執行業務，在其執行過程就有加以監事監督之必要，於業務執行出錯或偏離方向時，適時加以制止或指正，此種對對公司執行機關業務執行之把關，必要時加以糾正的機能，是為「監督機能」。監督機能不僅係針對業務執行時之確保，對於業務執行完成之結果，亦有確保其結果正確之必要，故對於業務執行所得結果進行查核，為「檢查機能」。

三、間接有限責任制度與監察

監察機制作為公司機關之設計，係在採「經營與所有分離」為前提下形成，然而在監察的機能中之「會計檢查」機能，在社員即公司股東僅負擔間接有限責任之公司中，另有為保護債權人之特別意義。

換言之，監察機關之會計檢查權限，在「經營所有分離」下的經營支配的情況中，為了把握公司所有者委託經營者對於其所投入資本之運用

---

[2] 倉澤康一郎，監查機構，株式会社監查機構のあり方，慶應義塾大学出版会，2007年，頁121。

狀態、藉由會計檢查機能來保障判斷是否應繼續信賴並委任經營者之適當性。然而在所有與經營一體化的公司中，並無特別存在之意義，但在此種公司中，尤其係「物之公司」的法型態下，為了保護公司債權人之利益，以及公開公司正確財務狀況，是以會計監察之機能仍有其存在意義。

四、業務監察與會計監察

依據監察人之監察權限內容又可分為兩種，一為業務監察，另一為會計監察。前者業務監察，係針對公司業務執行之決策，以及執行中之過程加以監督，後者為針對公司財務會計文書進行檢查。

監察機關相對於公司業務執行機關而言，為外部、並立雙軌之機關，針對公司業務執行之決策、進行以及執行結果，全面性的監督，確保公司業務執行之適法及適當。是以，針對業務之決策及執行為監察行為，為業務監察，而對於業務執行機關事後做成之成果，即對公司財務會計文件進行是否正確之檢查，為會計監察。

參、日本非公開公司之規範及機關設計

一、非公開公司之修法歷程

日本会社法以德國法制為基礎，設置股份有限公司及有限公司，其中於昭和13年（1938年）以特別法之形式制定有限公司法，作為規範中小規模之有限公司之法規範。

在有限公司法制化前，日本主要係以合名公司[3]、合資公司[4]作為因應中小企業之公司型態，此二種公司型態帶有濃厚的人合色彩性質，對於資

---

[3] 合名公司，係指社員（出資者）對於公司債務直接連帶負擔無限責任之公司，此種公司型態名稱起源於明治時期，由兩名以上社員組成，会社法施行後，僅需一人以上即可成立。

[4] 合資公司，係由有限責任股東與無限責任股東所組成之公司型態。

本聚集及公司發展有所限制，因此中小企業開始轉向，選擇對僅需負擔有限責任之股份有限公司作為公司型態。然而股份有限公司型態之設計，原本係為了大型規模公司而非中小型態公司設計，因此對於股份有限公司所制定之法規範較為嚴謹複雜，若將此適用於中小企業上則顯得過於嚴苛，是以產生將股份有限公司制度分化之現實經濟上需求。

　　基於現實社會中股份有限公司機能分化之現象，日本於昭和13年（1938年）為資本集中型態之中小企業制定有限公司法，確立有限公司制度，雖此特別法係針對規範中小企業之治理，然其中多數條文係準用商法中股份有限公司有關之規定，二次世界大戰後，有限公司法數次之修正，多係跟隨商法中股份有限公司規定一同修正。

　　而後，於昭和49年（1974年）開始進行針對規模大小不同之公司進行區分立法之計畫，歷經多次審議後，終於於平成2年（1990年）通過「商法等一部修正法律案」（商法等の一部を改正する法律），其中關於大小公司區分化之核心，為因應小規模、閉鎖性股份有限公司存在之現況，於原本以公開大型公司為主的股份有限公司中，以規模大小為區分標準加以區分規制，並透過允許一人公司之設立、設立手續簡便化、限制股份轉讓公司之股東新股認購權，間接承認閉鎖性股份有限公司之存在。

　　平成17年（2005年），日本以公司法制現代化為軸心，進行公司法法規範之重大改革，參考美國法制引進「閉鎖性股份有限公司」（close corporation），並且廢除原有之有限公司制度，以及引進類似美國有限責任公司（Limited Liability Company，簡稱LLC），創設合同公司為新的公司類型。

　　平成17年所公布之日本会社法，係將日本舊商法第二篇、有限会社法與股份有限公司之監察有關之特別法（株式会社の監査等に関する商法の特例に関する法律）整編而成，此次之修法可說是以非公開公司（閉鎖性公司）為中心之修正，為使公司法可符合實際運作之情形，修正後賦予公司更彈性自由性之機關設計，尤其是在小型非公開股份有限公司，公司法不強制其設置董事會，亦得以不設置監察機關，而改由其他形式取代監察機能。

二、非公開公司之介紹

日本会社法未明文規範閉鎖性公司之定義，而係仿照英國公司法之立法模式，針對公開公司作定義，即於日本公司法第2條第5款規定公開公司[5]之定義：「所謂公開公司，係指章程中未限制其發行的全部或部份股份於轉讓時須得公司同意之公司」，就本條規範之反面解釋，所謂非公開公司係指章程中限制其發行的全部或部分於轉讓時須得公司同意之公司，又稱股份轉讓限制公司，換言之，只要於章程中有限制股份轉讓之公司，皆為非公開公司，此種方式使非公開公司所涵蓋的公司型態範圍寬廣不侷限。

非公開公司之股份轉讓因受限制而具有閉鎖性質，在此限制下股東與公司間因無法轉讓股份（退股／退社）而產生僵局。在資本原則下，股份有限公司並無退股機制，只能藉由股份轉讓公司外之他人之方式退出公司，然在非公開公司中，股份需受章程限制而無法自由轉讓，影響公司股東權益過鉅，故設置股東退場機制，使股東得以回收投資。

日本舊商法於第204條第1項規範股東退場機制，公司章程得限制股份轉讓須經董事會同意，此限制乃股份轉讓自由原則之例外，若股東欲轉讓股份予他人，須以書面記載受讓人、欲轉讓股份之種類及數額後，請求公司同意其轉讓，倘若公司不同意轉讓時，公司須指定受讓人受讓該股份。此外，公司亦得指定自己為受讓人，然此指定須經股東會之特別決定，又公司不同意股份轉讓時，已取得受轉讓限制股份之受讓人，亦可請求公司指定受讓人。

現行日本会社法與舊商法之規定大抵相同，賦予欲轉讓股份之股東回收資本之機會，並擴大股份收買請求權之範圍。此外，公司法第140條第4項及第5項明文規定關於股份之優先承購權，當轉讓股份受限制之股東欲轉讓期股份時，得允許章程事先指定優先購買人，惟關於收買價格則不得以章程限制。

---

[5] 日本会社法中對於公開公司之定義與我國不同，我國公司法中對於「公開公司」之用語，係指公開發行股份之公司。

三、非公開公司之機關設計

　　平成17年（2005年）日本会社法進行大規模變革，除將原先的有限公司法廢止，並賦予公司自由選擇其公司機關之組成。在公司法制上，以兩種方式劃分公司型態：一為有無股份轉讓限制及公司規模大小，前者區分公開公司與非公開公司，後者則區分為大公司及大公司以外之中小公司，在各種型態之公司下，分別賦予各種不同之機關選擇，公司依其公司型態自行選擇所欲設置之機關組織，將機關選擇完全自由化。

　　依日本会社法第326條規定：「公司應設一人或一人以上之董事（第1項）。公司得以章程設置董事會、會計參與、監察人、監察人會、饋季監察人、監察等委員會或指名委員會（第2項）。」由本條可知，公司機關除股東會及董事外，其他皆非常設必備法定機關。

肆、日本之監察機制之發展與設計

一、日本監察制度之變遷

　　昭和25年日本商法修正，採用董事會制度並強大董事會權利，大幅限縮原本具有萬能權限的股東會權限，直至平成17年制定新公司法時，採取機關構造多樣化的制度，將原有的有限公司法與股份公司一體化規範，成為現行日本会社法之規範基礎。

　　在日本舊商法中，原對於監察制度規範多有不周，雖曾制定監查特例法，惟本特例法中監察人制度之設計係以股份公司為對象，其法規範係針對股份公司等大規模公司設計，繁瑣多樣。

　　舊商法中之股份有限公司並無大小規模之區分，針對小規模之股份公司而言，監察制度之設計有多處不便，再者監察制度之規範對於中小企業而言，該監察制度在運作上不無困難之處，因而產生非公開中小企業的法規範與實務運作相悖離之現象。在此情況下，日本學界及實務界曾於1985年前後，針對區分公司的規模大小、計算及擔保等議題進行討論，其中特

別針對中小企業的監察機構的再構成議題進行議論。

　　當時的討論著重於如何針對中小企業之監察制度進行調整，大多數學者提出監察制度之修正──「簡易監察制度」因而產生，下就針對簡易監察制度進行介紹。

二、簡易監察[6]

(一) 簡易監察議論之沿革

　　昭和59年（1984年）至昭和61年（1986年）間，曾針對中小企業的會計處理手續、公開計算文件等證明，認為應採用「簡易監察」、「限定監察」、「適法監察證明」（下稱為簡易監察）之方式等問題進行議論。

　　昭和40年代開始重視中小企業的法規範與現實相悖離的情形，並於昭和49年（1974年）、平成2年（1990年）、平成14年（2002年）的商法改正時附帶決議，認為應採取中小企業獨自立法之方式。

　　簡易監察的問題在昭和59年至昭和61年的議論趨近結束。在昭和59年法務省民事局所公布的「大小（公開‧非公開）公司區分立法及合併相關問題點」（下稱法務省提案）、昭和61年公布的「商法‧有限公司法修正草案」（以下稱昭和61年修正草案）以及針對昭和61年修正草案的各方意見「商法‧有限公司法修正草案──各界意見分析」中，收錄許多相關論點及意見。

(二) 法務省提案之基本構想及簡易監察之本質

　　根據法務省的提案，簡易監察係在一定規模不接受會計監察人監察的非公開公司，強制限定會計專家（會計師、監察法人、會計士、稅務師）針對公司的會計帳簿、借貸對照表、損益計算表、附屬相關明細資料與其所製作之會計帳簿是否一致。

　　此種限制內容的監察，與商法總則中以商業帳簿的適法性為主的正規

---

[6]　伊藤敏昭，監査役制度の形成と展望──大規模公開会社における監査役監査の課題，2010年1月，初版，頁221-228。

監察相比，又被稱為「簡易監察」、「限定監察」、「適法監察證明」。

三、現行監察制度之設計

　　現行日本会社法制下，設計規範諸多監察機制，法規範之目的係在強化監察機能，對於監察機制之組成、運作以及權利進行修正，是以監察機制包括監察人、監察人會、會計監察人、指名委員會等等，而對於如此眾多繁瑣的監察機關設計，公司該如何選擇適用，正是平成17年日本会社法進行機關選擇自由化之結果。

　　日本会社法雖賦予公司自由選擇監察機關之權利，但仍依據公司規模型態，要求公司設置監察機關設置義務。然而，在賦予公司得以自由選擇監察機關之同時，公司亦有不設置監察機關之自由。依日本会社法第326條第2項規定：「公司得於章程中設董事會、會計參與、監察人、監察人會、會計監察人、監察等委員會或指名委員會」，又第327條第4項規定：「設置監察等委員會及指名委員會之公司，應設置監察人」，故由此可知，除有設置監察等委員會或設置指名委員會義務之公司外，其他型態之公司得不設置監察人，換言之，現行日本公司法上，監察人已非法定必備常設機關，此為監察機關之簡化現象。

　　現行日本会社法所規範之監察機關，包括監察人、監察人會、會計監察人、三委員會（監察委員會）、監察等委員會，又日本公司法上除將公司依據其章程是否訂有股份轉讓限制，而區分公開公司及非公開公司外，尚將公司依據其資本大小，進行規模大小之分類，在此兩種區分類型化下，日本公司法上之非公開公司有二：股份轉讓限制之大公司以及股份轉讓限制之中小公司。對於此兩種規模大小不同之股份轉讓限制公司，公司法對於其所得以選擇之監察機關有所不同規範。

　　在設計上，強制特定大型公開公司選擇指名等委員會、監察委員會，然在機關選擇自由下，中小非公開公司亦可選擇，僅係運作上可能出現不適合之情況。本文主要係針對中小規模非公開公司之監察制度介紹，是以僅針對監察人及會計監察人介紹。

　　監察人與會計監察人之差異，僅在於權限範圍之不同，監察人之監察

範圍包含業務監察及會計監察兩者，而會計監察人則係由章程限制其監察
範圍僅限於會計部分，是以兩者最大差異點在於權限範圍。在中小規模公
司中，因經營與所有高度結合之故，對於公司營運有所共識，為避免監察
機關過度介入公司經營而造成困擾，且為保障公司財務會計文書之正確，
是以公司得以章程限制監察範圍，僅在財務會計上為檢查行為，確保上開
文書之正確即可，此種僅為會計監察之機關為會計監察人，而公司之業務
監察則回歸公司所有人之權限，由公司股東會本於其對於公司之權利（所
有權）進行業務監察。

　　此外，由於監察機關已為公司非必要常設機關，是以在中小規模之
非公開公司中，得不設任何監察機關，此時之監察權限回歸公司所有者身
上，即由公司股東會自行進行監察。在確保公司財務會計文件之正確性
上，日本会社法上除會計監察之監察機關外，對於不設置任何監察機關之
公司，得以設置會計參與之機關，藉由會計參與制度完善公司財務會計文
書之正確性。

		非公開公司 （株式讓渡制限会社）	公開公司 （非株式讓渡制限会社）
大公司	強制設置會計監察人	委員會設置公司、監察人會設置公司、監察人設置公司。 強制設置董事。 得任意設置會計參與。	委員會設置公司、監察人設置公司。 強制設置董事會。 得任意設置會計參與。
大公司以外之股份公司	任意設置會計檢查人公司	委員會設置公司、監察人會設置公司、監察人設置公司。 委員會設置公司及監察人會設置公司強制設置董事會。 得任意設置會計參與。	委員會設置公司、監察人會設置公司、監察人設置公司。 強制設置董事。 得任意設置會計參與。
	無設置會計監察人公司	無設置監察機構之公司。 不強制設置董事會。	監察人設置公司。 強制設置董事會。 得任意設置會計參與。

伍、會計參與制度與監察制度

一、會計參與制度之介紹及其必要性

　　會計參與制度，為平成17年（2005年）日本公司法修正時新創設之制度，此係指公司內部會計出納部門外，針對不設置會計監察人之中小企業，聘請具會計師、稅務師資格之會計、稅務專業人員參與公司財務會計，藉以將公司內部財務會計外部化，以及外部會計專業人員監督內部化，達到公司財務的透明度及公正性，以防止公司財務發生問題之可能。

　　在公司法制變遷的情況下，監察制度之減化已為必然之需求，故針對中小企業之監察簡化，其簡化程度仍須有其他機制搭配之必要。由於中小企業亦屬負擔物之有限責任之公司，在此條件下，必須明確、適當地考慮，該如何設計以確保經濟社會的公平秩序，是以有必要將公司財務狀況對外公開，以保障外部債權人之權益。對此，若公司不希望採用監察人制度，則需導入將外部專業人員所作成之會計證明文件（即公司財務會計文書）公開之制度，且此會計證明文件應由具備會計知識與能力者做成，而非與經營者有利害關係之人較為適當。

二、會計參與之資格與地位

　　依日本会社法第333條之規定，會計參與應由公認會計師、監察法人、稅務士或稅務法人擔任。

　　公司之財務會計文書係屬於公司業務執行事項，由公司董事負責，並由公司內部會計部門員工或外部專業人員製作而成，倘若該會計文書有錯誤或不實製作，僅由公司董事負擔公司法上責任，員工或外部專業人員則因其係依據與公司間之委任契約製作而成，縱使不實製作，仍無違反公司法規定或委任契約義務，而不須負擔責任。是以，為加強公司財務會計文件之正確性，以及使該文件公開化，日本会社法設計會計參與制度，將原本外部專業人員之地位，提升成為公司機關之一，一同與公司董事負擔

公司法之責任，藉由外部專業人員之製作，將公司內部財務會計外部化，並使外部人員之地位提升成為公司機關，達到外部會計專業人員監督內部化，提高公司財務的透明度及公正性，防止公司財務發生問題之可能。

會計參與既為公司業務執行機關，其就業務執行範圍即製作財務會計文書負責，應受監察機關之監察，然因會計參與係由外部專業會計師、稅務師擔任，本於其專門知識製作，具有高度得信賴其所製作之財務會計文件之正確性，是以在選擇設計會計參與制度之公司，無須另外設置監察人監察公司財務會計，此時公司之監察權限回歸股東會行使，僅針對公司業務進行監察即可，不包含會計監察部分。

三、會計參與、監察人、會計監察人之差異

監察人、會計監察人以及會計參與皆為公司章程任意設置機關，就權限範圍而言，監察人之權限包含對公司業務之執行，以及公司的財務報表，即業務監察及會計檢查兩部分；而會計監察人則係以章程限縮監察人之權限範圍，僅對於公司財務文件進行監察，即會計監察權限而無業務監察權限。

而會計參與，雖係由公司外部之會計師、稅務師擔任，然其地位仍為公司之機關，且係屬於業務執行機關之一而非監察機關，與公司董事一同製作財務會計文件，行使公司業務執行權。

監察人	針對製作公司會計財務報表之董事進行確認、判斷之機關。
會計參與	1. 與董事共同作成公司會計文件等之機關。 2. 相對於監察人係在確認會計文件，會計參與更注重與董事共同作成會計文件。此為對於中小企業財務報表具較特別高的信賴性。 3. 會計參為公司業務執行機關，其所行使之權限為業務執行權，就其權限範圍內負擔公司法上之責任。
會計監察人	會計監察人被認為與會計參與相同，惟因會計參與為公司業務執行機關之一，涉及公司內部會計事項，故會計監察人與會計參與不同。係為外部（公司經營以外）專門執行會計監察之機關。

陸、結論

　　從監察機制設置目的，可肯認監察機制在公司治理中佔有重要一環，不論係對於公司投資者股東亦或外部債權人之保護，都有其重要性，以確保公司健全經營完善。因此監察之機能及內涵——「監督及檢查」、「業務監察及會計監察」就顯得重要，是以公司法對於監察之法設計，多係以嚴謹且繁瑣設計為主。然在公司實際操作上，仍產生成本及運作上之困難，尤其係中小規模之閉鎖公司，其經營與所有並非完全分離，與一般大型股份有限公司相比，經營所有高度結合，甚至達到完全合一之程度，在此情形下，對於監察機制產生目的之股東及債權人而言，並無高度保護之必要，再者，繁瑣之設計反而導致公司經營上之困擾，因此對於此種型態之公司，多以「簡化之監察」為主。

　　然監察之簡化該如何簡化，其程度如何，仍須有所取捨。日本監察制度之簡化程度甚至可完全不設置任何監察機關，全權回歸公司股東會自行監督，回歸過去無監察機制之型態。在公司規模過於小型態，且經營所有高度甚至完全合一下，無設置任何監察機關並無不可，此皆為公司自行考量並自由選擇機關下決定。

　　另，日本公司法所設計之「會計參與制度」，會計參與雖非監察機關，其所行使之權限亦非監察權限，然此制度之設計係為保障公司會計之作成，即保障公司經營成果之正確性，以保障公司股東權益。在此制度之設計下，公司所有者得以取得正確之經營成果，並藉此成果對經營者之適任進行判斷。

　　本文認為，我國公司法中之閉鎖性股份有限公司，其監察機制目前仍與一般股份有限公司無異，仍須設置監察人，且監察權限範圍之設計過於繁瑣複雜，對於閉鎖性股份有限公司而言有所限制，監察制度之簡化有其必要性，故本文建議參考日本中小型閉鎖性公司之監察機關設計，對於監察制度進行簡化，再者，因我國公司法上對於閉鎖性股份有限公司係以公司股東人數限制區分基準，即人數少之公司型態，此種公司型態之資本規

模未必小，亦可能係股東人數少但資本規模龐大之公司，故在監察簡化之過程中，無法如同日本公司法一般簡化至全無任何監察機制，僅由股東會自行監督監察，是以為確保我國公司法對於業務執行機關之正確性，本文認為至少仍須設置會計參與制度作為把關，以保障並維護公司之健全。

21

論公司之社會責任——兼評107年8月公司法修正

陳亦明[*]、吳伊萍[**]

壹、研究動機及目的

近年來，公司經營所產生食安疑慮、環境汙染等問題，在報章媒體的報導下數見不鮮。舉胡椒鹽和胡椒粉摻工業用碳酸鎂一案為例，進興公司為避免商品受潮、結塊而添加碳酸鎂，然而為何捨棄食品級而選擇工業用，彰化地檢署質疑係因工業用與食品級碳酸鎂每公斤差價高達五倍，業者為節省成本之故[1]。該案進興公司後續停止生產該製粉，其刑事判決結果無罪[2]，僅受行政罰緩18萬元[3]。

前述有違其他法律之行為，其動機、目的通常就是為了公司整體利益，此與公司法第1條第1項：「本法所稱公司，謂以營利為目的，依照本法組織、登記、成立之社團法人。」揭櫫之立法意旨尚無不符之處。就正是如此合乎公司法之情況，使得我國公司在追求營利的過程中，為求營業利益極大化，放棄考量公司社會責任層面之成本支出；或若考量業務執行結果損害及成本小於整體利益獲得者，將促使董事、經理人遊走於違反法律邊緣之行為誘因。

---

[*] 現任律師。
[**] 國立高雄大學財經法律學系碩士班研究生。
[1] 自由時報，http://news.ltn.com.tw/news/life/breakingnews/1275134（最後瀏覽日：10/15/2018）。
[2] 臺灣高等法院臺中分院106年度上訴字第983號判決。
[3] 蘋果日報，https://tw.appledaily.com/headline/daily/20150401/36469208（最後瀏覽日：10/15/2018）。

為端正公司營業行為，遂於107年7月6日立法院三讀通過公司法修正案，即在不變動第1條公司營利目的下，增訂同條第2項：「公司經營業務，應遵守法令及商業倫理規範，得採行增進公共利益之行為，以善盡其社會責任。」然而此種社會責任之增訂，是否能達成其立法預設立場？其規範效力為何，是否具有強制效力？又在公司營利與社會責任間如何取得平衡？最後公司企業之社會責任立法，對公司組成員權力行使間有產生什麼影響力？種種問題皆為本文擬為探討之範圍。

貳、公司之社會責任意義

一、定義

所謂公司之「社會責任」，在我國現行法制運作下，立法者並無明文闡釋其內容為何。至多於上市上櫃公司企業社會責任實務守則第2條第2項：「本守則鼓勵上市上櫃公司於從事企業經營之同時，積極實踐企業社會責任，以符合國際發展趨勢，並透過企業公民擔當，提升國家經濟貢獻，改善員工、社區、社會之生活品質，促進以企業責任為本之競爭優勢。」點出社會責任的指導方針，也就是說透過企業公民擔當、改善員工、社區、社會生活品質等項目，係執行企業社會責任具體執行方向。

因此，就公司社會責任之定義上，學者們衍生出不同說法而無具體共識存在。有認為公司放棄營利之意圖，而從事符合社會多數人期望之行為，亦即公司除依法令行事外亦須實踐公司之倫理責任[4]；或有認為公司經營者並非僅以股東利益極大化為唯一考量，無論法律有無明定，在公司內部的決策過程中，必須充分考量利害關係人（如員工、公司債權人及消費者等）及社會整體的利益，以實現社會目的[5]；或有認為公司社會責任

---

[4] 劉連煜，公司監控與公司社會責任，五南，1995年，初版，頁75。

[5] 賴英照，公司治理：為誰而治理？為何而治理？，萬國法律，第155期，2007年，頁11。

之實質內容為公司資產之運用與分配，亦即公司經營者得否將公司資產運用在與公司營利目的完全無涉、或僅有間接關連性之活動上，且不包含公司運用經濟力量從事危害社會之行為[6]。

　　論者歸類上述見解，前提都是建立在公司為業務執行時，主觀上並非全然以股東獲利為依歸，甚至可能達到放棄股東獲利程度，而呈現一種浮動的標準。又此所提到的獲利可能轉作某種長期投資，並非僅限於短期、狹義物理上所取得，例如公司將盈餘轉作投資提升公司社會名譽活動，放棄當年度股東盈餘分派[7]。此外，社會責任在我國學者們定義下係排除危害社會目的之活動，如違反環境法規、勞動規範、消費者保護法等違法行為。統整上述學說見解，論者整理出三點社會責任之特性：一、非僅以股東利益為全盤考量，尤須考量利害關係人；二、公司營利可能是長期投資結果，無法即期反應在當年度獲利；三、公司營利行為須為合法行為且符合社會多數人期待。

　　正因社會責任內容廣泛，似可描述卻難以定義，故日本及德國皆無立法明文定義[8]。其中在德國參與之歐盟組織，其於2001年發表之綠皮書中，試著提出將公司社會責任定義為由三大要素組成，即「自願性」、「三柱方針」（社會利益、環境利益及公司經濟利益）、「與利害關係人之互動」（員工、公司債權人及消費者等）[9]。後二者因素，可作為前述公司營利主觀考量方向；僅就社會責任是否應由立法者強制課與公司義務，即「自願性」這點存有較大爭議，容後討論。

　　另從107年7月增訂公司法第1條第2項來看，修正方向係朝「順應國際潮流及趨勢」出發，其修正緣由謂企業所造成之環境污染、劣質黑心商

---

[6] 陳俊仁，論公司本質與公司社會責任：董事忠實義務之規範與調和，臺灣本土法學，第94期，2007年，頁84-85。

[7] 楊岳平，公司治理與公司社會責任：企業併購下股東、債權人、員工、投資人之保護，元照，2011年，初版，頁8。

[8] 廖大穎，企業行動憲章與公司治理法制化方向之探索——二十一世紀日本企業的社會責任論，臺灣法學雜誌，第109期，2008年，頁99-100；洪秀芬，德國企業社會責任之理論與實踐，萬國法律，第164期，2009年，頁39。

[9] 洪秀芬，同前註，頁39-41。

品造成消費者身心受害等，對人民影響力深。公司既為社會之一分子，除從事營利行為外，大多數國家，均認為公司應負社會責任。而其內涵包括「公司應遵守法令」、「應考量倫理因素，採取一般被認為係適當負責任之商業行為」及「得為公共福祉、人道主義及慈善之目的，捐獻合理數目之資源」等三點。此次修法，條文上並未定義公司責任，惟於修正理由之處描述公司社會責任內容，面對如此具體內涵廣泛之抽象概念，或許未直接明文定義，也是不錯之立法方式，藉以避免嗣後掛一漏萬，而需不停增修或透過函釋循序補充致生法律不安定性。

二、立論依據暨爭論

在公司設立係以營利目的之前提下，公司是否應負社會責任？採行股東利益優先論者認為經營者受股東的託付，應盡其受託人的義務，就法律或公司章程所規定之權利行使，皆應為股東的利益而經營；股東以外之利害關係人，包括員工、消費者、往來廠商及社區等僅須透過政府法令或與公司簽訂契約加以保障即可[10]。亦即公司因股東出資而成立，股東實為公司所有人，且經營者既是為股東所選任受僱，從委任契約之忠實義務內涵來看，自應以全體股東利益為依歸，否則即有違反忠實義務之虞。

或有從公司目的角度認為，股份有限公司之設立目的，是透過對外經濟活動獲取利益，而將該利益分派給股東，經營者自應以股東利益最大化為考量[11]。故就公司之社會責任，須於經營決策上考量利害關係人、社會公共福祉等情況恐有悖離股東利益且有害於公司經濟效率。

相對於前二者看法，採行社會責任論者（或稱利害關係人論）認為，經營者考量員工和消費者的利益，並不當然損害股東利益，只是經營者把目光放遠，以短期犧牲換取長期利益，那麼經營者為股東利益而經

10　賴英照，賴英照說法：從內線交易到企業社會責任，聯經，2007年，初版，頁165；賴英照，論公球盟約與公司社會責任，法令月刊，58卷2期，2007年，頁4。

11　蔡英欣，論公司社會責任之規範模式：以日本法之經驗為例，臺大法學論叢，37卷3期，2008年，頁207。

營的原則並未改變[12]。換句話說，公司追求利潤時，若能兼顧環境、社會及經濟之永續性者，對於企業形象將能有所提升，有益公司未來長遠發展[13]。

有關公司社會責任立論爭議，參考於西元2000年及2004年聯合國全球盟約提出十項準則[14]，其謂參與本公約之企業應遵守人權、勞工、環境及反貪腐等四大議題方向[15]；2001年歐盟發布「歐洲企業社會責任框架綠皮書」探討在歐盟會員國內之國家、企業及民間社會的層面上如何制定鼓勵企業社會責任的政策[16]；2014年公益公司法草案[17]第4條[18]增訂以促進公

---

[12] 賴英照，從尤努斯到巴菲特—公司社會責任的基本問題，臺灣本土法學雜誌，第93期，2007年，頁157。

[13] 郭大維，從企業社會責任到社會企業—論英國公司型態社會企業法制對我國之啟示，月旦法學雜誌，第258期，2016年，頁8。

[14] 「一、企業界應支持並尊重國際公認的人權。二、保證不與踐踏人權者同流合污。三、企業界應支持結社自由及切實承認集體談判權。四、消除一切形式的強迫和強制勞動。五、切實廢除童工。六、消除就業和職業方面的歧視。七、企業界應支持採用預防性方法應付環境挑戰。八、採取主動行動促進在環境方面更負責任的做法。九、鼓勵開發和推廣環境友好型技術。十、企業界應努力反對一切形式的腐敗，包括敲詐和賄賂。」

[15] 中小企業綠色環保網，http://green.pidc.org.tw/news.php?action=detail&id=1445（最後瀏覽日：07/29/2018）。

[16] 葉保強，企業社會責任的發展與國家角色，應用倫理研究通訊，第41期，2007年，頁43。

[17] 立法院第8屆第4會期第18次會議議案關係文書院總第1775號委員提案第16056號。

[18] 「本法所稱公益公司，謂以公益之促進為公司營運之主要宗旨，而依照本法及公司法組織、登記、成立而具有下列事業性質之公司：一、設有明確之公益目的。二、設有可執行的公益計畫。三、設有可獲利的營運規劃。四、公司之決策應以公司章程所載公益目的及對利害關係人之影響為首要考量。五、盈餘分配及財產清算依本法規定。本法所稱公益目的，應包括以下任一目的：一、為兒童及少年、中高齡者、身心障礙者、原住民、中低收入戶、長期失業者或其他有扶助必要者產品或服務之提供。二、為特定族群或特定區域就業機會之創造。三、長期照護或其他醫病照顧之服務提供。四、被害人保護或其他法律扶助之提供。五、環境生態永續發展。六、人權促進及社會正義落實。七、藝術、文化、科學、教育、知識或專門職業技術之保存、創新及教育推廣。八、協助非營利事業創新發展。九、對其他公益公司之投資及資金之募集或融通。十、其他一般社會通念認定之具體公益之實現。

益為公司設立目的，並載明公司決策應以公司章程所載公益及對利害關係人之影響為首要考量，到本次2018年增訂第1條第2項「公司經營業務，應遵守法令及商業倫理規範，得採行增進公共利益之行為，以善盡其社會責任。」等來看，我國為跟上確立公司社會責任之國際趨勢，而係於公司法下豎立一般以營利為目的公司仍應負擔社會責任。由此可知，我國立法者，即有意採行社會責任論者之看法，亦不另立公益公司（社會企業）型態而與一般營利公司為區別。

本次增訂第1條第2項帶有強制公司盡其社會責任之意味，此點與前述歐盟綠皮書中社會責任具「自願性」之要件有所不同，然其法律效果卻付之闕如，只能說本條課予公司法定義務但無違反效果，故僅係訓示規定，非強行規定。論者以為，畢竟此次社會責任係架構在一般營利公司下，不宜全面過廣使公司全面性規範限制，避免損及公司經營之彈性靈活。

三、具體案例

公司社會責任在理論上而言，常謂可能損及股東權益，然在實際運作上或許並非皆然如此，以美國TOMS SHOES賣一捐一（One for One, For All）經營決策為例，當公司每賣出一雙鞋子，就會捐出一雙鞋子到貧困地區，此舉不僅打響品牌名稱，更帶來不少業績成長[19]，然而有媒體質疑此僅係利用民眾同理心之銷售手法，蓋每雙成本約在3.50至5美元，零售價卻落在29至98美元[20]，扣除生產成本及捐贈，仍有不少獲利。所以在此案例中，此銷售手段，若從理論上來看，股東仍有犧牲捐贈鞋子的銷售利

本法所稱利害關係人，係指公司章程所載之公益目的所得特定之預定受益人。公益公司類型如下：一、第一類公益公司：公司得免申報及公告其公益報告，惟欲適用公益公司相關稅捐優惠及獎助辦法者，應符合第二類公益公司之規定。二、第二類公益公司：公司每會計年度終了，應依本法第十五條及第十六條申報及公告其公益報告。」

[19] 中央通訊社，http://www.cna.com.tw/topic/newsworld/76-1/201604150003-1.aspx（最後瀏覽日：10/15/2018）。

[20] L.A.WEEKLY，http://www.laweekly.com/news/is-blake-mycoskie-of-toms-an-evangelical-2171556（最後瀏覽日：10/15/2018）。

益且為落實社會福利，符合公司社會責任，但實際上卻被包裝成商業行銷手法，究竟係社會責任，抑或是商業行銷似乎無法有明顯的區別界線。

參、公司社會責任之衝突面

在現代資本市場運作下，無可避免會有一定程度的扭曲，即獲勝者往往是最賺錢，而非最良善之公司，如果放任市場經濟不受節制發展，弱勢者往往會被剝削、犧牲，因此在修法過程中，如何既強化市場機制，又降低市場扭曲，一直是個難題。有沒有可能允許利用公司組織匯集資源，用以解決社會問題保障弱勢？[21]對此最初修法草案[22]主要著力於公司社會責任與兼（共）益公司訂立，最後修法僅通過前者，後者以附帶決議留待經濟部另行提案。

本次修法將公司的社會責任明文入法，不可否認，從道德規範或倫理層面而言，企業能夠善盡社會責任自是幸事，惟誠如前述，公司的社會責任難以定義。學者[23]指出，縱使現今企業對已普遍有應負社會責任之認知，但企業責任具體內容未定之前，法規化實有困難。惟公司社會責任乃是現代國際發展趨勢，不能不為，更不得不為。不過要讓公司從唯利是圖到負有社會責任，甚至公司設立以公益為目的之社會企業，短短數語卻是對公司制度天翻地覆的改變。這次修法立法者選擇先訂定公司社會責任，採取宣示性立法，而未將社會企業納入訂立專章專法[24]。立法者未冒進之

---

[21] 陳彥良，我國公司法現代化—2017行政院版公司法修正草案初探，全國律師，22卷4期，2018年，頁6。

[22] 公司法修法草案版本眾多，對於公司社會責任與兼益公司的看法互有不同，大體而言對於公司的社會責任修法多持肯認，但就兼益公司看法就較為紛亂。例如公司法修法小組最初提的版本有兼益公司，但在行政院通過的版本中就將之刪除。

[23] 黃清溪，清晰論法：公司法基礎理論—董事篇，五南，2016年，初版，頁84。

[24] 企業社會責任與社會企業的概念在近年來愈受重視，政府2014年推出社會企業行動方案，希望營造有利於社會企業創新、創業、成長與發展的生態環境，參經濟部院臺經字第1030145295號。又社會多方參與下也曾論及相關草案，諸如公益公司法，

作法殊值贊同，蓋此一小步之修正，卻已然是公司法變革的一大步。畢竟
在學術研究上仍應講求如何將之具體落實的方法，否則一旦淪為純粹道德
化的訴求，終至落空而成為一項口號[25]。因此修法後，公司社會責任會如
何實踐，抑或會產生如何之影響，對公司制度利弊得失，是本文欲討論之
重點。

一、股東層面

公司之社會責任不單完全依賴公司經營階層，股東之責任除傳統上負
有出資之義務外，股東倫理的責任（shareholder ethical responsibility）亦
應是落實公司社會責任的一環[26]。準此在公司社會責任入法後，股東可能
利用那些現有制度來實現其社會責任理念，實值探究。

最有效的手段首推「公開收購股權」，藉由股權收購汰換不適任經營
者，然而公開收購股權的花費甚高，因此雖在理論上可行，但可想見此種
情形，終究是少數。相反的，2005年新增「股東提案權」以及「委託書競
爭」則是提供關切社會性議題的股東一個很好的參與監控途徑[27]。這次修
法中，立法者在原有股東提案權基礎上，更進一步納入股東基於公司社會
責任提案之相關規範，希望可以呼應第1條增訂公司善盡其社會責任之規
定。不過立法者為避免股東權利濫用，都設有一定門檻，故是否真能藉由
此二者實現公司的社會責任，仍有疑義。

我國現行「委託書規則」[28]嚴苛規定委託書徵求人之資格及其代理股

或是在公司法中增訂增訂「兼益公司」專章（節）等，不過就目前修法成果以觀，
雖未如之前大刀闊斧構想，但關於兼（共）益公司規範之設定，依照本次修法的附
帶決議，乃要求經濟部一年內提報增訂專節或專法。如此作法孰優孰劣，或待時間
檢驗。

25 劉連煜，同前註4，頁15。

26 劉連煜，公司社會責任理論與股東提案權，臺灣本土法學雜誌，第93期，2007年，
頁181。

27 劉連煜，同前註4，頁25-26。

28 以有限徵求為例，公開發行公司出席股東會使用委託書規則第5條但書，針對股東會
有選舉董事或監察人議案，徵求人依不同情形分別要求應繼續1年以上，持有該公司

數之限制,觀其規範目的[29],係在防止將委託書作為公司經營權爭奪之工具,使股東會功能無法發揮正常,嚴重影響公司內部安定與正常經營,損害大多數股東之權益。惟此致使多數小股東無法使用委託書制度以當選董事或監察人,阻礙了富有公益理想的小股東成為董、監的管道[30]。

至於我國於2005年新增股東提案權之規定,學者[31]指出股東提案權制度是少數股東對公司經營反映意見之管道之一,在公司經營民主化理念滲透以及股東權利意識抬頭的背景下,股東利用的程度也日益增高,惟為避免濫權,兼及保障出席股東對議案之決定事先充分準備,立法者設有一定之限制,相較委託書規則,亦具一定之門檻[32]。畢竟為提高股東參與公司事務,股東提案本身毋庸負擔任何費用,不過羊毛出在羊身上,與其說免費,但由公司支付等若變相由全體股東攤提,有所限制在所難免。

透過股東提案凝聚共識,成為公司行動依憑,進而實踐公司社會責任,在比較法上並非殊例,如日本於1981年將提案權立法化後,近年來因反核能之社會運動者對於電力公司廢除或降低核能發電之要求,提案權被使用的情形顯著增加[33]。換言之,藉由此制度的運作,可迫使公司經營者,面對各種爭議時,採取更符合社會大眾對公司之期望(例如,社會公益的促進、生態環境的維護及勞動條件的合理化),以落實公司之社會責

已發行股份80萬股或已發行股份總數千分之二以上;繼續6個月以上,持有該公司已發行股份80萬股以上或已發行股份總數千分之二以上且不低於10萬股;第20條規定代理股數除別有規定外不得超過公司已發行股份總數之百分之三。雖亦有無限徵求制度,但資格要求上更為嚴苛(參公開發行公司出席股東會使用委託書規則第6條)。

[29] 「公開發行公司出席股東會使用委託書規則」草案總說明、證管會72年台財政字第1981號函。

[30] 劉連煜,同前註4,頁26-27。

[31] 黃清溪,清晰論法:公司法基礎理論—股東會篇,五南,2017年,初版,頁63。

[32] 觀諸國立法例,亦多設有門檻,如英國、德國為總表決權數百分之五以上持股數;美國、日本為百分之一,但美國對於提案件數和內容相較日本又有額外之規制,提案權限制實乃實務運作下必然之結果,若不加以設限,恐反害公司經營。黃清溪,同前註,頁64。

[33] 黃清溪,同前註31。

任觀念[34]。

　　惟股東提案權亦有其爭議，如在美國有批評認為准許股東就社會責任提案，會損及公司利益的極大化，甚至提案本身有可能是公司的激進者企圖吸引大眾注意力的伎倆。不過一般認為提案本有限制，且實證研究上實際提案成本並不太大。另外，提案幫助全部股東收集與分析資料（gathering and analyzing information），大大有助於提醒所有股東有關所投資的公司可能被質疑的行為，因此與浪費不能相提並論[35]。

　　原公司法第172-1條規定，持有已發行股份總數百分之一以上股份之股東，於股東常會召開前之停止股票過戶日前，得以書面向公司提出股東常會一項議案，字數限於300字以內，內容須為股東會所得決議之。提案超過一項者、字數超過300字，均不列入議案。在原規定下，股東能否利用股東提案制度來實現其公司社會責任理想，有所存疑。遂有學者[36]呼籲不應將提案範圍限於公司法或章程所規定者為限，既可避免對股東提案制度的功能造成障礙，又利於公司社會責任的貫徹，主張應更積極開放相關管制，甚至以法規鼓勵股東向公司積極提出社會性議題的議案。

　　新法採取積極鼓勵態度，按公司法第172-1條增訂第5項規定：「第一項股東提案係為敦促公司增進公共利益或善盡社會責任之建議，董事會仍得列入議案。」明確肯定股東擁有就公司社會責任提案之權利。不過何種提案可以算是具有「敦促公司增進公共利益或善盡社會責任之建議」，提案有沒有範圍之限制，可能是要優先要探討的問題。

　　有學者[37]指出「日本通說認為，倘若含有社會性主張之提案只是單純地為達成社會目的而為者，則將被認為是股東權之濫用而不被允許，相反地，因此提案而確保了股東任何形式之經濟利益者，例如確保股東之盈餘

---

[34] 劉連煜，同前註26，頁190-191。

[35] 劉連煜，同前註26，頁191-192。

[36] 劉連煜，同前註26，頁204-207；劉連煜，現代公司法，新學林，2016年，增訂12版，頁365。

[37] 蔡英欣，同前註11，頁213。

分派,此種提案係被允許的[38]。對此,有少數學者從公司為共有財產此一人格側面,認為以社會目的所為之股東提案權的行使,不問該提案是否有經濟利益及於股東,應均被認為係有效之提案[39]。」

從我國公司法修正內容及立法理由來看,立法者認為的股東社會責任提案,有如公司注意環保議題、污染問題等,似乎偏向後者看法,也就是凡以社會目的所為即可。準此,提案範圍雖看似限縮在敦促公司增進公共利益或善盡社會責任之建議,惟若對社會責任提案之認定採取較寬鬆態度,有沒有可能導致原屬於受第1項限制之提案,以公益為名,行規避之實?就一般股東提案範圍部分,雖有學者[40]指出日本不但對提案件數沒有上限,對於內容也沒有特別限制[41],只要不違反法令章程,幾乎什麼樣的內容都可以提案。但我國新法不論是在提案件數議或提案範圍仍有一定限制,尤其凡該議案非股東會所得決議者,董事會應不列為議案。準此承前述,公司社會責任在定義上有其困難,如此一來要有心打擦邊球者,似乎就有了著力點。

不過觀乎條文規範既言董事會仍「得」列入議案,是否意味縱使有股東借公益之名提案,董事會擁有裁量權可以選擇列入議案與否?對此本文以為或可從本條第4項與第5項修法差異中得到答案。本次修法中,就長年來學者所批評的董事會對股東提案有裁量權之問題,立法者基於保障股東提案權益,明定除法定情形外,董事會均應將股東提案列為議案。

以往股東所提議案,縱非股東會所得決議者,仍得提出,惟董事會得不列為議案,據此董事會就是否列入議案實有裁量權限[42]。如此規定方

---

[38] 大隅健一郎,株主權の濫用,新版会社法の諸問題,有信堂高文社,1987年,頁166-167,轉引自蔡英欣,同前註11,頁213。

[39] 久保大作,社会的目的による株主提案権の行使—試論—,黒沼悦郎、藤田友敬編,江頭憲治郎先生還曆記念:企業法の理論(上卷),商事法務,2007年,頁516,轉引自同前註11,頁213。

[40] 黃清溪,同前註31,頁64。

[41] 如日本法,不禁止股東提出有關董事或其他人員選舉之提案,以充分發揮股東提案制度之積極功能。劉連煜,同前註26,頁207。

[42] 比較法上,日本公司拒絕接受股東提案時,對於此拒絕之判斷(即不接受提案之理

式，學者[43]指出可能會有以下弊病，首先當「非股東會所得決議事項」亦有可能經董事會列為議案，即可能鼓勵股東在姑且一試之心理下濫行提案。其次，董事會可能恣意排除其所不欲採行之提案，而僅將其有意採行（甚至透過友好股東刻意安排）者列入議案，作成無法律上拘束力之決議後，據之作為董事會採行該經營事項決策之「民意基礎」，預為減輕乃至脫免事後經營責任追究之防範措施。

修法後固然上述問題得到解決，但同樣的批評也可能出現在關於社會責任的提案上。不過就濫行提案部分，觀法條文字差異，於本條第4項係除外事項外，股東所提議案，董事會「應」列為議案；反之第5項就社會責任提案係規定董事會仍「得」列入議案。藉由董事會裁量權限之賦予，似可免除濫行之問題。不過若股東所提有關社會責任議案，剛好有符合第4項規定，非為除外事項時，此時董事會究係應列入議案，抑或擁有裁量權。又董事會是否會趁機以預為減輕乃至脫免事後經營責任追究之防範措施，本文以為關乎董事、經理人業務執行之討論，留待第2項分述。

另外承前述，比較法上日本就提案件數並無限制，我國公司法本次修法仍保留提案限於第1項之規定，甚至在第172-1條第4項增訂第4款，強調凡提案超過300字或第1項，董事會應不列入議案。雖然第1項之限制非我國獨有，但是否要限制提案件數或許有討論空間。採取限制提案的理由，不外乎怕股東濫權反致公司成本增加。本文以為提案事項若屬第172-1條第4項除外事項，即董事應列入議案之提案，股東又濫權提案，此時才有可能因為不限制數量而會有公司負擔事前將提案通知股東等事務處理之費用甚重，以及股東會時程拉長，浪費公司資源與耗用其他股東之時間問題[44]。

由），目前並沒有保障機制，被拒絕接受提案之股東，又動輒即以興訴方式處理，所以為避免訴訟風險，明知股東之提案必遭股東會否決，也都一概接受。黃清溪，同前註31，頁64。

[43] 林國全，董事會違法拒絕股東提案，臺灣本土法學雜誌，第73期，2005年，頁129-130。

[44] 黃清溪，同前註31，頁64。

然而在公益提案上，立法者賦予董事會有裁量權，真有濫權行為，董事會可加防堵，上述弊病較為不顯，頂多增加股東會事前審查時之成本。衡量公益提案對於公司社會責任之促進，以及前述所提實證研究上實際提案成本並不太大，提案權之賦予有助於股東行動主義展現，與一般浪費行為有所差別。綜上所述，本文以為在公益提案上可以考量放寬提案件數。另外如學者[45]所提，日本對於股東提案制度之問題觀察與改革理論，皆是我國未來修法健全股東提案制度提珍貴的參考資料。

就股東提案，最後還有一個關鍵問題。立法者使股東擁有社會責任提案權，耗費公司一定成本，但股東的提案通過後究竟有沒有拘束力？如果沒有會不會只是馬耳東風，股東聲嘶力竭，經營者仍置若罔聞。以美國實務為例，關於社會責任之提案亦多屬「無拘束力之建議性提案」[46]。至於我國情形，即是股東提案經股東會通過後，未必具有對外拘束力[47]。按照公司法第202條之規定，公司業務之執行如非股東會所得決議者，應由董事會決議行之。是以縱使通過股東會決議，仍僅具有建議董事會之效力，此乃經營與所有分離原則下必然之結果。準此，股東提案權是否真能使公司的社會責任得到實現，仍有疑問。不過不可否認，藉由此種制度最起碼可以促進少數股東間之良性溝通，並就特定議題累積一定程度的改革壓力[48]。換言之，似乎可藉由外部壓力來促使公司的社會責任以他種形式加以實踐。

又除上述手段外，股東可否從根本上藉由章程之訂定，來實現其社會責任理念？修法前雖係以營利為目的，不過實務[49]認為於章程中適切反

---

[45] 黃清溪，同前註31，頁65。

[46] 劉連煜，同前註36，頁367；劉連煜，同前註26，頁207；劉連煜，股東書面及電子方式投票，臺灣本土法學雜誌，第72期，2005年，頁158。

[47] 王文宇，公司法論，元照，2016年，5版，頁364。

[48] 王文宇，同前註。

[49] 經濟部經商字第10602341570號：「公司以營利為目的與其從事公益性質行為之關連，學說雖迭有發展，但無礙於公司或為追求長遠利益、或追求調和之公司私益與公益，抑或適度地兼顧公司經營利害關係者權益等行為。鑒於公司法第1條較未具公司設立之要件規範性，且公司若於章程中適切反應股東集體意志且未違反其他強

應股東集體意志且未違反其他強行規定者,應無違反公司法第1條規定之疑慮。亦即不論係為實現公司社會責任,抑或欲朝向社會企業經營方式,只要在合於第1條以營利為目的之要求下,透過章程修訂加以實踐是可行方法。不過有論者[50]指出,需視情形所異,不可一概而論:如增訂「公司每年的盈餘,將全數捐贈為社會福祉之用」[51]的章程約定,將迫使所有股東「自願」放棄盈餘分派請求的權利,有逾越公司法第235條盈餘分派方法規定之虞,亦等若將公司實質上轉變成唯一目的是在於「為社會福祉捐贈」之公益性社團法人;反之按企業自治的理念,僅增訂慈善捐贈亦為企業經營的目的之一,如無違反法律規定或公序良俗者,原則上得自由決定之。

　　修法前尚且如此,修法後則更師出有名,不過若欲訂立完全不以營利而以慈善為目的之章程,一來公司法第1條第1項仍係以營利為目的,二來觀同條第2項增訂理由得為公共福祉、人道主義及慈善之目的,捐獻合理數目之資源云云,可知公司縱盡其社會責任,仍有其限度。至於藉由章程而將公司轉為社會企業型公司,本文以為就兼(共)益公司相關立法,在本次修法中,立法者既採附帶決議方式,要求經濟部1年內提報增訂專節或專法,則在未增訂前,自不應許股東明修棧道,暗度陳倉。

二、董事、經理人業務執行

　　在經營與所有分離原則下,主要落實公司經營理念無疑是公司經營者。如果有志一同,自是相安無虞,惟當經營者與所有者理念不同狀況時,公司經營者如何自處係一大哉問。在一般公司中,股東數少股權相對

行規定者,現行社會企業若擬以營利為目的之公司組織型態經營,應無違反公司法第1條規定之疑慮。」

[50] 廖大穎,社會公益捐助與公司章程,臺灣法學雜誌,第111期,2008年,頁137-138。

[51] 有認為公司之營利性目的,除盈餘外,尚包括公司賸餘財產之「廣義」的利益,即在公司解散後,如有賸餘財產給股東者,即為已足,暫不盈餘分派不致於違反以營利為目的。柯芳枝,公司法論(上),三民,2003年,5版,頁8。

集中，股東多同時身兼公司資本提供者與公司之經營者之角色，是以較不存在公司經營者與公司之所有人，相互之間利益衝突的問題[52]。但在大型公司中，經營與所有分離的情況漸趨明顯。如今公司社會責任入法，之前便有學者[53]指出，身負重任之公司經營者是貫徹社會責任的第一線。換言之，在某程度上，公司社會責任幾等同公司受託人對社會應負起之責任。以下遂自公司經營者角度探看公司社會責任之實踐。

　　首先在制度面上要落實社會責任之目標，須先明確界定社會責任之內涵，以免公司經營者無所適從，特別是身負決策重責之董事會，往往受到最多之期許與責難[54]。修法前公司經營者可否考量社會責任為業務之執行，有所爭議。為杜疑義，立法者於第1條第2項增訂公司社會責任，並於立法理由指明，公司社會責任之內涵包括：公司應遵守法令；應考量商業倫理因素，採取一般被認為係適當負責任之商業行為；得為公共福祉、人道主義及慈善之目的，捐獻合理數目之資源。一般而言，公司的社會責任可以區分為消極不作為之社會責任與積極作為之社會責任。所謂消極不作為之社會責任，其實就是修法中前段所指之遵守法令及商業倫理規範，即學者[55]所稱「社會要求其於從事商業活動時，對社會其他成員，應以正直、誠實之標準為之，同時，兼且課與其不得運用其龐大之經濟力量，以從事對社會危害行為之『消極不作為義務』」[56]。至於積極作為之社會責任，則係修法後段之得採行增進公共利益之行為，即「公司本於其身為社會之成員地位，基於其自發之善心（consciousness），自願（voluntarily）主動將公司資產，為增進社會福祉之運用」[57]。

　　就消極不作為之社會責任部分，本次修法內容為應遵守法令及商業倫

---

[52] 陳俊仁，同前註6，頁88。

[53] 王文宇，同前註47，頁33。

[54] 王文宇，同前註47，頁33。

[55] 陳俊仁，同前註6，頁84。

[56] J.A.C Hetherington, Fact and Legal Theory: Shareholder, Managers, and Corporate social Responsibility, 21 STAN.L.REV.248, 274-75 (1969)，轉引自陳俊仁，同前註6，頁88。

[57] 陳俊仁，同前註6，頁85。

理規範。學者[58]指出，該規範仿自美國法律學會（American Law Institute, ALI）的公司治理準則。不同於ALI使用「得考量倫理因素」的文字（may take into account ethical consideration），而公司法則規定「應遵守商業倫理規範」。換言之，在消極社會責任部分，我國較美國採取更嚴格之規範，準此我國原有之上市上櫃公司企業社會責任實務守則，在修法後該守則第1條所言是上市上櫃公司「宜」參照，是否會轉為成為「應」參照？若然，學者[59]指出當「實務守則」從政策指導原則（best practice），成為公司的法律義務，可違反義務的行為，公司法又未明定罰則。但公司依民法及公司法相關規定是否應負民事責任？

惟本文以為並非如是，蓋從法條文字係「應遵守法令及商業倫理規範」，似乎可解為「應遵守法令」及商業倫理規範。最重要的是從立法理由中可知，立法者謂：公司「應遵守」法令；「應考量」商業倫理因素，兩者間顯有區別。又相較於行政院公司法修正草案中，原第1條第2項之增訂為「應遵守法令及倫理規範」，修法後是「應遵守法令及商業倫理規範」，更限縮在「商業」倫理規範，而非倫理規範。故本文認為，本項在解釋上需解為「應遵守法令」及「應考量」商業倫理規範，方是立法本意，故相較美國，我國是採取較寬鬆之規定。考量我國首次將公司社會責任入法，立法者或有意採取如斯規定以為漸進。

而就積極作為之社會責任部分，新修法謂公司經營業務得採行增進公共利益之行為，以善盡其社會責任。至於何為採行增進公共利益之行為，立法理由中則提及，得為公共福祉、人道主義及慈善之目的，捐獻合理數目之資源。準此，在公益的大旗下，公司經營者可以如何為之？

修法前對於公司經營者可否考量其他利害關係人利益，有所爭議。長期以來一直有股東優先論與社會責任論之爭執[60]。不過在公司社會責任

---

[58] 賴英照，企業社會責任的種子，2018年7月9日，經濟日報https://money.udn.com/money/story/5629/3241754（最後瀏覽日：10/15/2018）。

[59] 同前註

[60] 文獻資料上每每提及公司社會責任，就其相關爭論都有詳細的介紹。詳參楊岳平，同前註7，頁14以下；劉連煜，同前註4，頁39以下；劉連煜，同前註36，頁19以

入法後，較無疑問。惟雖言公司經營者可考量其他利害關係人利益，採行增進公共利益之行為，但此界限之拿捏何在？有沒有經營判斷法則[61]之適用，是本文接下來討論的重點。

學者[62]指出「商業判斷原則源自美國實務長期發展而來，指在股東質疑公司所做決定時，此原則會依一般商業上交易原則與慣例，分析董事之行為是否合於受託義務；在董事係在充分資訊下做出獨立判斷時，則推定其係為善意且基於公司最佳利益。」簡言之，所謂經營判斷法則係指對董事如以誠實及合理根據所做判斷，該判斷就應受尊重，縱使對公司造成損害亦不必負責，更不該事後經由司法裁判來認定董事責任[63]。故商業判斷原則之目的，乃藉由舉證責任的調整，使之為公司做決策時能勇於任事，凡符合商業判斷原則者，即能趨避事後被追究的風險[64]。

在我國經營判斷法則能否適用及如何運用？因為法律並無明文，司法判決見解分歧[65]，迄今沒有確定的答案[66]。而在學說上，有[67]肯認實務見

下：賴英照，同前註10，頁151以下；賴英照，最新證券交易法解析：股市遊戲規則，自版，2017年，3版，頁147以下。

[61] 文獻上探討此概念時用詞不一，有稱之為商業判斷原則、經營判斷法則等等，本文習慣稱之為經營判斷法則，不過於引用上則採原文用語。

[62] 王文宇，正本清源—評臺電與民營電廠紛爭涉及的多重法律議題，月旦法學雜誌，第217期，2013年，頁81。

[63] 黃清溪，同前註23，頁67。

[64] 王文宇，同前註62。

[65] 早期法院偏向否認態度，認為經營判斷法則具有程序上之推定及實體法上之規則，程序法推定免責，應以法律明文規定者為限，法無明文自不足採（臺灣臺北地方法院92年度訴字第4844號）。不過這種見解逐漸揚棄，近期實務見解有認為有適用者且認主張有據如勤美公司案（二審：臺灣高等法院臺南分院104年度重上字第1號、三審：臺灣最高法院106年度台上字第406號），或雖有提及但以其條件不備而認定主張無據者，如臺灣高等法院105年度重上字第973號、臺灣高等法院105年度金上字第7號。

[66] 賴英照，同前註60，頁170。

[67] 對於實務採適用見解者，有學者撰文支持，只是認為對實務所引用內容有些許須加調整。陳彥良，適用經營判斷原則的疑義—評臺灣高等法院臺南分院104年度重上字第1號民事判決，月旦裁判時報，第60期，2017年，頁59。

解援引商業經營判斷法則者，認為可確保由董事，而非股東經營公司，若允許股東經常輕易請求法院審查董事會之經營管理決策，決策權最終可能由董事會移轉至好訟成性之股東，其結果顯然與公司法第202條之立法意旨相悖。而且可鼓勵董事等經營者從事可能伴隨風險但重大潛在獲利之投資計畫。另有否定見解[68]主張在我國公司法現行第23條第1項規定的文言下，似難肯定經營判斷法則有引進我國法之空間[69]。

又有論者[70]指出，董事會既依公司法第202條、第193條須依章程行事，故章程仍可能構成董事會遂行公司社會責任之障礙，多數股東仍可能透過章程之制訂，限制董事決定從事社會責任行為之決策權。不過本文以為，雖然依公司法第193條第1項、第202條及第23條第1項規定，董事會應依照法令或章程規定應由股東會決議之事項，本其專業忠實並盡善良管理人之注意義務執行業務。似乎有受章程規制之可能，惟法條是區分「決定權限」與「業務實行」，仍是在經營與所有分離原則之下，並無混淆之處[71]。故若董事秉其專業認為得採行公益行為時，仍可為之，此亦經營與所有分離原則之真諦。

另本次修法對於違反公司的社會責任，並無明確的法律效果，似僅係一宣示規定，董事會又得自由裁量加以斟酌，準此非股東之其他利害關係人能否以本條要求董事會須對其負忠實義務？又在面對股東及其他利害關

---

[68] 黃銘傑，金融機構負責人忠實注意義務加重之理論與實務，月旦法學雜誌，第142期，2007年，頁171。

[69] 黃銘傑，公司治理與企業金融法制之挑戰與興革，元照，2006年，初版，頁79-82。學者從我國與美國公司法體制本身差異為切入，「美國實務就董事之商業決定，在過失程度漸傾向達重大過失，而與我國對於善良管理人應負抽象輕過失責任，有重大差異。是以從我國公司法第23條第1項後段責任文言，導致於有關公司負責人注意義務之規範上，其行為規範與裁判規範合而為一，阻塞了經營判斷法則可能發展空間。」

[70] 楊岳平，同前註7，頁10。

[71] 黃清溪主編，清晰論法：公司法爭議問題研析：董事篇，五南，2015年，初版，頁3-4。

係人的利益衡量[72]上，應如何取捨？比較法上，美國對此付之闕如，未有明文。縱使該州公司法制定所謂的非股東構成員利益條款，亦因有董事會之商業經營判斷法則而顯得畫蛇添足[73]。

　　最後文章前段所提董事濫權[74]之問題，的確有可能董事會挾追求社會利益之名而擴張其裁量權。對此學者[75]指出可參考美國法律研究院的相關建議，做一定程度之監控，例如公司之慈善捐贈以一定之合理數額為限；對於企業倫理之考慮，亦以大多數人（或大多數股東）所認為合理、適當者為限，非公司經營者所能任意翻覆。

　　另外在積極社會責任中，最常見的無疑是關於慈善捐贈，尤其我國舉凡遇有天災人禍之重大災情，除了政府救援外，往往可見民間身影，有以個人名義捐贈者，亦有以公司名義者[76]。基本上，即使在修法前公司限以營利目的，實務[77]、學說早已持肯認態度，認為推動公司社會責任已蔚為

---

[72] 所謂非股東之利害關係人（Stakeholder）所指為何？員工？供應商？債權人？抑或社區？董事會如何能作出既滿足員工之利益，又符合債權人財富最大化之決策，其判準或立場為何？實殊難想像。董事會不可能同時對股東效忠，又對所有非股東之利害關係人輸誠。莊永丞，從公司治理觀點論我國上市上櫃公司之慈善捐贈行為，臺灣本土法學雜誌，第94期，2007年，頁118。

[73] 莊永丞，同前註，頁120。

[74] 不過論者指出，過去有日本學者所建議的立法方式：「股份有限公司應負有社會責任」，因為抽象的概括規定，更有擴大經營者裁量權之弊端。參劉連煜，同前註4，頁89。

[75] 劉連煜，同前註4，頁89。

[76] 如0206花蓮大地震中，鴻海董事長郭台銘個人捐助6,000萬元，鴻海集團捐助6,000萬，蘋果日報，https://tw.appledaily.com/new/realtime/20180209/1295083/（最後瀏覽日：10/15/2018）。不過就公司捐贈也是有認為是慷股東之慨之聲音。如知名作家張大春便曾撰《表演逗慈悲》一文，質疑鴻海是上市公司，董事長夫人憑什麼慷眾股東之慨，代千萬人行善呢？參蘋果日報，https://tw.appledaily.com/forum/daily/20110322/33263895（最後瀏覽日：10/15/2018）。此種觀點常見於股東優位論中，不過公司捐贈是否必然代表侵害股東權益，實有疑義。如從短期利益以觀，自然原屬股東之利益被挪作他用，但若長期來看，公司可能因公益而使商譽提升、形象優良，對公司之經營不必然是壞事。

[77] 從我國所得稅法第6-1條、第36條等可知，雖然公司法未明文規範，但立法者係肯認且鼓勵公司為捐贈。經濟部經商字第10602341570號：「公司盈餘分派，亦屬公司董

國際潮流及趨勢，公司在追求獲利之外亦能兼顧社會價值，符合公司法之
精神。若禁止公司基於慈善等公益目的所為之捐贈行為，勢將影響整體社
會利益。是以，公司對他人之贈與行為，乃法所許。以往學者[78]批評公司
法對公司捐贈事項未有明確規範，這次修法衡量公司法體系，雖未有詳細
規範，但已於第1條第2項增訂理由明確提及得為公共福祉、人道主義及慈
善之目的，捐獻合理數目之資源。

　　捐贈一般可分為慈善捐贈及政治捐贈[79]，後者又可分為政治獻金以及
政治支出，前者由政治獻金法所規範，後者則依公司法理為斷。在公司社
會責任入法後，捐贈上約有以下幾點值得討論：

　　首先若公司章程並未授權公司可為慈善捐贈卻為時，應當如何？甚至
當虧損企業在未彌補虧損前可否為捐贈？前者在比較法上，美國早期有認
為超出法令及章程外之行為，是權限外行為而無效[80]。不過現在多認同捐

事會之權責之一（公司法第228條第1項第3款參照）。承前述，公司不僅為代表全體
股東之集體意志，更具有權利義務主體之法人資格，進而與社會各層面（如員工、
客戶、營業活動地區及政府等）發生利益關係。準此，若公司章程明定盈餘作為營
運或特定目的之用，且依公司法第237條另提特別盈餘公積者，此類公司盈餘使用
規劃，要難謂與公司法第23條規定意旨有所扞格。」、經濟部經商字第10602426840
號。

[78] 學者認為像捐贈容許性（公司是否有捐贈能力）、捐贈決定程序（是否須經董事會
或股東會決議）、捐贈資訊揭露（是否須揭露受贈對象與捐贈額度）等事項，皆付
之闕如。在未有明確規範情形下，上舉公司捐贈相關問題僅能透過公司法解釋與相
關原理補充之。遂建議參考美國各州公司法（及模範商業公司法）明文立法承認，
並藉此鼓勵公司善盡其社會責任。周振鋒，公司捐贈與相關代理成本問題之研究，
國立臺灣大學法學論叢，42卷2期，2013年，頁261；莊永丞，同前註72，頁124；劉
連煜，公司捐贈的法律問題，日新半年刊，第7期，2006年，頁58。

[79] 政治捐贈問題頗大，歷來發生不少爭議事件，比較法上如日本極具代表性案例八幡
製鐵政治獻金事件，1960年3月日本的八幡製鐵公司獻金給自民黨350億日圓事件，
認為企業與個人皆有納稅義務的前提下，法人與自然人同享獻金的政治自由。此例
一開，造成往後日本企業毫無忌憚地大筆獻金給政界。政治捐贈探討上較偏公法討
論，本文暫不予論。鄭子真，論政治獻金之言論表達與政治平等—以日本《政治資
金規正法》為例，臺灣民主季刊，11卷3期，2014年，頁139。

[80] 何曜琛，公司慈善捐贈之研究—以美國法為中心，臺灣法學雜誌，第110期，2008
年，頁112。

贈行為有助於公司，縱使章程未有明白授權仍得自由為之[81]。日本公司法本身雖未明文禁止或鼓勵企業從事慈善捐贈行為[82]，日本最高法院之判例曾就此問題表示，企業從事慈善捐贈行為係屬於章程所載目的範圍內之行為，而賦予其正當性[83]。

後者則係不得合法為政治獻金，但依法仍可為慈善捐贈[84]。蓋我國政治獻金法第7條第1項第3款有排除累積虧損尚未依規定彌補之營利事業，反之在所得稅法中僅第36條規定，所得額百分之十之捐贈可列為當年度費用或損失，但未限制公司營運不佳有所虧損時不得捐贈。有學者[85]認為如斯情形在判斷公司董事有無違反其注意義務或忠實義務時，即缺一客觀標準作為判斷依據。

其次是捐贈決定者的問題。依公司法第185條第1項第2款規定，股份有限公司如贈與全部或主要部分之營業或財產，應經股東會特別決議。除外之讓與則按公司法第202條規定，得由董事會決議行之。不過觀諸外國例，就如何決定捐贈也有不同之方式，如有回歸一股一權原則[86]，由各別股東依其股權比例，指定慈善捐贈之金額與對象。雖然如此，但學者[87]指出「在所有與經營分離的原則下，將公司慈善捐贈行為視為商業經營之判

---

[81] 周振鋒，同前註78，頁269。

[82] 縱使日本公司法就企業從事捐贈行為之合法性未從正面加以規範，日本法人稅法對於公司從事捐贈行為給予一定之優惠措施，換言之，法人稅法之相關規定，不僅在宣示公司捐贈行為之合法性，且有鼓勵公司從事捐贈行為之含意。蔡英欣，同前註11，頁202。

[83] 蔡英欣，同前註11，頁202。

[84] 周振鋒，同前註78，頁278。

[85] 除此之外，對於我國所得稅法與日本法人稅法，兩者皆以法人所捐贈之對象來區分得列為當年度費損額度之多寡，此種以國家為中心之立法政策是否妥適，實有重新檢討之必要。蔡英欣，同前註11，頁238。

[86] 美國曾有案例是由經營者決定捐款的總額，再由符合基本條件的股東，依照其持有股數分配一定的捐款金額，再由股東指定捐款對象，最後8萬名股東，捐出1,330萬美元給3,910名受贈人，範圍廣及教會、學校、醫院、藝文團體及社會救濟機構等。賴英照，同前註12，頁173-174。

[87] 莊永丞，同前註72，頁110-111、123-124。

斷，尊重董事會擁有不受干預之商業經營判斷裁量權，讓享有資訊優勢的董事會全權裁奪，而不可為解決公司捐贈代理成本問題，就因噎廢食而限縮董事會捐贈之裁量權，貿然改由股東決定，以免得不償失。」本文以為現行法規定是較妥適之作法，較小額的捐贈應尊重公司經營者判斷，反之若捐贈是全部或主要部分之營業或財產，由所有人來決定其去留，無疑是更加合理之作法。至於是否須賦予公司其他利害關係人意見表達之管道？則應考量公司為此付出之成本，適度而不過度納入其他利害關係人意見是可行作法。

　　再來是捐贈弊端防堵之問題。論者[88]指出「縱使經營者無意圖依公司捐贈方式圖取任何私利，仍可能基於經營者個人喜好（personal preference）[89]，而作出損害股東利益之決定，其中並未涉及利益衝突，但卻有決策權濫用之疑慮。其次現行法下，經營者對捐贈事項通常具有極大的決定權限，非有明顯圖利自己或他人之情事者外，皆不負賠償責任，實質等同允許經營者任憑己意決定捐贈，偏偏股東『事後』甚難以訴訟方式指摘不當。再者捐贈亦可能被經營者濫用、或作為不法利益輸送之工具，現行法似乎未能提供有效的防弊手段。至多要求公司經營者代公司為捐贈決定時，應盡注意義務與忠實義務，否則須對其違背義務行為致公司之損害負賠償責任。」

　　本文以為，不只在捐贈弊端防堵上，其實要避免公司流弊，最好的方式就是一定資訊的公開透明，藉由資訊揭露，讓陽光成為最好的殺毒劑，可惜本次修法中將原先修法草案裡關於資訊揭露之規範刪除。目前我國法制不備，股東與公司間尚有資訊不對等情形，遑論公司非股東之構成員，公司社會責任是否真能獲得實踐，抑或流於表面文章，還需時間檢驗。行文至此，論者[90]所指「有關企業社會責任與公司治理法制的討論焦點，並

[88] 周振鋒，同前註78，頁261-267。

[89] 如公司執行長以公司資金捐贈給自己信仰之教會。賴英照，同前註12，頁172。事實上受贈團體可能過多，專業經理人難斷，遂易以親近團體為受贈對象。何曜琛，同前註80，頁119。

[90] 莊永丞，同前註72，頁112。

非爭執公司是否應藉由慈善捐贈善盡其社會公民之責任，真正的核心議題在於論辯企業社會責任的道德倫理訴求，是否適宜以強制法規之姿，強加於公司治理之規範體系內。」或許是另外一個可以思考的方向。有沒有其他手段更能實現公司之社會責任？即便要在公司法下做規範，僅憑現有條文是否足以達成立法目標，有沒有相關配套措施，都是未來值得探討的議題。

肆、結論

　　公司社會責任其實立法者呼籲甚久，從倫理層面固然希望公司能夠善盡社會責任，但不可否認公司社會責任法制化實有難處，尤其是落戶在根植於私法領域之公司法而非社會法領域中。這次修法首次將公司社會責任明文入法，與其說是突破性立法，更不如說是各方角力後之折衷方案。立法者採取抽象立法，固有其彈性之優點，惟亦有無所適從甚至為有心人所利用之缺陷。不過值得讚賞之處在相較於當初修法草案中，僅僅增訂公司法第1條第2項規範，新法多增加了第172-1條第5項規定，明文賦予股東可以就社會責任相關提案，至少讓股東想要實踐公司社會責任時，有更明確、可行的手段，算是難得的配套措施，惟本文以為在提案件數上或許可考量加以放寬。

　　不過如前述，這次修法排除資訊揭露相關規定，相反早在2010年訂立的產業創新條例[91]，卻已認為可以透過資訊揭露來促進企業善盡社會責任。本文以為處在資訊化之現代社會，未來可更強化資訊揭露等方面。蓋觀歷來爭議，有不少問題根源於公司與股東或其他利害關係人間存有高度資訊不對等，導致市場機制未能有效立即反應。惟於追求資訊揭露時，亦應考量會不會造成勞師動眾，過多的資訊反可能易於藏汙納垢，尺寸拿捏

---

[91] 按產業創新條例第28條規定，為促進企業善盡社會責任，各中央目的事業主管機關應輔導企業主動揭露製程、產品、服務及其他永續發展相關環境資訊；企業表現優異者，得予以表揚或獎勵。

應審慎為之。

　　如果僅欲憑藉第1條第2項之增訂，便希冀能使公司落實社會責任無疑太過理想化，蓋任何理念的實現，往往需仰賴相關配套措施，才能相輔相成，達到事半功倍之效。正因如此，立法者有感原先修正草案之不足，遂於新法增訂股東社會責任提案權。但不可否認，僅憑現行修法，在缺乏其他配套措施情況下，要實踐公司社會責任，實在頗有挑戰。不可諱言，當公司本身體質良好時，公司自行有餘力而可能追求、實現社會責任；反之若公司經營搖搖欲墜，此時股東卻提案要求公司尚須負起社會責任，無疑緣木求魚，縱使股東提案不具拘束力，董事在業務執行經營抉擇上，仍會陷於兩難。本文以為，未來或可參考外國法制，朝向強化公司治理方向，並配合相關領域之特別法修正（如社會法、勞動法等），才能真正追求公司社會責任之落實，否則本次修法之美意恐付諸東流，流於喊口號式之宣示性立法。

參考文獻

書籍

1. 王文宇，公司法論，元照，2016年，5版。

2. 柯芳枝，公司法論（上），三民，2003年，5版。

3. 黃清溪，清晰論法：公司法基礎理論—董事篇，五南，2016年，初版。

4. 黃清溪，清晰論法：公司法基礎理論—股東會篇，五南，2017年，初版。

5. 黃清溪主編，清晰論法：公司法爭議問題研析：董事篇，五南，2015年，初版。

6. 黃銘傑，公司治理與企業金融法制之挑戰與興革，元照，2006年，初版。

7. 楊岳平，公司治理與公司社會責任：企業併購下股東、債權人、員工、投資人之保護，元照，2011年，初版。

8. 劉連煜，公司監控與公司社會責任，五南，1995年，初版。

9. 劉連煜，現代公司法，新學林，2016年，增訂12版。

10. 賴英照，賴英照說法：從內線交易到企業社會責任，聯經，2007年，初版。

11. 賴英照，最新證券交易法解析：股市遊戲規則，自版，2017年，3版。

期刊論文

1. 王文宇，正本清源—評臺電與民營電廠紛爭涉及的多重法律議題，月旦法學雜誌，第217期，2013年，頁63-92。

2. 何曜琛，公司慈善捐贈之研究—以美國法為中心，臺灣法學雜誌，第110期，2008年，頁107-122。

3. 李維心，從實務觀點談商業判斷法則之引進，中原財經法學，第22期，2009年，頁129-211。

4. 周振鋒，公司捐贈與相關代理成本問題之研究，國立臺灣大學法學論叢，42卷2期，2013年，頁259-315。

5. 林國全，董事會違法拒絕股東提案，臺灣本土法學雜誌，第73期，2005年，

頁127-131。

6. 洪秀芬，德國企業社會責任之理論與實踐，萬國法律，第164期，2009年，頁37-63。

7. 莊永丞，從公司治理觀點論我國上市上櫃公司之慈善捐贈行為，臺灣本土法學雜誌，第94期，2007年，頁110-125。

8. 郭大維，從企業社會責任到社會企業─論英國公司型態社會企業法制對我國之啟示，月旦法學雜誌，第258期，2016年，頁5-19。

9. 陳俊仁，論公司本質與公司社會責任：董事忠實義務之規範與調和，臺灣本土法學，第94期，2007年，頁79-109。

10.陳彥良，適用經營判斷原則的疑義─評臺灣高等法院臺南分院104年度重上字第1號民事判決，月旦裁判時報，第60期，2017年，頁57-65。

11.陳彥良，我國公司法現代化─2017行政院版公司法修正草案初探，全國律師，22卷4期，2018年，頁4-14。

12.黃朝琮，受託義務之對象，政大法學評論，第145期，2016年，頁1-85。

13.黃銘傑，金融機構負責人忠實注意義務加重之理論與實務，月旦法學雜誌，第142期，2007年，頁149-176。

14.葉保強，企業社會責任的發展與國家角色，應用倫理研究通訊，第41期，2007年，頁35-47。

15.廖大穎，企業行動憲章與公司治理法制化方向之探索─二十一世紀日本企業的社會責任論，臺灣法學雜誌，第109期，2008年，頁97-127。

16.廖大穎，社會公益捐助與公司章程，臺灣法學雜誌，第111期，2008年，頁132-138。

17.劉連煜，股東書面及電子方式投票，臺灣本土法學雜誌，第72期，2005年，頁153-159。

18.劉連煜，公司捐贈的法律問題，日新半年刊，第7期，2006年，頁55-63。

19.劉連煜，公司社會責任理論與股東提案權，臺灣本土法學雜誌，第93期，2007年，頁181-208。

20.蔡昌憲，從內控失靈個案談企業社會責任與公司治理：兼論金融體系之市場監督力量，臺灣法學雜誌，第285期，2015年，頁189-205。

21. 蔡英欣，論公司社會責任之規範模式：以日本法之經驗為例，臺大法學論叢，37卷3期，2008年，頁189-244。

22. 鄭子真，論政治獻金之言論表達與政治平等—以日本《政治資金規正法》為例，臺灣民主季刊，11卷3期，2014年，頁135-165。

23. 賴英照，公司治理：為誰而治理？為何而治理？，萬國法律，第155期，2007年，頁2-15。

24. 賴英照，從尤努斯到巴菲特—公司社會責任的基本問題，臺灣本土法學雜誌，第93期，2007年，頁150-180。

25. 賴英照，論公球盟約與公司社會責任，法令月刊，58卷2期，2007年，頁4-25。

22

論我國監察人是否有忠實義務存在？

壹、前言

　　依公司法第23條及第8條之規定「公司負責人應忠實執行業務」、「股份有限公司之監察人，在執行職務範圍內，亦為公司負責人」，是以就文義解釋來看，我國公司法亦規定監察人應負有忠實義務，惟論理上監察人是否存在忠實義務？又依據我國公司法之規定是否公司確實有存在忠實義務之空間？

一、何謂忠實義務

　　我國公司法第23條原先只規定了善良管理人注意義務，在民國90年10月25日加入忠實義務，立法理由內亦明確寫明「為明確規定公司負責人對於公司應踐行之忠實義務及注意義務」，惟我國民法或公司法內卻無界定何為忠實義務，而查外國立法例關於忠實義務均是明定在董事與公司之間的關係，故本文將先借用該觀念來說明何為忠實義務。

　　在英美法之體系下，忠實義務是董事與公司間之信賴關係，董事對於公司應盡之義務為fiduciary duty[1]，而解釋上fiduciary duty為「受託義務」[2]或「受任人義務」[3]，然fiduciary duty又可分為duty of care及duty of loyalty，duty of care類似我國之善良管理人注意義務，duty of loyalty則為

---

* 臺灣高等法院高雄分院法官助理。

[1] 王文宇，公司法論，元照，2016年7月，頁113；曾宛如，公司法制基礎理論之再建構，承法，2011年10月，頁207。

[2] 王文宇，公司法論，元照，2016年7月，頁113。

[3] 劉連煜，現在公司法，新學林，2012年9月，頁107。

我國公司法修正之忠實執行職務，學者稱之為忠實義務[4]，或有學者採廣義解釋將fiduciary duty解釋為忠實義務[5]。

(一)善良管理人注意義務與忠實義務

在我國公司法第23條修正之歷史沿革上，針對此兩種義務有同質及異質之爭論，在同質說論者之立場認為兩者並無不同，只是表現方式上差異，內容並無不同，忠實義務應為注意義務所涵蓋[6]，2001年修法目的係在參考外國立法例，將該義務之內涵做清楚、明確之類型化處理，達成法制之整合[7]。忠實義務是利益衝突時，應有之決定標準；善良管理人注意義務是相互平等私人間原理，為公司負責人處理公司事務負有相當注意之問題，兩者概念及內涵都不相同[8]。而在我國實務之立場目前是肯認異質說之立論，認為公司負責人除應負民法上原有之善良管理人注意義務外，仍應負忠實義務，且此種忠實義務與民法上誠信原則相當，即在企業經營上的最上位之概念[9]。

(二) 英國法上之忠實義務[10]

因英國法係採不成文法之國家，伴隨著英國法院習慣、判例之累積而成。而英國法之受任人義務可從普通法（common law）及衡平法

---

[4] 王文宇，公司法論，元照，2016年7月，頁113；劉連煜，現在公司法，新學林，2012年9月，頁106-107。

[5] 曾宛如，公司法制基礎理論之再建構，承法，2011年10月，頁207；謝哲勝，忠實關係與忠實義務，月旦法學雜誌，第70期，2001年3月，頁128。

[6] 謝孟良，股份有限公司董事義務與責任之研究—以公司法第23條為中心，國立高雄大學法律學系研究所碩士論文，2017年1月，頁23。

[7] 紹慶平，公司法：第三講組織與契約之間—以董事與公司之關係為例的觀察，月旦法學教室，第65期，2008年3月，頁47-49。

[8] 王泰銓著、王志誠修訂，公司法新論，三民，2006年10月，頁193。

[9] 臺灣臺北地方法院93年度重訴第144號判決。

[10] 以下論述均參閱曾宛如，公司管理與資本市場法制專論（一），學林，2002年10月，頁10-18。

（equitable rule）二方面分別論述。而普通法上之義務有注意義務（duty of care），而是否盡到注意義務則以是否符合專業義務（duty of skill）及勤勉義務（duty of diligence）為判斷標準。而衡平法上之受任人義務主要是指善意義務（duty of good faith）及忠實義務（duty of loyalty），善意義務（duty of good faith）又可區分為duty to act bona fide、due to act for a proper purpose、not to fetter discretion。忠實義務（duty of loyalty）是董事自身與交易或其他法律行為具有利害關係，可能因此而減損其對公司應盡之義務，即忠實義務，也就是利益衝突（Conflict of duty and interest），董事若與公司交涉或同時對他人負有義務，基於人性，便很可能犧牲公司利益以成就自己或他人之利益，是以此種行為在衡平法上是應予禁止之對象，即忠實義務。董事與公司利益衝突可能發生在：

1. 與公司交易

與公司交易，自然涉及所謂自己代理或雙方代理之窘境。以衡平法言，此時公司可以主張該法律行為無效。董事若欲使其行為效力不受影響，唯有充分揭露所有相關訊息，尤其自身利害何在更須充分告知股東，並經股東會決議通過，方使不受影響。對某些公司法認定較為嚴重之行為，完全加以禁止，如貸款予董事或為其提供擔保等公司得主張該行為無效。

2. 利用公司資產、資訊及機會

利用公司資訊與機會乃十分常見之案例。例如A公司對B公司其中一位董事C之專業能力具有高度興趣，若A公司願意將商機給予B也將是因為看重C的關係，結果C自公司辭職另立新公司D接下這個案子，或者直接轉任A公司，不論以利用公司資訊或機會為判決基礎，C均被認為違反其忠實義務而須將所得之利益歸還公司。衡平法在此宣示一個很清楚的原則，即董事不得利用基於職位而得知本應屬於公司之資訊或機會而為自己牟利，即使公司可能無意願或無能力使用該資訊或機會可能為公司帶來之商機，但倘若此種行為不予制止，則董事犧牲公司之機率將大為增加，此與忠實義務之本旨大相逕庭。董事若欲利用公司資訊或機會，唯一方法係將資訊或機會完整告知公司，由公司決定不使用該資訊或機會，並同意其

利用之,方始免於事後追究之風險。至於公司決定之機關,主要為股東會,但若有相當數額之無利害關係董事,則由董事會通過亦可,但利害關係之董事絕不得參與表決。

3. 與公司競爭

　　與公司競爭,雖說判例上並無明文禁止董事任職於競爭對手公司之明示,但顯然的,倘若董事任職二家以上競爭之公司,勢必涉及為他人與公司交涉或者是否誠實的相信其所做決定乃基於雙方公司利益之挑戰,遂有違反忠實義務之高度風險,因此除非充分告知任職狀況並取得公司股東會或由無利害關係董事會所為之許可,否則不宜為之。

(三) 美國法上之忠實義務

　　美國學者論述fiduciary duty時多直接區分為注意義務(duty of care)及忠實義務(duty of loyalty),而將善意義務(duty of good faith)放置在注意義務(duty of care)之下,對於duty to act for a proper purpose、duty not to fetter discretion則未特別分類[11],而忠實義務係指董事會所作之決定或行為,與個別董事或部分董事或全體董事間具有利益衝突(conflict of interests)之關係,而可能使董事得到財務上或經濟上之利益,若無此種義務之要求,則基於代理成本之假設,董事可能將其個人之利益置於公司及股東之利益之上,因而使公司及股東受到損害。亦有不為傷害公司利益或剝奪股東利益之消極義務。公司董事在違反忠實義務之行為類型一般得分為利害關係人交易(Conflict of Interests Transaction)、董事薪酬(Executive Compensation)、攫取公司機會(Taking Opportunity)類型。

(四) 日本法上的忠實義務

　　日本商法在昭和25年即西元1950年間,參考美國法引進忠實義務之規定,並於舊商法第254-3條規定,嗣於平成17年(即西元2005年)制定日本公司法時,於公司法第355條明文規範董事之忠實義務。忠實義務之

---

[11] 曾宛如,公司管理與資本市場法制專論(一),學林,2002年10月,頁21。

規範主要是在處理董事個人利益與公司利益有利益衝突之情形，在利益相反交易（利益相反取引）以及競業交易（競業取引）有作特別規範[12]。利益相反交易係對於董事與公司直接交易以及間接交易情形作明文規範，為自己而和公司做交易的董事（非作為代表人或代理人進行交易者、是與自己公司進行交易之董事）依日本公司法第423條第1項的責任被認為是無過失責任（日本公司法第428條）[13]及可能有舉證責任之轉換（日本公司法第423條第3項）。競業交易係禁止董事為競業交易作明文規範。

（五）我國學說對忠實義務的解釋

忠實義務係源於英美法之受託義務下之忠實義務，其乃為解決公司負責人與公司間所生之利益衝突而形成之法理，此義務要求公司負責人於利益衝突之情形中，須以公司利益為上，並以此為行為準則，提供其最廉潔之商業判斷[14]，處理公司事務時，必須為公司最佳利益，不得圖謀自己或第三人利益[15]，執行公司業務時，應作公正且誠實之判斷，防止追求公司外之利益[16]，我國法在忠實義務與忠實關係並非毫無概念，忠實義務因忠實關係所生，所謂忠實關係是指當一方信賴他方而將自己權利託付他方之情形，雙方所產生之法律關係，而忠實義務是指被信賴託付的一方對他方所應盡的忠誠且篤實的義務，是一種以他人利益優先於自己利益而為行為的義務。忠實關係雖不限於因法律行為而成立，倘因法律行為而成立之忠實關係，特性上與法律行為以外之事實成立忠實關係如相同，其忠實關係可能是相同的，所以，因契約關係而成立的忠實關係，是基於契約之本質而生，而非契約約定或契約法之效力所生[17]。忠實義務內涵可依委任契約

---

[12] 謝哲勝，忠實關係與忠實義務，月旦法學雜誌，第70期，2001年3月，頁135、137。

[13] 謝孟良，股份有限公司董事義務與責任之研究—以公司法第23條為中心，國立高雄大學法律學系研究所碩士論文，2017年1月，頁75。

[14] 王文宇，公司法論，元照，2016年7月，頁113。

[15] 劉連煜，公司監控與公司社會責任，五南，1995年9月，頁148-151。

[16] 柯芳枝，公司法論（上），2002年11月，頁51。

[17] 謝哲勝，忠實關係與忠實義務，月旦法學雜誌，第70期，2001年3月，頁128-129。

之本質推導而出，因此就我國公司法而言忠實義務並非不存在[18]。

　　而查我國公司法之相關規定有公司法第209條之競業禁止規定，一般公司法學者均將之肯認為忠實業務之具體規範，然有論者認為依據民法委任契約對於競業禁止亦非全然無概念及規範，可回歸民法債之關係下的附隨義務推導而得[19]，亦有論者認為忠實義務係公司法特別規定[20]，然在違反附隨義務之效果，應屬不完全給付之問題[21]，仍應回歸損害賠償方式處理，在責任成立上須以受任人即董事是否可具可歸責性，然而，公司法忠實義務本質為結果責任，屬無過失責任，應排除主觀要件之論斷[22]。是以若從附隨義務推導出董事競業禁止義務，有一弊失在於附隨義務仍屬債務不履行之範疇，在主觀要件上，董事要出於故意或過失之可歸責性，違反效果上亦僅限於損害賠償，無法當然導出忠實義務之無過失責任本質。對於違反忠實義務之要件以及效果，在效果上有別一般債務不履行之損害賠償效果進一步賦予公司得向公司負責人行使歸入權[23]，故忠實義務係基於公司法特別規範而生，而非自民法委任契約之附隨義務所得推導。而競業禁止義務是忠實義務之具體規範類型，從我國公司法立法沿革可知，忠實義務之規範增設前，競業禁止之規範已存在，而我國民法雖無忠實義務之概念，但確實存在忠實義務所規範之內涵。但是立法者一方面肯認忠實義務是修法後所創設之概念，因此修法新增公司法第23條第1項規定，但違

---

[18] 謝孟良，股份有限公司董事義務與責任之研究—以公司法第23條為中心，國立高雄大學法律學系研究所碩士論文，2017年1月，頁27。

[19] 謝孟良，股份有限公司董事義務與責任之研究—以公司法第23條為中心，國立高雄大學法律學系研究所碩士論文，2017年1月，頁27-29。

[20] 謝孟良，股份有限公司董事義務與責任之研究—以公司法第23條為中心，國立高雄大學法律學系研究所碩士論文，2017年1月，頁27-29。

[21] 王澤鑑，債法原理，三民，2012年3月，頁45-48；姚志明，誠信原則與附隨義務之研究，元照，2003年2月，初版，頁85-88。

[22] 黃清溪教授主編，黃清溪、黃國川、游聖佳等17人著，公司法爭議問題研析—董事篇，五南，2015年9月，初版，頁106-107。

[23] 公司法第23條第3項，公司負責人對於違反第1項之規定，為自己或他人為該行為時，股東會得以決議，將該行為之所得視為公司之所得。但自所得產生後逾1年者，不在此限。

反效果上僅限於損害賠償義務，與違反善良管理人注意義務效果所負債務不履行損害賠償責任並無差異，並不如違反公司法第209條競業禁止規範之歸入權效果之強烈，此部分是指民國90年修正引入「忠實義務」一詞時之效果論證。而我國於104年公司法再次修正時亦導入歸入權之效果並明確我國公司法第23條「負責人忠實義務」之規定，係延續自英美法及日本商法「公司與董事間之委任關係」而來，因此就立法理由及公司法第23條之修正方向更足以證明，在我國公司法內關於忠實義務之規定，並非是單純經由民法上之委任契約推導而得出，乃確實是公司法上之特別規定。

（六）小結

　　既然我國公司法第23條規定之立法理由寫明，「現行公司法第二十三條『負責人忠實義務』之規定，係延續自英美法及日本商法『公司與董事間之委任關係』而來。公司法第二百零九條第三項亦有『股東歸入權』，以避免公司負責人動輒中飽私囊並逕為脫產。現行公司法第二十三條顯有增訂該規定之必要。」因此有必要依據英美法及日本法對於忠實義務的解釋作為我國公司第23條忠實義務之補充，依據本文前述對英美法及日本法上忠實義務之介紹可見，忠實義務存在的本質乃係為解決公司經營者（即董事）本身與公司本身利益衝突之問題，董事與公司間成立委任契約，依據民法原理原則，原本只要課予善良管理人注意義務即符合委任契約之本質，但因為公司組織架構及公司制度設計的特殊目的，造成單純只有課予善良管理人注意義務不符合公司制度之目的性，是以外國法皆有發展並接受忠實義務，且皆有善良管理人注意義務與忠實義務是同質抑或異質之爭論，而結論上本文採贊同異質說之立場認定忠實義務並非善良果管理人注意義務的下位概念，且忠實義務之論理依據是從委任契約推導而得出，在委任契約相對人擁有決策權時，其決策過程可能涉及自我與公司間之利益衝突，是以該義務實質內容乃是為解決成立委任契約之相對人間利益衝突問題，即在積極面上當公司經營者在經營公司業務時與自我本身利益產生衝突，應以公司利益為優先，在消極面上公司經營者不得藉用經營公司之機會來獲取本身自我之利益，是以原則上在公司制度架構下，會受到忠實

義務拘束者只有參與公司業務經營者才會有規範之必要，非業務經營者（例如監察人）不會有忠實義務之產生必要。而參與一般業務運作者（例如一般公司職員），雖然涉及公司業務經營，但其與公司間是成立僱傭契約，其工作內容乃係聽從公司之決策為之，所以原則上不會有忠實義務之產生必要。而公司之管理階層（如經理人等），其工作內容涉及公司業務經營，又與公司可能成立委任契約或者僱傭契約，若是僱傭契約關係則其與一般公司職員一樣，所為業務經營皆是聽從公司指示，因此無忠實義務之問題，在成立委任契約關係時，可能會有忠實義務之問題，但依據現今公司法之架構，就算經理人針對公司之經營部分有決策權，仍該決策權亦是公司董事會所授權，在公司董事會將部分決策權授權給經理人時，就應該要考慮好利益衝突之問題如何解決，經理人之業務決策權限也是董事會所授予，所以論理上，經理人就算是成立委任契約，也無忠實義務存在之必要，因為關於經理人與公司可能存在之利益衝突，在董事會授權時就應一併解決之。故原則上，公司內部成員與公司間會有忠實義務問題存在者，只有公司董事會成員。

貳、監察人對公司之權限與義務

依據我國公司之規定，監察人之權限大體尚可區分為，監察權、代表權、股東會召集權；而義務則有忠實與注意義務（公司法第23條第1項）、因委任關係而生之申報持股及通知股份設定或解除質權之義務（公司法第227條準用第197條）、不得兼任公司董事、經理人或其他職員之義務[24]。

監察權之內容有：

1. 調查公司之設定經過（公司法第146條第1項）。
2. 調查公司業務及財務狀況（公司法第218條）。

---

[24] 王文宇，公司法論，元照，2008年9月，頁357-359。

3. 聽取董事報告其發現公司有重大損害之虞之情形（公司法第218-1條）。

4. 查核公司會計表冊（公司法第219條）。

5. 列席董事會陳述意見（公司法第218-2條）。

6. 通知董事會或董事停止其違法行為（公司法第218-2條第2項）。

7. 公司發行新股時查核現物出資（公司法第274條第2項）。

8. 審查清算人就任時所造具之會計表冊（公司法第326條第2項）。

9. 清算完結時審查清算人所造具之會計表冊（公司法第33條第2項）。

代表權之內容有：

1. 代表公司與董事訴訟（公司法第213條）。

2. 代表公司委任律師、會計師（公司法第218條第2項、第219條第2項）。

3. 代表公司與董事為法律行為（公司法第223條）。

4. 應少數股東之請求為公司對董事提起訴訟（公司法第214條）。

（一）股東會召集權（公司法第220條、第245條）

而其中關於監察人是否有忠實義務之產生，學說上多數似均認為我國新修正公司法第23條之規定已明文[25]，然依本文前述對公司法第23條立法理由之解析，忠實義務乃係公司與董事間委任關係所產生之特殊信賴關係而來，且依據本文前述對於外國立法例之分析，忠實義務亦只產生在公司與參與業務執行之董事間，對於非參與業務決策者，並不發生特殊信賴關係下的忠實義務，其中主要原因無非係以忠實義務主要目的是解決利益衝突之發生，當非涉及業務決策時，就算有洩漏商機之疑慮時，亦非忠實義務所要規範之範疇，依本文見解該洩漏商機應以營業秘密法處理之，而忠實義務之規範目的乃係規範業務決策者在為公司做業務決策時，應以公司

---

[25] 王泰銓著、王志誠修訂，公司法新論，三民，2009年7月，修訂5版，頁353；王文宇，公司法論，元照，2008年9月，頁359；廖大穎，公司法原論，三民，2009年9月，增訂5版，頁229。

之利益為最優先考慮，做出對公司最佳之決策，因此本文見解認為就公司法第23條之規定，雖有明文規定會使監察人產生忠實義務，然而搭配其立法理由之內容，應做目的性限縮，該次立法只是明文化董事之忠實義務，並無一併認為監察人亦有忠實義務之意義。

(二) 依監察人代表權之解釋而產生忠實義務

　　依據前述監察人於我國公司法上之權限與義務，不論是監察權、代表權、股東會召集權、注意義務、申報義務、兼任禁止義務等，監察人在公司治理的分類上原則是不涉及業務決策權的，而根據本文前述關於忠實義務之描述，在不涉及業務決策權時是不會有忠實義務問題之發生，惟在我國公司法第223條規定及學說上對於該條文之解釋卻會有產生忠實義務之可能性，在監察人代表公司與董事交易時是否會有忠實義務之問題，首先必須先得討論該代表權之性質究竟是否會涉及業務經營？依據我國學說上對於該條文對於監察人此時取得之權限解釋不同，將會有不同適用與否之結論產生，在我國學說上對於該權限之解釋有權限移轉說、同意權說、建議權說，在權限移轉說認為此時監察人具有對內決策及對外代表權；在同意權說認為此時監察人取代董事長之對外代表權及同意該代表之權限；在建議權說認為此時監察人僅取得建議權，不可拒絕對外代表，僅有提醒董事會該交易行為有疑慮之權限[26]；有認為對於董事自交易行為時，監察人之代表權亦應及於交易決策權，故此等交易無須經董事會決議[27]；亦有主張，此等交易仍須經由原本享有該業務決策權之機關決策後提出，監察人只是立於監督角色僅能決定是否同意對外代表而無交易決策權[28]；而主管

---

[26] 黃清溪教授主編，黃清溪、黃國川、游聖佳等17人著，公司法爭議問題研析—董事，五南，2015年9月，初版，頁149-151。

[27] 最高法院100年度第3次民事庭會議決議；王文宇，論董事與公司間交易之規範，新公司與企業法，2003年1月，頁103-104；何曜琛，未經董事會決議監察人代表公司與董事間交易之效力—最高法院98台上1565，臺灣法學雜誌，第176期，2011年5月15日，頁189。

[28] 紹慶平，監察人的代表權，月旦法學教室，第110期，2011年12月，頁34；黃銘傑，監察人代表權之意涵、目的、功能及行使方式—最高法院100年度台上字第964號、

機關則認為，該條文意旨系在防患董事礙於同事情誼，致有犧牲公司利益之虞，故改由監察人為公司代表，因此不限於締約，議約亦應由監察人代表公司，故應實質審查該法律行為[29]；亦有認為此條文之規定僅係在避免雙方代理之問題產生，至於立法目的所說明之內容，乃係源自於監察人本身之監察權，並非透過本條文之立法而產生決策權，就算監察人本身拒絕代理，亦非是業務決策權之問題，只是基於監察人監察權之消極抵抗。簡言之，若採取建議權說之立場下，則因為不涉及業務經營範圍內，則無討論監察人是否有忠實義務存在之可能性之必要，在同意權說時，尚有需要區分該同意權是否涉及經營權限之範圍，若有認為該同意權之行使相當於否決業務時，會有涉及業務經營範圍，就有討論忠實義務之必要，若認為僅係消極抵抗而不涉及業務時，則無忠實義務之討論必要，若僅係單純建議權就無業務經營之問題，則當然無忠實業務討論之必要。

而外國立法例上，在德國法上，公司面對董事時，由監事會於法庭內及法庭外代表公司（股份法第112條），而監事會於代表公司時，應對所代表進行之事項超然進行判斷，從而不論是代表公司與董事進行訴訟或為其他交易行為時，解釋上監事會對其所代表事項有決策權[30]。在美國法上，依據德拉瓦州公司及模範公司法規定，規範上著重在利益衝突之董事充分揭露資訊給董事會或股東會，若該交易獲得授權、核准或追認，即排除該交易本身對公司造成損害之疑慮，公司即不得主張無效或撤銷，若無充分揭露資訊時倘決議時條件是公平的，公司亦不得嗣後主張無效或撤銷，即使該利益衝突董事出席或參與亦同[31]。在韓國法則規定，在董事與

第1026號判決評析，月旦法學雜誌，第208期，2012年9月，頁220；洪秀芬，監察人對董事自我交易之代表權—最高法院100年度台上字第1672號民事判決評析，裁判時報，第30期，2014年12月，頁32-34。

[29] 經濟部91年12月16日經商字第09102287950號、91年7月4日經商字第09102132160號函釋。

[30] 洪秀芬，監察人對董事自我交易之代表權—最高法院100年度台上字第1672號民事判決評析，裁判時報，第30期，2014年12月，頁32。

[31] 林仁光，談董事與公司交易之規範及監察人代表權之存廢，全國律師，17卷2期，2013年2月，頁53-56。

公司交易之行為，該交易必須先經過董事會之同意，若無董事會同意韓國法院通常都會以維護交易安全為原則，盡量使該交易為有效之交易，董事仍須對公司負損害賠償，且董事會之同意非免除董事責任，僅是解除該交易利益衝突之疑慮[32]。

　　在德國法上之立法例賦予監察人有決策權，而我國學說及實務上亦有贊同此結論之看法，姑且不論在德國法公司組織架構與我國間之不同是否得以類同適用及我國立法目的上之說明是否妥適之問題，首先回歸到當監察人對於業務產生業務決策權時，忠實義務是否在此時對監察人產生規範作用？根據本文上述針對忠實義務之探討研析，可見當公司之內部成員對於公司的業務經營決策產生決定權限，且該權限並非透過授權委任而來時，該內部成員即會有忠實義務之產生，若對我國公司法第223條之解釋亦採取相同解釋時，監察人將會對於該業務產生決策權，此時監察人亦同時將產生忠實義務，因為忠實業務存在本身就是為了處理擁有業務決策及實行權者，在公司利益與個人利益間衝突之解決方式，若監察人本身並無業務決策權，只是透過權限授予方式取得代理或代表權，即其本身之行為規範標準就會回歸到一般委任契約下的善良管理人注意義務，並無忠實義務存在之必要，故若讓監察人擁有業務決策權則忠實義務將有其存在之必要，而適用到我國法之規定，公司法第8條、第23條之規定並無排除監察人，亦即在我國公司法規定下，我國監察人是有忠實義務之明文規定，故若要將公司法第223條解釋為監察人擁有決策權，在我國公司法目前架構下並非全然無配套措施存在，是以在我國公司法第8條、第23條，第223條個別探討下，均為在實務、學界有重大爭議存在之條文，然其互相搭配解釋下並非全然是錯誤，若採取該立論者之解釋亦非全然不可採，亦即針對公司法第8條、第23條規定，其解釋上為針對公司法第223條規定所產生的監察人涉及業務經營時所產生之利益衝突解決方案，將學說、實務上對公司法第223條之解釋造成監察人產生業務經營權，而此時所可能產生之漏洞（即監察人是否有忠實義務之問題）彌補。

---

[32] 林仁光，談董事與公司交易之規範及監察人代表權之存廢，全國律師，17卷2期，2013年2月，頁56-57。

參、結論

在採取公司法第223條解釋下使監察人產生業務經營決策權之立場下，就相對會使監察人產生忠實義務，而我國公司第8條、第23條、第223條之規定，整體觀察解釋下是符合邏輯思考的，雖然可以用忠實義務來解決此時監察人經營業務產生利益衝突時的問題，但亦必須額外思考者是，在一般公司業務經營決策者為董事，此時有監察人替股東為監察，若讓監察人去涉及經營業務，那此時該由何人替股東為監察權之行使等問題產生。且觀察我國監察人之整體規範範疇內，亦無讓監察人涉及業務決策權之產生，是以貿然使監察人產生忠實義務是否妥適仍須慎思，而在例外使監察人產生忠實義務之同時，該忠實義務是否目的性限縮在公司法第223條之範圍下，抑或是因為該法條規定在公司法總則篇之公司法第23條而得以全面適用，其後所造成的影響非小，而整體適用法條解釋之問題妥適性亦將有所疑慮。

在我國公司法架構與德國法並非相同，公司法第223條之立法說明乃係單純監察人固有監察權限之行使，並非額外取得業務經營權之立論基礎下，亦即在我國公司法組織架構下，將業務經營權限除部分重大事項交由股東會決議外，均由董事會為之（公司法第202條參照），監察人之權限並不涉及業務經營方面，且監察人對於業務決策無決定權，就算監察人行使監察權時，認為公司業務經營有所不妥，也只能透過列席董事會、陳述意見等方式表達，也無主動提出訴訟等權限，在在都顯示在我國公司法內容規範上，監察人並無業務決策權，是以在嚴守我國公司法基礎架構立場下，本文肯認公司法第223條並無賦予監察人業務決策權，亦即在我國公司法第223條之解釋下，由監察人代表公司與董事交易行為，只是透過該代表行為促使監察人再次依據監察義務慎思該交易行為是否妥適，並非因而產生業務經營與決策權，其並無拒絕交易之權限產生，亦無造成監察人發生忠實義務之理由存在。故本文見解乃係在公司法第223條採取建議權說，認為此監察人只有消極抵抗權，且在監察人是否應無涉及公司業務之

經營而無忠實義務之適用，我國立法上之不妥適之處，雖在目前法制度上有存在之必要，然為完善整體法制度之健全，有適用修正之必要。

23

論有限合夥與民法合夥暨公司法兩合公司之比較

朱雅雯[*]

壹、有限合夥

一、概述

　　有限合夥（Limited Partnership）主要是由1人以上之普通合夥人（General Partner）及1人以上之有限合夥人（Limited partner）依據合夥契約共同組成，具有法人格之組織體。原則上普通合夥人對有限合夥之債務負無限清償責任，有限合夥人則僅就其出資額為限，對有限合夥負責。

　　有限合夥是一種商業組織型態，由一部分人負責經營，承擔無限責任，另一部分人負責出資，就自身出資額負擔有限責任。早在中古世紀，歐洲南部城市威尼斯，因應海上長程貿易開展，海運需求大增，然而實際從事航運之人，大部分無雄厚資金，有雄厚資金之商人，又不願意負無限責任來經營航運，是故十五世紀左右在該地興起了一種名為「commenda」的商業型態，此型態由兩種型態的人組成，由「commendatarius」負責經營，對外負無限責任，另由「commenator」出資金，並僅在該資金部分負有限責任，讓願意從事海上冒險的人可以及時獲得資金，也讓不想承擔無限責任卻擁有資金的投資人，有投資的標的，這是文獻記載以來，最早的有限合夥組織紀錄。

　　儘管從「commenda」的商業型態到現在的時間不算短，但真正的立法時間卻是一直遲至近年，美國才在1916年通過「統一有限合夥法」，統

---

[*] 臺灣苗栗地方法院法官助理。

一對有限合夥做出標準解釋。英國則是在2000年底擬定「有限責任合夥條例」，日本更晚，在2005年公布「有限責任合夥法」。

二、設立與公示

有限合夥以登記為成立要件，於有限合夥法（以下稱本法）第3條「有限合夥非在中央主管機關登記後，不得成立。」明定其設立登記機關為中央主管機關，依本法第2條之規定為經濟部，採準則主義。有限合夥代表人應備具申請書載明本法第9條事項，並檢附有限合夥契約及相關證明文件，中央主管機關應依其所附文件據以審查，如符合法令規定及程序即應准其登記。藉由登記之公示作用保護交易安全，並取得法人格。

依本法第4條第1款規定，因有賦予有限合夥法人格，故採登記生效主義，屬於要式之法律行為（專指「登記」），惟不可誤會為合夥人所共同成立之「有限合夥契約」屬於要式契約。該有限合夥契約仍是經由各合夥人意思表示合致所成立，因此「有限合夥契約」屬於諾成契約，僅有限合夥法人之成立以登記為生效要件。

有限合夥之成立除經登記外，仍應具備以下三要件：1.一人以上普通合夥人與一人以上有限合夥人；2.出資；3.有限合夥契約。

三、有限合夥之能力

（一）權利能力

有限合夥既為法人，當然享有權利能力，惟因其無自然人之實體，故權利能力在性質上應受限制。有限合夥之權力能力始於有限合夥成立時，即在中央主管機關登記時起有權力能力，於有限合夥清算完結時終了。其權利能力亦受性質上之限制，因其不具自然人實體，因此，凡以性別、年齡、生命、身體及親屬、身分關係等為前提之權利義務，公司蓋不得享受亦無需負擔。

除此性質上限制外，有限合夥與自然人同，不但可以享受財產或負擔

財產上義務，且亦可以享受人格權[1]。

(二) 行為能力

依本法規定，公司有行為能力，應由其代表機關為之，公司之代表機關於其權限範圍內代表公司與第三人所為之行為，在法律上視為有限合夥本身之行為，其法律效果當然歸屬於有限合夥。

有限合夥之代表機關依本法第20條第1項，由全體普通合夥人中互選一人為有限合夥代表人。有限合夥既為法人，則應有對外代表機關，按有限合夥之代表機關係有限合夥組織之一部分，無獨立人格可言，其與公司之關係應屬一元系統關係，與代理迥異，民法無代表之特別規定，故有關代表之事項應類推代理之規定。

(三) 侵權能力

本法第23條規定：「有限合夥負責人執行業務，如有違反法令致他人受有損害時，對他人應與有限合夥負連帶賠償責任。」本條立法理由稱本條係參酌公司法第23條第2項規定而作，此係有關有限合夥之侵權行為能力之規定[2]。

有限合夥代表機關之行為，即是為有限合夥本身之行為，則當有限合夥代表機關之行為若構成侵權行為時，應屬有限合夥之侵權行為，有限合夥即應以侵權行為人之身分對受害人負損害賠償責任。此際，有限合夥既以侵權行為人之身分對受害者負損害賠償責任，本不應再由其機關擔當人即有限合夥負責人對受害者負責，惟因按合夥之業務執行上係由機關擔當人（有限合夥法第4條第4款之人）擔任，本法為防止有限合夥代表人濫用

---

[1] 與公司法第28條相同，有限合夥經登記公示後有民法第19條姓名權。

[2] 我國公司法通說認為，公司法第23條第2項係有關公司侵權行為能力之規定，如柯芳枝，公司法論（上），三民，2013年，7版，頁26；賴源河，實用商事法精義，五南，2015年，12版，頁19；梁宇賢，公司法論，三民，2008年，初版，頁94-97；劉連煜，公司法理論與判決研究（一），自版，1995年，頁37-52；王文宇，公司法論，元照，2016年，5版，頁129-131。

其職權致侵害有限合夥之權益，並使被侵害者多得獲償之機會，故令有限合夥負責人與有限合夥負連帶責任。又本條係規定有限合夥負責人，依本法第4條第4款之規定，負責人包括普通合夥人、經理人及清算人在執行職務之範圍亦為負責人。

本條係侵權行為人之責任，而非僱用人責任（民法第188條第1項本文），故有限合夥不得主張民法第188條第1項但書之免責事由。再者，本條屬於特別侵權行為責任之一種，須另具一般侵權行為之要件始得請求。

四、內部關係

（一）出資義務

有限合夥既為營利組織，由普通合夥人與有限合夥人互約出資之組織，可知合夥人應有出資義務。依本法第14條第1項規定其出資之種類，普通合夥人得以現金、現金以外之財產、信用、勞務或其他利益出資，係參酌民法第667條第2項及公司法第43條之規定；有限合夥人因係單純出資而未實際參與經營，僅得以現金或現金以外之財產出資，係參酌公司法第117條規定。

第14條第1項但書規定一定比例之限制，係因組織之運作等皆須有現金或現金以外之財產使得順利運作，若信用或其他利益之出資超過有限合夥出資之一定比例將使得資金運作不靈活，組織活動窒礙難行。而其比例以總出資額3,000萬劃分為不同標準。依經濟部10402430950號函釋：「有限合夥法第十四條第一項所稱一定比例如下：（一）於有限合夥出資總額未達新臺幣三千萬元時，指信用或其他利益之出資，不得超過出資總額之二分之一。（二）於有限合夥出資總額新臺幣三千萬元以上時，指信用或其他利益之出資，不得超過出資總額未達新臺幣三千萬元部分之二分之一加計出資總額新臺幣三千萬元以上部分之四分之三。」由此可知，勞務出資亦應包含於上述函釋中的其他利益出資[3]。

---

[3] 見經濟部有限合夥問與答第10題：「有限合夥法第14條第1項但書規定及第2項之『一定比例』，按出資額未達新臺幣3,000萬元之有限合夥，以勞務信用出資，不得

(二)財產

有限合夥財產應亦可分為廣狹二義，廣義的合夥財產包括有限合夥資產（積極財產）及債務（消極財產），狹義的有限合夥財產則以合夥資產為限。狹義合夥財產構成的成分為合夥人出資及其他財產，與民法合夥同，合夥人出資之出資，不僅指已為履行之出資，尚包含未履行之出資。而其他合夥財產，即因執行合夥事業所獲得之財產、由合夥財產所滋生之財產，例如因合夥財產所生之天然利息，或因合夥財產所生對於第三人之損害賠償債權等。廣義的合夥財產，則加入有限合夥對外之債務而言。

有限合夥係法人，能獨立為權利主體，因而合夥財產屬有限合夥所有。

(三)出資取回

按本法第18條規定，有限合夥原則係採合夥出資額不得取回，寓有原則禁止現金減資之目的，以保護交易相對人，與公司法資本維持原則有相同目的。

例外於合夥契約有特約且符合本條第2項之程序條件下始得取回合夥人之出資額，應係為維持有限合夥保有其彈性之立法目的與保護合夥債權人之平衡。

(四)出資轉讓

本法第19條規定合夥人之「出資額」得一部或全部轉讓，而「出資額」之轉讓是否同時轉讓其合夥人之身分地位？或僅轉讓其參與盈餘分配及解散時賸餘財產分配之財務上權利？本法未明確規定，容有爭議。

蓋若認出資額之轉讓亦為合夥人地位之轉讓，則轉讓出資額之一部

超過有限合夥出資總額之二分之一；其出資額若達新臺幣3,000萬元，因係經會計師查核簽證之有限合夥，以勞務信用出資之比例可提高為總出資額之四分之三。」問答中最後一句與經濟部10402430950號函釋不一致，應以函釋為準。https://gcis.nat.gov.tw/mainNew/subclassNAction.do?method=getFile&pk=621（最後瀏覽日：06/13/2018）。

時，則生受讓人入夥之效力；轉讓出資額全部，則同時生轉讓人退夥、受讓人入夥之效力。惟有限合夥係一高度人合性組織，合夥人之入夥、退夥等變更應經他合夥人全體或過半之同意始得為之，以維持其合夥人間信賴，且本法第32條、第33條、第34條有關合夥人入夥、退夥之規定並未有出資轉讓而退夥或受讓出資而入夥之規定。是否得據本條而認出資額轉讓生合夥人地位移轉之效力，不無疑問。參見我國民法第683條及公司法第111條規定，即是合夥人地位與股東地位之移轉。

　　按立法理由之說明，本條規定係參照美國德拉瓦州有限合夥法第17-704條規定而來，而德拉瓦州有限合夥法所規定轉讓之標的為「合夥利益」，其僅允許外部人藉由受讓出資額而成為有限合夥之有限合夥人，並不能當然成為普通合夥人。

　　若認為出資額轉讓，其轉讓之標的僅為「合夥利益」，即合夥人盈餘分配請求權及解散時賸餘財產分配請求權之財產上利益，而不直接使受讓人取得成為該有限合夥組織之合夥人資格者，又有其問題所在。本文試以股份有限公司之股東權比擬[4]。股份有限公司股東的法律地位稱之為股東權，股東權不是一個具體單位的權利，而係複數種權利及合體之總稱[5]，通說向來以權利目的之利益性質為分類基準，股東從公司獲取經濟利益目的之權利是自益權，反之，股東參與公司管理營運為目的之權利是共益權[6]。如此分類之結果，股息分配請求權、股票發行請求權、股東名簿名義變更請求權係屬於前者，有股東會表決權、股東會提案權、決議撤銷起訴全係屬於後者。於有限合夥組織下，本法第28條之盈餘分配請求權及

---

[4] 蓋因有限合夥亦屬全體合夥人出資，由普通合夥人執行業務，如同股份有限公司股東出資，而由董事會執行業務，合夥人與股東才是合夥組織與股份有限公司之所有者，其除有盈餘分配等財產權，亦應有組織事務之意思決定權。

[5] 黃清溪，公司法基礎理論—股東會篇，五南，2017年，頁14。

[6] 惟共益權與自益權正確之區分方法應係其機能不同，股東是股份有限公司之所有人，所有人之權能本就存在「收益權能」與「支配權能」兩種，自益權相當於收益權能，即權利行使的效果直接歸屬於股東，而共益權則相當於支配權能，權利行使之效果直接歸屬於公司。詳見：黃清溪，公司法基礎理論—股東會篇，五南，2017年，頁15。

清算後剩餘財產分配請求權即類似通說所言之取得財產性質之自益權，本法第7條之表決權、第27條之帳表查核權等即類似通說所言之共益權。而此類似共益權與自益權之權利，皆係合夥人之權利，係基於合夥人地位而來，自應不許分離而單獨轉讓之，使非合夥人得享有其他有限合夥組織合夥人之權利。

　　本文認為，我國有限合夥法第19條「出資額轉讓」之效果，應與民法第683條、公司法第111條規定效果相同，當合夥人轉讓其出資額予合夥人以外之人時，生他人入夥之效力；當合夥人轉讓其全部出資額予他人時，即生退夥之效力。既出資之轉讓會涉及合夥人地位之更迭，基於有限合夥係人合組織，合夥人間具有高度信賴關係，應於本法第32條入夥規定、第33條及第34條退夥之規定中明文應出資轉讓而入夥或退夥應經他合夥人同意。

（五）會計處理、盈餘分配

　　按本法第27條第1項及同條第3項規定，此兩項係參酌公司法第20條第1項、第2項規定而來。有限合夥若未依相關規定辦理者，依本法第41條規定得處有限合夥代表人新臺幣2萬元以上10萬元以下罰鍰，並得按次處罰。

　　本法第27條第3項所稱「出資額達中央主管機關所定一定數額」其年度財務報表與分送合夥人承認前，應先經會計師查核簽證。依有限合夥法之中央主管機關經濟部之見解，一定數額係指有限合夥之資本額達3,000萬以上[7]。

　　依本法第27條第2項關於其盈餘分配之提起，若有限合夥契約另有規定，則可不受同條第1項每屆會計年度終了之限制。此係允許有限合夥彈性約定其盈餘分配之時間與次數，即係為強化有限合夥組織資金運用即經營彈性之優點，使合夥人兼以有限合夥契約設定多種分配條件，或可加速

---

[7] 見經濟部有限合夥專區問答第13題，https://gcis.nat.gov.tw/mainNew/subclassNAction.do?method=getFile&pk=621（最後瀏覽日：06/13/2018）。

投資者回收資金，減少資金閒置、積壓，或可使有限合夥之資金發揮更大效用[8]。

本法第27條第3項規定即係為避免有限合夥設立時須一次繳足資本，使經濟活動在尚未開展前資本羈押造成投資人退卻，各合夥人得衡酌自身需求，約定分次出資及方式、條件、期限。

（六）決議

本法第7條之規定係參酌公司法第102條規定，使合夥人原則上不論出資額多寡均有一表決權。

本法第7條但書使有限合夥契約得以約定出資額比例多寡分配表決權，然公司法第102條有限公司制度與採取「股份平等原則」之股份有限公司不同，股份有限公司係以「股份」作為單位進行量化，股東按其所持有之股份性質和數額享受平等待遇，採用「一股一表決權」之方式作為平等原則之行使方式；然而有限公司制度僅有股東出資之金額數量，無法將金錢進行單位量化。換言之，股東之權利無法彰顯在其出資額上，故僅得採用以股東身分作為基礎之「股東平等原則」，每一股東因其股東身分所享有之權利、所行使之表決權均相同，故公司法第102條規定：「除章程訂定按出資多寡比例分配表決權外，每一股東不問出資多寡，均有一表決權。」本法第7條但書執行上亦有其限制。

（七）事務之執行

依本法第4條，普通合夥人為有限合夥之當然負責人，因此普通合夥人為業務執行機關；有限合夥之經理人及清算人，在執行職務範圍內，亦為有限合夥負責人，屬於職務負責人。因此，普通合夥人、經理人及清算人，均為有限合夥負責人。

此外，依本法第22條第1項即明定有限合夥負責人於執行業務時，應

---

[8] 曾宛如主編，王志誠、朱德芳、林國彬、邵慶平著，有限合夥法逐條釋義，元照，2016年，初版，頁138。

對有限合夥負忠實義務及善良管理人之注意義務。又依本法第22條第2項規定有限合夥負責人如違反忠實義務或善良管理人之注意義務，為自己或他人為該行為時，經其他合夥人得以過半數之同意，得對有限合夥負責人行使歸入權。

其次，依本法第25條第1項亦明定有限合夥負責人負有競業禁止義務，但得以有限合夥契約解除之。若有限合夥負責人違反競業禁止義務，依有限合夥法第25條第2項規定：「有限合夥負責人違反前項規定，其他合夥人得以過半數之同意，將該行為之所得視為有限合夥之所得。但自所得產生逾一年者，不在此限。」即其他合夥人得以過半數之同意，對有限合夥負責人行使歸入權。

問題在於，普通合夥人違反忠實義務或善良管理人之注意義務，致有限合夥受有損害者，雖應對有限合夥負損害賠償責任，但有限合夥應如何對其追訴，有限合夥法並未設有明文。有學者認為，若有限合夥契約對有限合夥負責人設有責任追訴機制者，本於私法自治及契約自由原則，自應從其約定。又從立法論之觀點，若普通合夥人違反忠實義務或善良管理人之注意義務，有限合夥法應明定代表訴訟制度，以建立責任追訴機制。亦即，應明定有限合夥人得以書面請求其他普通合夥人為有限合夥對該普通合夥人提起訴訟。其他普通合夥人自有該請求之日起，一定期間內不提起訴訟時，有限合夥人得為有限合夥提起訴訟。至於若係經理人違反忠實義務或善良管理人之注意義務，致有限合夥受有損害者，普通合夥人應為有限合夥對該經理人提起訴訟。

再者，依本法第23條規定：「有限合夥負責人執行業務，如有違反法令致他人受有損害時，對他人應與有限合夥負連帶賠償責任。」不僅將普通合夥人、經理人或清算人等有限合夥負責人因執行業務違反法令之行為，評價為有限合夥之不法行為，並規定其應與公司負連帶賠償責任。除上述之內部權責規定外，我國亦有規定關於有限合夥人之安全港條款，蓋有限合夥人原則上不得參與有限合夥業務之執行及對外代表有限合夥（本法第26條第1項），故有限合夥人對於有限合夥因契約、侵權行為或其他原因所生之債務，不負連帶清償責任，僅以出資額為限，對有限合夥負其

責任。

問題在於，若有限合夥人參與或控制有限合夥之經營，是否必須對有限合夥之債務負連帶清償責任，而無法受到有限責任原則之保護，則為應妥適處理之問題。觀諸美國2001年「修正統一有限合夥法」之發展，已不再沿用1985年「修正統一有限合夥法」第303條所揭示之「安全港條款」（safe harbor provision）[9]，摒棄控制原則之理念，而更加放寬有限合夥人受有限責任原則保護之條件，明定有限合夥人即使參與及控制有限合夥之經營，亦不至於因此必須對有限合夥之債務負連帶清償責任。

此外，我國本法並未設有禁止有限合夥人擔任有限合夥之經理人或受僱人之規定，若有限合夥人成為有限合夥之經理人或受僱人，並無與普通合夥人負相同責任之問題，但有限合夥人在下列情形，仍應對有限合夥之債務負連帶清償責任：

1. 有限合夥人有普通合夥人之表見外觀時，應依表見普通合夥人條款，負普通合夥人之責任。亦即，有限合夥人參與合夥業務之執行，或為參與執行之表示，或知他人表示其參與執行而不否認者，縱有反對之約定，對於第三人，仍應負普通合夥人之責任（本法第26條第2項）。應注意者，有限合夥人之下列行為，非屬第1項所定參與有限合夥業務之執行：(1)經有限合夥授權擔任特定事項之代理人；(2)就有限合夥之營

---

[9] 觀諸1985年「修正統一有限合夥法」第303條所設「安全港條款」之適用範圍，有限合夥人於從事下列行為時，並不負普通合夥人之責任：1.擔任有限合夥或普通合夥人之受僱人、代理人，或成為普通合夥人公司內之經理人、董事或股東；2.向普通合夥人就合夥事業之經營提出建議或進行討論；3.成為有限合夥之保證人或就有限合夥之一項或多項債務提供擔保；4.依法律要求或依法允許代替有限合夥對他人提起代位訴訟；5.要求或參加合夥人會議；6.以投票或其他方式對下列事項之一項或多項進行提案、表決贊成或否決：(1)解散或清算有限合夥業務；(2)銷售、交換、租賃、抵押、質押或以其他方式移轉有限合夥全部或實質上的全部財產；(3)在合夥常規業務以外，對外舉債；(4)變更合夥事業所經營業務之性質；(5)普通合夥人之入夥或除名；(6)有限合夥人之入夥或除名；(7)普通合夥人與該有限合夥事業或有限合夥人間有現實或潛在利益衝突之交易；(8)合夥協議或有限合夥章程之修正；(9)其他未列舉，但書面合夥協議明定可由有限合夥人贊成或否決之事項；7.依第803條清算有限合夥；8.行使其他依法許可而未具體例示之權利或權力。Unif. Ltd. P'ship Act 303(b) (1985).

業、業務及交易，僅提供諮詢或建議之意見（有限合夥法第26條第3項第2款）；(3)擔任有限合夥或普通合夥人之保證人，或為其提供擔保（有限合夥法第26條第3項第3款）。問題在於，未來若有限合夥人利用成立公司之方式，以公司名義擔任普通合夥人，進而實質控制有限合夥之業務經營，是否仍能主張有限責任原則之保護，則有待司法實務之發展。

2. 由於有限合夥負責人執行業務，如有違反法令致他人受有損害時，對他人應與有限合夥負連帶賠償責任（本法第23條），因此當有限合夥人擔任有限合夥之經理人或清算人等有限合夥負責人時，如其執行業務有不法行為時，即對他人應與有限合夥負連帶賠償責任。

(八) 監督機制

有限合夥法並無法定監督機關之設置，而僅藉由有限合夥人之查閱權、合夥人之財務報表閱覽權、主管機關之檢查權及會計師之簽證等方法，以建構有限合夥之監督機制。

查本法關於有限合夥人之監督機制，參考公司法第118條及民法第706條規定而定有本法29條；復參酌公司法第210條酌定本法第30條；亦有罰則即本法第42條之規定。

五、外部關係

(一) 代表

1. 有限合夥代表人

有限合夥既為法人，則應有對外代表機關，依本法第4條第5款及本法第20條第1項規定，可推論有限合夥代表人為有限合夥對外代表機關，且僅選中一人，知其為單獨代表制。按有限合夥之代表機關係有限合夥組織之一部分，無獨立人格可言，其與公司之關係應屬一元系統關係，與代理迥異[10]。

---

[10] 代理與代表之差別：代表是代表機關董事長為公司之目的所為意思表示，依照所表示之代表意思的指向，成為公司自身的意思表示，因此公司自身是行為者成立自為

　　有限合夥之代表人因係普通合夥人之一,自須具備普通合夥人應具備之資格,並受本法第5條負責人之消極資格之限制。再者,按本法第8條規定公司得為有限合夥之普通合夥人,而其是否可依普通合夥人互相選任後成為有限合夥之代表人?有限合夥之機關並無人格,若由公司為有限合夥之代表人,則另需指定代表人行使職務,不免疊床架屋之不必要,本文認為為使有限合夥代表機關之擔當人應為實體能對外代表有限合夥為行為,應由自然人擔任為妥適。

　　在現今交易頻繁的社會之下,代表人之地位十分重要,當其因故不能行使職權時,其職務自需有人代理。按本法第20條第2項規定,有限合夥代表人之代理有經代表人指定者與依法互推之區分,且皆必須為普通合夥人始足當之,有限合夥人則不予焉。前者應解為代理人在有有限合夥代表人授權範圍內,有代理有限合夥代表人之權;後者,則應解為凡有限合夥代表人依法應有之職權均得代理。

　　若有限合夥僅設有一普通合夥人,其當然為有限合夥之代表人,當其因故不能行使職權時,即無法指定其他普通合夥人代理。有學者認為一旦代表人因故不能行使職權,或有其他過半數普通合夥人之同意之任何事由或時點,均得直接選任新的代表人,而不應使代表人有指定代理人之權限[11];亦有學者認為此時應類推適用非訟事件法第64條[12],有關法人董事

的法律行為。但是,代理(依據代理行為說通說的說法)則不同,代理人所為意思表示,終極還是代理人本身的意思表示,不視為本人的意思表示,該意思表示構成法律行為,依然是代理人的法律行為,不構成本人的法律行為,本人只是成為代理人所為法律行為效果歸屬之當事人而已,所有的法律效果依據代理意思的指向,直接由本人承受。參見黃清溪,公司法基礎理論—董事篇,五南,2016年,頁53之註1。

[11] 因其認為本項之代理人適格的被選舉人數量有限,因此對設定指定代理人之制度存有疑義。詳見:曾宛如主編,王志誠、朱德芳、林國彬、邵慶平等著,有限合夥法逐條釋義,元照,2016年,初版,頁105。編按:此部分應為曾宛如老師之見解。

[12] 非訟事件法第64條:「法人之董事一人、數人或全體不能或急於行使職權,或對於法人之事務有自身利害關係,致法人有受損害之虞時,法院因主管機關、檢察官或利害關係人之聲請,得選任臨時董事代行其職權。但不得為不利於法人之行為(第1項)。法院為前項裁定前,得徵詢主管機關、檢察官或利害關係人之意見(第2

一人、數人或全體不能或怠於行使職權時，法院因主管機關、檢察官或利害關係人之聲請，得選任臨時董事代行其職權之相關規定[13]。本文認為若代表人非永久性或長期性不能為代表，應允其指定代理人，若代表人係長期性不能為代表，普通合夥人應得直接選任新代表人。

2. 代表人與有限合夥間為法律行為之規範

　　本法第24條規定為本法對有限合夥代表人與公司間為法律行為時之規範[14]。有認為本條係基於利益迴避原則，擔心有限合夥代表人若代表有限合夥與自己為法律行為時，代表人難免會因私利損害有限合夥利益，而有保護之必要。惟本文以為本條係雙方代理禁止之規定。蓋本法第21條規定：「有限合夥業務之執行，除有限合夥契約另有約定者外，取決於全體普通合夥人過半數之同意。」有限合夥之業務經營應以全體普通合夥人過半數之同意，代表人應依全體普通合夥人之決議向外為代表行為，而非代表人一人決定事務之執行並對外代表，自無利益衝突之問題。甚至在普通合夥人僅有一人時，由有限合夥人過半同意互選一人為代表，此時普通合夥事務仍係由普通合夥人一人決定，由此可知本條並非為利益迴避所設。

　　按民法第106條規定，我國民法原則上禁止雙方代理，因契約當事人利害互異，其代理人若公正者甚難自處，而代理人狡黠者不免厚己薄人，故法律為保護本人之利益遂設有禁止之規定[15]。而違反雙方代理之效力，有認為應係效力未定，因本條非強行規定，違反者僅成為無權代理之問

項）。法院得按代行事務性質、繁簡、法人財務狀況及其他情形，命法人酌給第一項臨時董事相當報酬；其數額由法院徵詢主管機關、檢察官或利害關係人意見後定之（第3項）。」

[13] 曾宛如主編，王志誠、朱德芳、林國彬、邵慶平著，有限合夥法逐條釋義，元照，2016年，初版，頁26。編按：此部分應為王志誠老師之見解。

[14] 公司法中亦又類似之規定，如第59條：「代表公司之股東，如為自己或他人與公司為買賣、借貸或其他法律行為時，不得同時為公司之代表。但向公司清償債務時，不在此限。」、第223條「董事為自己或他人與公司為買賣、借貸或其他法律行為時，由監察人為公司之代表。」

[15] 鄭玉波，民法債編各論（下），三民，1995年，16版，頁305。

題，如經本人事後承認自仍有效[16]，係尊重當事人代理權授與之展現，自本條文義解釋觀之，亦是如此。惟本文以為契約乃以有當事人二人以上之對立意思表示為必要，代理所為之意思表示係以代理人為主而非本人之意思表示，對於代理人來說，是無法同時存在對立之意思表示。即雙方代理係代理人一人而兼雙方當事人之意思表示，於契約本質不合，故雙方代理之效果應為無效。

有限合夥法並未明文規定違反第24條之效力為何，若依通說認為係無權代理，則非經有限合夥認對其不生效力，又有限合夥之承認，解釋上應經全體合夥人同意，以符合有限合夥之人合性質。

3. 簿冊之備置

本法第30條規定係為顧及債權人及合夥人之權益，參酌公司法第210條第1項、第2項及商業會計法第69條規定而來。

(二) 監督

本法並無法定監督機關之設置，而僅藉由有限合夥人之查閱權、合夥人之財務報表閱覽權、主管機關之檢查權及會計師之簽證等方法，以建構有限合夥之監督機制。前已論述有限合夥人之監督機制，此論主管機關之外部監督。有限合夥負責人規避、妨礙拒絕主管機關檢查有限合夥業務及財務狀況時，依本法第31條、第40條訂有罰則。此規定亦係參考公司法第21條而來。

六、變更

(一) 入夥

有限合夥有其人合性，本法第32條第1項訂有其入夥之規定，依立法

---

[16] 採雙方代理者為通說，我國實務亦採之。見最高法院85年台上字第106號判決「禁止雙方代理旨在保護本人之利益，依民法第一百零六條前段規定，代理人經本人許諾，得為雙方代理之法律行為。禁止雙方代理之規定，既非為保護公益所設，自非強行規定，如有違反，其法律行為並非無效，經本人事後承認，仍生效力。」鄭玉波，民法債編各論（下），三民，1995年，16版，頁306。

理由，本條係參酌民法第691條第1項規定，合夥人之加入應經其他合夥人同意，亦展現其高度人合性之特質。

本條對於普通合夥人與有限合夥人之區別規範，依據為何，自立法理由不得而知，若依其所稱係參酌民法第691條第1項規定，則不論新加入者欲成為有限合夥人或普通合夥人，均應得全體合夥人之同意。此外，如前所述，學說上認為民法第691條非強行規定，如合夥契約另訂定，得由多數合夥人決議允許他人入夥，亦無不可。若參考此一解釋，本法第32條亦應解為任意規定，尊重當事人的契約自由或許更為妥適[17]。

本法第32條第2項規定係參酌公司法第61條無限公司股東之加入，以及民法第691條第2項對於合夥人加入，採取對於加入前公司或合夥之債務亦應負責之模式，顯然係為保障有限合夥之債權人。

(二) 退夥

在有限合夥組織中，有關合夥人退夥之規定，亦如民法退夥規定般，有法定退夥事由與非可歸責於合夥人之退夥兩種方式。

在人合性組織中，組織成員之個人特質與信用較為重要，因此當組織成員無法執行職務或喪失其他合夥人對其之信賴時，法律即規定該成員應脫離組織，喪失其組織成員地位。本法第33條為法定退夥事由，同本條立法理由所述，本條第1項規定普通合夥人退夥事由係參考公司法第66條第1項無限公司股東退股事由，及民法第685條、第687條而來。

惟相較於民法所規定之合夥人法定退夥事由，本條之規定似乎較為嚴格，蓋本條對於普通合夥人死亡而退夥之規定，並未設有「契約訂明其繼承人得繼承者，不在此限」的但書[18]。

而本條第2項係除名規定，除名係指有法定事由時，違反特定股東意思，而剝奪其股東地位，使之絕對喪失股東地位[19]。除名係於高度人合組

---

[17] 王志誠，論有限合夥之治理構造，月旦法學雜誌，第248期，2016年，頁10。

[18] 曾宛如主編，王志誠、朱德芳、林國彬、邵慶平著，有限合夥法逐條釋義，元照，2016年，初版，頁158。

[19] 柯芳枝，公司法論（上），三民，2013年，7版，頁104。

織中，始有其存在可能，依本項之規定，其必須有違反忠實義務、善良管理人注意義務、競業禁止、自我交易禁止等規定，且必須情節重大或致嚴重損害有限合夥之利益，方能滿足其除名事由，尚需有三分之二以上普通合夥人同意，才能完成除名程序。

另外，本條仿效公司法之規定普通合夥人之退夥事由，其缺漏當公司依本法第8條為普通合夥人時之退夥事由。因公司法第13條明文規定公司不得為無限公司股東或合夥事業之合夥人，故公司法第66條無限公司之退夥規定係完全針對自然人而設，我國立法時似乎忽略了本法第8條特別允許公司得為有限合夥之普通合夥人規定，期後立法增列之（例如普通合夥人解散[20]）。

其次，本條所規定之退夥主體為普通合夥人，關於有限合夥人之法定退夥事由則付之闕如，立法理由謂：「至於有限合夥人，如期可適用民法合夥之規定並應予退夥，自可發生退夥之效力。」應解為有限合夥契約若有仿效或採用民法合夥規定加以約定之情形，適用上較為合理[21]。

至於非可歸責於合夥人之重大事由而退夥之規定，於本法第34條訂有明文。雖係參酌公司法第124條規定，但公司法第124條係針對有限責任股東，本條則包含普通合夥人與有限合夥人。

七、解散、清算

（一）解散

關於有按合夥之解散可分為法定事由解散與裁定解散。

本法第35條即為法定事由解散之規定，有限合夥因一定情事發生，應為解散，本條係參酌公司法第71條及民法第692條規定而訂定解散事由。有限合夥並非一般之社團法人，以永續經營為其目的，當有限合夥契約約

---

[20] 曾宛如主編，王志誠、朱德芳、林國彬、邵慶平著，有限合夥法逐條釋義，元照，2016年，初版，頁161。

[21] 曾宛如主編，王志誠、朱德芳、林國彬、邵慶平著，有限合夥法逐條釋義，元照，2016年，初版，頁163。

定解散事由發生或有限合夥存續期間屆滿時，即應予解散以維持其合夥契約本旨，惟經合夥人全體同意時當可繼續經營。

而按本法第6條第1項之規定，有限合夥應由1人以上之普通合夥人與1人以上之有限合夥人組成，若有限合夥中已無普通合夥人或以無有限合夥人時，即屬人數不足解散之情形。此時，若經合夥人全體同意，得加入普通合夥人或有限合夥人後繼續經營。

當有限合夥之經營，有顯著困難與重大損害時，依本法第16條規定聲請裁定解散。此係參酌公司法第11條規定而來，惟在司法實務運作上，因其對裁定解散採取相當審慎之立場，准予裁定解散者十分少見。未來法院對本條是否亦採嚴格立場，不得而知[22]。

（二）清算

為保障債權人及合夥人之權益，本法第36條參酌公司法第24條及第26-1條定有清算之規定，當有限合夥解散、撤銷或廢止登記後，應進行清算。若有限合夥係因破產而解散者，則須依破產程序處理，不依本法進行清算程序。

本法第36條之立法理由有明文，因有限合夥清算之執行與兩合公司類似，即參酌公司法第127條規定，明定其清算程序應由全體普通合夥人為之。更於本條第4項規定其準用公司法無限公司清算之規範保障有限合夥債權人及合夥人。

貳、與民法合夥之比較

一、合夥關係之成立

依有限合夥法第3條規定，因有賦予有限合夥法人格，故採登記生效

---

[22] 曾宛如主編，王志誠、朱德芳、林國彬、邵慶平著，有限合夥法逐條釋義，元照，2016年，初版，頁82。

主義，屬於要式之法律行為（專指「登記」），惟不可誤會為合夥人所共同成立之「有限合夥契約」屬於要式契約，該有限合夥契約仍是經由各合夥人意思表示合致所成立，因此「有限合夥契約」屬於諾成契約，僅有限合夥法人之成立以登記為生效要件。

民法合夥是合夥人共同出資經營一定事業而成立之契約，屬於諾成契約（民法第667條第1項），此於隱名合夥契約亦同。

二、內部關係

(一) 構成員責任

依有限合夥法第4條第2、3款規定，有限合夥區分普通合夥人與有限合夥人，前者就合夥財產不足清償部分負無限及連帶責任，後者僅就其出資額負有限責任，此點與隱名合夥人相同（民法第703條）；而民法合夥依民法第681條，全體合夥人於合夥財產不足清償債務時，就其固有財產負連帶責任，係負無限責任。

(二) 出資財產歸屬

依有限合夥法第4條第1款「有限合夥：指以營利為目的，依本法組織登記之社團法人。」故出資財產屬於「有限合夥社團法人」所有。

而民法合夥，依民法第668條，各合夥人之出資及其他合夥財產，為合夥人全體之公同共有；隱名合夥則依民法第702條，隱名合夥人之出資，其財產權移屬於出名營業人。

(三) 事務執行權

有限合夥最重要者，事物執行權專屬於普通合夥人（有限合夥法第21條）；有限合夥人則僅有出資義務，而無業務執行權（有限合夥法第26條第1項），據此，可看出普通合夥人對有限合夥享有主導地位。此點與隱名合夥人相同（民法第704條第1項）；又有限合夥人負有表見普通合夥人責任（有限合夥法第26條第2項），隱名合夥人亦負有表見出名營業人責

任（民法第705條）。

　　民法合夥，合夥之事務，除契約另有訂定或另有決議外，由合夥人全體共同執行之。合夥之事務，如約定或決議由合夥人中數人執行者，由該數人共同執行之（民法第671條第1、2項）。又合夥之通常事務，得由有執行權之各合夥人單獨執行之。但其他有執行權之合夥人中任何一人，對於該合夥人之行為有異議時，應停止該事務之執行。（民法第671條第3項）。

(四) 盈餘分派之限制

　　依有限合夥法第28條設有盈餘分派之限制，民法合夥則無明文規定。

三、對外關係

(一) 代表人

　　依有限合夥法第20條第1項，有限合夥，除有限合夥契約另有約定外，應由全體普通合夥人過半數之同意，互選一人為有限合夥代表人，因有限合夥為法人，故此之代表人是指法人之代表制度。

　　至於民法第679條規定，合夥人依約定或決議執行合夥事務者，於執行合夥事務之範圍內，對於第三人，為他合夥人之代表，蓋民法合夥並非法人，故「為他合夥人之代表」實指其他合夥人之代理人[23]。

(二) 損害賠償責任

　　有限合夥法第23條規定，有限合夥負責人執行業務，如有違反法令致他人受有損害時，對他人應與有限合夥負連帶賠償責任。立法理由為係仿

---

[23] 民法第679條立法理由：「查民律草案第八百十條理由謂合夥非法人，故無代表機關，此不待明文而知者也。然依合夥契約有執行合夥業務權之合夥人，於不違反契約委任本旨執行合夥事務之範圍內，應於執行權外，並與以代理權，於實際最便。此本條所由設也。」

公司法第23條第2項之規定[24]。為有限合夥既為法人，應依民法第28條即可解決法人之侵權行為。

　　民法合夥並非法人，合夥人執行事務侵害第三人之權利，依侵權行為解決即可，惟最高法院基於合夥之團體性，類推適用民法第28條[25]。

(三) 雙方代表

　　有限合夥既為法人，則其代表人與有限合夥交易，自發生自己代表及雙方代表之問題，因此，有限合夥法第24條規定，由其他普通合夥人過半數之同意，互選一人為有限合夥之代表；普通合夥人僅一人時，由有限合夥人過半數之同意，互選一人為有限合夥之代表。

　　民法合夥執行事務之合夥人，依民法第679條規定為其他合夥人之代理人，如前所述。因此，若執行事務之合夥人與合夥團體交易，即係與其他合夥人為交易，同時發生「自己代理及雙方代理（民法第106條）」之問題，此時，依民法第106條前段規定「代理人非經本人之許諾，不得為本人與自己之法律行為，亦不得既為第三人之代理人，而為本人與第三人之法律行為。」應得本人及其他合夥人之許諾，始可為之。

---

[24] 關於公司法第23條第2項之爭議，應解為「負責人對公司債務不履行，致第三人受損害，第三人請求公司負連帶責任之請求權基礎」。

[25] 最高法院103年度台上字第115號民事判決：「按執行業務之合夥人因執行合夥事務侵害他人之權利致他人受損害者，合夥應對該人負賠償之責任。又合夥人之出資及其合夥財產，為合夥人全體之公同共有，合夥財產之處分，非經合夥人全體同意，不得為之，執行業務之合夥人倘未得合夥人全體同意，擅自處分合夥財產，即屬侵權行為，對於其他合夥人因此所受損害，應負賠償責任。原審既認懷生重劃會會員與會員間之法律關係為合夥，該會理事長即被上訴人吳正憲未經會員大會授權擅自處分系爭抵費地，則能否謂上訴人不得依侵權行為之規定請求被上訴人賠償其所受損害，自滋疑問。原審謂上訴人不得依上開規定為請求，已有可議。次查非法人之團體雖無權利能力，然日常用其團體之名義為交易者比比皆是，民事訴訟法第四十條第三項為應此實際上之需要，特規定此等團體設有代表人或管理人者，亦有當事人能力。所謂有當事人能力，自係指其於民事訴訟得為確定私權之請求人，及其相對人而言。是非法人之團體因上開相同情事侵害他人權利時，除法律明文排除外，自應認其有侵權行為能力，庶免權利義務失衡。」

四、變更

(一) 退夥

　　有限合夥法第33條係針對普通合夥人所為之法定退夥事由，蓋普通合夥人負無限責任，且對於執行事物握有主導權，故設有較嚴格之法定退夥要件。

　　至於負有限責任之有限合夥人，依有限合夥法第34條第1項，合夥人遇有非可歸責於自己之重大事由，得經其他合夥人過半數之同意後退夥。依文義包括普通合夥人，又普通合夥人退夥後，對於其退夥前有限合夥所負債務，仍應負責（有限合夥法第34條第2項）。

　　民法合夥人均負無限責任，民法第687條設有嚴格之法定退夥事由。至於不定期限之合夥契約，不若定期限之合夥契約有極力成就事業之目的，因此民法第686條第1、2項規定合夥人得聲明退夥，同條第3項另就定期限之合夥設有例外規定。

(二) 入夥

　　為尊重普通合夥人之主導權，有限合夥法第32條第1項規定，有限合夥人之加入，除有限合夥契約另有約定者外，應經全體普通合夥人之同意；至於普通合夥人之加入則影響合夥事業甚深，依同條項後段，普通合夥人之加入，應經全體合夥人之同意。民法之合夥重視人合性，依民法第691條，非經合夥人全體之同意，不得允許他人加入為合夥人。有限合夥法第32條立法理由指出：「一、有限合夥有其人合性，爰參酌民法第六百九十一條第一項規定，明定除有限合夥契約另有約定者外，有限合夥人之加入，應經全體普通合夥人之同意；普通合夥人之加入，應經全體合夥人之同意。二、參酌公司法第六十一條規定於第二項明定加入有限合夥為普通合夥人者，對於未加入前有限合夥已發生之債務，亦應負責等語。」

（三）契約內容之變更

民法合夥依民法第670條第2項但書「但關於合夥契約或其事業種類之變更，非經合夥人全體三分之二以上之同意，不得為之。」應由合夥人全體三分之二以上同意為之。但有限合夥法就此無明文規定，依契約法理，應由全體合夥人同意始得變更。惟此似乎與有限合夥法強調契約彈性之規範目的不符，立法論上應做調整，應依多數決為之，或交由合夥事業之主導主體普通合夥人為之。

五、解散、清算

有限合夥之解散、清算分別規定於有限合夥法第35條、第36條。其中第36條第5項規定有限合夥若有賸餘財產，準用公司法無限公司之規定，即公司法第91條「賸餘財產之分派，除章程另有訂定外，依各股東分派盈餘或虧損後淨餘出資之比例定之。」民法合夥關於解散、清算、賸餘財產分配規定於民法第692條、第694條、第695條、第696條、第698條、第699條、第687條。

參、與兩合公司比較

一、與公司法之不同

（一）法人依法得為普通合夥人

依公司法第13條第1項對於公司轉投資對象，限制公司不得為合夥事業之合夥人，其立法意旨係因為防止公司之合夥事業之合夥人，於公司或合夥人之資產不足清償債務時，須負連帶無限清償責任，雖當公司為普通合夥人或合夥人須負無限清償責任時，仍係以公司資產負「有限責任」，

惟此恐有害於股東和債權人之權益[26]，仍為公司法所禁止。依經濟部[27]之函釋，若公司投資於外國有限責任合夥，如僅以其出資額為限，對「有限責任合夥」負其責任，則與公司法13條第1項前段規定無違。而於有限合夥法中則排除公司法第13條第1項之限制，法人得為有限合夥之合夥人，且法人亦得依法為普通合夥人者，須指定自然人代表執行業務（有限合夥法（下稱同法）第8條第1項；同法第6條第2項前段），係較公司法賦予有限合夥於投資上更多之彈性與多元化的可能。

(二) 有限合夥法之出資方式及收益分派較公司法有彈性

依有限合夥法第14條第3項之規定「合夥人應以有限合夥契約約定各合夥人出資額，並得約定分次出資及其方式、條件或期限等。」及同法第27條第2項「盈餘分配或虧損撥補議案之提起，得以有限合夥契約另為約定，不受前項每屆會計年度終了之限制。」相較於公司法對於出資可知合夥人可衡量分次出資，避免資金積壓，又同法第28條第2項「有限合夥分配盈餘，應依有限合夥契約之約定；有限合夥契約未約定者，依各合夥人出資額比例分配。」允許合夥人得自行約定盈餘分派方式，且無如公司法之規定，須一年分派一次盈餘為限，此亦即可透過約定提高普通合夥人之分配比例，此盈餘分派方式更為靈活

二、與兩合公司之比較

有限合夥之架構與兩合公司有其相類似之處，兩者也皆為偏向人合性商業組織，惟然仍有些許差異，茲就其差異為以下之分析：

---

[26] 劉連煜，現代公司法，新學林，2012年，8版，頁85。

[27] 參閱經濟部民國75年10月7日經商字第44315號函：「查公司法第十三條第一項前段規定『公司不得為他公司之無限責任股東或合夥事業之合夥人』，其立法原意係因公司無限責任股東或合夥事業之合夥人對於公司或合夥事業之資產不足清償債務，須負連帶清償責任（公司法第六十條、第一百十四條第二項、民法第六百八十一條），如准公司投資恐有害股東和債權人權益。本國公司投資於外國『有限責任合夥』，如僅以其出資額為限，對『有限責任合夥』負其責任，當與公司法第十三條第一項前段規定無違。」

(一) 發起設立

兩合公司之設立，至少須有1人以上之無限責任股東及1人以上之有限責任股東，又該無限股東僅限於自然人，而有限責任股東並無此限制（公司法第2條第1項第3款、第115條準用第40條第1項）；於有限合夥之構成員及責任與兩合公司相同，但在有限合夥法中，為了增加組織成員的多元性及利於籌資，放寬規定，使法人亦得為普通合夥人，負連帶清償責任（有限合夥法第6條第1項）。

(二) 內部關係

兩合公司之內部關係，原則仍受公司法之規範，制訂章程，因此缺乏彈性；而有限合夥之內部關係，承前所述，本質源於合夥契約之約定，其得以約定出資、盈餘分派等，相對於前者，則具有較多的彈性。

(三) 存續期間與解散清算

兩合公司係依據公司法規定設立之公司類型，以永續經營為原則，其解散、清算均依公司法之規定，且需經過司法程序，程序繁雜；相對於有限合夥之成立，設立登記時，若其有約定存續期間，則應載明並登記之（有限合夥法第9條第1項第6款），甚至亦得於有限合夥契約中約定解散事由，於存續期間屆滿或約定解散事由發生時，則解散，雖其清算成準用公司法無限公司清算之規定（有限合夥法第36條第5項），但相比之下，程序較為簡易，符合具有目的性、階段性經營方式的需求。

(四) 出資轉讓

在兩合公司偏向人合公司之特性下，若有限責任股東欲以其出資全部或一部轉讓於他人，應經無限責任股東過半數之同意，才得以轉讓於他人（公司法第119條第1項）；而有限合夥之合夥人，則得依有限合夥契約之約定，或經其他合夥人全體同意，轉讓其出資之全部或一部於他人，因此鑑於有限合夥的本質為合夥契約，因此，有限合夥的出資轉讓方式，除

了需經其他合夥人全體同意之部分與兩合公司之規定相似外，仍可以選擇以有限合夥契約約定降低同意之比例，相形之下兩合公司之規定則較為僵化。

(五) 出資方式

兩合公司之無限責任股東準用無限公司規定，因此得以現金、財產、信用、勞務及其他權利為出資（公司法第115條準用43條），其有限責任股東則僅得以現金出資；有限合夥的普通合夥人之出資方式與前述之無限責任股東相同，在有限責任股東之出資方式得以現金或現金以外之財產出資，則較前述之有限責任股東多元化，僅限定若以信用獲其他利益出資，不得超過有限合夥出資總額之一定比例。

(六) 退夥事由及除名

公司法就兩合公司之不履行出資義務或有不當行為，妨害公司利益之有限責任股東，規定得經全體無限責任股東同意，將其除名[28]（公司法第125條），其無限責任股東之除名則準用無限公司規定（公司法第115準用第67條），但有限合夥法中僅就普通合夥人設有法定除名之規定，亦即若有同法第5條當然除名事由，則當然除名，而若係違反忠實、善良管理人注意義務、違反有限合夥契約約定之競業禁止，且情節重大者；或有限合夥代表人為與有限合夥有利害衝突之行為或怠忽職守，致嚴重損害有限合夥之利益者，則應經由普通合夥人三分之二以上同意，才得以除名（有限合夥法第33條）。

此規範或許係因在有限合夥事業中，僅普通合夥人具有業務執行權，而就普通合夥人設有除名規定，然若有限合夥人未依契約履行出資義務時，使有限合夥組織難以獲得充分之資金時，是否得將其除名，在有限合夥法並未有規定，如此將產生例如：僅有一名普通合夥人及一名有限合

---

[28] 所謂除名，係有法定事由時，違反特定股東之意思，而剝奪其股東之地位，使之絕對喪失股東之地位。曾宛如主編，王志誠、朱德芳、林國彬、邵慶平著，有限合夥法逐條釋義，元照，2016年，初版，頁99。

夥人構成之有限合夥事業組織，於該有限合夥人未能於成立之初履行約定之出資義務時，將使得於申請設立時，難以符合應檢附之相關證明文件所應記載之「分次繳納出資者，為設立時之實際繳納數額」（有限合夥法第9條第1項第5款），且若該申請設立登記之出資額已符合同法第14條第4項規定，應經會計師查核簽證之要件時，縱使送經會計師查核，亦會產生未能查核通過之結果，如此若未能將該不履行出資義務之有限合夥人除名，另尋其他有意投資成為有限合夥人之投資者時，則會影響有限合夥組織之成立，因此，就此部分，似有漏未規定之缺失。另外，本條之立法理由明示係參酌公司法第123條第2項規定，亦即兩合公司之有限股東死亡時，其出資歸其繼承人，換言之，不會因為死亡而退股，但在本條排除有限合夥人適用，其理由何在難以理解，對此，本文認為，為彌補之缺失，得以類推適用公司法第123條第2項，以解決此問題。

有限合夥法僅規範普通合夥人的退夥事由（有限合夥法第33條），若普通合夥人為自然人，自然會發生其列舉之死亡、受破產、監護或輔助宣告等事由，但若該普通合夥人為法人時，不可能發生上述的情況，因此，本條文未考慮到法人為普通合夥人之情形，本文認為未來應修法增列關於普通合夥人之法定退夥事由。

有限合夥之退夥事由，除依據法定或有限合夥契約約定外，亦參酌公司法第124條規定，在本法第34條第1項規定，合夥人有非可歸責於自己之重大事由，得經其他合夥人過半數之同意後退夥。針對此規定，公司法第124條僅係在規範有限責任股東，但在本法第34條第1項則是規定「合夥人」，此不限於有限合夥人，當然也及於普通合夥人，且鑑於私法自治精神，使其得以透過契約約定，就退夥權限加以限縮或擴張。

肆、結論

在現今國際競爭力相對提升的經濟知識時代裡，我國立法者試圖建立除了民法合夥與公司法所訂的公司組織型態以外的經營模式，期能結合

各經營型態之優點，並參考外國立法例而產生了以合夥與兩人公司綜合體為骨肉，法人為外衣的有限合夥。惟此介於民法合夥、隱名合夥與公司法兩合公司間之制度是否有其存在之必要？綜上所述，有限合夥為人合性團體，成員間以有限合夥契約規定其權利義務，新成員入社與退社，雖係與有限合夥成立入社契約，但入社後與有限合夥間之權利義務規範又是回到有限合夥契約，如民法合夥有新合夥人欲入夥時，其除與全體合夥人成立入社契約，復成立一合夥契約使新入夥之合夥人受合夥契約規範，無有如法人之章程得約束所有構成員；有限合夥人與民法隱名合夥之隱名合夥人同，不得參與業務之執行，亦不得對業務之執行加入討論，而僅有簿冊檢查權，可知其本質仍為人合性之合夥團體。且就其構成員所負之權利義務關係，係與民法隱名合夥較為相似，有限合夥之普通合夥人與隱名合夥之出名營業人同負無限清償責任，對於合夥之事務有執行權；而有限合夥之有限合夥人與隱名合夥之隱名合夥人同，僅負出資義務、有限責任與簿冊檢查權，而無執行合夥事務之權。兩者較為不同者係權利義務之歸屬，因法律賦予有限合夥法人格，故有限合夥可單獨為權利義務主體，財產歸屬於有限合夥，而隱名合夥之財產係屬於出名營業人公同共有。

有限合夥組織形式雖與兩合公司有類似之處，但仍有基本本質上之差異，例如兩合公司屬於公司法的公司型態，其內部及外部關係均需依據公司法之規定，難以如同有限合夥組織具有彈性及多樣化的運作方式，也難以以契約約定放寬或限縮公司法所規定之事項，且公司係為長久存在永續經營為目的，有限合夥係存續期間彈性，甚至係為了短期投資或營利的組織形態存在。

本文建議，應將有限合夥法之法人格去掉，使其回歸民法合夥之法理，修訂民法中隱名合夥之相關規定，將有限合夥制度至於其中，不僅同時可解決我國隱名合夥之困境，亦可使有限合夥之內部與外部關係更臻明確，發揮更大效益。惟我國討論有限合夥之修法自2004年起已有十年之久，雖在2015年無預警三讀通過，非學界所料，但畢竟有限合夥制度已成立一專法，若要廢除專法在實務面恐怕也非易事。若能在現有專法下，將其法人格去除，以普通合夥人與有限合夥人為其權利主體，訴訟法上依民

事訴訟法第44條第3項有限合夥團體在訴訟法上有當事人能力，使其保有商業交易與程序法上之便利，不會與法人之基本必要條件相背離，甚而與兩合公司混淆，既維持有限合夥法之優點，亦不會與法制扞格。

另外，從新制商業組織的角度觀察臺灣既有的公司制度狀況，在2018年6月經濟部所公布的公司登記資料統計中，公司登記總計66萬餘家，股份有限公司登記總計15萬餘家，有限公司50萬餘家，占絕大部分公司登記種類，相較於兩合公司與無限公司分別只有11家與19家而已；而有限合夥登記亦僅有23家[29]；易言之，不同公司或營業型態間的數字差異懸殊，即顯示出與有限合夥制度相近的兩合公司與有限合夥皆未受國人青睞之事實。而如何提升國人選擇這新型的商業組織，則有賴觀察實務之發展再做進一步之研究。

---

[29] 經濟部商業司全國工商入口網站：http://gcis.nat.gov.tw/mainNew/subclassNAction.do?method=getFile&pk=620（最後瀏覽日：04/18/2017）。

24

論利害關係董事迴避義務

江佩珊[*]、吳和銘[**]

壹、前言

　　按公司法（下稱同法）第178條規定：「股東對於會議之事項，有自身利害關係致有害於公司利益之虞時，不得加入表決，並不得代理他股東行使其表決權。」又同法第206條第3項準用同法第178條規定，對董事會議案有利害關係之董事應於該次董事會中應予迴避。因此，其迴避之要件需同時符合「有自身利害關係」及「致有害於公司利益之虞」然此兩要件均屬於抽象性之概念，運用於實務上應如何解釋，實務與學說上呈現多種見解，莫衷一是。再者，董事會依據同法第23條規定，對公司負有忠實義務，因而有論者認利益衝突的迴避固為其具體個別化的義務之一[1]，然而基於董事與公司間的委任關係，為公司謀取最大利益是其主要目的之下，董事之利益與公司之利益具有衝突之下，負有迴避義務，在該業務執行之具體實踐，仍與為公司謀取最大利益之營利目的，有本質上的衝突，究竟利益衝突下的迴避義務係為忠實義務之延伸，抑或是善良管理人注意義務之延伸，仍有待討論。

　　現今公司經營策略中，企業併購為公司經營者衡量其公司之本質、利益及市場競爭，為了提升公司之競爭力，尋求公司的最大利益下，利用與

---

[*]　實習律師。

[**]　臺灣高等法院高雄分院法官助理。

[1]　德國學說參考德國實務案例及外國法制，將忠實義務下的具體個別義務類型化，即「對公司忠誠的投入」、「自我交易」、「商業機會理論」、「侵占公司資源」及「接受第三人的捐贈」。參洪秀芬，德國法之董事忠實義務，月旦法學雜誌，第194期，2011年，頁138-141。

他公司併購方式，為其方法之一，例如：近來的廉價航空市場，競爭性趨強，相對地，獲利減低，甚至面臨虧損擴大的局面，因而同性質兩家廉價航空公司於近日宣布合併。又如：鴻海集團會提升自身研發技術，同時減低研發成本，先行購買日本東芝集團股票後，再行併購等。因此基於有利於企業併購，進行組織調整，並發揮企業經營效率，而制訂企業併購法。既然係為進行有利於公司之併購，且董事與公司間具有民法上的委任關係，則董事仍應盡善良管理人注意義務，從而，企業併購法第5條第1項即將此義務明文規範之，又在同條第3項賦予董事就併購交易事項有自身利害關係時，對董事會及股東會負有就其自身利害關係之重要內容及贊成或反對併購決議之理由，負有說明之義務。

再者，因應企業經營策略的實際需求及目的，鑒於合併通常係為提升公司經營體質，強化公司競爭力，故不致發生有害於公司利益之情形，且公司持有其他參與合併公司之一定數量以上股份，以利通過該參與合併公司之決議，亦為國內外合併收購實務上常見之作法（即先購後併），故於第6項明定公司若持有其他參加合併公司之股份或該公司或其指派代表人當選為其他參加合併公司之董事者，就其他參與合併公司之合併事項為決議時，不適用公司法第178條及第206條第3項準用公司法第178條之規定，以臻明確。因此，既然立法者允許具有法人資格之公司或其指派代表人當選為其他參加合併公司之董事，得以在董事會就合併事項參與表決者，舉輕以明重，若自然人之股東或董事同時持有參加合併公司之股份，就該合併之決議事項，亦應無迴避之必要性。

因而，於公司併購之事項，其本質是董事為公司爭取最大利益之事項，而有自身利害關係之董事，實際上，對於併購事項之細節，可能係最為清楚且專業，若因其有利益衝突，而排除其參與併購事項之討論，使其他非具有利害關係之董事未能充分獲知該次併購事項是否有利於公司之全部資訊，做出不利於公司之決議，則反而與董事應盡之忠實義務有違，從而企業併購法第18條第5項排除公司法第178條及公司法第206條第3項之規定，使有利害關係之董事得以參與該併購事項之表決，但仍應基於善良管理人義務，透過資訊揭露的義務，以解決利益衝突之疑慮，如此規定，反

而有利於為公司追求最大利益之目標。使股東或其他利害關係人、非利害關係人審慎評估，以保障股東的權益。

從而，依照法學方法之舉重以明輕之解釋原則，公司併購相較於其他公司業務執行事項，例如：借款債權之取消、買賣土地、設備、原料等等交易事項而言，對公司組織型態之轉變，影響更為深遠，同時，也為了避免認定「董事是否具有利害關係」認定之困難，甚至反而排除有利害關係之董事而致公司受有損害之可能性，而以特別法立法排除公司法第178條及公司法第206條第3項之規定，有別於影響公司組織變動相對輕微之其他業務執行項目，更無負有迴避義務之理。

又從現行公司法第178條及公司法第206條第3項之規定，賦予有利害關係之董事負有迴避義務，真能杜絕利益輸送嗎？公司法第206條第3項中規定之董事，所得以規範僅係名義上之董事，蓋僅為名義上之董事具有業務執行權，參與董事會之決議，對於隱身其後，真正具有決定影響力且有利益衝突之影子董事並無法律上之效力。再者，該利害關係董事亦可能藉由法律強制其迴避之漏洞，如同垂簾聽政，操控其在董事會之其他非具有利害關係之董事，為有利於有利害關係董事之決議，反使其獲得法律的保護傘，縱使未來公司反因而受有損害，因該有利害關係之董事並未參與表決，仍難以對其究責。

由此實質狀況而言，強制有利害關係之董事負有迴避之義務，是否真能杜絕私相授受的流弊，值得懷疑，同時此制度亦無法迴避董事間因本有密切的交情，做出有利於利害關係之董事的決議。在制度上，或可以思考不應該一昧將有利害關係之董事排除在董事會就相關決議事項的討論，應參考企業併購法第18條第6項之立法意旨，刪除公司法第206條第3項之規定，使其加入討論、表決及資訊揭露之義務，而非給予逃避忠實義務及善良管理人注意義務之保護傘，以減低公司利益因而受到損害的機率。

貳、利益迴避制度

一、迴避義務之性質

董事就董事會議決事項有自身利害關係，且有害於公司利益之虞者，該董事應予迴避，即我國法課予董事迴避義務。惟我國法所採之事前迴避制度究是基於董事之忠實義務或善管義務而生，應有推闡明晰的必要。

按忠實義務係指董事的行為，應以公司的利益為優先，不可利用其地位，圖謀自己或他人的利益，而犧牲公司的利益，這是建構在英美法上特有的受託人義務。又英美法上的忠實義務特別強調當董事與公司利益對立時，應適用忠實義務，凡不符合前述要件者，則歸類為善管義務，此種說法稱為異質說。且彼邦在法律效果上，對於違反忠實義務的責任從嚴，屬於結果責任，為無過失責任，已排除主觀要件；違反善管義務者，雖論斷主觀要件，並輔以經營判斷法則，以減輕董事經營失敗之責任。相較之下，在大陸法系，董事與公司間的關係是委任關係，並無所謂的受託人義務理論，當董事與公司利害對立時，依委任的本質，當然包括受任人為委任人的利益，處理委任事務，屬於委任善管義務的內涵（此種說法稱為同質說）[2]。

查我國於2012年引進英美法的忠實義務前，公司法第206條的董事迴避義務本已存在。在當時應可推測此種迴避義務是屬於委任善管義務的延伸，只不過立法者採取董事事前迴避完全禁絕處理事務的手段。再者，依準用之結果，法條文字是使用有自身利害關係，致有害於公司利益之虞，在一般的理解下，應可推認專指董事與公司間利益對立的情形。因此，本文認為在當時立法背景下，應認為董事的迴避義務是屬於善管義務的延伸，但其實質內涵是處理如何避免董事與公司利益對立時，董事犧牲公司的利益，而牟取自己私利之情形，恰與忠實義務所要處理的問題相當。因

2　黃清溪，清晰論法：公司法基礎理論—董事篇，2016年，頁65-68。

此，於2011年我國公司法第23條第1項導入忠實義務後，在採取忠實義務有別於善管義務的異質說下，我國董事迴避義務應解釋為忠實義務的內涵。

二、迴避的要件：「自身有利害關係致有害於公司利益之虞」

（一）「自身利害關係」之判斷

1. 美國法

美國律師協會所編定2006年版美國商業模範公司法第8.60條[3]，對於

---

[3] Model Business Corporation Act (2006) §8.60: "(1)Conflicting interest with respect to a corporation means the interest a director of the corporation has respecting a transaction effected or proposed to be effected by the corporation (or by a subsidiary of the corporation or any other entity in which the corporation has a controlling interest) if

(i) whether or not the transaction is brought before the board of directors of the corporation for action, the director knows at the time of commitment that he or a related person is a party to the transaction or has a beneficial financial interest in or so closely linked to the transaction and of such financial significance to the director or a related person that the interest would reasonably be expected to exert an influence on the director's judgment if he were called upon to vote on the transaction; or

(ii) the transaction is brought (or is of such character and significance to the corporation that it would in the normal course be brought) before the board of directors of the corporation for action, and the director knows at the time of commitment that any of the following persons is either a party to the transaction or has a beneficial financial interest in or so closely linked to the transaction and of such financial significance to the person that the interest would reasonably be expected to exert an influence on the director's judgment if he were called upon to vote on the transaction: (A) an entity (other than the corporation) of which the director is a director, general partner, agent, or employee; (B) a person that controls one or more of the entities specified in subclause (A) or an entity that is controlled by, or is under common control with, one or more of the entities specified in subclause (A); or (C) an individual who is a general partner, principal, or employer of the director. (2) Director's conflicting interest transaction with respect to a corporation means a transaction effected or proposed to be effected by the corporation (or by a subsidiary of the corporation or any other entity in which the corporation has a controlling interest) respecting which a director of the corporation has a conflicting interest.

(3) Related person of a director means (i)the spouse (or a parent or sibling thereof) of the director, or a child, grandchild, sibling, parent (or spouse of any thereof) of the director, or an

董事與公司利益衝突之類型作出明確規定：「利益衝突係指公司董事於公司（或該公司之從屬公司，或其他受該公司控制之組織）已發生或將發生之交易，從中獲取利益」，對於是否構成利益衝突，該條文規定(1)當董事於交易決定時即知悉自己或關係人（包括配偶、父母、兄弟姊妹或配偶的父母、兄弟姊妹）是交易之一方或於該交易中有經濟利益即推定具有利益衝突之情，又或(2)董事於決議時知悉交易相對人包括(I)該名董事擔任董事、合夥人、代理人或受僱人之商業組織(II)控制I之人（包含自然人或法人）(III)受I所控制之人（包含自然人或法人）(IV)與I之組織同受共同控制之人（包含自然人或法人）(V)該董事之合夥人或受僱人[4]。

　　細譯其內容，美國法對於利益衝突係採列舉的立法方式，著重在董事與交易相對人之間的關係，以該董事為中心，向外擴散觀察，只要具有上開所述的直接或間接關係，均被推定為具有利益衝突的關係，亦即如董事同時為某公司的董事，而該公司與交易相對人具有控制或從屬關係，甚至當董事同時為A公司董事，A控制B公司，B為交易相對人，雖A非交易相對人，但B仍有間接關係，均被認為與公司有利益衝突關係，因為所牽涉的是經濟利益，客觀上，可合理懷疑該公司董事將難以公正地判斷，進而影響其他董事之決定，而做出不利益公司的決議結果。惟此規範，並未規定董事會決議內容違反利益衝突時之效力為何。再參以美國較具代表性之德拉瓦洲公司法第144條有關關係人交易之規範[5]，亦並未直接規定其違

---

individual having the same home as the director, or a trust or estate of which an individual specified in this clause (i) is a substantial beneficiary; or (ii) a trust, estate, incompetent, conservatee, or minor of which the director is a fiduciary."

[4] 楊志文，從公司治理論董事利益迴避制度（下），證券交易所，證交資料，第564期，頁15-18；林育生，論我國股份有限公司董事與公司間自己交易規範之研究，政治大學法律學院碩士班論文，2006年7月，頁58-61。

[5] § 144 Interested directors; quorum.
(a) No contract or transaction between a corporation and 1 or more of its directors or officers, or between a corporation and any other corporation, partnership, association, or other organization in which 1 or more of its directors or officers, are directors or officers, or have a financial interest, shall be void or voidable solely for this reason, or solely because the director or officer is present at or participates in the meeting of the board or committee

反的法律效果，僅係產生當有此情況發生時，公司的決議是否因此而遭到質疑，其在實務上則透過案例的累積，整理出有效化的測試標準，亦即由不具利害關係的董事，以會議體方式同意之、或由不具利害關係且獨立性的股東基於被充分告知交易內容相關事項，進行表決，且該股東必須是獨立、對該交易內容不具利害關係者而言、或無法藉由董事會或股東有效批准，而依據上開第144條a項第3款決定交易是否具有公平性，此公平性有兩層意義，一為公平交易，二為公平價格、或由不具有利害關係之董事設置特別委員會，審查而為有效之批准[6]。

2. 日本法

關於「自身利害關係」之概念，有學者[7]以日本商法於1981年修法為分水嶺，整理出修正前後，日本學說及法院見解的對於「特別利害關係」內涵由限縮解釋走向非限縮解釋的演變。在修正前，有四種見解，第一種為「特別利害關係說」，著重於特定股東個人是否具備特別利害關係，且不論其關係為公司內部或外部關係；第二種為「法律的利害關係」，此見解則側重在判斷取得或喪失權利義務主體與法律上股東是否一致，以及是

---

which authorizes the contract or transaction, or solely because any such director's or officer's votes are counted for such purpose, if: (1) The material facts as to the director's or officer's relationship or interest and as to the contract or transaction are disclosed or are known to the board of directors or the committee, and the board or committee in good faith authorizes the contract or transaction by the affirmative votes of a majority of the disinterested directors, even though the disinterested directors be less than a quorum; or (2) The material facts as to the director's or officer's relationship or interest and as to the contract or transaction are disclosed or are known to the stockholders entitled to vote thereon, and the contract or transaction is specifically approved in good faith by vote of the stockholders; or (3) The contract or transaction is fair as to the corporation as of the time it is authorized, approved or ratified, by the board of directors, a committee or the stockholders. (b) Common or interested directors may be counted in determining the presence of a quorum at a meeting of the board of directors or of a committee which authorizes the contract or transaction.

[6] 劉連煜，股東及董事因自身利害關係迴避表決之研究—從台新金控併購彰化銀行談起，月旦知識庫，頁12-17，原載於：臺灣法學雜誌，第112期，2008年9月15日，頁19-35。

[7] 陳文智，論我國公司法第178條「自身利害關係」之概念，萬國法律，第143期，2005年10月，頁63-64。

否為該決議直接造成此利益變動的結果；第三種為「個人法說」，限縮特別利害關係說的認定標準，此主張立基於股東權之本質，認為與公司經營及控制之相關事項，不應該排除其參與，因此認為應判斷該股東是否具有「無關」股東權之「個人」利害關係，若有，即應排除之，此造成董事、監察人的選任或解任並不構成特別利害關係[8]；第四種見解則為「個案判斷說」，顧名思義，即判斷是否具有特別利害關係，以個案事實判斷。

日本商法自1981年修正後，雖仍有特別利害關係概念存在，但在日本商法第247條第1項第3款「特別利害關係」的概念上，又加上「顯著不當之決議」要件，此修正在解釋上不著重於股東個人是否具備特別利害關係的認定，反而將重心集中在是否構成「顯著不當的決議」問題。

另在日本商法第265條第1項及2005年（平成17年）公布之会社法第356條及第365條中有相關之規定[9, 10]。

就直接交易，在日本商法第265條第1項前段，相當於会社法第356條第1項第2款，日本商法係採取如同美國法的列舉規定，而後段「為自己或第三人與公司為交易」的「利益」判斷，在學說上則有不同見解，有就交易對象形式上觀察，只要交易對象是以該董事自己名義或為第三人之代理人、代表人與公司交易，即具有利益衝突；另有就實質內容觀察，雖董事

---

[8]　林麗香，不得行使表決權人參與董事會決議之瑕疵／高高院100重上45民事判決，臺灣法學，第221期，2013年4月1日，頁196。

[9]　日本商法第265條第1項規定：「董事受讓公司的產品或其他之財產，或對公司讓與自己的產品或其他財產，或向公司為金錢之借貸，或其他為自己或第三人而與公司為交易時，需得到董事會的承認。公司保證董事之債務，或與董事以外之人交易，致生公司與董事間利益衝突時，亦同。」

[10]　日本会社法第356條：「下列情形下，董事需在股東會揭露與交易有關之重要事實，並且得股東會之同意：一、董事為自己或第三人從事屬於股份有限公司業務範圍內之交易；二、董事為自己或第三人與股份有限公司從事交易；三、股份有限公司保證董事之債務，或與董事以外之人從事與該董事有利益衝突之交易。民法第一百零八條之規定，於前項第二款情形取得股東會同意時，不適用之。」第365條：「於設置董事會之公司，關於第三百五十六條規定之適用，同條第一項之『股東會』應該為『董事會』。於設置董事會之公司，從事第三百五十六條各款交易之董事，於交易後應立即就該交易之重要事實向董事會報告。」

是以自己名義或為第三人名義所為，但仍應以該交易上的經濟利益是否歸屬於該董事自己或第三人去判斷，亦即著重在「經濟上利益的歸屬」是否具有相對立性，而有造成公司不利益之損失。就保護公司立場而言，實質說較為妥當，日本實務亦採此見解[11]。

　　間接交易則規定在商法第265條第1項後段及会社法第356條第1項第3款，相對於直接交易，雖為間接性，但該交易行為實質上卻產生與公司有利益衝突的疑慮，此可知日本對於利益衝突的認定範圍擴大，針對形式上難以認定有利益衝突的交易行為，例如：公司接受董事無負擔的贈與、公司對董事的債務履行、董事與公司間抵銷契約、董事對公司無利息之金錢借貸等[12]，就其交易外觀而言，並非不利益於公司。而日本實務則採取實質、具體標準，透過個案的實質利益衡量的方式，在個案上判斷該交易對於公司是否具備公正且屬於合理的交易行為，例如：日本最高裁昭和45年8月20日判決意旨：「公司與董事間為買賣土地之交易，對於所有權移轉登記程序之請求，以違反商法第二百六十五條為理由，主張出讓無效。惟董事若擁有公司全部股份時，公司之營業實質上不過是董事個人之營業，故以該交易實質上並無利益相反之關係，而認為不需要董事會之承認。」[13]

　　申言之，近期日本法對於利益衝突的認定，係藉由抽象的要件，以忠實義務概念作為判斷標準，透過個案作實質內容的評價，判斷是否具有特別利害關係（利益衝突），且該特別利害關係須屬於純粹個人的利害關係，始符合利益迴避之要件。而此相對於美國法所採列舉式規定，有避免掛一漏萬之風險，但既然為抽象的構成要件，對於當事人而言，則具有不

---

[11] 林育生，論我國股份有限公司董事與公司間自己交易規範之研究，政大大學法律學院碩士班論文，2016年7月，頁61-66。林彥志，董事與公司間交易行為規範之研究，輔仁大學法律研究所碩士論文，1998年，頁54-55。

[12] 菅原菊志，取締役・監察役論（商法研究Ⅰ），信山社，1992年，頁126-127、134。轉引自林彥志，前揭註28，頁57及林育生，前揭註28，頁65。

[13] 菅原菊志，商法二六五條の適用範圍と違反の效果，收錄於竹內昭夫編集，現代商法學の課題（下），有斐閣，1984年，頁1406。轉引自林彥志，前揭註28，頁57及林育生，前揭註28，頁65。

確定性，而在交易上保障是否周延不免有所疑惑，因此有日本學者主張透過舉證責任分配的方式[14]，達到保障交易安全及公司利益的目的[15]。

　　惟在相同董事之公司之間所為交易，形式上難謂董事與公司之利益有直接衝突，上開判斷標準仍難以解除董事有偏向一方利益考量而犧牲另一方公司之利益的疑慮，故有日本學者[16]認為，為保障公司利益，此乃需經由董事會承認，從而進一步實質判斷該董事與該次決議事項內容是否有利益衝突，而於行使表決權時，有應迴避之情。

3. 我國

　　於我國實務，就該董事對於董事會決議事項是否有「自身有利害關係致有害於公司利益之虞」（利益衝突）的認定，有認為係指董事本人，而非及於其他關係人，且就決議事項有具體、直接變動之利害關係，致有害公司利益之虞而言[17]。並認為判斷董事是否有具體、直接利害關係致有害於公司利益之虞，依公司法第206條第3項準用同法第178條之立法意旨，應如同第178條之解釋，亦即該會議之事項，係對董事自身有直接具體權利義務之變動，將使該董事特別取得權利、或免除義務、或喪失權利、或新負義務，並致公司利益有受損害之可能而言[18, 19]。據此可知，目前實務

---

[14] 若形式上對公司不利，實質上對公司有利，則由主張有利於公司之人負舉證責任；若形式上對公司有利，但實質上對公司不利，由主張不利於公司之人，負舉證責任。

[15] 服部榮三、菅原菊志，逐條判例會設法全書3株式會社の機關，1972年，頁389-390。轉引自林彥志，前揭註11，頁59及林育生，前揭註28，頁66。

[16] 林彥志，董事與公司間交易行為規範之研究，輔仁大學法律學研究所碩士論文，1998年，頁55。

[17] 最高法院106年度台上字第1177號民事裁定。最高法院107年度台上字第649號民事判決。

[18] 大理院11年統字第1766號解釋：「按股東對於會議之事項，有自身利害關係致有害於公司利益之虞時，不得加入表決，並不得代理其他股東行使其表決權，公司法第178條定有明文，此項規定依同法第206條第2項規定（現行法為第206條第3項），於股份有限公司董事會之決議準用之；又所謂『有自身利害關係致有害於公司利益之虞』，係指會議之事項，對董事自身有直接具體權利義務之變動，將使該董事特別取得權利、或免除義務、或喪失權利、或新負義務，並致公司利益有受損害之可能而言。」

[19] 臺灣高等法院105年度上字第935號民事判決：「按股東對於會議之事項，有自身利

對於判斷董事個人就該次董事會決議事項是否具備利益衝突之標準是以董事「自身、個人」與就該決議事項之表決結果,有「具體、直接」變動之利害關係,致有害於公司利益之虞,若該董事非該決議事項之交易相對人,即非有具體、直接利害關係存在[20],類似於日本法之「法律的利害關係說」;而晚近則有少數實務[21]傾向「個人法說」,其認為於表決之董事身分同時為他公司之董事長(代表人、法定代理人)時,因公司有其獨立人格,該會議之事項僅涉及該他公司之利益,與該董事之自身利害關係無涉,並不符合公司法第206條第3項準用第178條「董事對會議之事項有自身利害關係」之要件;另有採個案判斷,仰賴個案作實質具體的判斷,主管機關經濟部係採此見解[22]。

害關係致有害於公司利益之虞時,不得加入表決,並不得代理他股東行使其表決權,公司法第178條定有明文,上開規定依同法第206條第3項規定為董事會決議所準用。又該條所謂『有自身利害關係致有害於公司利益之虞』係指會議之事項,對股東自身有直接具體權利義務之變動,將使該股東特別取得權利、或免除義務、或喪失權利、或新負義務,並致公司利益有受損害之可能而言(最高法院103年度台上字第2719號裁判參照)。稽其立法原意,乃因特定股東或董事對於會議事項有自身利害關係而與公司有利益衝突,若允許其行使表決權,恐其因私忘公而不能為公正之判斷,故禁止其參與表決及代理他股東行使表決權。準此,特定股東或董事應有具體、直接利害關係致有害於公司利益之虞,始構成該條之適用。」

[20] 臺灣高等法院105年度上字第1314號民事判決:「……參以系爭董事會之討論案共有三案,其中議案一係擬出售系爭房地及機器設備等固定資產,並送交股東會同意;議案二則係有關是否追認系爭交易並授權董事長決定及執行繼續履約相關事項;另議案三為召集系爭股東臨時會議決是否同意前開二提案(見原審卷第19頁至20頁董事會議事錄);而觀以系爭交易之當事人為被上訴人及陳柏良(見原審卷第213頁至第214頁),至於詹永傳並非系爭交易之契約當事人,可見因系爭董事會決議直接發生權利義務關係變動者為被上訴人及陳柏良,至於詹永傳並未直接因系爭董事會之議案,特別取得權利、或免除義務、或有喪失權利、或新負義務之情事,自難認詹永傳『自身』就系爭董事會議決之事項有直接利害關係存在,即無迴避系爭董事會決議之必要。」

[21] 臺灣高等法院高雄分院100年度重上字第45號民事判決。

[22] 經濟部民國99年10月22日經商字第09902145220號函:「按公司法第206條第2項準用第178條規定:『董事對於會議之事項,有自身利害關係致有害於公司利益之虞時,不得加入表決……。』所詢應否依上開規定迴避一節,因涉及個案情形是否有公司法第178條『有自身利害關係致有害於公司利益之虞』之認定,應依據事實個案認

4. 小結

　　反觀我國實務上關於公司法第178條「有自身利害關係」之內涵，學說及實務多採認前開大理院11年統字第1766號解釋之意旨，此類似於前述日本法的「法律之利害關係說」[23]，然而有學者雖贊同此說，但仍認為此說無法清楚釐清「自身利害關係」的本質，故主張應進一步加上一個基準：「該股東具有公司外部的純粹個人利害關係」始足當之[24]，此見解即融合了「法律的利害關係說」及「個人法說」，然而，對於何以如此主張，學者並未進一步說明。

(二)「致有害於公司利益之虞」之認定標準

　　致有害於公司利益之虞之認定標準，在學說及實務上並未有更細緻的討論，就經濟部的見解，多認為應就個案審酌是否有具體、直接利害關係致有害於公司利益之虞，始構成公司法第178條之規定，並認為就此爭議，是屬於司法機關認事用法範疇[25]。再者，所謂有害於「公司」，此處

定之。認定上，應有具體、直接利害關係致有害於公司利益之虞，始構成本條之規定。因涉及具體個案事實之認定，倘有爭議，允屬司法機關認事用法範疇。」經濟部民國99年5月5日經商字第0990240891號函：「一、母公司100%投資子公司，子公司之董事均為母公司所指派，子公司召開董事會時，董事對於母子公司雙方合作或締結買賣契約之議案上，應否依公司法第206條第2項準用第178條規定迴避一節，因涉及個案情形是否有公司法第178條『有自身利害關係致有害於公司利益之虞』之認定，應依事實個案認定之，如有爭議，允屬司法機關認事用法範疇。二、委任關係與判斷是否有公司法第178條『有自身利害關係致有害於公司利益之虞』，係屬二事。本部91年12月16日經商字第09102287950號函，不再援用。」

23 有學者認為，就日本學說中「法律的利害關係說」與「特別的利害關係說」皆較「個人法說」之解釋廣泛，在1987年日本商法修正前，已屢遭日本學說批評，類似於日本「法律利害關係說」的大理院解釋，已屬一甲子前的見解，是否妥適，有進一步探討的必要。參酌陳文智，論我國公司法第178條「自身利害關係」之概念，萬國法律，第143期，2005年10月，頁65。

24 劉連煜，現代公司法，2012年9月，增定8版，頁343-344。劉連煜，股東及董事因自身利害關係迴避表決之研究—從台新金控併購彰化銀行談起，月旦知識庫，頁11，原載於：臺灣法學雜誌，第112期，2008年9月15日，頁19-35。

25 同註19。

的公司所指為何，討論也不多，實務更未明確區分究係公司組織本身受有損害之虞，抑或是公司債權人及股東受有損害之虞，抑或是包含公司組織本身及其債權人、股東等，有學者認為，在實際上，難以作成一個皆大歡喜的決議，因此應該回到作成決議的目的在於促使公司獲利，一旦其股東或債權人有因該決議結果受到不利益之虞，則將造成公司的業務執行難以運作，可認為同樣亦致有害於公司組織本身之虞，故認為以公司組織本身之概念可採[26]。

參、我國之董事迴避義務制度

一、董事迴避制度之法規範──準用股東會

依據民國101年修正後的公司法第206條第3項，董事會決議準用同法第178條股東會利益迴避的規定，即董事對於董事會決議事項，於「自身有利害關係致有害於公司利益之虞」時，不得加入表決，並不得代理他董事行使其表決權。此是避免利益衝突的規範，蓋董事會為公司執行業務機關，對公司負有忠實義務，應公正行使表決權，為公司尋求最大利益，不得犧牲公司之利益，而牟取自己或他人之利益。因此，認定利益迴避之標準，應以界定利益衝突的概念為核心，當有利益衝突存在時，即構成利益迴避之要件。所謂的利益衝突，即進行交易行為之雙方主體，具有利益相對立之情形，一方因該交易行為獲取利益，另一方則因而有不利益之損害。

至於解決董事與公司利益對立，防止董事犧牲公司利益而謀求自己的私利，於規範模式上可區分為事前迴避制度與事後究責制度，茲簡介如下：

---

[26] 曾宛如，多數股東權行使之界限──以多數股東於股東會行使表決權為觀察，月旦民商法雜誌，第31期，頁36。

(一) 事前迴避

此種規範模式即是將與議案事項有自身利益的董事，自始地排除其參與該議案的表決，旨在避免該董事為圖謀自己私利參與表決，而犧牲公司的利益，甚至與公司爭利。例如我國公司法第206條第3項準用第178條即是採取事前迴避制度。

(二) 事後究責

此種規範模式是認為，既然該董事知悉其與該議案間有自身利害關係，其對於該議案的所有利弊得失、正反因子必定知之甚詳，只要該董事謹守其忠實義務，必定將衡量種種因素，做出最符合公司利益最大化的決定，而非追求其自身的利益；倘若該董事違背其忠實義務，未追求公司利益最大化，反而牟取自己或他人的利益，最後結果造成公司的損害，公司即得以該董事違反忠實義務為由，請求損害賠償。

然而，判斷對董事會決議事項而言，是否有利益衝突之虞，有其困難點，蓋董事個人與公司間的交易，或關於董事會決議事項而言，可能從外在形式上觀察，具備利益衝突狀態，但實際上可能有利於公司；或由形式觀察，並無利益衝突的現象，但審酌其實質上的交易內容，則有損及公司利益之虞。因此，判斷董事個人對於該次董事會決議事項是否具有利害關係，須由忠實義務的概念出發。

二、我國實務見解之檢討

依據公司法第23條第1項之規定，董事對公司負有忠實義務，其內涵有兩大主導思想，即避免利益衝突、特別利益之禁止，在此義務下，於我國公司法的具體規範有董事會決議之表決權迴避（公司法第206條第2項準用同法第178條）、自己代理與雙方代理之禁止（公司法第223條）、競業禁止（公司法第209條第1項）等[27]。關於晚近有少數實務所採行的「個人

---

[27] 洪秀芬，德國法之董事忠實義務，月旦法學雜誌，第194期，2011年7月，頁132-134。

法說」亦並未考量到現代企業間相互合作或結合的趨勢，董事兼任他公司董事或董事長之情況所在多有，不免在其一公司之董事會決議事項中會有涉及關於另一兼任公司之事項，且實際上難以避免董事為另一公司的利益提供不實的資訊，影響董事會其他無利害關係的董事，作出非公正且不利益於該作出決議公司的決議結果，甚且，忠實義務之違反，並非限於董事圖利自己利益，同時亦包括圖利他人利益，而犧牲公司之利益[28]。因此，在判斷公司董事就該決議事項是否具有「自我利害關係致有害於公司之虞」可參酌美國模範公司法第8.60條以董事在該決議事項或交易行為的角色，推論其是否有利益衝突之情，判斷該董事是否有「自身利害關係」，抑或如同多數實務見解採認之類似於日本法之「法律之利害關係說」，以「經濟利益歸屬」是否造成公司不利益之實質判斷，抑或以「個案的實質利益衡量的方式，在個案上判斷該交易對於公司是否具備公正且屬於合理的交易行為」為判斷基準，且該交易行為不限於對價給付之有償行為，亦包含債務免除的單獨行為[29]等判斷方式，實質判斷該董事就決議事項有是否「自身利害關係」，致有害公司利益之虞，而非如「個人法說」過度僵化及狹隘的認定，如此，才得以落實忠實義務之意旨。

三、董事迴避義務制度之反思

必須先予釐清者是，不論採取事前迴避或事後究責，其目的都是在避免董事未追求公司利益最大化，而謀求自己或他人的利益。亦即，事前迴避或事後究責皆只是手段，二者均可達到上開目的，但哪一種手段最能有效地達成目的，即有加以分析檢討的必要。茲以下就事前迴避與事後究責制度進行比較及檢討：

第一，該董事對於議案是否具有利害關係，依事前迴避制，必須在該議案決議前判斷。但是若該董事自始噤聲不言，未有相關資訊的其他董事

[28] 林麗香，不得行使表決權人參與董事會決議之瑕疵／高高院100重上45民事判決，臺灣法學，第221期，2013年4月1日，頁198。

[29] 林麗香，不得行使表決權人參與董事會決議之瑕疵／高高院100重上45民事判決，臺灣法學，第221期，2013年4月1日，頁198。

應如何知悉？

又立法者雖於2012年增訂公司法第206條第2項「董事對於會議之事項，有自身利害關係時，應於當次董事會說明其自身利害關係之重要內容。」課予董事說明義務（或稱為揭露義務），或許可以適度地解決上述問題，但仍無法有效防範故意噤聲不言的董事。或許可認為基於內部組織法從嚴解釋原則，只要董事違反公司法第206條第2項的說明義務，該次董事會決議即為無效，如此自能有效地嚇阻董事違反其說明義務。然而，值得斟酌的是，若事後證明該次董事會決議所決定的交易將使公司獲利，可能會因為商場瞬息萬變的關係，致使公司錯失商機。此種問題不是僅憑「董事會召集容易，得隨時聚集開會」得以輕易解決。

第二，於董事會中，就進行該董事會決議事項前，若認為該董事對議案有自身利害關係之虞，若允其參與表決，可能有害於公司利益之虞，則於該決議事項表決前，必先就該董事是否具有利害關係進行確認，對此，應由何人判斷，法未有明文。若是依據民主原則，則應由董事會進行判斷，先由該董事依公司法第206條第2項盡其說明義務，揭露相關資訊，再由董事會以決議認定其是否具有自身利害關係。然該具有自身利害關係之虞的董事，在未確定其有自身利害關係前，是否得參與此項議案之表決？抑或是仍應迴避表決？若依據「禁止球員兼裁判」的原則，該董事應予迴避。然而，該董事本為董事會的成員，自有參與董事會任何議案的表決權，而公司法僅有第206條第3項的情形始要求該董事須迴避議案的表決。若採取應迴避表決的見解，公司法並未就董事是否具有自身利害關係一事之判斷設有迴避的義務，在法未有明文的情形，可否以判斷者與被判斷者不應同一人的理由，剝奪該董事參與表決的權利，頗滋疑問。又或許可認為，只要該董事依公司法第206條第2項說明其自身利害關係後，該董事即須依第206條第3項予以迴避，根本無須先由董事會判斷及確認該董事對於議案是否具有自身利害關係。此項見解，若依公司法第206條第2、3項的條文架構，確實有所依據。若如此解釋，公司法第206條第2項課予董事的說明義務，實質上僅是單純讓其他董事知悉其對於議案有自身利害關係，董事會對於該董事是否必須迴避該議案的表決其實並無裁量、判斷的餘

地。

　　在此決議前，並無法確定其是否具有利害關係，要求其應迴避之法律依據為何？

　　第三，具有自身利害關係的董事，負有迴避義務時，就該董事會決議事項，究係僅迴避投票表決，或同時需迴避參與討論，仍有疑問。因為依公司法第206條第3項準用第178條的結果「董事對於會議之事項，有自身利害關係致有害於公司利益之虞時，不得加入表決……」就法條文義而言，僅規範禁止董事參與表決，而無禁止討論。因此，該具有自身利害關係之董事，仍得以參與該議案的討論。但實質上，於討論過程中，不免影響其他董事的主觀判斷，故理論上討論過程應予以迴避。然而，有時就該決議事項，可能該自身利害關係之董事，因關係密切，相較於其他董事，反而得以獲知較多之訊息、資料，若排除其討論，其餘對事態不甚了解之董事，亦有可能無法做出正確之判斷，而做出反有害於公司利益之決定。因此，依公司法第206條第2、3項操作的結果，該董事於說明其對於議案的自身利害關係使其他董事知悉後，該董事即須迴避該議案的表決，並將該議案是否通過的決定權委由其他董事判斷及行使。然而，其他董事必定不比該董事對於該議案的利弊得失更加熟稔，若排除該董事與其他董事討論，也難以期待其他董事得以於表決時做出謹慎且正確的判斷。此外，公司法第206條第2項的說明義務是要求該董事「第2、3項說明其自身利害關係之重要內容」，並未要求該董事須向其他董事分析該議案的利弊得失，以供其他董事加以審酌。但在實際開會上，當該董事說明完其自身利害關係之重要內容後，依吾人一般處理事務的經驗，其他董事也必定會向該董事請教討論其中的利弊得失。因此若依照公司法第206條第2、3項認為該董事也必須迴避討論，既不切實際，也可能讓其他董事於表決時無法做出正確的判斷，反而損害公司的利益。職是之故，既然依公司法第206條第2、3項的操作，將可能剝奪其他董事迫切希冀與該董事討論請教的機會，為何不讓該董事一併參與討論？又若承認該董事得參與討論，也應該讓該董事參與表決，並讓董事最後承擔不利於公司之後果，不失為兩全之計。

　　基於以上事前迴避制度難以確切執行之疑慮，本文認為應給予有自身

利害關係之董事全程參與討論及表決，並以忠實義務要求該董事，就該決議議案，考量公司最佳利益，若事後證明該董事於該案中，追求自身利益而損害公司之利益時，即得以其違反忠實義務為由，請求損害賠償。除此之外，董事違反其忠實義務而受有利益，很多情形下公司是未受有損害，但為彰顯忠實義務是建構在高於一般委任關係的信任關係之上，忠實義務之違反亦延伸出利益吐還之法律效果（參照公司法第23條第3項）[30]。因此，當公司受有損害時，固得依委任關係請求損害賠償；縱使公司未受有損害，只要董事因此獲得利益，即得請求將其利益返還予公司。如此雙重的法律效果更有助於達成前述督促董事遵守忠實義務的目的，此為事後究責制的最大優點。

肆、結論

當董事與公司利益對立時，基於忠實義務的要求，董事應追求公司的利益，而不得藉機謀取自己或他人的利益。因此，在董事與議案間具有自身利害關係致有害於公司利益之虞此種個案，為達成前述目的，規範模式上有事前迴避制與事後究責制。而經本文上述之分析，事前迴避制的缺點可能使與議案關係最切的董事無法於董事會中充分地說明及分析該議案對公司的利弊得失，參與表決的其他董事也因迴避制度而無法對該董事提問以了解該議案對公司的利害關係，將可能導致其他董事無法審慎且正確地對該議案做出判斷，於否定議案時，可能導致公司錯失商機；亦可能於通過議案時，因資訊不足而做出錯誤判斷致使公司受有損害。

反觀事後究責制是讓與議案有自身利害關係的董事得參與董事會的討論及表決，因該董事對於該議案有自身利害關係，對其利弊得失必定知之甚稔，故只要該董事謹守其忠實義務，必定將衡量種種因素，做出最符合

---

[30] 關於公司法第23條第3項有歸入權說與利益吐還說之爭議，請參照黃清溪，清晰論法：公司法基礎理論—董事篇，2016年，頁87-88；曾宛如，公司法制基礎理論之再建構，2012年，2版，頁239以下。

公司利益最大化的決定，且該董事參與討論的過程，其他董事也獲得充分的資訊得以做出更正確的決定。倘若該董事違反忠實義務，利用該議案謀取自己或他人之利益，若公司受有損害，得向該董事請求損害賠償；縱使公司未受有損害，公司亦得以該董事違反忠實義務為由，請求其返還所得利益（公司法第23條第3項）。是以，兩相比較後，本文認為事後究責制較事前迴避制更有助於上開目的之達成。因此，本文認為公司法第206條第3項應予刪除，當董事對議案有自身利害關係時，回歸忠實義務及其相關法律效果處理即可。

國家圖書館出版品預行編目資料

清溪公司法研究會論文集I：黃清溪教授八秩
大壽祝壽論文集／社團法人清溪公司法研究會
主編. －－初版.－－臺北市：五南, 2019.01
　　面；　公分
ISBN 978-957-763-228-9 (平裝)
1.公司法　2.文集
587.207　　　　　　　　　　107023025

1UD5

清溪公司法研究會論文集I：
黃清溪教授八秩大壽祝壽論文集

主　　編 ― 社團法人清溪公司法研究會

作　　者 ― 江佩珊、朱雅雯、李美金、李淑如、吳伊萍
　　　　　　吳和銘、吳　姮、吳軒宇、周伯翰、陳月端
　　　　　　陳亦明、陳錦昇、莊曜隸、張鴻曉、黃國川
　　　　　　黃偉銘、黃鋒榮、游聖佳、葛孟靈、楊有德
　　　　　　蔣志宗、鄭貴中、鄭瑞崙、魯忠軒、謝孟良
　　　　　　羅玲郁

發 行 人 ― 楊榮川

總 經 理 ― 楊士清

副總編輯 ― 劉靜芬

責任編輯 ― 林佳瑩

出 版 者 ― 五南圖書出版股份有限公司

地　　址：106台北市大安區和平東路二段339號4樓

電　　話：(02)2705-5066　　傳　　真：(02)2706-6100

網　　址：http://www.wunan.com.tw

電子郵件：wunan@wunan.com.tw

劃撥帳號：01068953

戶　　名：五南圖書出版股份有限公司

法律顧問　林勝安律師事務所　林勝安律師

出版日期　2019年 1 月初版一刷

定　　價　新臺幣600元